图书在版编目（CIP）数据

解题结构性改革 ：中国经济大棋局 / 21 世纪经济报道主编. — 广州 ：南方日报出版社，2016.4
ISBN 978-7-5491-1370-5

Ⅰ. ①解… Ⅱ. ①2… Ⅲ. ①中国经济－研究 Ⅳ. ①F12

中国版本图书馆 CIP 数据核字(2016)第 022263 号

JIETI JIEGOUXING GAIGE

解题结构性改革——中国经济大棋局

编　　者：21 世纪经济报道
出版发行：南方日报出版社
地　　址：广州市广州大道中 289 号
责任编辑：刘志一　郑　颖
装帧设计：陈国丽　陈　珊
责任技编：王　兰
责任校对：王　燕
经　　销：全国新华书店
印　　刷：广州市怡升印刷有限公司
开　　本：889mm×1194mm　1/16
印　　张：22.5
字　　数：450 千字
版　　次：2016 年 4 月第 1 版
印　　次：2016 年 4 月第 2 次印刷
定　　价：58.00 元

投稿热线：（020）87373998-0503　读者热线：（020）87373998-0502

网址：http://www.nanfangdaily.com.cn/press　http://www.southcn.com/ebook

解题结构性改革
中国经济大棋局

21世纪经济报道 主编
21st CENTURY BUSINESS HERALD

南方日报出版社
NANFANG DAILY PRESS
中国·广州

2016年3月16日闭幕的十二届全国人大四次会议上表决通过了政府工作报告和“十三五”规划纲要，力推供给侧结构性改革，相关措施周密详实。

可以预见，供给侧结构性改革这一经济领域的重要改革思想，将是2016年及今后一个时期中国经济工作的重要指引，并且会对未来中国经济的发展走向产生重大影响。

这本《解题结构性改革》，是在习总书记提出这一具有全局视野和战略高度的改革思想后，《21世纪经济报道》对供给侧结构性改革从顶层设计思路、改革背景、工作重点等多方面进行了全景式解读。

供需关系向来是经济学的基本问题，而在中国经济发展新的历史关口，简单依靠总需求调节已难以应对当前中国经济发展中的突出问题，因此供给侧的改革被提到更加重要的位置。

在这本书中，对于供给侧结构性改革的背景有深入的分析，这对于理解当前为什么要进行供给侧结构性改革非常有帮助。

中国发展研究基金会副理事长、国务院发展研究中心原副主任刘世锦从经济发展的质量和效益方面进行论述，他最关注工业企业生产价格指数和工业企业利润的持续下行，“供给回落慢于需求回落，于是出现了PPI迄今40多个月的负增长，幅度超过5%，也就是中国式的通缩问题。相应地是工业企业利润一年多来的下降。”而导致这两个重要数据持续下行的重要原因则在于一些产能过剩行业大幅负增长。

正是因为中国经济当前面临突出的困难——“四降一升”（经济增速下降、工业品价格下降、实体企业盈利下降、财政收入增幅下降和经济风险发生概率上升）。因此，供给侧结构性改革显得更为迫切，这是绕不过去的历史关口。

那么，具体怎么做？正如习近平总书记所指出的，供给侧结构性改革的根本目的是提高社会生产力水平，落实好以人民为中心的发展思想。

在具体工作中，既要加强优质供给，减少无效供给，又要扩大有效供给，提高供给结构适应性和灵活性，提高全要素生产率，使供给体系更好地适应需求结构变化。

2016年的五大重点工作是：去产能、去库存、去杠杆、降成本和补短板。这需要多套政策组合拳，有针对性地开展工作。本书对于上述重点工作分别进行了阐述，如对于产能过剩问题，不仅仅有宏观数据分析，还有对典型“僵尸企业”的细致调研，等等。

结构性改革需要面对供给侧和需求侧双重考量。供给侧改革和需求侧调控之间的关

序

以结构性改革引领新常态

慎海雄

2015年11月10日，在中央财经领导小组第11次会议上，习近平总书记首次提出了供给侧结构性改革的战略构想。

习总书记指出，在适度扩大总需求的同时，着力加强供给侧结构性改革，着力提高供给体系质量和效率，增强经济持续增长动力，推动我国社会生产力水平实现整体跃升。

这一新改革思路甫一提出就引起了包括经济学界在内的海内外人士高度关注和热烈讨论。回顾2013年以来，以习近平为总书记的党中央对中国经济形势作出了系统性的论述，从“三期叠加”到“新常态”，再到供给侧结构性改革，不仅仅解决了“怎么看”的判断问题，而且进一步指明了“该怎么干”的问题。

外媒普遍注意到：“习近平政治经济学”正在成为引领中国这个世界第二大经济体新发展方向的强大指引。不仅对中国的未来，对全球也将产生巨大影响。中国的发展已经迈向新的境界。

2015年12月召开的中央经济工作会议，对供给侧结构性改革从理论到实践作了全面阐述和部署。2016年新年伊始，1月26日召开的中央财经领导小组第12次会议上，供给侧结构性改革再次成为重要议题，国家发改委、财政部、住房城乡建设部、人民银行、国务院国资委向中央汇报了关于去产能、去库存、去杠杆、降成本、补短板的8个工作方案，并在会上进行了讨论。

系也是个焦点问题，外界不少误解，将供给侧改革和需求侧调控对立起来。其实并非如此，正如世界银行前副行长、北大新结构经济学研究中心主任林毅夫在本书中指出的，供给侧和需求侧可以统一考虑。

此外，本书还有一个突出特点，就是对新兴产业的关注。这些新兴产业分布广泛，既包括高端的制造行业，如大飞机、核电等，也包括新兴的消费领域，如健康、影视、旅游、大数据等产业等。这些领域之所以能逆势高速增长，恰恰是因为这曾是供给侧的薄弱环节，一旦供给有改进，需求自然不是问题。2015年中国人均GDP达到4.92万元，但仍只有美国的七分之一左右。中国有待挖掘的投资机会、消费潜力都还很大，新兴产业也正在成为中国经济增长的新动力。

2016年是"十三五"的开局之年，适应新常态、把握新常态、引领新常态是贯穿"十三五"经济和社会发展全局和全过程的大逻辑。供给侧结构性改革将会使中国经济由低水平供需平衡向高水平供需平衡跃升，形成新的再平衡。中国经济的形态也会更高级、分工更优化、结构更合理。

《21世纪经济报道》作为一份具有相当专业性、权威性和影响力的财经媒体，一纸风行十五年。在传播、解读党和国家的经济政策方面，取得了良好的效果，也得到了市场的高度认可。

随着中国经济的持续发展，优质高效、权威准确的财经信息会迎来更大发展空间，这对财经媒体而言，既是机遇也是挑战。《21世纪经济报道》目前也在拓展财经信息服务的产业链条，探索移动互联网时代的财经信息传播方式，希望他们能将这种优质内容的生产优势进一步转化为影响力优势，更好地服务于经济社会发展。我坚信，21世纪经济报道人一定能扎根中国经济转型发展的沃土，见证我们祖国的伟大复兴梦想成真，与我们这个时代同进步，在媒体转型发展的大时代中闯出一片属于他们的新天地！

2016年3月18日

（作者为中共广东省委常委、宣传部部长）

目录

第一篇　全球溯源

第一章　洞见未来的声音

洞见未来：寻找经济换挡源动力

2016年是一个关键的时间节点，无论从全球经济、中国经济还是中国的改革进程来看，都正是棋至中局。

从全球经济来看，持续将近十年的美元大宽松周期终于在2015年末结束了，美联储正式宣布了加息的消息。这意味着从2008年全球金融危机以来的发达经济体经济复苏进程进入一个新阶段。

按照市场预测，美联储在2016年将有三至四次加息计划，全球市场又要进入新的竞猜阶段——美元如果不断加息，将会进一步助推资本回流美国，而对于新兴市场而言将意味着更多的动荡和不安。同时，发达经济体的货币政策正式出现了分化，美元加息，欧元区和日本继续量化宽松。这对中国经济的影响也不可小视。

中国经济的转型升级正处于爬坡过坎的阶段，经济的分化迹象明显。传统行业普遍出现了较大的困难，2016年的重点工作之一也是化解这些行业的过剩产能。但另一方面，新兴产业和消费领域却十分火爆。地区经济也出现了同样的分化，传统经济占比较大的东北、山西等地出现了较明显的经济放缓迹象，但是在沿海一些地区，新兴经济和产业成长十分迅猛。

新旧动力正在发生转换——中国经济棋至中局，但转换过程可能有些不适、不安，而且可能会出现反复。这就需要针对传统的过剩行业进行更有针对性的供给侧结构性改革，而对新兴行业则要进一步放松管制、放开搞活，促进传统产业技术升级，给新兴产业更好的生长土壤。

中国的改革更是处于“中局”，如果将2012年十八大召开作为新一轮改革的起步点，2020年全面建设小康社会作为目标时间点，那么2016年恰好在这个时间段的中间点。

十八届三中、四中全会总共规划了500多项具体的改革任务，这些任务已经到了落实和攻坚的关键阶段。这些年已经发生的改革，已深刻改变了当下中国的政治和经济生态，但仍有许多核心领域的改革尚未破题或正在启动，比如垄断行业的改革、国资改革和价格改革等等。

在人口红利正在消失、资源环境的约束不断加强的当下，中国经济增长依赖简单规模扩张的老路已经走到了尽头，而新增长道路必须依赖于技术创新和产业升级，而这需要改革。只有改革，才会让中国经济迸发新的活力和增长动力，唯有革新，方可致远。

为什么是供给侧结构性改革？

这两年的经济走势最突出的特点是经济增速不断下行和宏观调控不断托底并存。2016年这一基本态势仍不会改变。

2016年，中国经济仍面临非常大的增速下行的压力，尤其是过去拉动增长的主力因素都正在发生质的改变，如出口已经负增长，成为经济增长的拖累因素，投资中的房地产开发投资增速也大幅回落，制造业投资增速也已降至个位数并极可能继续下降。这些关键权重指标的下降一定会带来整体增速的下降。

但正如本书里专访的多位经济学家的观点，增速虽然是一个重要的指标，重要性却在下降。中国的经济体量已超过10万亿美元，每增长7%就是一个中等国家的GDP。再强调高速增长可能对质量和效益带来负作用。

而且，相比于大多数发达国家，中国的宏观基本面仍然较好，无论是财政政策，还是货币政策，都仍有相当大的余地稳增长。降准降息的空间都还存在，而且很可能都会发生。比如中国财政的整体负债水平都远低于发达国家。因此，提高赤字率，实现积极的财政政策仍可期待。

既然如此，那么中国经济在做好短期总需求的调节的同时，就要更多地考虑中长期问题，考虑中国经济的提质增效。这也是在2015年底决策层提出供给侧结构性改革思路的原因。

正如北京大学国家发展研究院名誉院长林毅夫所言，供给侧改革和需求侧改革并非是对立的，两者应当统一起来考虑。以消费增长为例，消费增长的根本是居民收入的增长，而居民收入增长的根本是劳动生产率的提高。因此，要避免将两者对立起来，认为供给侧的调控就是放弃稳增长。

供给侧的改革也有其明确的方向和指向，2015年底召开的中央经济工作会议提出了2016年经济工作的五大重心任务：去产能、去库存、去杠杆、降成本、补短板。

这些任务可能都需要一系列的政策组合拳支撑，比如去产能问题，需要发挥破产法的作用，甚至不排除重新启动政策性破产的可能。此外，可能还需要发挥资产处置公司的作用，盘活企业和银行的资产负债表。在房地产去库存方面，需要吸引进城农民工买房，那么需要给予农民工包括落户及社保、福利和公共服务方面的平等待遇，需要政府很大的投入。在降低企业成本方面，需要政府减税降费和发展直接融资市场相结合的一系列政策。

但是，要化解这些问题可能是一个“长跑”而非“短跑”，需要处理结构性调控和经济增长、防范风险之间的关系。

变革的力量和市场机会

对于投资者而言，如何在当下经济增速下滑、新旧动力转换的时期寻找市场机会，这是个考验。

2015年夏，中国资本市场出现波动之后，大量的资金从股市撤回。同时，因为房地产市场从中长期来看不景气，房市也难以吸纳资金。中国一度呈现出“资产荒”的情形，目前这种状况并未得到根本化解。过去，地方融资平台、房地产吸纳了大量的资金，风险低，收益高，而这样的时代可能一去不复返了。

中国投资者需要接受回报率不断下降的事实，在精耕细作的基础上，寻找投资回报。

2016年，多层次资本市场和一个繁荣、稳定的资本市场一定会是国家政策支持的方向，因为只有这样才能帮助企业增加直接融资的比重，降低负债率。因此，注册制改革和多层次资本市场建设正在得到快速推进。同时，中国居民的资产比重中，权益类资产占比较低仍是一个基本面，未来权益类投资市场仍有较大的机会。

但这仅仅是从宏观面来分析，市场的走向由多重因素决定，比如实体经济的效益在短期内难以得到明显提升、监管层对于进入二级市场的各类杠杆严格限制等等也会给市场带来一定的悲观情绪。

从房地产市场来看，分化的趋势会进一步加剧，因为资产荒的出现，资本一度蜂拥至债市，这个领域已积累了一定的风险，需要警惕。

十八届三中、四中全会为中国制定了改革路线图，这些路线图将中国各个方面的改革像工程师一样分门别类列出，一直细化到项，三中全会总共就有336项，四中全会则有190多项，2016年仍需要在改革中把握市场机会。

在改革路线图的安排下，2015年的改革及政策热点连番登台，从一带一路、国资改革、京津冀一体化、亚投行、中国制造2025、生态文明体制改革、科技体制改革、价格改革到自贸区金改，一系列的热点改革及政策词汇成为市场热点。其中，金融领域的系列改革，包括利率市场化、汇率形成机制改革和资本项的开放，以及地方债置换改革尤其引人注目。

相对于2015年新的热点名词频出，2016年的改革可能并没有那么多新的顶层设计文件出来，相反更多的是落实2015年的顶层改革设计。

延续2015年的改革思路，在2016年10月1日人民币正式纳入SDR之前，人民币汇率和资本项开放的改革不会止步。强化事中事后监管、加大市场层面的监管执法都已是必然方向，证监会在2015年底对市场各类案件的调查也说明了这个动向。大金融监管改革在顶层设计清晰之后也会加快步伐。

国资改革顶层设计文件气势宏大，试图打造中国的淡马锡模式，系列文件还在陆续下发过程之中，各类改革和市场整合在2016年将会引起一波一波的市场风潮。

军民融合的改革还会以更高的层次和规模展开。这既是发展军事技术的需要，也是提升国家高端技术竞争力的需要。价格改革涉及许多基础性行业的定价机制问题，顶层设计文件已出，但改革需要逐个行业突破。垄断行业开放的呼声不小，局部的改革也在启动，如电力改革的试点正在进行，试图放开两头，管住中间。再比如油气领域的改革方案也已经上报。这些改革是啃硬骨头，对增强中国经济活力和中长期的增长动力都大大有利。从改革主题中把握市场机会，或是2016年的重要逻辑。

（谭翊飞）

林毅夫：供给侧和需求侧应统一考虑

林毅夫

北京大学新结构经济学研究中心主任——这是林毅夫增加的新头衔。2015年12月14日，北大新结构经济学中心正式成立。成立仪式结束后，林毅夫教授接受了21世纪经济报道记者的专访。

与国内许多经济学家不同，林毅夫既目睹了台湾的经济起飞，又亲历大陆的改革开放，后来在世界银行担任首席经济师兼副行长时，穿梭于西方发达国家和新兴经济体之间。因此，他对中国的研究始终从全球视野出发，既有对发达经济体透彻的理解，同时又对发展中经济体的现状和问题有深刻认识。

“这轮经济下滑主要是外部性、周期性的因素造成。”这一观点并非主流，但林毅夫坚信不疑，他通过全球横向的数据对比来说明这一问题。按照这一判断推导政策，他认为，稳增长需要摆在更重要的位置。

近年来，他提了许多对中国经济的灼见，但不少被外界误解。如对于未来中国经济可能保持的增长速度的判断、强调投资对经济的拉动作用以及产业政策在经济转型升级中的作用等等。在专访中，林毅夫多次提到，“不要把婴儿和洗澡水一起倒掉”，即不能因为政府干预可能失败，就不需要政府发挥作用。

他认为，很多对宏观经济错误的认识被主流经济学所误导，而新结构经济学恰恰是建立在包括中国在内的发展中国家发展经验上的新理论，是对过去发展经济学中的结构主义和新自由主义的超越。

经济下行的主要原因是外部性和周期性因素

《21世纪》：你对近年来中国大陆的经济增速下行一直有不同的认识，认为主要原因是外部性和周期性因素，而非内部的体制性因素。

林毅夫：对于一个发展中的经济体，在国内的改革中确实存在许多需要改革的体制性、机制性的因素，但是这轮经济下行的主要原因是外部性和周期性因素引起的。因为从全球来看，无论是发展成熟的新兴经济体，还是高收入经济体，也都普遍出现了经济下行，而且很多国家下行的幅度比中国还要大。比如，巴西2010年的经济增长速度是7.5%，但是2014年只有0.4%。印度也是一个十亿人口以上的大国，2010年的增长速度是10.3%，当时我们是10.6%，基本处于同一个水平，但是根据世界银行的统计，2014年是7.4%，和我们去年7.3%也差不多，而且印度在2012年改变了GDP的统计方法，从而提升了2个百分点的GDP，如果按照过去的方法，实际只有6%左右，比我们还要低。

再看一些高收入经济体，尤其出口比重比较大的经济体，比如韩国，2010年增长速度是6.5%，2014年也只有3.5%，跌去了一半。台湾地区2014年是10.8%，2014年也只有3.5%，跌去了三分之一。新加坡现在的人均收入接近6万美元，比美国的水平还高，2010年增长速度是15.2%，2014年也只有2.9%，下跌幅度比我们还要大。

这些经济体都出现了普遍的经济下行，而且下滑幅度比我们大，那么总不能说都是我们所讲的体制机制、增长方式的问题吧?

《21世纪》：那么，全球经济普遍下行的原因是什么?

林毅夫：美国经济并没有完全复苏，过去美国的经济增长率平均是3%，现在还没有恢复到3%的水平，而且2016年能不能达到3%也不好说。美国的失业率5.1%虽然与危机前水平相当，但是美国的劳动参与率低了3个百分点左右。因为对劳动者来说，如果一个月不去找工作，就相当于退出了劳动力市场，就不在失业统计里面，但不去找工作的原因是找不到合适的工作，如果把这部分人口计算在内，失业率可能会达到9%、10%，还是高失业率的状况。从2008年到现在，发达经济体还没有进行真正的、必要性的结构性改革。欧洲的情况更不乐观，美国的情况还是要好一些。

从1979年到2014年，中国出口的平均增速是19.4%，但今年前三季度的出口增速却是-1.8%。2008年以后投资建设的项目现在基本上都建成了，但是国际经济并没有恢复，如果没有新的反周期的投资项目的话，投资速度和经济增速当然会下滑。

《21世纪》：既然出口已经成为增长的拖累因素，并且未来外部环境大改善的可能性不大，那么中国增长主要靠什么?

林毅夫：从三驾马车来分析的话，一个是投资，一个是消费。在这两者中哪一个比较重要呢？过去中国经济增长主要是投资拉动的，所以现在要转变为消费拉动经济增长。我认为，消费确实非常重要，但消费增长的前提是家庭收入不断提高，而收入的提高依赖于劳动生产率的提升，靠的是技术创新和产业升级。技术创新、产业升级和交易费用不断下降都需要投资。有效投资会改善我们的总供给，带来产业结构的不断升级，同时居民的收入水平也会不断提高，这样消费也会提高。过去我们分析宏观经济经常把供给侧和需求侧对立起来，但实际上，两者完全可以统一考虑，也就是现在李克强总理最近在讲的，要在供给侧和需求侧同时发力。我们不能简单地把投资等同于凯恩斯主义，不能用发达国家的理论来套国内的政策。

《21世纪》：未来重要的投资增长的空间在哪里?

林毅夫：总的来说，主要是四个领域：产业升级、基础设施建设、环保和城镇化。虽然现在我们有不少产业出现了产能过剩，比如钢筋、水泥、平板玻璃等，但都是中低端产业，可以往中高端升级。2014年，我们进口的制造业产品就达到1.3万亿美元，这些大多是附加价值较高的产业，这是非常好的投资机会。

这些领域的投资能够提高生产力水平，降低交易费用。这也是我们和发达国家不一样的地方，发达国家不容易找到高经济回报的投资领域。而且，从负债水平来看，我们的负债率远比一般的发达国家低，民间储蓄、外汇储备规模庞大，因此关键是如何把这些有利的机会结合起来运用，改善我们供给结构和产业结构。这些条件用得好的话，我们达到6.5%以上的经济增长完全有可能。

产业政策应主要是降低交易费用

《21世纪》：中央财经领导小组会议上提出了“产业政策要准”，这也是以往没有提过的。在你看来，未来中国的产业政策应该怎么走？

林毅夫：我们现在的人均GDP只有7000多美元，这代表了我们的劳动生产率水平，和发达国家还有很大的差异。那么，我们的技术创新和产业升级就还有很多的空间。

我把我们的产业分为五种类型，我们应当根据不同的产业类型施以相应的政策措施：

第一类是处于世界前沿水平的产业，比如家电行业，需要通过自主研发进行产品技术创新，以保持世界领先。第二类是劳动密集型的产业，这些领域的优势已逐渐丧失，绝大多数加工企业可能要转移到海外工资水平比较低的地区去设厂，将GDP变成GNP。少数企业要转向建立自己的销售渠道，打造品牌，并加强对研发的投入。一些产能过剩的行业，在其他国家需求还很好，也需要帮忙转移出去。第三类是处于追赶阶段的传统产业，中国与发达国家的差异依然很大，可以继续采取技术引进、消化、吸收和再创新的战略。第四类是手机、互联网等新产业，研发周期特别短，资金需求不多，可以采取弯道超车的办法，利用我国的优势，与发达国家直接竞争。第五类是资本投入特别大、研发周期非常长，且关系到国防安全的战略产业，需要政府财政直接提供支持。

《21世纪》：中国的产业政策经常会出现中央一鼓励、地方一窝蜂的重复建设情况，而且很多是为了获得政府的补贴。如何避免这种情况出现？

林毅夫：我谈的是产业政策从来不谈补贴，我谈的是因势利导。政府要做的是降低交易费用，如基础设施建设、人力资本培育、金融环境和法治环境改善。如何避免一窝蜂的现象出现呢？首先，各种要素价格要反映要素的稀缺性，这才能反映比较优势所在。第二点就是对第一个吃螃蟹的人给予外部性补偿。

政府为什么要给第一个吃螃蟹的人外部补偿呢？因为一般发达国家都有比较好的专利保护，但是大多数发展中国家并没有很好的专利保护，因为它还处于技术引进和吸收的过程之中。因此，在发展中国家，如果企业创新成功了，也没有垄断利润，很多模仿者就会跟进来，成功的好处大家共享。但是失败的话，风险就全是自己的。但是如果没有第一个吃螃蟹的人，怎么有产业升级呢？我们看到，没有一个成功的国家没有政府的因势利导。华盛顿共识以后，拉美最成功的国家是智利，但是智利有三十年没有新的产业，因为没有新的产业，劳动生产率没法提高，劳动者收入也没办法得到提高。

我提的给予外部性补偿也就是几减几免而已，这种补偿是在企业有盈利以后，对公司所得税的优惠，这是相当有限的，除此之外并没有金融的补贴。

政府干预确实可能造成失败，但不能说因为政府干预有失败，就不要政府，这是把婴儿和洗澡水一起倒掉。因为如果政府不发挥作用，就必然会失败。

（谭翊飞）

刘世锦：中国进入“转型再平衡”关键期

刘世锦

从加入WTO到提出推动全球治理体制变革，从“十五”到“十二五”，随着中国经济体量的跃升，经济发展和对外开放的路径选择又走到了节点。

传统经济体制和发展模式的潜能趋于消退，人口与资源环境约束趋紧，全面建成小康社会目标日益紧迫。“十三五”期间，新常态的中国经济进入“转型再平衡”的关键时期。

“中高速增长的均衡点何时达到仍具有不确定性，有可能在今明两年达到。”中国发展研究基金会副理事长、国务院发展研究中心原副主任刘世锦对21世纪经济报道记者解释。

2015年12月21日结束的中央经济工作会议提出，着力加强供给侧结构性改革。

“有人以为讲供给侧结构性改革就是否定‘三驾马车’需求侧政策。需求侧政策并非不可用，而是不能只靠需求侧政策，也难以将其作为重点。”刘世锦分析。

刘世锦强调，供给侧结构性改革可以对宏观调控政策进行必要调整，如此次中央经济工作会议已经提出的降低企业税费负担，但重点还是在微观层面，通过实质性的改革措施，进一步开放要素市场，打通要素流动通道，优化资源配置，全面提高要素生产率。

转型再平衡

《21世纪》：在当前的经济结构中，“需求侧”和“供给侧”发生着怎么样的变化?

刘世锦：中国经济已经进入新常态，正处在由10%左右的高速增长向中高速增长的转换过程之中，背后则是结构、动力、体制政策环境的转换，由此也可以称其为“转型再平衡”，即由高速增长平台上的供求平衡转向中高速平台上的供求平衡。

以往长时期支撑中国经济高速增长的基础设施、房地产等相继出现历史需求峰值，出口的高增长也由于国内要素成本和汇率上升而难以为继。在需求增速回落的同时，供给侧相对应的重化工业也开始调整，但调整幅度远不及需求回落幅度，于是出现了严重的产能过剩，并引发了PPI超过40个月的负增长，最新的PPI已达-5.9%，导致了中国式的结构性通缩。

与增速下行压力相比，更具挑战性的工业企业利润超过一年的负增长。利润负增长非同小可，持续下去将会加大金融财政风险压力。最新数据显示，这种负增长仍在加剧。分析显示，煤炭、钢铁、铁矿石、石油、石化、建材等过剩最为严重行业在PPI和利润下降中占到70%以上的份额。

《21世纪》：预计需求侧和供给侧的调整何时可以完成?

刘世锦：中国经济达到中高速增长平衡点，将会有两个“底”。一个是“需求底”。房地产投资增速已经由以往的高增长回落到最新的月度同比负增长，当房地产投资增速由负转正时，将是房地产投资乃至中国经济从需求侧来看的经济增速触底的信号。估计这个“需求底”有较大可能在2016年年中左右看到。另一个是“效益底”，即工业企业利润增速由负转正，并保持可持续的增长。这个“效益底”的出现，直接取决于减产能的力度和进度。但目前来看，仍有相当大的不确定性。如果“效益底”滞后于“需求底”迟迟不能出现，经济很可能落入低效益、高风险的特殊困难时期。

全面提高要素生产率

《21世纪》：那么如何避免宏观经济落入低效益、高风险的特殊困难时期?

刘世锦：要摆脱这种困局，首先是高度重视并大力度减产能，同时解决其他领域“低效率洼地”问题。这样就涉及到需求侧政策的局限性。供给和需求是现代经济活动互为关联的两个方面。所谓“三驾马车”是对需求侧消费、投资、出口活动的通俗描述。有人以为讲供给侧结构性改革就是否定“三驾马车”。这种看法会导致误解，而且低估了供给侧结构性改革的意义。解决中国经济当下面临的转型期结构性问题，需求侧政策并非不可用，而是不能只靠需求侧政策，也难以将其作为重点。

例如，对一个时期以来的通货紧缩现象，主张放松货币的声音很大。从成因来看，中国目前的通缩与某些西方国家曾经出现的通缩全然不同，不是由于流动性不足，而是缘于增长阶段转换期的结构性严重过剩。对此类通缩，仅是放松货币不大可能有效，这正是近些年连续降准降息，过剩问题有增无减的原因所在。

在增长阶段转换的大背景下，需求侧的刺激政策主要是防止短期内增速下滑过快，而不可能通过刺激政策使过剩产能不再过剩。这个“度”过了，所刺激起来的很可能是短期内无现金流和经济效益、长远效益和社会效益也难以确定的低效或无效投资。另一个同样不能忽视的问题是，注意力放在需求侧刺激上，很可能错过减产能、实现转型再平衡的有利时机。

因此，在这种情景下，供给侧结构性改革的必要性、紧迫性就显而易见了。

《21世纪》：应该如何推进供给侧结构性改革?

刘世锦：供给侧结构性改革也有宏观和微观之分。供给侧改革可以对宏观调控政策进行必要调整，如此次中央经济工作会议已经提出的降低企业税费负担，但重点还是在微观层面，通过实质性的改革措施，进一步开放要素市场，打通要素流动通道，优化资源配置，全面提高要素生产率。

具体地说，优先和重点的改革领域包括如下五项。

第一，对减产能要采取果断管用办法，在一定时间内取得实质性进展。理想办法是通过市场化的优胜劣汰挤出过剩产能，但在现有体制条件下，尤其对国企占主导地位的重化工业领域，市场机制作用有限。可考虑由国家层面确定减产能总量，按现有产能将减产配额分配到各地，同时允许配额交易，这样优势企业可以不减，还可以去买劣势企业配额。同时在解决“人”和“债”问题上出台得力政策，如将部分国有资本转入社保基金、解决职工安置问题、对相关银行坏账允许核销等，同时要推动优势企业主导的市场化的兼并重组。

第二，进一步放宽准入，加快行政性垄断行业改革。放宽准入，既要“放小”，更要“放大”，在行政性垄断问题突出的领域，如石油天然气、电力、电信、铁路、医疗、教育、文化、体育等领域，引入新的投资者，鼓励和加强竞争。有的领域，表面上看投资已经不少了，如果放宽准入，还有降低成本、提高效率的很大空间。我们现在最需要的，是那些能够真正提高效率的投资。

第三，加快城乡之间土地、资金、人员等要素的流动和优化配置。中国城市化还有很大发展潜力，但重点不在现有的大城市，而在大城市之间。要把以往孤岛型城市转变为网络型城市，进一步拓展城市带、城市圈，在大城市之间带动大量小城镇发展，推动互联互通和基本公共服务的均等化，带动人口居住和产业布局的再配置，由此将可引出可观的基础设施和房地产投资机会。农民要进城，城里的人员、资金等也有到小城镇和下乡的意愿，要下决心打破城乡间土地、人员、资金等要素流动、交易、优化配置的诸多不合理体制和政策限制。农民所拥有的资产只有在确权的基础上允许流动、允许交易，价值才能充分显现，利益才能得到真正维护。

第四，加快产业转型升级、精致生产。尽管服务业比重超过制造业，但制造业仍然是国家竞争力的核心所在。服务业中发展潜力最大的生产性服务业，直接服务于制造业转型升级。必须牢固确立制造立国的理念和政策导向，推动制造业由粗放经营转向精致生产，倡导“工匠精神”，把活做精做细，提高附加价值比重，向全球价值链的中高端提升。借鉴日本等国的成功经验，全面实行加速折旧政策，此举相当于向企业减税，同时起到促进设备更新、扩大投资需求的多种效应。

第五，尊重创新规律基础上培育创新环境。与模仿为主的发展相比，创新面临的不确定性大大增加。必须通过市场上的大量试错，提高创新成功的概率。政府习惯于居高临下地做产业规划，但创新从本质上说是很难规划的，最重要的是着力创造有利于创新的环境，包括保护产权特别是知识产权，稳定企业家、科研人员的预期，排除泡沫经济的扰乱，促进创新要素流动，培育人力资本，改造金融支撑体系等。要把培育创新环境与地方竞争结合起来，推动形成若干个有吸引力、影响力的创新中心。

以上重点领域改革，集中于要素市场，这将是供给侧结构性改革的主战场。过剩产能、低效无效要素要出去，有竞争力的、创新的要素要进来，通过生产要素的进一步解放、流动和优化，攻占经济生活中仍然随处可见的低效率洼地，形成全面提高要素生产率的新格局。

去产能与新动力

《21世纪》：中央经济工作会议提出，积极稳妥化解产能过剩，那么严重过剩行业的产能减多少才算到位？

刘世锦：市场经济中适当程度的产能过剩是常态。这里，我们定义的“严重”产能过剩，是指过剩超过正常水平，影响到企业生产和盈利的可持续性。近年来我国增长速度回落，主要是与高投资对应的重化工业增速回落。尽管对过剩问题早有警觉，但幅度之大仍然超出预期。一个重要原因，是对重化工业内部的加速原理缺少理解。在这些行业的上升时期，由于“需要更多的钢就要新建钢厂，而建钢厂本身就要耗费钢”，这种“自我循环”带动了重化工业异乎寻常的快速增长。而到回落时期，“加速原理”在相反方向也起作用，使回落幅度超出预期。这正是近年来钢铁、煤炭等产品需求和价格一跌再跌的原因所在。

供给回落慢于需求回落，于是出现了PPI迄今40多个月的负增长，幅度超过5%，也就是中国式的通缩问题。相应的是工业企业利润一年多来的下降。9月份数据显示，下降幅度还在加大。具体分析，煤炭、钢铁、铁矿石、石油、石化五大行业的出厂价负增长幅度达20%左右，对全部工业PPI负增长的影响达到80%左右，对工业利润负增长的影响也大体是这个比例。走出这种困局的出路，是在相关行业，重点是上述五大行业实质性减产能，幅度应在30%左右。产能下来了，供求趋于平衡，PPI才能恢复正增长，企业才能恢复盈利和再生产能力。

《21世纪》：中央经济工作会议提出，培育发展新产业，加快技术、产品、业态等创新。未来经济增长的新动力都有哪些?

刘世锦：新动力大体可分为以下三类。一是新成长产业，主要是生产性服务业，如信息服务、物流、研发、金融等；与居民消费水平升级相关的服务业，如医疗、文化、体育等产业；制造业中的新技术产业，如大飞机制造等。二是产业转型升级，机器替代人工、绿色发展等。三是创新而产生的新增长点，如网购等互联网+所带动的有关行业。以上分类是相对的，往往相互交叉、相互融合。

新动力有如下值得关注的特点。第一，对冲力有限。尽管还有新产业涌现，但像房地产、钢铁、汽车等能够将经济推向高速增长的大支柱产业基本上找不到了。在数量上对冲已有产业下降的能力有限。第二，新要素组合。新增长领域基本上是以提高要素生产率为特征的，在价值链上说是“上台阶”的。这就要求与以往大不相同的要素组合。第三，替代性增长。这些新领域大都是新增长空间挤压旧增长空间，更多地体现了增长方式和质量的改进，同时也会引起利益关系的重组乃至冲突，如网购快速发展的同时传统商业放缓以至衰落，部分知名品牌商场关闭，网上打车与传统出租车的冲突，机器人上岗与人的下岗，等等。

“六可”目标

《21世纪》：那么未来如何判断供给侧结构性改革是否有效?

刘世锦：在供给侧结构性改革中，企业盈利水平是需要特别关注的核心指标。中国经济转型，一定意义上说就是企业盈利模式的转型。增长速度和效益的关系相当复杂，在特定增长状态下，存在一个最优结合点。上面的分析表明，存在严重过剩产能的较高增长速度，将会降低企业利润，这就存在着稳增长与稳效益的矛盾。只要企业盈利处在一个正常或改进的状态，增长速度高一点、低一点就不会成为很大问题。也可以说，与企业好的盈利状态相对应的速度就是一个合理的、好的速度。我们曾经提出过“企业可盈利、就业可充分、财政可增收、风险可控制、民生可改善、资源环境可持续”的“六可”目标，其中核心是企业可盈利，这一条好了，其他几条才有保障。供给侧结构性改革是否深入并取得成效，企业盈利水平将是一个关键的度量指标。

《21世纪》：随着增长速度放缓，包括东北和山西等地在内的部分地区困难突出，成为新的“问题地区”。对这些“问题地区”，有何政策建议？

刘世锦：这些地区大都资源密集、重化工业为主，主要分布在东北和中西部。新的“问题地区”出现，提出了一个重要警示，即中等收入陷阱的风险不容忽视。从全国看，已经不大可能落入拉美式的中等收入陷阱，因为我国已经越过了那些国家落入陷阱时人均收入4000—6000国际元（购买力评价指标）的阶段。但在进入高收入社会之前，部分地区增长放缓、停滞，落入某种陷阱的可能性依然存在。这些新“问题地区”在经历了一段时间的高速增长后增速大幅下滑，新增长动力不大明朗。高增长主要依赖高投资，有些地区甚至出现了投资总量接近或超过GDP的奇特情景。如果这些地区是独立经济体，意味着过去的高投资大量依赖引入外债，随着增长回落、竞争力下降，很可能出现汇率贬值、资金流出，进而陷入债务或其他类型的经济危机。

这些新“问题地区”的一个重要特点，是重化工业回落与国有企业为主的体制并存。重化工业回落有其规律性，但如何应对则反映了体制特点。近些年增速回落幅度较大的，除了重化工业外，还有出口产业。出口产业在过去长时间内保持了20%以上的增长速度，近年降幅很大，今年以来甚至出现了负增长。与重化工业形成鲜明对比的是，出口产业进行了力度很大的调整，企业关闭、人员流动、债务重组，尤其是适应市场变化而进行的转型升级，但这些调整基本上是静悄悄进行的。出口产业是我国市场化程度最高、参与国际市场竞争最充分的产业，对增长回落的应对方式较好地体现了市场经济中结构调整的特征。

这种比较对如何解决“问题地区”的问题有重要启示。在经过一个时期减产能的调整后，国内外市场对重化工业仍有长期稳定的需求，这些产业特别是装备工业产业升级的空间很大。关键是这些“问题地区”能否在压力和挑战中抓住机遇，真正从困境中走出来。国际经验显示，有的“问题地区”由此一蹶不振，陷入长期衰退。东北等老工业基地经过十几年实行振兴政策后再次落入困境，政策本身值得反思。如果继续沿用倚重扶持、推迟或避免深层改革的路子，必定无法应对大幅减产能、产业转型升级、创新驱动的新挑战，且要延误时机。必须用改革开放的思路和办法，走出一条地区振兴的新路。

例如，加快企业减产能、转型升级进程；对制造业基础好的地区，大力度推动国有企业的混合所有制改革，推动跨地区、跨所有制的企业重组；还可考虑与市场经济发达地区对口合作，创建令人耳目一新的新经济特区。与此同时，要保持产品和要素市场足够的开放度，通过人口流动，逐步达到地区之间人口数量与收入水平大体平衡的状态。

（王尔德）

田国强：供给侧结构性改革应着眼市场化制度改革并调整地方激励机制

田国强

供给侧结构性改革，成为备受关注的中央经济工作会议的最核心表述，这标志着30多年来中国经济管理的主要思路发生改变，即“要在适度扩大总需求的同时，着力加强供给侧结构性改革”。

这种转变的背后逻辑是什么？如何激励地方进行政策落地？21世纪经济报道记者就此专访了上海财经大学经济学院院长、高等研究院院长田国强。

田国强系第16届孙冶方经济科学奖得主，曾任上海市人民政府特聘决策咨询专家，是知名的“市场派”学者。

在他看来，中国面临的最主要问题是供给侧的结构错位和质量低下，解决的根本是通过市场化的制度改革，激发民营企业的创新活力，明确政府的合理角色定位。改革关键在于落地，要避免中央踩油门、政府挂空挡、地方踩刹车、改革决议和文件空转的情况。因此，如果希望地方能够很好地落实供给侧结构性改革，需要对地方政府进行激励方面的体制机制调整，如赋予地方相对独立税权、官员政绩考核体系转变等。

供给侧结构性改革的核心是市场化制度的供给

《21世纪》：在你看来，中央为何在此时频提供给侧结构性改革？其核心是什么？

田国强：首先，需要肯定的一点是供给侧结构性改革的提法是一个进步。长期以来，中国受凯恩斯主义的影响过深，太过注重从需求侧发力来强化宏观调控，其结果是不仅没有平抑经济的波动，反而加强了波动。尤其是2008年4万亿经济刺激计划以来，中国经济进入了一个用增长来刺激增长、用资源来生产资源的阶段，结果产生了大量过剩产能。另一方面，则是国人的出国消费和“海淘”消费强劲增长，有效需求被转移到国外。

这样，中国经济当前面临的主要问题就是供给侧的结构错位和质量低下，供给侧结构性改革从某种意义上讲是对这个问题的应对。所以，短期而言，供给侧结构性改革一方面是让市场及时出清，化解过剩产能，另一方面是培育形成新的经济增长点，以新的更高质量的有效供给带动新需求。

当然，其关键是合理界定政府与市场、政府与社会治理边界的制度方面的供给。具体说来，其核心是通过提供更有效的好的制度供给以深化市场化改革，真正按照十八届三中全会决议精神，让市场在资源配置中发挥决定性作用，以此解决政府在资源配置中越位、错位的问题，使之促进向效率驱动和创新驱动的转型，同时更好发挥政府作用，解决政府在维护和公共服务方面缺位问题。

关键要解决政府的定位问题

《21世纪》：你之前提出，要素驱动仅仅是阶段有效的，未来中国经济的可持续增长和发展需要向效率驱动、创新驱动转变，但这个转变有赖于市场经济的完善。那么，在完善现代市场经济制度方面，需要解决什么问题？政府的治理思路需要怎么转变?

田国强：我认为，最关键的需要解决的问题是政府的定位问题，需要按照十八届四中全会的决议精神，在法治的框架内更好发挥政府作用，同时解决目前政府职能错位、越位、缺位的现象均比较严重的问题。

一个运行良好的现代市场经济，它需要的是一个有限和有效的服务型政府，而不是一个无所不包、干预不断、效能不足的建设型政府。中国经济要实现向效率驱动、创新驱动的转变，其实质是要从政府主导型经济发展模式向市场主导型经济发展模式转变。

政府最基本的职能是维护和服务，必须用法治将其边界严格地限定在这两个方面，尤其是要更好发挥政府在明晰界定并保护私有产权方面的作用，从效率和创新两个维度来支持和增进市场，真正让市场在资源配置中发挥决定性作用和让民营经济发挥主要作用，从而促进中国经济实现又好又快的发展。从这个意义上讲，现代市场经济体制转型的关键在于法治的确立。

赋予地方合理税权

《21世纪》：如你所说，供给侧结构性改革的核心是通过提供更有效的好的制度供给以深化市场化改革。那么如果希望地方能够很好地落实供给侧结构性改革，需要对地方政府进行哪些激励方面的体制机制调整?

田国强：首先，对于地方政府在土地市场的角色要重新定位，要充分发挥市场在土地要素资源配置上的作用。土地要素市场的价格扭曲，是造成中国经济其他要素市场及商品市场价格扭曲的重要根源之一。当然，这里不否认政府在规划、区划上的引导和监督作用。

其次，土地财政的不可持续和中央占大头的营改增的推进，要求重构地方的主体税种。否则，要想马儿跑，又不给马儿草，恐怕是不行的。从理论基础和国际经验来看，未来我国省级政府应建立以消费税为主，市县政府应建立以财产税为主，以行为税、目的税为辅的分级主体税种。具体来看，房产税改革、环境税改革等的推进，将有利于培育地方财力。当然，在赋予地方相对独立税权的同时，也要在制度设计上确保对地方税权的监督与约束，防止税权滥用。

再次，对地方政府官员的政绩考核体系要扭转，从过去的为GDP增长而竞争转向为改革发展而竞争。一方面，要允许地方政府试错、犯错，大胆探索，大胆闯，不要动辄得咎；另一方面，要将十八届五中全会所提出的五大发展新理念“创新、协调、绿色、开放、共享”等嵌入政绩考核体系，形成指挥棒效应。

降低企业制度成本

《21世纪》：有观点认为，中国的制造业成本优势相比东南亚国家已不在，甚至相比部分发达国家而言，会在十几年后丧失，您怎么认为?

田国强：我基本同意这个说法，但也依赖于我们今后怎么做和应对。之所以同意这个看法是按照现状来看，中国的人口红利、环境红利等红利本身就已经进入衰退、削弱的阶段，再加上不合理的新劳动合同法、民营企业发展的种种政策瓶颈、外部世界经济不景气和贸易壁垒等，使得中国制造业特别是东南沿海的外向型制造业的成本优势确实几乎丧失殆尽，企业倒闭、外迁现象比较突出。

当然，结论也可能不是这样。如果能减低企业所面临的制度成本，比如减税和让土地城乡自由流转而使之厂房用地成本下降，再加上中国较高的劳动者技能素养和产业集群配套程度，中国制造业在短期内还占有一定的优势。同时，中国是一个内部结构复杂、发展程度不一的大国，产业梯次落差也比较明显，中西部省份的制造业成本仍具有相对比较优势，增长潜力不容忽视。以重庆为例，2014年民营经济对全市GDP增长贡献率达到60%，2015年上半年规模工业增加值增长11.1%，增幅持续高于全国好几个百分点，而制造业产值则占到其工业总产值的90%以上。

此外，与发达国家相比较，十几年之后如果不出意外，中国也将跻身高收入国家行列，但中国发展的均衡性肯定没有现有发达国家那么好，从而在一些领域还将存在一定的成本落差，保持成本上的相对比较优势。

（许阳）

中外学者论道全球经济：缓慢复苏下预计增长3.4%

斯蒂芬·皮克福德　莫恒勇　孙立坚　塔米姆·巴尤米

大宗商品价格暴跌、叙利亚危机、新兴市场展露崩盘迹象，2015年，全球经济并不太平。

展望新的一年，从贸易到投资，从新兴市场到发达国家，对于低增长大家似乎都没有特别好的药方。在这样的环境下，货币政策历史上的一个重要时代已经结束。美国短期利率近10年来的首次上调，终结了自金融危机以来广泛存在的近乎为零的借款成本。

美联储加息会给全球带来什么趋势？新兴市场会否出现类似于1997年金融危机般的大范围违约？大宗商品何去何从？彼得森研究所高级研究员、前IMF经济学家塔米姆·巴尤米（Tamim Bayoumi），英国智库Chamtum House研究员、英国财政部国际司前司长斯蒂芬·皮克福德（Stephen Pickford），美国国际集团（AIG）代理首席经济学家莫恒勇（Henry Mo）和复旦大学经济学院副院长孙立坚，从中、美、欧以及私人部门、国际组织和学界的不同角度出发，问诊2016全球经济。

《21世纪》：2015年全球经济增长疲软，大宗商品大幅度下滑，新兴市场年底出现部分崩盘的迹象。对2016年全球经济有什么预测？会出现哪些风险？

斯蒂芬·皮克福德：我对2016年的预期比较悲观，目前全球经济并没有什么太多的亮点。经济整体状况比较好的可能也就只有英国和美国，中国从增速上看仍较高，但是已经下降。大宗商品的暴跌不仅使得新兴经济体受到影响，澳大利亚和加拿大仍然深受其害。从增长的方面讲，没有太多的增长动力。低通胀导致的刺激消费还没有出现，并且2016年也难以实现。因此我认为2016年经济增速会继续走低。

莫恒勇：我们认为全球经济增长会在2016年有所复苏，预计增长在3.4%左右。经济反弹主要的推动因素在于新兴市场，尽管油价大跌，我们判断新兴市场在经历2015年的低速增长后，2016年将出现小幅度的增长加速。我们认为发达市场经济增速将超过2%，缘于国内需求的上涨以及财政压力的减小。

尽管全球增长2016年将会比较稳健，但增长仍然难以大幅度刺激通胀。我们认为全球通胀应保持在3.6%，发达国家通胀上升而发展中国家降低。近期油价和商品价格的下跌毫无疑问将给通胀带来下行的压力，因此宽松的货币政策对很多国家来说仍然是很有必要的。

目前增长的风险来自以下几方面：市场对联储加息的过激反应、中国突然的经济减速、新兴市场债务大规模违约以及地缘政治的风险。一个明显的趋势为国家货币政策上的分化，在发达国家和发展中国家均有体现。全球货币政策变化将在外汇市场体现得尤为充分。新兴货币在过去的两年间出现大幅度贬值，摩根大通新兴货币指数2014年下降12%，2015年下降15%。

孙立坚：2016年全球经济风险还是比较大。首先，全球经济低迷，能源价格不断走低，世界经济有可能进入通缩的恶性循环。大宗商品下滑引发一连串问题，如资源市场的破坏、资源的破坏、消费者最终商品价格下降、企业利润的下滑、劳动者工资的下滑、消费下降、进入通缩的低增长轨道。

其次，宏观调控的风险，美国银根收紧将带来利率的上涨，很可能造成资金从大部分经济疲软的国家流回美国，造成货币贬值、债务违约以及国内增长乏力。

《21世纪》：美联储进入加息周期，货币政策历史上的一个重要时代已经结束。美国短期利率近10年来的首次上调，终结了10多年来广泛存在的近乎为零的借款成本。这对全球市场有什么样的作用？

莫恒勇：目前已经完成了第一次加息，我们认为美联储将会暂停并观察市场情况，并在2016年第二、三、四季度分别加息一次。英国将会在2016年第二季度首次加息。与此相反，欧元区和日本缓慢的复苏将可能会有更多的刺激。欧洲央行在11月确认延长QE到2017年3月，并很可能增加资产购买。我们同样也认为日本央行将在2016年年中进行量化宽松，由于任何方式计算的通货膨胀都比央行计划的2%要低，各国经济复苏的程度不一，货币政策的分化趋势还是非常明显。

孙立坚：美国收紧银根会导致其他国家被迫紧缩。但目前来看，大部分国家增长乏力，不到紧缩的时候，但由于美联储的加息逼着自己央行开始紧缩。紧缩可能导致出现资金链断裂，融资成本上升，严重影响其他经济的复苏。

斯蒂芬·皮克福德：长期来看，结束QE这种非常规的经济刺激手段是利好，市场在经历短期的波动后将会进一步平衡，这个平衡来自私人投资的增长。

《21世纪》：新兴市场出现严重资本外流，包括巴西等都出现严重的宏观经济危机甚至是社会动荡。接下来新兴市场是否会出现1997年亚洲金融危机那样的问题，或者会有什么新的情况？

莫恒勇：今年对新兴市场来说是非常艰难的一年，我们认为2016年的反弹将会出现，但重新复苏会比较困难，比如巴西持续恶化的政治经济情况、对产油国俄罗斯来说油价继续下跌等等。

在我看来，新兴市场也将在2016年面临两个根本问题。

第一，资本外流和货币贬值。对美联储在2015年12月加息的预期以及新兴市场增长不足使得很多资金在2015年下半年流出新兴市场。同时，新兴市场货币贬值持续。摩根大通的新兴市场货币指数已经从5月下降了10%。

我们预测货币政策将会进一步地分化，不能排除新兴市场持续资本外流的风险，而这可能会弱化新兴市场的整体需求，而这被看作全球增长引擎之一。新兴市场货币的贬值也会进一步使有外币债务的新兴市场企业更加困难。

第二，非金融部门的高杠杆。与发达国家不同，在金融危机后的几年间一直在经历痛苦的去杠杆，发展中国家非金融企业杠杆率上升非常快。除中国以外，土耳其、巴西、印度和俄罗斯等都经历了非金融企业债务的大幅度上升，其中很大一部分比例都是外币借款。举例来说，2014年土耳其25%的非金融银行贷款都是外币贷款。在信贷边际效益递减的情况下，进一步放宽信贷对经济增长效果有限。与此同时，货币状况开始在美国正常化，债务问题很容易增加银行信贷和主权风险。

斯蒂芬·皮克福德：毫无疑问，新兴市场跟2010—2011年高速增长已经完全不可同日而语。新兴市场目前的宏观状况不一，要增长最重要的还是要把基本面恢复到正常的状况。下一个周期的全球经济增长事实上还是要依靠新兴市场，因为其出现很多基础设施空缺，这些空缺将带动新的投资，同时增加对大宗商品的需求。这些需求将大量来自亚洲、非洲和拉美国家。但是，可以预计，在目前经济下滑的情况下，不会出现大规模的投资。

塔米姆·巴尤米：全球最大的危机在于新兴市场的下滑。在新兴市场本来增长乏力下，美联储加息给新兴国家带来资本外流压力，我们目前看到巴西和南非等，出现了货币大幅度贬值。我认为不会再上演新一轮的由国际资本突然外流造成的传统性金融危机，最主要由于新兴市场国家具有健康的外汇储备池以及灵活汇率政策。换句话说，新兴市场对金融波动有更好的准备。但是，新兴市场很可能会出现长期的经济增长停滞。

《21世纪》：大宗商品下行有没有可能2016年打破？

塔米姆·巴尤米：大宗商品价格下跌与需求减少出现类似于蛋生鸡的问题，其中需求减少与中国紧密相关，而中国需求的减少又来自欧美的复苏的缓慢。因此大宗商品是一个整体全球经济增长的问题。在需求层面，OPEC在过去几个月拒绝减产是最大的问题。近几周，我们看到大宗商品尤其是油价的暴跌，其主要原因是产油国联盟OPEC进行垄断，不减产，由于油价低迷只能更多出口来保证财政收入。

孙立坚：这个恶性循环的一个典型例子就是OPEC，没有联合进行产量控制，而是各自管各自的生意，采取的战略为大量生产，弥补价格低迷带来的损失。这个情况同样出现在大宗商品的其他领域。跑量供应战略导致整体大宗商品市场价格更加低迷，同时传递到下游制造业，在全球资源原本不足的情况下，搏杀价格。

斯蒂芬·皮克福德：由于大宗商品涉及全球经济复苏，因此我们认为需要宏观情况好转后，大宗商品价格才能上升。我认为最重要的是把各国的宏观政策正常化，同时，这轮大宗商品价格下跌还没有转化成更多消费，但在2017年后有可能发生，而宏观经济正常化将有利于帮助经济复苏。

（张涵）

第二章 解构全球资本

全球经济寻底与重构

全球经济经历六年低迷后的2015年，仍然是复杂艰难的一年。发达地区经济缓慢复苏但是“满路荆棘”，欧元区经济复苏稍强，美国在2014年强劲反弹后疲态尽显，日本则是继续低迷。新兴市场地区基本出现经济下滑，巴西、俄罗斯等甚至出现衰退。服务业成为全球经济增长的主要动力，但是制造业仍然在缓慢“煎熬中”，投资和需求继续承压，这一切都显示全球经济仍疲弱。全球通货膨胀开始抬升，但发达经济体却通缩迹象明显，这使得发达经济体在政策制定上左右为难，并且出现巨大分化，美国将进行加息，而欧元区、日本则继续加大宽松政策。2016年，全球经济将继续面临着复杂局面，美国加息政策将导致新兴市场经济艰难，全球面临着恐怖袭击风险，去产能过剩须加大力度，大宗商品承压。

一、发达经济体艰难复苏，新兴市场下滑

全球主要地区经济增长预期（%）

资料来源：wind、申万宏源、中金公司等

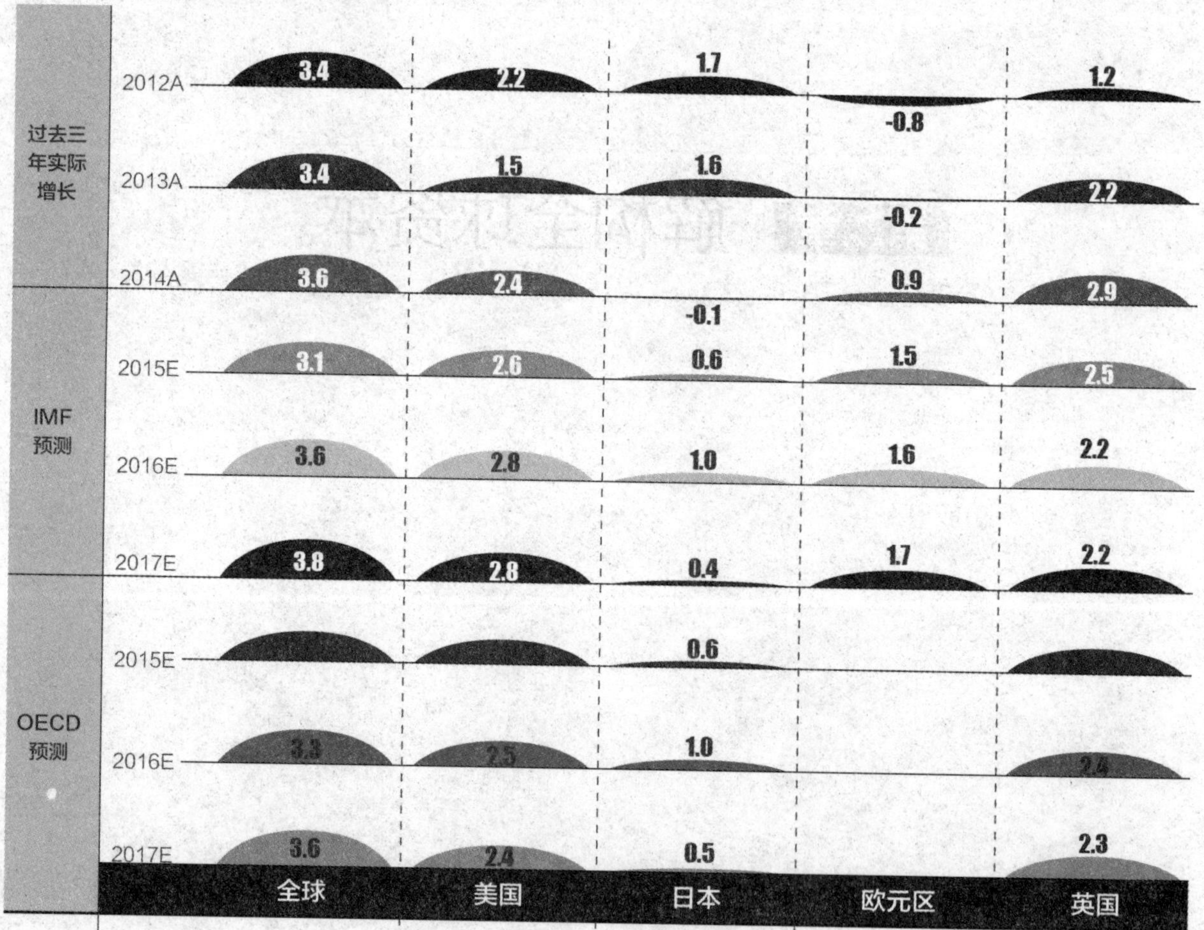

美国经济在2015年继续向好，连续两年在2%以上增长，2016年预期将继续趋稳，正是基于此，美联储选择了加息，并且将进入加息周期。

日本经济在2014年出现衰退，2015年则显示出温和复苏，为了维持良好的局面，日本将继续加大财政支持和宽松货币政策，以提振2016年经济增长水平。

欧元区在一系列宽松政策支持下，经济有所回暖，预计2016年仍然会得到改善，但是，新兴市场经济放缓以及恐怖袭击因素，将为欧元区带来不确定性。

英国经济在发达经济体中表现最为稳定，预计未来几年将保持2%以上增长，然而，英国退出欧盟公投的不确定将对英国经济造成冲击。

解读：国际货币基金组织在最新的预测中下调了2015年全球经济增速，这主要是发达经济体复苏并不乐观，而新兴市场国家经济明显下滑，甚至俄罗斯、巴西等地区出现了衰退。在2016年，全球经济预计将出现缓慢复苏，但是复苏并不明显，仍然低迷。

中国经济在2015年继续放缓，2016年预期并不乐观，为了稳定经济增长，中国将进行一系列改革，以及采取宽财政和稳健货币的政策。

巴西陷入25年来最严重萧条，经济衰退，通胀高企，普遍认为2015年经济增长下降3%以上，并且进入衰退周期，政局不稳使经济雪上加霜。

印度在金砖国家中表现最为抢眼，增长率预期超过中国，并且预期将保持7%以上增长，但是缓慢的改革和贫困将为经济添加不利因素。

南非经济虽未衰退却在衰退边缘，政府债务膨胀、企业和消费者信心不足以及电力供应不足等一系列问题困扰着南非经济。

石油价格大幅下降对俄罗斯经济造成重压，2015年进入衰退，同时还有地缘政治摩擦，欧盟延长对俄罗斯经济制裁，2016年经济仍不乐观。

二、发达经济体通缩魅影，政策分化明显

全球及主要经济体CPI（%）

	全球	美国	日本	欧元区	英国
2012A	3.2	2.1	0	2.5	2.8
2013A	3.1	1.5	0.4	1.4	2.6
2014A	2.7	1.6	2.7	0.4	1.5
2015E	3.31	0.09	0.73	0.19	0.06
2016E	3.42	1.15	0.44	1.02	1.50
2017E	3.56	1.84	1.55	1.25	2.00

点评

全球经济传统增长乏力，2016年寄望结构性改革

2015年，全球经济增长率出现下滑，在这背后是发达经济体复苏缓慢和新兴市场出现严重下滑，甚至衰退。虽然新兴市场整体增长依然高于发达经济体，但是全球经济结构发生变化。这显示出传统增长驱动方式遇到巨大挑战，需求、投资和出口均遇到困境。

在经历了2008年金融危机后，美国等发达国家存在着去杠杆的过程，消费者消费意愿出现下降，消费需求偏弱，而恢复需求需要较长的时间，目前仍然处于过程中。例如，美国提出制造业回归，但是由于需求的下降，制造业并没有得到很好的改善。新兴市场则在经济疲软和高通胀之下，工资增长放缓，同样出现需求不足。

需求不足之下，投资跟随下降，特别是私人部门的投资。目前，全球多数地区都在依靠宽松的财政政策刺激经济，增加政府投资，但是效果并不十分理想，日本、欧元区采取了量化宽松政策，然而经济虽有所回升，但是表现差强人意，不得不继续实行宽松政策。正是私人部门投资的不足，各地区都在新一轮的基础设施建设等政府投资，包括美国、英国等，以稳定经济形势。

在大宗商品需求和价格出现下降的背景下，不少地区出口遭受重创，不仅仅出现在新兴市场，也出现在发达国家，如澳大利亚、加拿大等大宗商品出口国家。另外，不少国家为了提振经济和解决本国就业问题，提出制造业回归等政策，这也造成出口压力。

全球经济似乎进入“死循环”，为了突破，多数国家都在进行改革，特别是结构性改革，以改变目前的增长驱动力。除了改革则是技术创新，创造出新的消费需求。

中国也同样遇到传统增长驱动力增长的问题，不得不进行改革，而需求端刺激并没有得到理想的结果。在全球需求出现下降的背景下，中国目前关键问题是如何改变供给，去产能和去库存迫切，以及淘汰落后的产能，提高技术竞争。2016年，中国的主线即是供给侧结构性改革，以改变目前市场结构和开展消费升级。

解读：在经历长期宽松政策的发达经济体出现通货紧缩迹象，这使得发达经济体面临政策的选择，经济增长和通货膨胀如何衡量。欧元区和日本将继续采取并加大宽松政策，而美国将加息，其他经济体政策也并不一致，这种严重分化对全球经济形成压力。

	中国	新兴11经济体
2012A	2.6	5.7
2013A	2.6	6.5
2014A	2.1	5.5
2015E	1.5	6.1
2016E	1.8	5.1
2017E	2.2	5

三、预测指标显示经济走势艰难，2016年发达市场将趋稳

主要发达与新兴市场地区2015年贸易增长水平

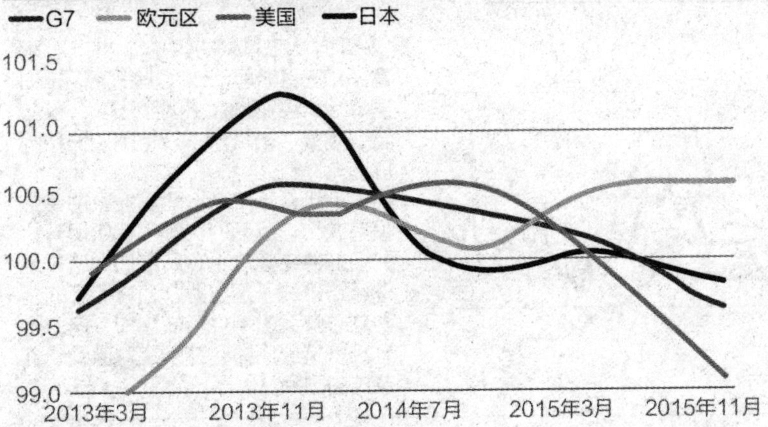

新兴经济体OECD综合领先指标

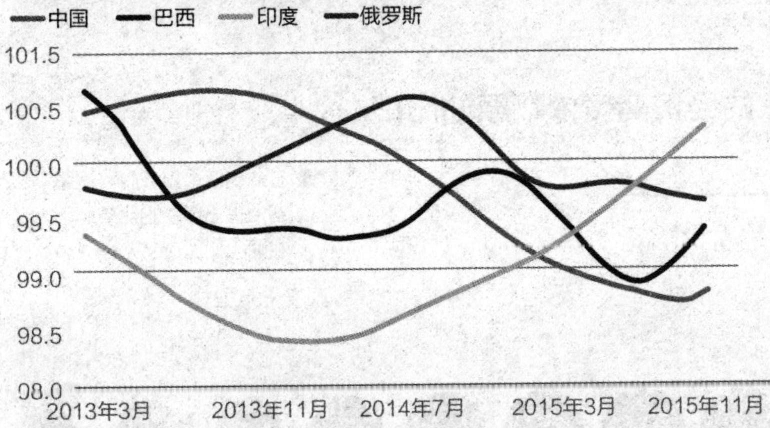

解读：在OECD综合领先指标中，除了少数地区保持上升，其他地区则下滑明显。发达经济体在2014年出现反弹后，在2015年后期再次下降，这显示发达经济体复苏并不乐观，而新兴市场，除了印度保持上升，其他主要国家则承压，都出现了大幅度的下滑。在2016年，发达经济体预测走势将会小幅上升，而新型市场中，印度将继续保持良好态势，而其他主要国家则会继续承压，经济形势并不乐观。

四、全球服务业保持良好，制造业回归曲折

全球PMI走势

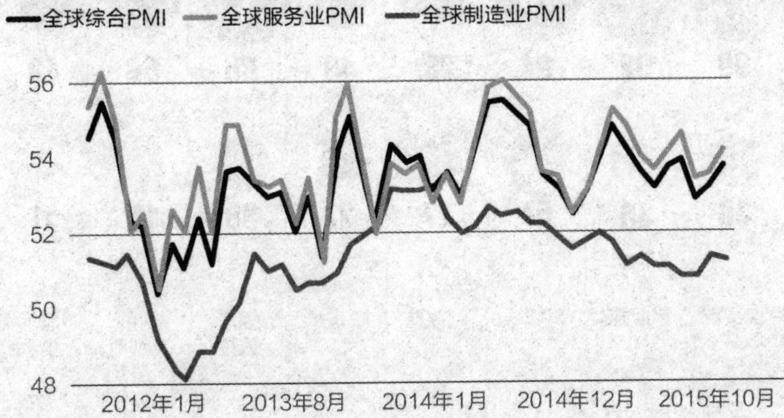

解读：全球PMI目前保持在53—54水平，这一良好的数据表现源于全球服务业保持良好态势。自2012年以来，服务业强劲复苏，2014年达到了这一轮的顶峰，虽然2015年有所回落，但是保持在53以上，显示出良好局面，同时，在多数主要国家和地区中，服务业占主要比例，从全球和服务业PMI相关性可以判断这一点。制造业在经历强劲复苏后再经历下滑，2014年以来保持下降态势。

五、全球局部冲突频发，恐怖袭击阴影笼罩

中东北非冲突频率位于历史高位

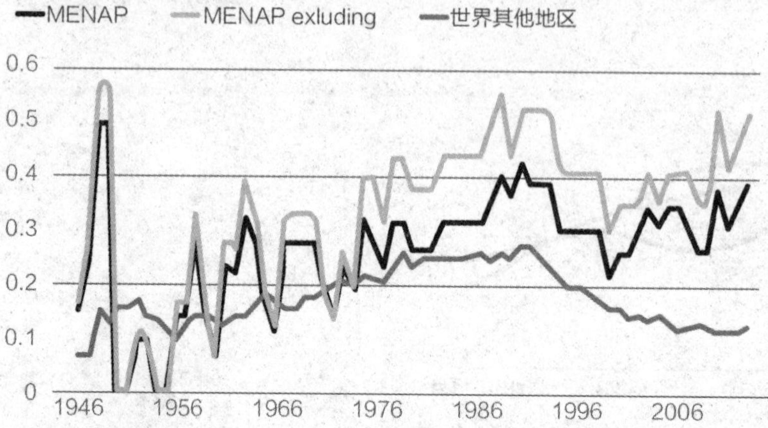

注：MENAP指中东、北非、阿富汗和巴基斯坦，GCC指海湾阿拉伯国家合作委员会，包括巴林、科威特、阿曼、卡塔尔、沙特阿拉伯和阿联酋。

近年来，中东、北非地区冲突并没有减少，反而冲突频率有所提升，并且在冲突强度上有所增加，这对全球经济形成一定压力。随之而来的是全球恐怖袭击事件不断增加，这对全球经济造成压力，特别是对遭受恐怖袭击的国家。

六、政局不稳：OPEC国家的经济高度依赖原油出口

OPEC国家石油出口占经济指标比重

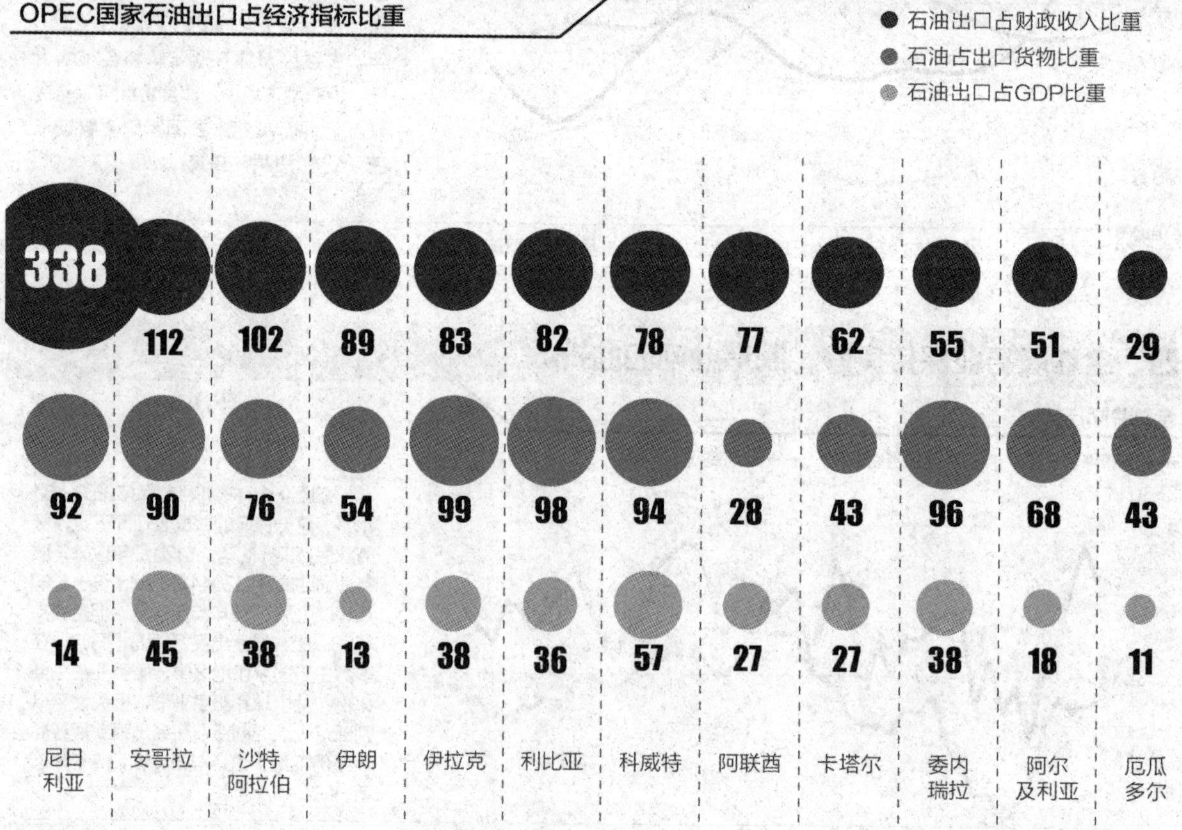

全球资本流动：中国2015年资本外流预计4500亿美元

2015年，全球资本最热话题就是新兴市场资本外流，新兴市场确实面临外汇储备下降，而扰动这一切的则是美元。美元继续大幅升值，这对以美元计价的外汇储备形成压力，同时为了防止本国货币快速贬值，不得不采取利用外储进行干预。在新兴市场资本外流的同时，部分发达经济体也出现资本外流。在新兴市场中，中国是最多话题，中国外汇储备减少有多重因素，除了上述美元因素外，用于注资政策性银行也有所消耗，综合各类数据，预计2015年中国资本外流大概4500亿美元左右。

一、全球外汇储备处于下行通道

全球外汇储备规模变化（万亿美元）

资料来源：wind、平安证券、国金证券等

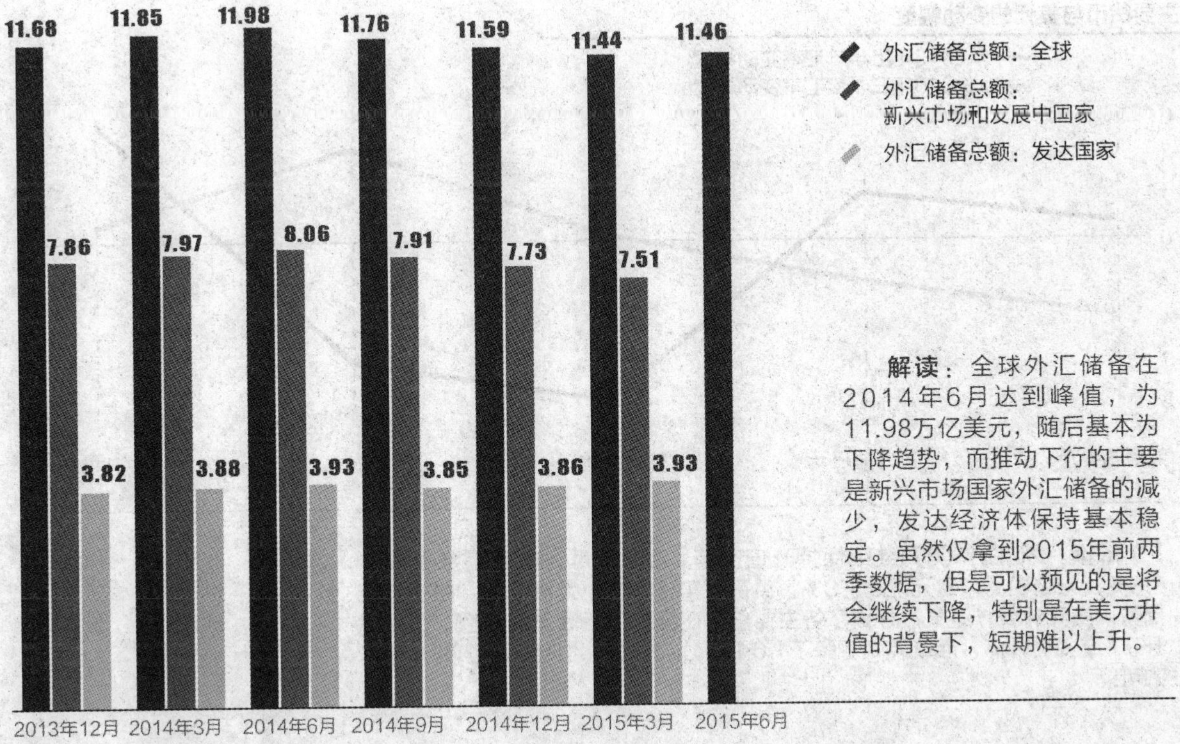

解读：全球外汇储备在2014年6月达到峰值，为11.98万亿美元，随后基本为下降趋势，而推动下行的主要是新兴市场国家外汇储备的减少，发达经济体保持基本稳定。虽然仅拿到2015年前两季数据，但是可以预见的是将会继续下降，特别是在美元升值的背景下，短期难以上升。

二、美元升值扰动全球外汇储备

主要货币在外汇储备占比

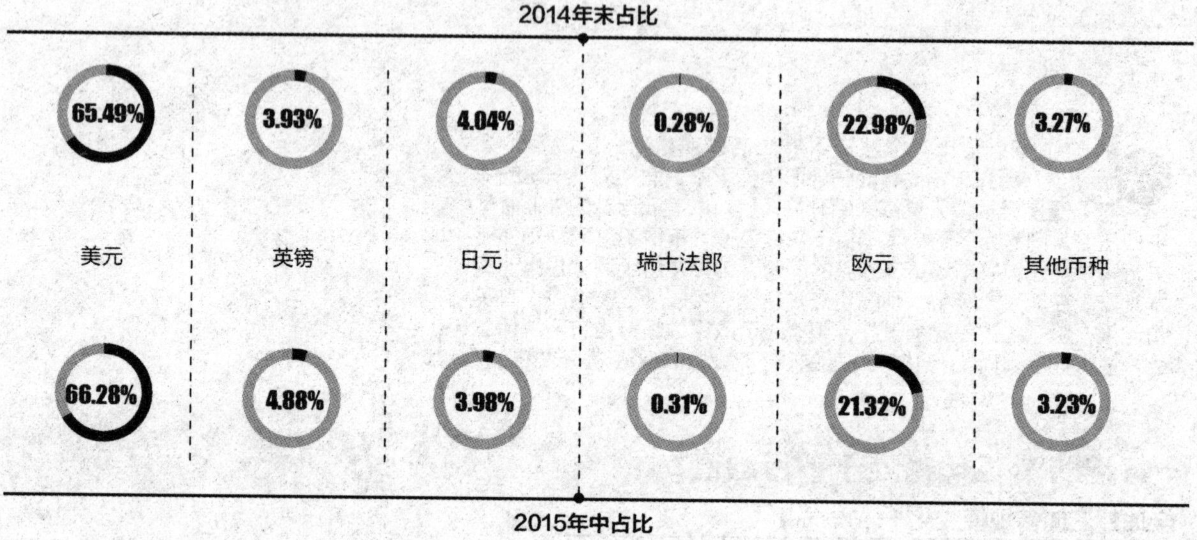

主要货币与美元的变动幅度

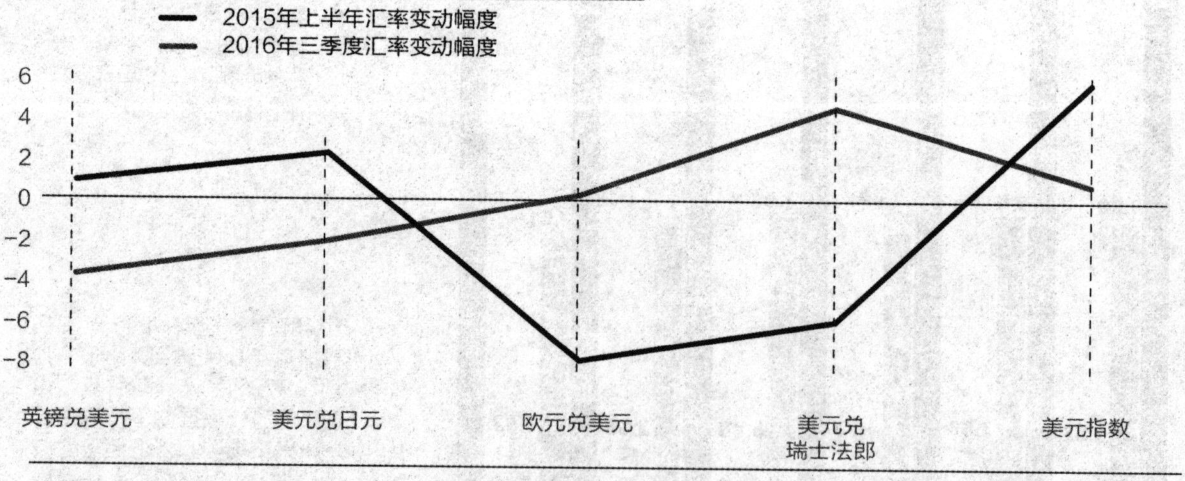

解读：2015年美元继续保持升值态势，前9个月，美元指数上升了6.6%，与之相反，欧元下跌了8%，英镑在第三季度也大幅下降。由于外汇储备以美元计算，这直接导致了各主要货币在全球外汇储备的份额。美元提升了1个多百分点，而欧元则下降了1.6个百分点，当然也存在增加美元储备的可能。

三、全球资本外流加速（亿美元）

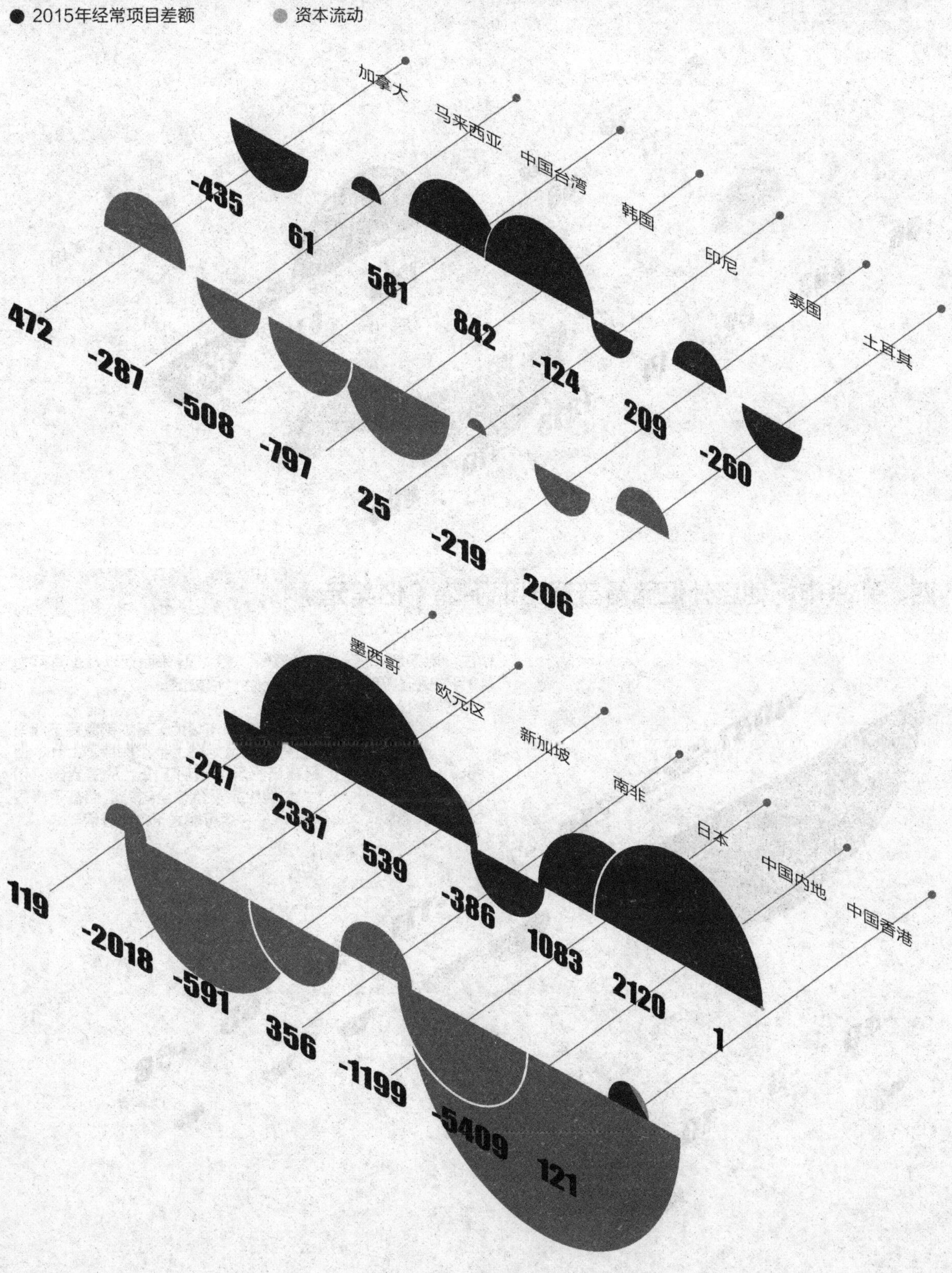

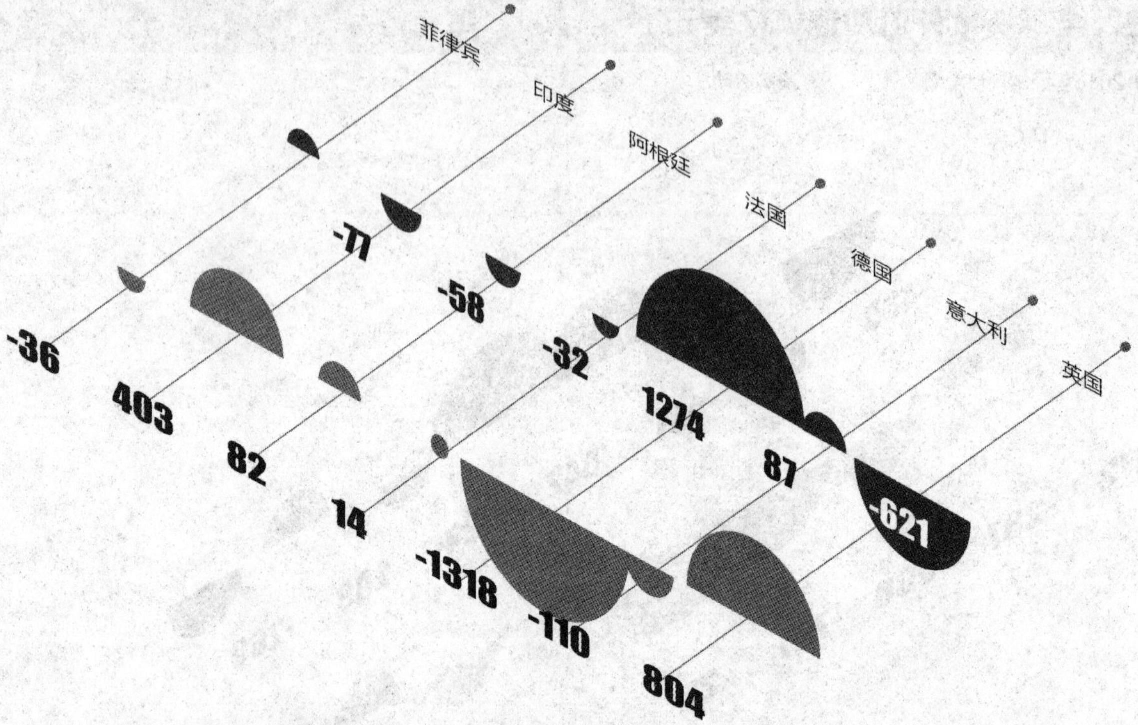

四、新兴市场地区外汇储备普遍出现下降（亿美元）

备注：除了欧元区、英法德意、瑞士、马来西亚以及土耳其为10月末数据，其他国家或地区为11月数据。

解读：2015年新兴市场地区基本都遭受了储备减少的过程，印度则在上半年保持了上升，但是在第三季度出现下降。从主要国家和地区来观察，全球外汇储备下降幅度可能大于今年外流。

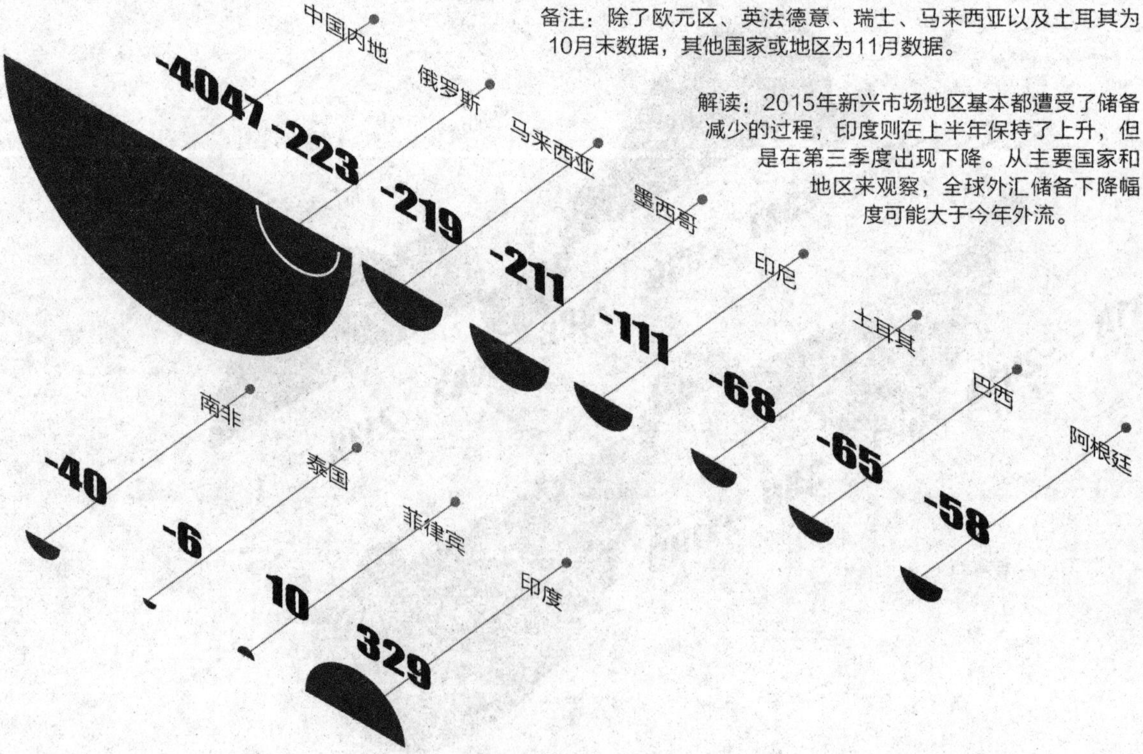

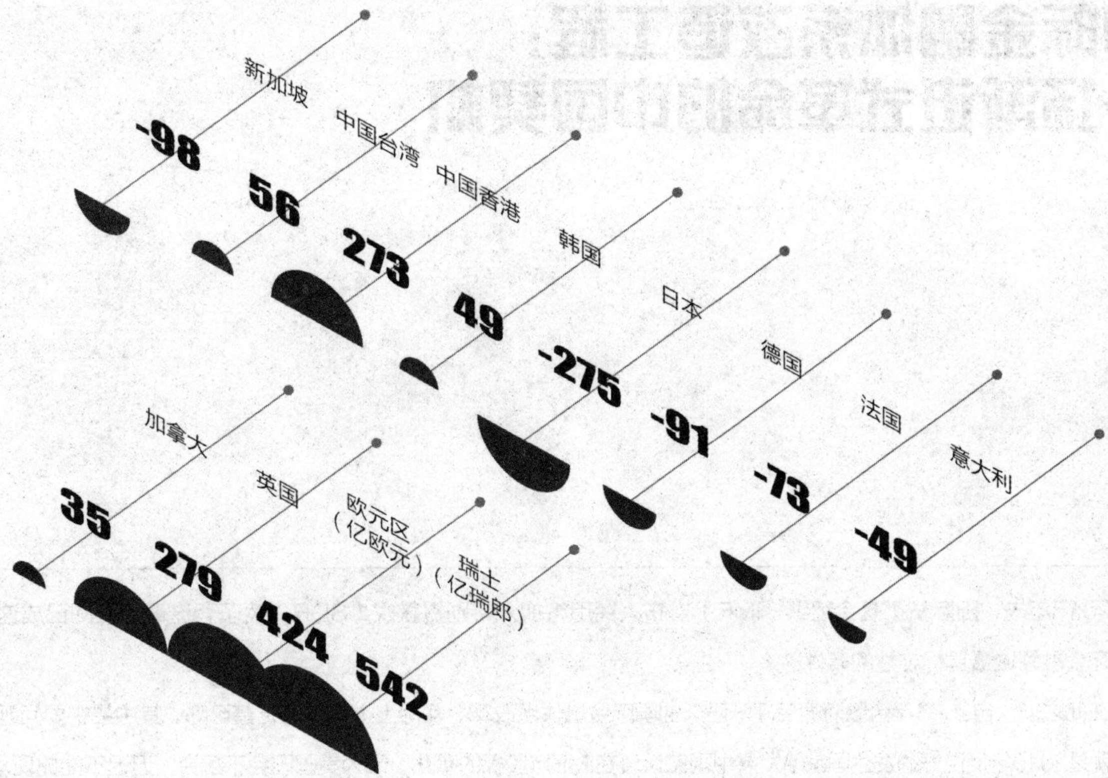

五、中国2015年资本外流规模在4500亿美元左右

银行结售汇情况

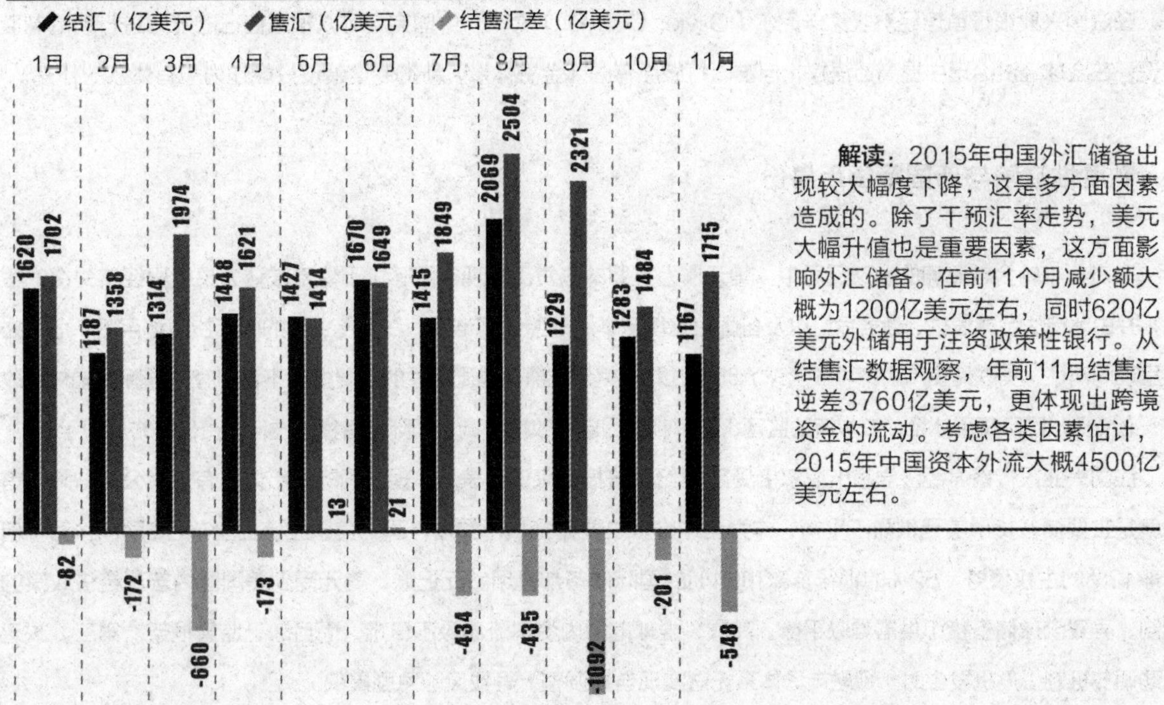

解读：2015年中国外汇储备出现较大幅度下降，这是多方面因素造成的。除了干预汇率走势，美元大幅升值也是重要因素，这方面影响外汇储备。在前11个月减少额大概为1200亿美元左右，同时620亿美元外储用于注资政策性银行。从结售汇数据观察，年前11月结售汇逆差3760亿美元，更体现出跨境资金的流动。考虑各类因素估计，2015年中国资本外流大概4500亿美元左右。

国际金融体系改造工程：一场渐进式革命的中国契机

2015年末，国际货币基金组织（IMF）宣布人民币将加入特别提款权（SDR）篮子，这毫无疑问已成这一年国际金融领域最具标志性的事件。

在此之前，自2008年金融海啸后呼吁已久的国际金融体系改革，实际上进展一直乏善可陈。其中最主要问题之一，就是2010年便说好的发达国家给发展中国家让渡在IMF持股权的事儿，因为美国国会不配合，迟迟不能兑现。

不过，由中国作为主要设计者和牵头人推动国际金融体系改造的步伐，在此期间并未放慢，通过创建亚投行、丝路基金、新发展银行、金砖储备库等新的多边机构和“一带一路”倡议，中国正在用自己的方式改造国际金融体系的固有运转模式，尝试进行新的制度建设。

在法国兴业银行首席经济学家卡尼尔（Olivier Garnier）看来，中国完全可以根据自己的能力进行新的制度建设，在全球经济治理中提高话语权，但难以打破原有国际金融体系，新的制度建设只能作为原有体系的补充。

制度性缺陷与新国际货币身份

在对上一轮金融海啸的全球反思中，美元作为主要本位货币的现行国际货币体系被认为是世界经济失衡的根源，并由此造成金融危机、债务危机以及各国对跨境资本流动监管困难等。在美元主导的国际货币体系下，危机必然呈现周期性，美联储货币政策导致全球流动性过剩与美元贬值也是周期性的。要推动不合时宜的国际金融体系改革，必然要从国际货币体系、资本流动监管、汇率制度、宏观政策协调、国际储备货币发行国责任等方面着手。

法国兴业银行首席经济学家卡尼尔接受21世纪经济报道采访时表示，现行国际货币体系有三大公认缺陷，首先就是主要储备货币美元供需不平衡。作为全球唯一主要储备货币的发行国，美国经济占全球GDP的24%，但全球42%的主权债务、52%的银行贷款和64%的国际储备都是用美元记账。美元受到美国国内宏观经济政策的牵制，导致全球储备货币供需难以平衡。其次，全球范围内资本流动极不稳定，而且缺乏监管框架。第三，缺乏自动调节机制。危机发生时，金融市场体系无法实现自我调整，导致风险急剧累积。

卡尼尔指出，前述状况下首要就是协调，但回过头看，现在的七国集团已经不再具有这方面的相关性，二十国集团也并非一个可以讨论货币体系发展的合适平台。在他看来，未来国际货币体系变化的总体趋势是，美元仍将在很长时间内居主导地位，但会逐渐趋弱，国际储备货币向多极转化。

“我更希望看到现有国际货币体系转移到多元化的货币体系，这肯定要花很多时间，” 卡尼尔说，“如果现在我们有三种储备货币而不是一种，流动性就会更大。但是不管怎样，美元还是会继续在很长时间内作为主导货币，如果没有外力推动，这个改变的过程将非常缓慢。”

随着2016年10月被正式纳入SDR，人民币成为国际储备资产的技术障碍已扫除；加入SDR也将倒逼中国金融市场加快开放、人民币汇率市场化和资本账户的开放进程；而中国不断推动人民币国际化，也是主动参与重塑国际货币体系的过程。

卡尼尔认为，中国必须优先发展国内金融市场。“中国现在生产很多产品，但是可以投资的金融资产好像并不是特别多，”他说，“中国需要发展一个非常大的国内金融市场，包括主权债券市场。”

他还建议，中国用外汇投资于美国国债的做法，慢慢可以用私人投资代替，以增加私营部门流动性，也可以投资于更多样化的资产类别。他称，并不担心中国的外汇储备因此而减少。

据渣打银行估算，已有高达70家央行把部分外汇储备投资于人民币，这些资产分布在中国境内和一些离岸市场；随着全球储备重新分配，有望看到人民币在全球储备中的比例达到两位数，资金流入介于8000亿—1万亿美元，数额超过离岸人民币市场十年发展积累起来的贷款总量和债券余额总和。

货币互换安排的特殊意义

除了将逐步形成以美元为主导的多元储备货币格局，当前国际货币体系的另一明显趋势性变化是，国家间越来越多启用国际货币互换安排。

2008年金融海啸后，随着美元的不断贬值，为维护本国货币安全，很多国家开始签署货币互换安排。继2009年4月美联储与英国央行、欧洲央行、日本央行和瑞士央行联合宣布货币互换协议之后，2013年10月这五大央行加上加拿大央行又宣布将现有临时性双边流动性互换协议转换成长期协议，各家央行都可在自己司法辖区内，以另外五种货币中的任何一种提供流动性，显示主要发达经济体之间，已形成一个长期、无限的多边储备货币网络。

目前中国央行也已经与33个国家签订了总值约3.1万亿人民币的货币互换协议。

国际货币体系的构成要件即储备货币选择、汇率制度安排和国际收支协调机制。当某国需要额外流动性时，可以启用这种互换协议。通过货币互换安排这种机制，既给相关国家央行提供了货币流动性，又降低了其对储备货币的需求。全国人大财经委员会副主任委员、中国人民银行前副行长吴晓灵日前在伦敦接受记者采访时指出，当前国际货币体系最大的矛盾就是全球主要贸易依赖于主权国家的货币，而作为储备货币发行国（指美国），却很难在为全世界提供这个流动性的同时，保证其货币币值的稳定。

“当前情况下想改变美元为主的国际货币体系是不可能，也是不现实的，但是美元作为一个主权国家货币，本身也遇到难题，” 吴晓灵说，“美联储的货币政策考量尽管最主要是美国本身经济情况，但也不得不顾忌其货币政策的外溢效应，看看美联储加息对于国际市场资金流动的影响——国货币政策对于全球产生这么大的外溢影响，这种情况下我们是不是可以考虑，两国双边贸易结算时，可以多用一些本国货币？”

在早些时候于伦敦召开的博鳌亚洲论坛金融合作会议期间，包括香港中文大学教授刘遵义在内的一些学者提出，当前应鼓励更多国家使用本币进行贸易结算，而且不要仅仅局限于双边协定，如果有合适的结算系统，也可以用于多边协定。

吴晓灵同意上述观点。她称，在现有国际货币体系遇到很大挑战但一时间又难以彻底改变的情况下，提供包括人民币在内的更多结算货币供选择是“唯一的办法”。“所谓人民币走向国际，也不是央行一定要把人民币变成国际货币，而是在中国和世界经济交往过程中，大家有了这种结算需求，”她说，“解决问题的最好办法就是尊重交易主体的选择，为他们提供方便，在协调各方利益的基础上，也可能会探索出一条国际货币体系改革的道路。”

吴也特别指出，人民币要真正作为国际货币，最重要的是要加快中国经济结构调整和金融市场改革，这样才有更多人愿意接受人民币，也会使更多人获得人民币后能有好的投资去处。

根据环球银行金融电信协会（Swift）数据，人民币2015年中已超越日元，成为全球第四大最常用的支付货币。以价值计，人民币7月在全球支付中占比2.34%，8月升为2.79%，高于日元的2.76%。

目前人民币在中国自身贸易结算中占比24.6%。渣打银行预计，2017年，该比例将上升至38%，2020年更升至46%。这意味着到2020年中国每年以人民币结算的贸易额将超过2.6万亿美元，是2011年2120亿美元总额的逾十倍。

“一带一路”助力人民币成国际储备货币

国际市场围绕某种货币进行的交易活动，其实很大程度上就体现了市场对该货币的信心。人民币能否成为受欢迎的国际储备货币，最终也要取决于国际市场对其接受程度。

而利用“一带一路”战略，加强与各主要国际金融中心合作，提升人民币在国际贸易和融资活动中使用比例以及作为区域贸易结算货币的地位，就成为顺势而为之举。

迪拜投资公司Abraaj集团创始人兼首席执行官 Arif Naqvi对中国的“一带一路”战略就充满兴趣，他希望自己的公司可以凭借过往在新兴市场上的成功投资经验，成为中国企业进入“一带一路”市场的桥梁。在他看来，未来十年，中国将主导全球经济，也是新兴市场中对外投资的主要资本提供者。他称“一带一路”是最聪明和创新性的战略，投资规模是“马歇尔计划”的50倍，相当于约1万亿美元，接下来三十年，新兴市场国家都会从中受益。

“一带一路”将为人民币贸易结算体量带来巨大发展空间，该战略实施过程中建造的大批基础设施，也将催生新一轮金融需求，推动离岸人民币更多使用和跨境流通。

渣打集团主席 John Peace称自己也对“一带一路”充满热情，“这肯定会成为下一个促进全球贸易发展的动力，也必将改变亚洲与中国。”

（师琰）

后SDR时代汇改：2016年资本项放开与自由兑换更多改革

2015年12月1日，国际货币基金组织（IMF）正式宣布，人民币将在2016年10月1日加入特别提款权（SDR）货币篮子。

这也给市场带来很多揣测——随着人民币加入SDR，人民币汇改因此是否会画上一个休止符，还是激发中国相关部门推动更多汇改措施，为国际投资机构将人民币最终纳入储备货币做铺垫？

从12月中国外汇交易中心发布CFETS人民币汇率指数，旨在综合测算人民币对一篮子外国货币加权平均汇率波动；到央行决定2016年1月4日起，银行间外汇市场交易系统每日运行时间延长至北京时间23：30，以此有效扭转离岸市场（CNH）与在岸市场（CNY）存在较大汇差格局，这些措施无形间向市场传递了一个信号：人民币汇改征途仍在有序推动。

“事实上，考虑到SDR规模占全球GDP比重仅为0.3%，加入SDR对于人民币国际化征途的影响力，还是相对有限的，要让人民币最终成为全球投资机构的重要储备货币，除了营造人民币汇率中长期升值前景，还需要人民币采取更多汇改措施，彻底打消国际投资机构对人民币能否自由使用的顾虑。”一家香港投资银行人士坦言。

这个观点，某种程度也成为当前国际金融市场相对主流的看法——2016年，人民币还将在资本项放开与自由兑换方面开展更多变革措施。

国家外汇管理局局长易纲也曾表示，人民币加入SDR后，中国金融改革放开步伐不会放慢，会按照部署全面稳步向前推进。

人民币资本项放开“新动向”

在这位香港投行人士看来，考虑到含有人民币的新SDR货币篮子在2016年10月1日正式启用，未来10个月内，国际投资机构还有充足时间决定，是否按照SDR货币篮子的各国货币权重比例，将人民币纳入自己的储备资产。他透露，目前多数国际投资机构的共识，是鉴于中国经济在全球的地位不断提升，将人民币纳入储备货币将是必然趋势，但他们心里还有一个顾虑，就是人民币是否已经实现“自由使用”，以及资本项下的自由兑换，这将影响到他们使用人民币兑换其他货币的操作便捷度。

根据IMF的分类，资本账户管制分为7大项40小项，其中7大项分别是资本和货币市场工具交易管制、衍生品及其他交易管制、信贷工具交易管制、直接投资管制、直接投资清盘管制、房地产交易管制、个人资本交易等管制。目前中国已有35个小项全部或部分实现货币自由兑换，只有5个小项仍然不能完全自由兑换，主要涉及个人跨境投资，以及非居民在本国市场发行股票和其他金融工具等。

央行已经推出一系列措施允许国际投资机构更便捷地在境内开展人民币投资，其中包括国家外汇管理局近期发布《关于境外中央银行类机构投资银行间市场外汇账户管理有关问题的通知》，允许境外中央银行类机构在参与境内银行间债券市场和外汇市场交易的同时，可凭投资境内银行间外汇市场的备案表或有关部门关于开展相关业务资金往来的复函，在境内银行开立境内外汇专用账户。

交通银行首席经济学家连平表示，这其实是通过人民币资本项有序放开，资本推动人民币国际化的一项重要步骤。尽管美元是全球主要的储备货币，但不少国家央行与国际大型投资机构并不是直接持有美元，而是长期囤积大量美元国债，这种做法的好处，既能维持美元头寸，又能获得国债收益。

在上述香港投行人士看来，这项措施的更大意义，还在于它打通了境外人民币通过资本项回流境内投资增值的新渠道，与货币互换协议形成互补，有助于人民币被吸纳为国际储备货币。

此前，中国央行与多个国家签订货币互换协议。但在一些金融业内人士眼里，货币互换协议的主要功能，是保障人民币在这些国家能够流通。而这些国家金融机构前些年之所以愿意吸收人民币，主要是基于人民币兑美元单边升值所形成的无风险汇差套利收益。如今，随着人民币汇率双向波动，若境外人民币无法形成新的投资增值渠道，这些金融机构持有人民币的意愿就会降低，是不利于人民币在国际市场被更广泛使用的。

“要让人民币在加入SDR后尽早成为国际储备货币，光靠打通境外人民币通过资本项回流境内投资增值的新渠道，是不够的，还必须推动以人民币计价的跨境贷款。”这位投行人士分析说，其实美元成为全球重要储备货币的另一个原因，就是多数国际金融机构都采用美元作为跨境贷款融资的主体货币。在他看来，这也是人民币未来汇改需要解决的重要步骤。

不少经济学家也将人民币成为国际储备货币进程分成三大步骤，最早是跨境贸易人民币结算，其次是跨境直投人民币结算，最后是以人民币计价的跨境贷款。只是，要推动人民币跨境贷款，往往是牵一发而动全身。因为它涉及人民币资本项更大幅度的放开，其中包括人民币汇率、存贷款基础利率的市场化定价，让全球金融机构能够更全面地判断人民币跨境贷款业务的潜在收益风险比，找到更稳妥的金融操作方式。

一家国有银行自贸区分行人士透露，目前人民币跨境贷款业务在自贸区已经得到广泛应用，比如符合条件的跨国公司总部可以采取人民币跨境放款，实现跨境贷款的功能。但他强调，目前人民币跨境放款在额度方面除了有企业净资本限制，还在资金用途方面需要有真实的贸易合同或实体投资项目，若跨国企业通过人民币跨境放款是为了金融投资用途，目前还无法操作。

“我们也希望人民币跨境放款资金用途能得到适度放宽，但这需要相关部门契合人民币资本项放开与自由兑换的整体步骤推出相关汇改措施。”他认为。随着人民币资本项汇改措施逐步推出，越来越多国际投资机构会认为人民币越来越接近自由使用，打消此前的顾虑，逐步提高人民币在储备货币的比重。

人民币双向波动渐成新常态

在人民币加入SDR后，国际投资机构除了关注人民币汇改新动向，更关心未来中国相关部门对人民币汇率的管理方式是否发生新变化。

国际金融市场普遍流传一个观点，即2015年8—11月中国央行频频干预汇市、稳定人民币汇率，主要目的是让人民币顺利加入SDR，一旦这个目标完成，中国央行干预汇率的热情就会减弱，加之美联储加息引发美元升值，人民币汇率将很可能出现补跌行情。在上述香港投行人士看来，正是这种观点的不断发酵，令12月人民币兑美元出现一波跌势，甚至引发境内外人民币价差一度突破800个基点，引发境内外人民币汇差套利交易卷土重来。

“现在国际机构还在担心，这是否意味着中国央行正有意默许人民币在可控的区间内贬值。”他表示。事实上，这也让央行很多汇改措施往往被市场误读。比如12月中国外汇交易中心首度发布CFETS人民币汇率指数，很多国际金融机构就想当然地认为中国央行正在允许人民币汇率与美元脱钩，间接为人民币走软“开绿灯”。

事实上，央行此举是希望金融市场能更全面地评估人民币汇率。

一位接近央行的人士透露，尽管人民币加入SDR，但中国央行并没有放松对稳定人民币汇率的管理。此次推出CFETS人民币汇率指数，其实有两个深层次价值：一是让人民币挂钩一篮子货币，显示人民币在全球货币体系里依然是强势货币，缓解全球机构对人民币贬值的担忧；二是通过让人民币挂钩一篮子货币，间接扩大人民币汇率的弹性波动区间，有助于推动人民币汇率的市场化定价，缓解央行自身干预汇市稳定人民币汇率的压力。

在他看来，未来一段时间中国央行更倾向推动人民币汇率基于市场化行为的双向波动，除非人民币汇率贬值幅度超过央行认定的合理区间，否则中国央行不大会启动大规模的干预汇市行为。

“毕竟，人民币汇率双向波动与弹性增强，相比单边兑美元升值，更有利于国际投资机构接收人民币作为储备货币。”他分析说，究其原因，任何一个国家货币长期保持单边升值，反而会令国际机构担心它本身存在贬值调整的需求，不敢过多持有它作为储备货币；而汇率双向波动的货币，只要它能保证兑一篮子货币始终处于稳步升值轨迹，反而更受国际投资机构的欢迎。

截至12月底，CFETS人民币汇率指数约在101.5附近，较2014年底升值1.5%，即人民币对应一篮子货币的实际汇率仍然上涨了1.5%，处于稳步升值轨道上。

中金公司最新报告认为，2016年，中国央行可能会在增加人民币汇率弹性的同时，保持人民币币值基本稳定，并通过进一步扩大每日波动区间、披露人民币汇率中间价计算方式等措施增加人民币汇率弹性。

在中金公司首席经济学家梁红看来，未来人民币汇率将呈现更明显的双向波动趋势，但不会大幅贬值。目前，中国央行的另一个人民币汇率管理工作，就是采取措施进一步消除人民币在岸市场和离岸市场之间的汇差，给跨境套利活动降温，令国际金融机构无须担心境内外人民币汇差风险，将按SDR各国货币权重，持有相应比例的人民币作为储备货币。

（陈植）

第三章 全球贸易再平衡

拉米：中国可推动WTO框架下的多边投资体系建设

帕斯卡尔·拉米

在距离巴黎春天百货以北约500米的一条僻静小街里，由欧盟委员会前主席雅克·德洛尔（Jacques Delors）创立的智库Notre Europe藏身其间。

现年90岁的德洛尔是这家智库的创始主席。1984年，德洛尔就任欧盟委员会主席之时，把身边一位毕业于巴黎政治大学和高等商学院的高材生也带去了欧盟“首都”布鲁塞尔，并任命其为内阁幕僚长。

这位当时37岁的幕僚长做事果断强硬，1999—2004年担任欧盟委员会贸易委员，其后又成功获得提名并顺利前往日内瓦成为世贸组织（WTO）总干事，其间经手了中国“入世”。

这位总干事就是现年68岁的帕斯卡尔·拉米（Pascal Lamy）。2013年退休后，拉米回到了对其有知遇之恩的德洛尔门下，在Notre Europe担任荣誉主席。

在其2013年退休前后，国际贸易秩序已经开始酝酿大变局。WTO的影响力大不如前，多哈回合谈判停滞不前。一些成员开始另起炉灶，不再对多边贸易机制抱有信心。

日内瓦出现了独立于WTO体系之外的诸边协议谈判，比如美欧牵头的《服务贸易协议》（TISA），欧盟与美国开始谈判跨大西洋自贸协议（TTIP），美国主导亚太地区共12国谈判泛太平洋贸易协议（TPP）。

中国一方面坚定维护多边贸易机制，另一方面也面对风起云涌的新挑战，宣布有意加入TISA谈判，对TPP保持兴趣，并推动《信息技术协议》（ITA）的扩围谈判。

经济下行压力进一步促使中国进行结构改革，主要靠投资和外贸拉动的增长模式面临更大的转型压力。

拉米对21世纪经济报道说，尽管有TPP和TTIP等贸易谈判，但“中国并没有被逼到死角”。无论是通过谈多边、双边或是地区贸易协议，“关键是解决贸易发展的障碍”。

拉米引用邓小平的“猫论”说，不管黑猫白猫，抓到老鼠的就是好猫。现在，这“老鼠”就是贸易发展的障碍。

“拖中国经济后腿的，就是服务业；而服务业是经济发展、竞争力和生产率的动力。中国的服务业与中国经济发展水平并不相称。”拉米说。

在拉米眼里，TPP反而成了“中世纪协议”，取得的贸易开放程度仍然相对较温和；TTIP才能代表面向未来的贸易协议，原因是TTIP的主要任务已经不是谈关税，而是监管融合。

拉米说，欧盟的市场要比美国大得多，欧盟也没必要担忧中国商品涌入，可以直接和中国谈自贸协议（FTA），而不是现在的双边投资协议（BIT）。但前提是中国须首先约束好政府补贴，从而为双方企业创造同一竞争环境。

而在投资协议上，拉米则主张在WTO框架下建立从未有过的多边投资体系，而不是双边。“如果我是中国的话，我可能就会去推动。”

TPP更像“中世纪协议”

《21世纪》：在现在如此多的双边、诸边和地区贸易协议中，您如何对它们评级？按照此前您在华盛顿智库的演讲，TTIP是最先进的？

拉米：TTIP（的贸易自由化水平）是最具雄心的。因为美欧在关税方面已经没有多少可降的了，相比于TPP国家，美欧之间的平均关税已经是1%或1.5%，而全球平均关税还在5%左右。

TTIP最关键部分就是监管融合。融合的形式可以是合二为一，或是相互认可。而相比之下，TPP就像是中世纪协议。

《21世纪》：TPP中也有关于国有企业、知识产权和劳工标准等规则要求。

拉米：是的。在知识产权上有一些条款，在国有企业上也有一些，这被认为是反对中国的“毒药”。

在中国，一些人说应该加入TPP，也有一些人说不可能加入，因为这是美国人领导的。其他人又说，我们在规范国有企业上存在问题，因为国有企业都太强大了，那就让TPP来约束它们吧。至今在美国，那些想用这个“毒药”来规范国有企业的人，可能会遇到反击，也会吸引中国加入。

但是在TPP里面，我所称之为的“预防原则的融合”（免于对健康和环境风险的预防措施）却一点也没有。只是在贸易与环境、贸易与劳工以及贸易与腐败之间，有了一点点政治上的联系。

当然也有相当重要的事，比如WTO之下的渔业管理。日本在WTO反对渔业管理原则，却在TPP里同意了，这就会改变日本在WTO的立场。我认为这是非常好的事情，因为过度捕鱼的问题已经非常严重了。所以TPP带来了新的局面，但是在传统贸易开放上，TPP相当温和。

劳动密集型产业已在转移

《21世纪》：我们可以看到美国在TPP谈判中起到的强有力的领导作用，除了加拿大、日本等发达国家，还有东盟的马来西亚等发展中国家。

拉米：这要看强有力的领导作用是为了什么。TPP在贸易开放上的程度是非常小、非常温和的，协议里有很多过渡时间表，有很多例外条款。

所以，我再次想强调的是，贸易不是说说而已，是关于削减关税，关于消除数量限制和非关税壁垒。

如果要举例的话，东盟（ASEAN）现在就需要朝着解决非关税壁垒前进。但这需要时间。东盟正在进行货物和服务贸易的融合，但还未在非关税壁垒上下很多功夫，在政治融合和货币融合上也没有大的前进。

在全球地区性的贸易融合上，我们有欧盟的单一市场，有《北美自由贸易协定》，下一个就轮到东盟了，再接下去会是东非。

《21世纪》：TPP会影响中国与亚太国家之间的供应链吗？比如TPP成员国中一些原本会与中国做的生意，现在就会转移给其他TPP成员国。

拉米：我还没有详细地计算。可能会在纺织和服装上有转移，比如转移到越南，但是这不会是什么大事。

原因是，第一，劳动密集型的产业已经开始转移出中国了。从中国东部、南部转移至西部，再转移至孟加拉国或斯里兰卡。

第二，不能仅仅看关税，还要看纺织、服装和制鞋等行业的原产地规则。因为如果不满足原产地规则的话，（TPP内的）关税优惠也不起作用。

服务业拖中国经济后腿

《21世纪》：在中国有不少阴谋论，认为TPP是美国遏制中国的手段。面对TPP，中国该怎么办？

拉米：中国有自己的《区域全面经济伙伴关系协定》（RCEP），中日韩之间也在谈自贸协议。我的意思是说，中国并没有被逼到死角。关键是如何解决阻碍贸易的障碍。通过什么途径来达到其实不重要，无论你是在谈多边、双边或是地区贸易协议。而学界所担心的贸易分化其实从未变成现实。

中国自身的问题是服务业，这是中国经济的短板。用中国自己的话讲，不管黑猫白猫，抓到老鼠的就是好猫。

现在，这只“老鼠”就是中国经济增长的障碍。无论“猫”是多边、双边或是地区，不用管它，关键是抓住贸易发展的障碍。拖中国经济后腿的，就是服务业，而服务业是经济发展、竞争力和生产率的动力。中国的服务业与中国经济发展水平并不相称。

《21世纪》：如此说来，要用诸如TPP等外力来促进国内展开怎样的改革呢？

拉米：这就是中国当初加入WTO时所期望的。当时中国就有两个阵营的讨论。人们认为，我们需要借用外部能量来推动内部改革，那么就需要通过纳入国际规则来形成改革推动力。

《21世纪》：在经济下行的压力下，中国现在促进贸易的政策是正确的吗？

拉米：中国当下把大部分鸡蛋都放在了基础设施的篮子里。中国的优先选项是建造基础设施，中国希望这样做会在货物和服务上推动贸易流动。

中国的“一带一路”战略和亚洲基础设施投资银行也说明，中国需要通过这样做，来确保对冲掉贸易向下所带来的负面影响。这是中国的主题。我的观点是，中国仍然应当在服务业市场开放度上多下功夫。

欧盟应与中国谈自贸

《21世纪》：中国已经由官方宣布希望加入《服务贸易协议》（TISA）的谈判。而美国显得不愿意中国加入。

拉米：美国不能决定所有事情，欧洲需要在这件事上发声。

欧洲的市场比美国更大。而所谓市场就是人口和财富水平，是一个容量，而不仅仅是个表面。欧盟5亿人口的市场要比美国大得多，即便目前欧洲的经济增长要比美国慢，欧洲也应该介入进来。

《21世纪》：欧盟已经表态支持中国加入TISA。

拉米：如果美国说“不”、欧盟说“好”的时候，那么欧盟就必须做出选择了。为什么不跟中国单独谈呢？中欧之间有投资协议谈判，但那只是投资。中美之间同样有投资协议谈判。

《21世纪》：你的意思是说谈中欧自贸协议？

拉米：是的。

《21世纪》：但是这难道不会引发欧盟对于大量中国廉价产品进入欧洲市场挤压欧盟境内企业的担忧吗？

拉米：首先，中国劳动密集型企业的工人工资已经增长15%，如果你有战略性思维，那么你会看到中国就要对廉价产品说再见了。

欧洲真正的担忧不是中国产品（低廉）的劳动力成本，而是资金成本。当欧洲的市场更多地向中国开放，那么合理的担忧就是政府补贴，补贴降低了中国（制造业）的资金成本。

政府补贴或是来自银行系统的融资在事实上相当于（出口）补贴，如果你借了笔贷款却不用还的话，这就降低了你的资金成本。

推动多边投资体系

《21世纪》：这是中国对谈判中欧FTA比较积极的原因吗？

拉米：是的。只要WTO在（出口）补贴上的合规要求比较弱，比如WTO对工业品补贴的规定就很弱。

欧盟应该说，我们可以开放贸易，但是你需要约束你的补贴。这是条件，让大家来为资金成本设置好竞争环境。这样一来，你需要为你的融资付出的成本，就和我们付出的是一样的。这样，我们就在同一水平上竞争了。

《21世纪》：所以可以说，2013年中欧之间围绕太阳能产品的贸易争端是关于补贴而不是关于廉价产品？

拉米：是的，这是我的观点。但是那时我是WTO总干事，我不能这样说。

如果欧洲对太阳能新能源是认真的，那么进口廉价产品就符合欧洲利益。正如你所知道的，在这个行业里，有一个制造业岗位，就会有5个相应的服务业岗位。对于廉价太阳能产品来说，最大的市场就在欧洲。

当然，如果你是欧洲境内的太阳能产品制造业者，那么就会与这个行业里的服务业者产生争论了。

《21世纪》：因此是欧洲的太阳能制造业在反对中国产品，而不是服务业。那么，中欧和中美之间先谈投资协议，也是务实的选择了。

拉米：这是双边的，因为还没有多边的投资协议体系。但如果我是中国的话，我可能就会推动一个多边投资体系。一个多边投资体系意味着要在WTO中建立起来。现在还没有任何这样的体系，仍然是双边的，这与贸易体系不同。

监管融合不能谈判

《21世纪》：因为美国之前把精力都放在TPP上，所以TTIP的谈判有所滞后。现在TTIP的谈判已经准备好重新开始了吗?

拉米：我们拭目以待。监管融合注定会更加耗时，比单纯的关税和贸易限制谈判更加复杂。监管融合也不是可以谈判的，是磋商；如果公众认为你在就监管进行讨价还价，那么公众舆论就会埋葬你。

监管融合的磋商不是我接受你电灯的安全标准，你就接受我玩具的安全标准。这是行不通的，不是交易。我们必须确保双方的监管者分别就电灯和玩具的安全标准达成融合，或者合二为一，或者相互认同。

《21世纪》：如果TTIP达成，那么中国和其他国家就都要符合TTIP定下的监管规则吗?

拉米：如果美国和欧盟在汽车安全标准，或者用于花卉的杀虫剂标准，或者玩具安全标准等等达成一致，那么世界其他地方将必须适用相同的标准，因为建立新标准的成本是非常高的。

（陆振华）

全球贸易再平衡：新兴市场期待突破

全球贸易长期低迷，已经连续数年低于3%。发达经济体和新兴市场经济体贸易增长发生反转，发达地区贸易增长水平高于新兴市场地区，这显示出新兴市场地区在出口方面遭遇重大挑战。这表现出来的则是全球产能过剩和需求不振，这种失衡将继续或维持较长时间，全球在经历一段漫长的去产能过程，传导下去则是大宗商品价格的连续重挫。全球贸易明显形成了市场失衡，产出与需求失衡，价格失衡，而恢复平衡，或需要较长时间。在全球贸易增长低迷期，各地区都盯上了自由贸易，这几年全球自由贸易发展迅速。同时，全球贸易面临着新挑战，那就是非关税壁垒。近年来，全球各类非关税壁垒增长迅速。

一、全球贸易持续低迷，WTO连续调低增长率

资料来源：wind

全球贸易低迷

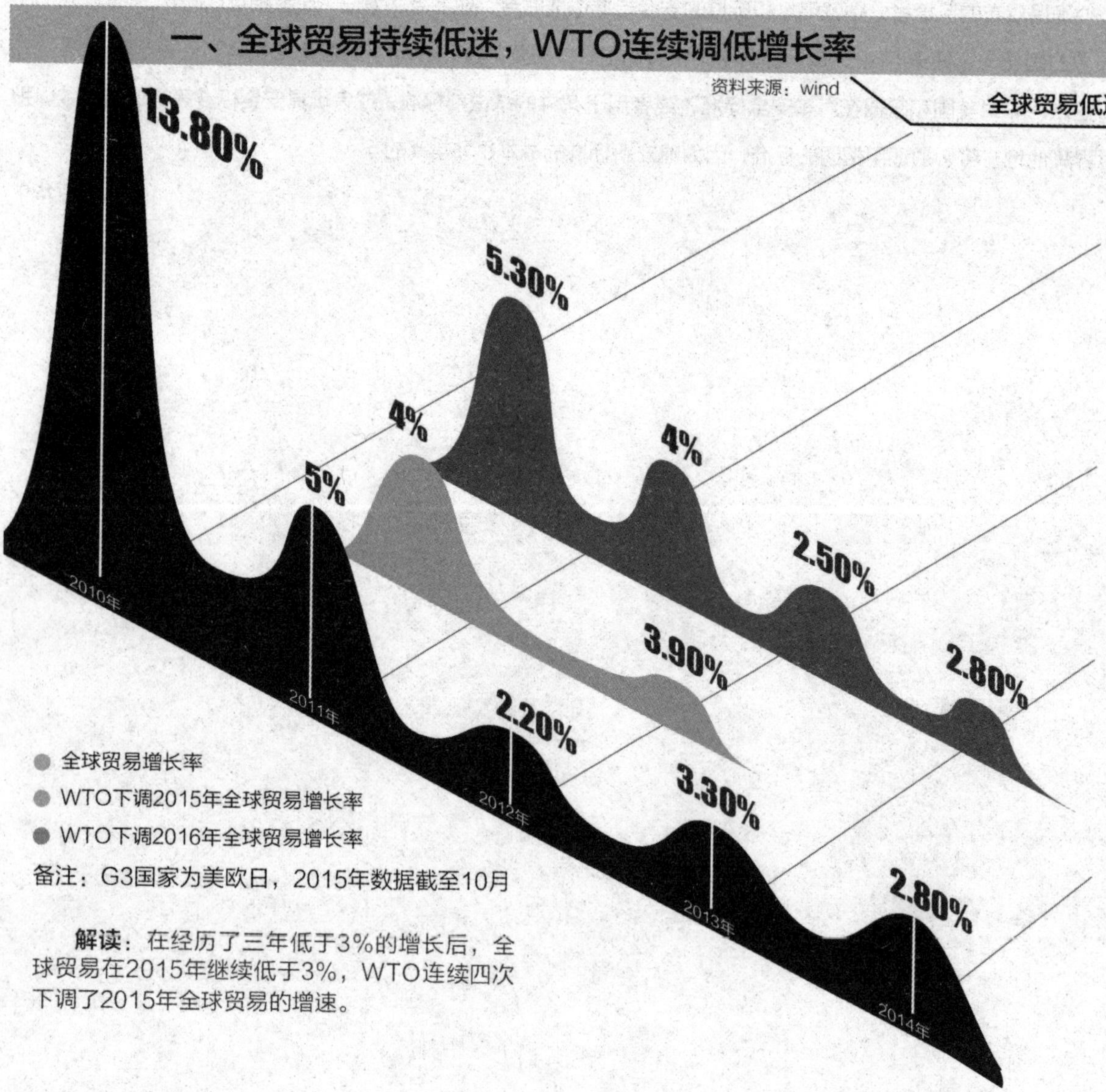

全球贸易增长率

WTO下调2015年全球贸易增长率

WTO下调2016年全球贸易增长率

备注：G3国家为美欧日，2015年数据截至10月

解读：在经历了三年低于3%的增长后，全球贸易在2015年继续低于3%，WTO连续四次下调了2015年全球贸易的增速。

二、贸易再平衡：发达区域优于新兴市场

主要区域贸易增长比较（%）

三、需求不振和价格下滑“双杀”

全球主要经济体贸易数量指数增长水平（%）

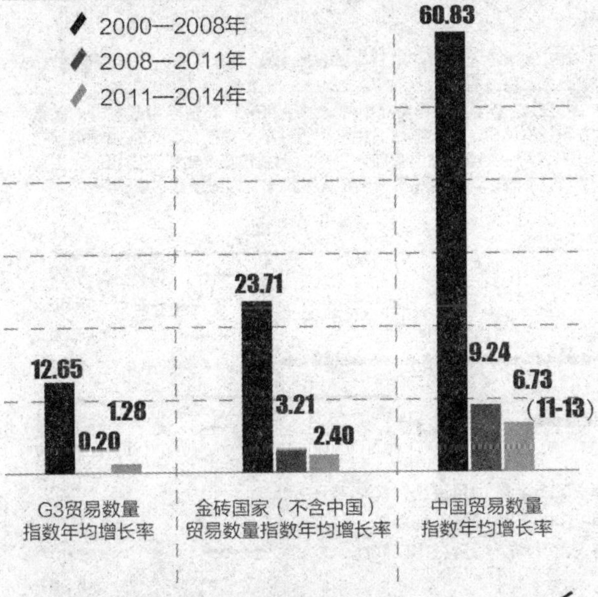

波罗的海综合运价指数走势

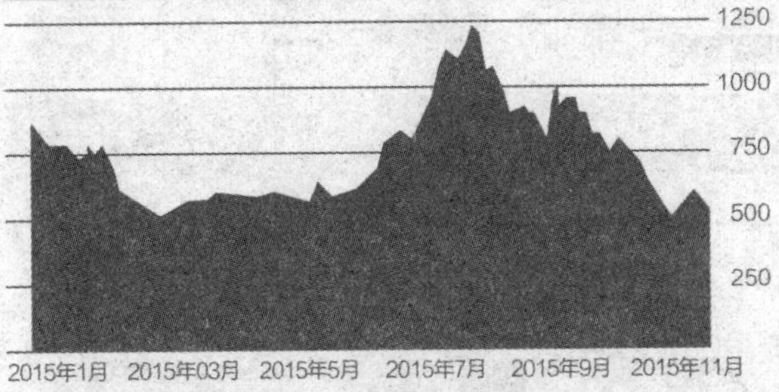

从过往数据看出，全球贸易数量指数增长逐步下滑，由过去的双位数增长，降低至目前2%左右的增长，特别是新兴市场下滑明显。国际大宗商品价格的大幅下降，这也是导致贸易低迷的重要因素。

主要发达与新兴市场地区2015年贸易增长水平

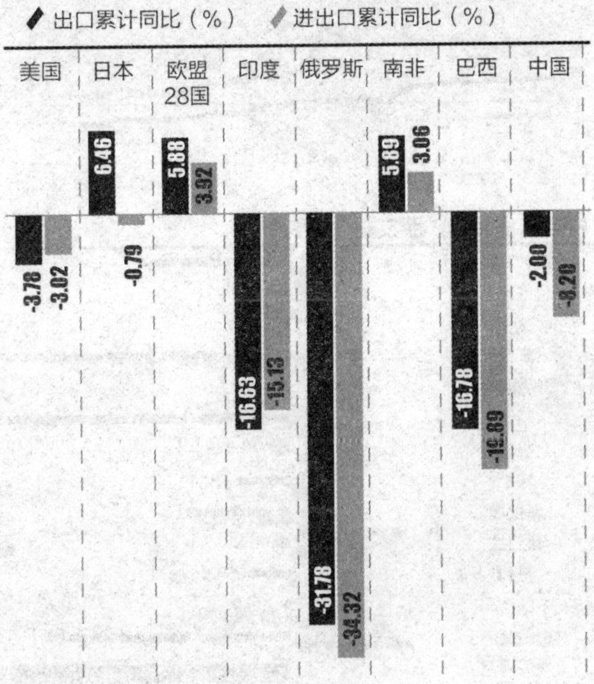

解读：在2010年前，全球贸易中，新兴市场国家远高于发达经济体，但是在这之后，发达经济体总体水平高于新兴市场，2015年发达地区出口增长总体高于新兴市场国家。

备注：G3国家为美欧日，2015年数据截至10月

四、美国债务杠杆率抑制全球贸易增长

美国居民部门杠杆率与全球出口增速（%）

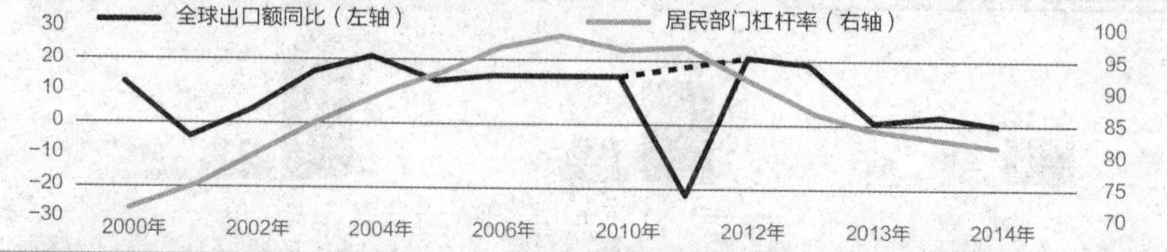

五、全球双边多边贸易成风，中国已有14个伙伴

WTO 规则实施后全球关税税率下降明显（%）

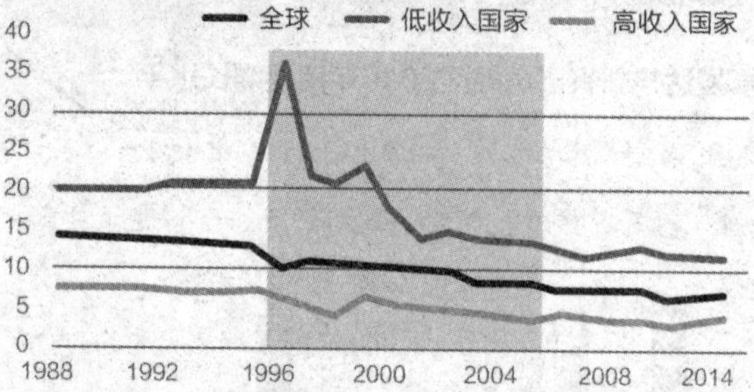

TPP 各成员关税水平（2013 年水平）

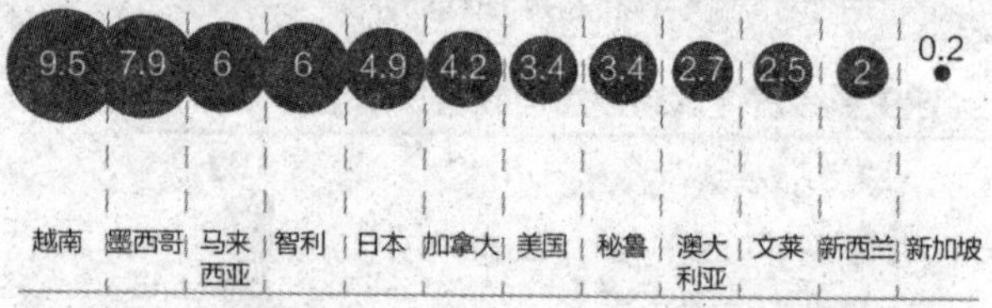

在2015年，重要贸易事件莫过于TPP，在贸易中最关键的因素之一则是关税。目前全球关税水平已经相对较低，TPP在关税调整空间并不大，中国虽然没有加入TPP，但是也在不断扩充自己的自由贸易"朋友圈"，并且在不断调整关税税率，以发展双边多边贸易。

中国自由贸易"朋友圈"（%）

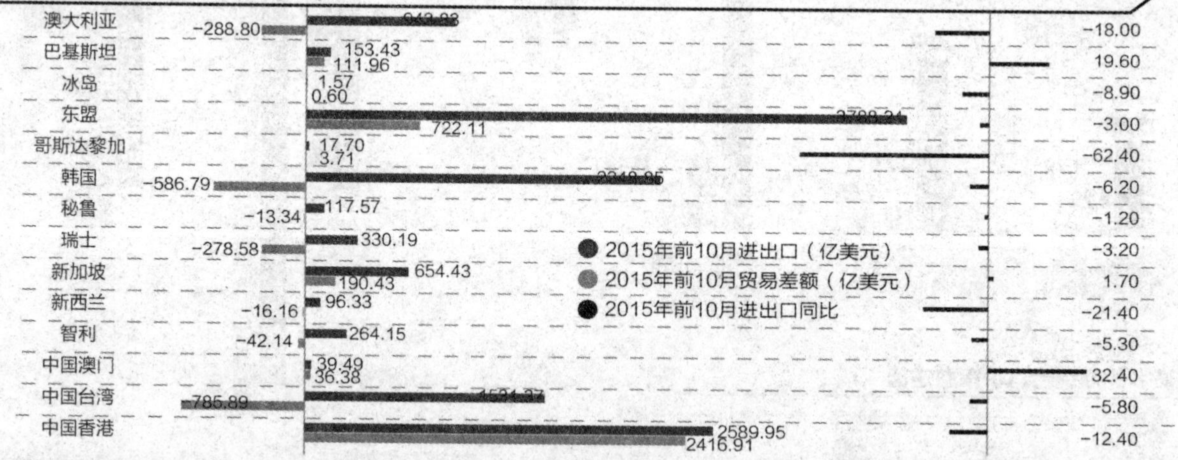

六、全球贸易新挑战，非关税壁垒增多

新型非关税壁垒呈逐年增长态势

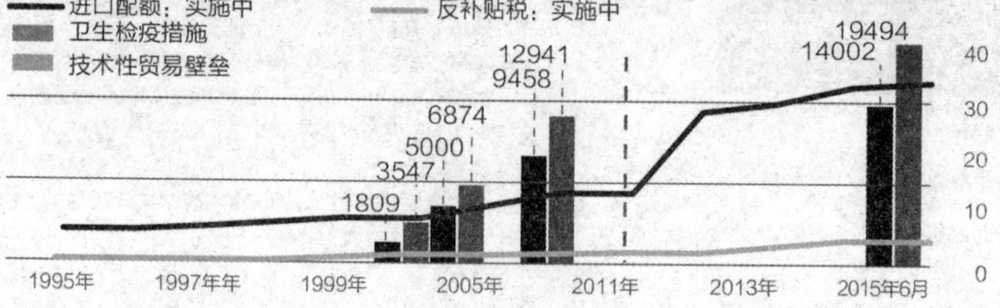

解读：虽然各地区都在发展双边多边自由贸易，关税水平降低，但是目前贸易争端并不在此，而是连年上涨的贸易壁垒。数据显示，卫生检疫措施2000年以来增长了近8倍，而技术性壁垒也增加了近5倍。

张燕生：外贸迈向新常态

张燕生

“中国经济究竟好还是不好呢？如果不好的话，为什么外资投资中国的高增值的产业和技术呈现井喷式的上升？”针对目前外贸外资领域出现的新情况，国家发展和改革委员会学术委员会秘书长张燕生对此进行了分析。

国家统计局公布的数据显示，2015年第三季度经济增速跌至6.9%，其中出口已由过去经济最强劲的拉动力量，变成了拖累因素。张燕生注意到，一方面，“外贸引擎‘熄火’了”，另一方面，外资对中国一些领域投资的井喷式增长。

由外贸、外资的变化而带来了中国国际收支新的变化，张燕生认为，中国国际收支正处于“大转折时期”。

张燕生长期致力于国际贸易、国际金融、世界经济的研究。就宏观经济走势、对外贸易和外国投资、国际收支等话题，21世纪经济报道记者对他进行了专访。

外贸和外资都在告别旧常态

《21世纪》：国家统计局公布的数据显示，第三季度GDP同比增长6.9%，这是宏观经济的底部吗？你对第三季度经济数据做何评价？

张燕生：我们不能只和中国的纵向比，我们还要和全球经济的横向比。如果和全球各经济体相比，6.9%的增速在全球还是名列前茅。中国的GDP已超过10万亿美元，每增长7%，就增长7000亿美元，这是一个中等国家的GDP。这个时候，如果再强调经济增速，我们牺牲的很可能就是质量和效益。

《21世纪》：在“三驾马车”当中，进出口的下滑非常明显。您如何看待目前的外贸形势？

张燕生：是的。前10个月进出口的增速是-8.5%，目标是6%，现在的增速与目标值差距是14.5个百分点。投资和消费实际增速与年初确定的目标也有差距，但差距没有进出口这么大。

不过，和全球其他经济体的外贸数据相比，中国还是不错的。以10月的数据来看，相比去年中国外贸在全球的份额从12.4%上升到了13%。

中国的外贸也有一些新的亮点。比如今年前10个月“一带一路”贸易比重、自由贸易区贸易比重、资本输出带动商品输出贸易的占比是上升的。由此可以看到，在整体外贸形势不好的情况下，中国的外贸方式、外贸结构从“旧常态”向“新常态”的转变。

《21世纪》：外贸形势不好是短期现象还是长期的?

张燕生：过去三年，外贸不好；未来三年，外贸也不好。这将是一个长期的、全球性的问题。从全球经济史的数据来看，凡是去全球化、逆全球化的时期，外贸的增长都不好；凡是全球化时期，外贸的增长明显快于经济增长。外贸充当拉动世界经济增长的重要引擎。

过去30年，我们GDP的增速在10%左右，外贸的增速20%左右，外贸是“三驾马车”中拉动经济增长最有力的引擎。但是现在从全球范围看，外贸这个引擎“熄火”了。

《21世纪》：从外贸的细项来看，哪一项外贸的数据较差?

张燕生：在外贸的数据中，加工贸易的数据尤其不好。2005年加工贸易出口占中国出口的比重是55%，今年加工贸易的出口占中国出口的比重不到35%。也就是说，过去10年以外资为主、以工序分工为辅、以低端制造为主的加工贸易的出口占中国总出口的比重下降了20个百分点。

这种变化也反映了外商在中国的投资变化。2005年之前，外资来中国主要是找农民工；2012年之前，外资来中国是找市场。2012年之后到2015年上半年，外资投资服务业增长了23%，投资金融业增长了430%，投资技术和研发服务增长了100%以上，投资通信设备制造增长了230%。

中国经济究竟好还是不好呢？如果不好的话，为什么外资投资中国的高增值的产业和技术呈现井喷式的上升？外资对中国经济的了解应是最具前瞻性的。因此，以工序分工为主、以低端制造为主的“旧常态”的外贸正在退出，而以高技术制造和高技术服务为主的外资正井喷式增长。

这代表什么呢？外贸和外资都在告别旧常态，迈向新常态。从这个角度来讲，你很难说中国的外贸形势是不好。

中国国际收支处于大转折时期

《21世纪》：从2014年第二季度开始，中国国际收支“双顺差”变成“单顺差”，这将对中国的外汇储备及国际收支平衡带来怎样的影响。

张燕生：实际上从2014年6月开始，我们的外汇储备达到峰值后开始明显下降。资本和金融项目2014年4季度的逆差达到960亿美元，而且服务贸易的逆差也超过1000亿美元。

同时货物贸易的顺差结构也在发生变化，一般贸易一直逆差，现在开始出现顺差。以国际竞争力为基础的、以国内企业为主的一般贸易现在开始出现顺差，但是以外资为主的加工贸易下一步会进一步减少。

从这个角度而言，国际收支也是处于一个大转折时期，外汇储备已经从峰值的3.99万亿美元下降至现在的3.55万亿美元，意味着中国的对外贸易从“双顺差”走向了一个新的平衡状态。

今后人民币走出去不是靠升值、顺差“走出去”，而是靠中国长期、持续的经济增长支撑“走出去”。人民币“走出去”可以从贸易结算转向对外直接投资及离岸金融交易拓展，包括现货、套期保值等。

《21世纪》：市场有观点认为，实体经济有通缩风险。对此，你怎么解读?

张燕生：从实体经济来看，确确实实面临着转型的问题。过去“旧常态”积累的产能实在是太大。

从货币的角度来看，过去6年人民币在升值，美元在贬值，那么套汇套利的资金进入中国，导致外汇占款成为央行资产负债表中基础货币投放最重要的渠道。为什么目前商业银行的存准率这么高呢？就是因为央行要对冲美国量宽资金。无尽的资金进入中国套汇套利，因此我们的流动性很大程度是和国外的量宽有直接关系的。

2014年10月美国的量宽退出，2015年12月美国又要进入加息预期，因此美元升值，资本有流到美国的预期，外汇占款则出现下降，央行的基础货币投放减少。如果央行不采取全面的对冲措施，经济体的流动性就会下降。

从广义货币来看，2014年的下半年我们确实面临着流动性的紧缩。现在开始怎么对冲？就是需要扩大信贷的投放。扩大其他渠道基础货币的投放才能对冲美国的量宽退出和美国的加息预期，以减少外汇占款下降的冲击。

否则，货币经济出现紧缩，实体经济要调整，就会加剧通缩。中国是有需求的国家，怎么会通缩呢？我们采取一定措施就能化解这个问题。

（杨志锦）

经济学家看中国与全球关系：经济存周期性差异

俞平康　钟伟　鲁政委　姚洋

寰宇经济共冷暖。

金融危机过去7年，全球经济增长在2015年依旧乏力，而中国经济下行压力也较大。作为“十三五”开局之年，2016年对于中国而言尤为关键，而中国经济动力的回升不仅取决于前三期叠加问题的消化，同时也依赖于外部大环境的改善。

棋中之局，问题缠绕。

为此，21世纪经济报道采访了北京师范大学金融研究中心主任钟伟、北京大学国家发展研究院中国经济研究中心主任姚洋、长江养老保险首席经济学家俞平康、兴业银行首席经济学家鲁政委等专家，共话中国与全球经济。

中国并非拖累全球经济下滑主因

《21世纪》：回顾2015年，尤其是下半年，中国经济备受外界关注。其中，认为中国拖累了全球经济，或者由于中国的贡献而使得全球不至于更糟，这两种观点都存在。你如何看待？

钟伟：我并没有观察到全球对中国下半年经济有异乎寻常的热情。总体来说，外部对中国经济看法差别性并不大，也就是中国经济仍然维持在中高速，在未来也能够维持一个相当高的增长水平，但是增速放缓是难以避免的，因为毕竟是第二大经济体。并且，全球经济增速和贸易、投资增速都比较低，所以中国不太可能在全球技术周期和创新周期没有起来之前一枝独秀，这是比较困难的，美国也一样。

至于谁拖累谁，这个问题在逻辑上很难行得通，这就像蛋和鸡的问题。目前世界经济增长3%，欧洲、日本衰退，美国经济不到3%，中国6.9%，中国为全球提供三分之一增量。所以你很难说，中国经济增长拖累全球；倒过来说，全球拖累中国经济的味道更浓一些。

因为我们不可能以一个比较高的速度增长去拖累世界比较低的速度增长，同时，中国GDP又只占全球10%略多，增量占全球三分之一，很难判断中国拖累全球。总体次贷危机后，全球经济在弱复苏状态，中国经济表现还是中规中矩的。

姚洋：我觉得这个很难说是谁拖累了谁，因为全球经济一体化程度太严重了，就是会互相影响。

你要说中国经济拖累全球经济，我也可以说美国经济拖累了全球经济，欧洲经济拖累了全球经济，因为他们消费太少了，导致中国生产下降。当然，你也可以把中国拿出来说，因为中国下降，所以中国对周边国家的需求下降，对资源出口国的需求下降，所以全球经济下降。

这个主要看你把世界经济的链条，从哪个地方切入进去。实际上，产出经济有封闭的循环，从哪一点切入进去看，不看整体，你都会觉得有道理；但是一看全球的大循环，是没有必要去怪罪哪个国家的。

《21世纪》：2009—2011年，中国对世界经济贡献率达到50%以上，现在随着中国经济放缓，贡献度下降到30%左右。这是否意味着，中国和全球经济关系发生了变化？

姚洋：从中国经济的体量来说，我们已达到美国经济总量将近70%的水平了。在这种情况下，中国增长7%，远远超过了美国的增长，所以从中国增长对世界增长的贡献来看，肯定中国还是最大的。印度虽然增长比中国快，但印度的基数小。

大家不是看重你本身增长对世界经济的贡献，现在看重的是你能在多大程度上带动世界经济的增长，不是对自己国家，而是对其他国家增长的带动。中国经济下降了很多，这是毫无疑问的，我们经济减速对其他国家增长的影响还是比较明显的。

俞平康：也可以说是两者关系变化，因为最重要的是，目前中国和全球主要发达经济体的周期性并不同步。

2009—2011年，美国、欧洲、日本经济都处于低迷状态，相对来说，中国在2008年12月跌入低谷后出台了4万亿元刺激，经济又迅速在2009年回升。所以，从当时来看，中国经济相对于其他经济体而言，状态比较好，因此中国对全球经济增长贡献率比较高。

经过几年以后，特别是随着美国经济逐步走出低谷；欧洲经济虽处于动荡时期，但也比2009—2011年有大幅的提升。而中国经济反因结构改革推进步伐相对缓慢，所以当4万亿元刺激效果逐渐消失以后，经济现在又慢慢滑入低谷，且还没见底。

因此，相较而言，中国对世界贡献率是降低了，这主要是中国经济和世界经济此消彼长的周期性因素导致。

中国经济外部风险在哪里？

《21世纪》：IMF四次下调2015年全球经济增速至3.1%，创2009年来的新低，为何距2008年金融危机已过去7年，全球经济复苏进程依然缓慢？

姚洋：这次的全球金融危机实际上是一个技术长周期的调整。世界整个技术的领头羊还是美国，因为美国经济完全靠创新去驱动，一次大的创新来了，大概繁荣十几年，十几年之后，它得找到新的创新点，现在来看还没找到，所以经济增速上不去。

钟伟：2015年世界经济创次贷危机来比较低的增速，这个并不令人惊讶，目前全球经济放缓主要受到周期性和趋势性两种力量影响。周期性因素，更多是次贷危机后的商业周期，我个人倾向于这个周期性因素开始分化，并在一些国家差不多见底，比如美国。但趋势性下行的因素，也就是技术创新和新一波增长浪潮还没到，这种趋势性下行，除了美国、中国等引领全球经济的国家，其创新转型的力度不够，还有一个因素是全球化的倒退。

1991—2007年，因为前苏联解体，发达国家特别愿意输出资本、输出产业，全球化推进速度很快，带来了国际贸易和国际投资增速快于全球经济增速的良好格局，给新兴国家尤其是金砖国家带来了外需性增长的机会。目前来看，以美国搞TPP、TTIP为特色，总体上全球化处于有所倒退的阶段，这也就是2015年可能是第四年全球贸易和投资增速慢于全球经济增速的原因。

或者说，在整个经济下行力量中，周期性力量差不多枯竭了，但趋势性下行力量受到技术创新周期能力不足，以及全球化有所倒退、保护主义区域主义有所抬头影响，两种力量交织，世界经济增长还是比较疲弱的。

《21世纪》：多数观点认为，2016年尽管世界经济会小幅回升，但仍将在底部运行。那么外部世界的不确定性，将对中国经济带来哪些挑战?

钟伟：挑战表现在三方面。第一，美联储加息以及美元指数的走强，会给中国人民币汇率带来一定压力。但总体人民币实际有效汇率指数还是会上升，当然中国经济增长调整，人民币汇率相对比较强，也会迎来争议。我想指出的是，在过去几十年间，还没有见到过哪个经济体利用本国货币的加速贬值来促进本国技术转型和加速创新的。

第二，区域主义的抬头，尤其是美国通过TPP、TTIP，使得区域主义大行其道，那可能会迫使中国和欧洲、周边国家等加大双边贸易合作，中国早已经和很多区域体建立贸易投资开放关系，我觉得在今后两年，中国应加大贸易投资开放力度。

第三，全球农产品和食品价格会不会持续下跌，因为这个趋势还在延续。对中国的冲击是，可能会迫使中国调整粮食收储政策和农产品领域的对外开放，总体来说，中国的粮食安全和储备政策要因势利导，有所进展。

但总体来说，世界经济的二次探底或者二次量宽的可能性不是太大。尽管现在经济增长还很低迷，当然这也不排除未来新的不确定性因素比如黑天鹅事件的出现，但世界经济风险比次贷危机时要好得多。

俞平康：分两个阶段。2016年上半年，最重要的是当美元加息了以后，而整个中国经济还在逐步下滑，产能还没有完全出清，那么这个时候，其会对中国资本外流和汇率造成很大的压力。

2016年下半年以后，我们估计随着库存特别是房地产库存的改善，中国经济开始逐步企稳，但相对应的反而是美国经济，可能会有一些疲弱的迹象出现。

所以在这种情况之下，中国和全球经济又有点此消彼长。因此2016年上半年中国经济最大的风险，是要应对资本外流和人民币的贬值；对于下半年来说，中国经济虽然内部问题开始有所改善，但外部的需求尤其是出口的需求并不像上半年那么强劲。当然，如果我们允许人民币贬值到一定幅度，下半年出口外需的减弱可以通过汇率贬值得到抵消。

2016年中国经济或企稳

《21世纪》：2015年中国经济持续疲软，关键是受外因影响还是内生因素导致?

钟伟：既有国内因素，也有外因影响，但总体来说，是以内因为主，也就是说中国经济处于创新转型和深化开放的关键时期。当然，跟外部因素也是有关系的，现在世界经济增速从5%掉到3%，中国经济增速有所下滑也挺正常的。总体来说，中国经济放缓，自身问题是主要的，外部需求放缓，外向型增长道路难以为继，两个因素共同作用增速放缓。

姚洋：第一，是迟到的调整，本来2009年就应该调整，但没调整，所以这是跟全球经济有关系的。

第二，国内的问题就是内需不足。我们以前是为全世界生产，但现在全球需求减弱，国内的需求尤其是中西部需求还没有激活起来，而且对贸易品的需求基本已经到顶峰了。

还有一个更直接的原因是政府的投资下降。2014年政府结余3万亿元，2015年可能会更多，这意味着钱没有花出去。没有花出去是什么概念呢？3万亿元，我们整个GDP是63万亿元，没花出去就是0.5个百分点，这很容易把中国的经济增长率拉下1—2个百分点。

这就是一个很奇怪的现象。我们一方面在说，财政收入紧张，有些地方政府在抽收财政收入，一部分国有企业在收2016年的税收；而另一方面，政府在银行加紧存钱，这是很奇怪的现象。

我认为，造成这个现象的原因，一是中央对地方政府管得严了，不能到银行贷款，光靠地方自己的钱投资不够，用税收搞投资又太贵。

第二个原因是地方政府官员的积极性下降，反腐对地方政府还是有影响的。而且中央层面信号又不清楚，一方面说我们经济增长率还有7%，并不怎么坏，所以货币和财政政策让地方感觉没说到位；但又让地方投资，他们就不知道中央层面怎么去想，不知道政策要从哪方面走。不像以前，4万亿元当然有可能过度放水，可是4万亿元的信号很清楚，让他们投资，地方政府就行动起来了，所以现在反腐和信号不明确最终导致地方政府投资积极性下降。

我认为短期内，这是影响中国经济很关键的因素。因为当经济在底部运行时，财政政策还是最有效的一个政策，特别是在中国，货币政策等于是漫灌式的，而财政政策是以点带面，水涨船高，两个缺一不可。

《21世纪》：受股市波动影响，原本中国经济有望在2015年下半年见底，但如期未至。2016年中国经济能否成功探底，取决于什么？

俞平康：2016年中国经济仍然会继续下滑，第三、四季度可能企稳。因为2015年中国经济下行，最重要的起因就是房地产投资下滑，而目前中国房地产库存量巨大，特别是在三、四线城市，这需要相当漫长的时间来消化掉。我们看到从2014年8月限购政策放宽以来，楼市价格有所回升，到现在已经有一年又一个季度了，那么再往前推进两个季度的话，房地产投资很可能出现止跌企稳的状态，相应也消除了中国经济下行的最大风险，再辅之以一系列的财政政策等，就很容易把经济稍微拉回来。

但我相信，2016年中国经济第三、四季度的企稳，是一个非常脆弱的回升。其中最重要的变数在于结构改革能否推进，特别是国企改革。

改革开放三十多年来，中国经济最大的动力其实来自两方面：一个是经济成分的多元化，特别是私营部门成分的扩大，激励机制的健全，所以产生了最大的动力；另一个就是地方政府之间的竞争。

而现在这两大动力源都在削弱。所以结构改革如果能够迅速推进，中国经济将迎来未来几年的缓慢复苏；反之，2017年还可能再下滑。

宏观政策前瞻：宽财政、稳货币、大改革

《21世纪》：在2016年内外困境交织的背景下，中国如何应对全球经济带来的风险？

鲁政委：对于当前经济形势与政策的审视，应更多置于经济全球化的背景下进行考量。在全球化的背景下，“内需”是一个具有高度局限性的概念，包括消费、投资在内的总需求都更多是在全球范围内释放。在此背景下，一个市场化的汇率机制至关重要。

我认为，目前中国经济问题的关键，是人民币实际有效汇率高估，出路只能是贬值以修正人民币实际有效汇率的高估，归纳为一句话就是：不贬、不破、不活。

中国本质上是有固定汇率，所以在中国经济不断下落的这几年，人民币有效汇率的升幅，远远超过2007年美国升的那部分。实际从2012年开始，人民币超出所有的新兴经济体，我们处在一个美元升值周期的起点上。

《21世纪》：美联储加息与欧、日货币宽松并存，对于中国而言，全球货币政策分化将会如何影响中国政策的制定？

俞平康：相较美国的加息、日本的宽松，中国实际是处于一种中间状态，原来是紧盯住美元，现在的话，如果我们紧紧盯住美元，跟着美元一块加息，那么意味着人民币对其他货币会进一步升值，这更加不利于中国出口和产业结构的调整。

所以在这种情况下，我相信中国的汇率会更加灵活，更重要的一点是要放大汇率的浮动区间。从目前几大经济体的状况分析来看，若汇率区间放大以后，人民币还是会有小幅的贬值，主要针对美元的贬值；但其实本质上，我们对大多数货币还是处于一种相对温和的升值状态，特别是对日元和欧元而言。

《21世纪》：在6.5%的底线思维下，中国的货币政策和财政政策是否需要调整或重新定位？

姚洋：我觉得是需要调整，要让财政政策发挥作用，货币政策配合。现在中央也着急，地方政府不花钱，这个怎么行，2016年财政政策要发挥作用。

现在的问题一定程度是信号不清，另一方面是反腐的紧箍咒，我觉得我们反腐应该回归到制度建设上来，以预防为主，给地方政府官员吃一颗定心丸，让他们安心去做事。

俞平康：大家也是有共识，财政政策需要加强。目前在短期之内，特别是在资本外流的情况下，当我们的汇率还并没有多大贬值空间的状况之下，中国货币政策也很难进行大面积的放宽。在这个时候，确实是财政政策要大力加强。

我最大的担忧则是，2016年中国自身改革能否加速推进。我们做了一轮又一轮的刺激本身就是用时间来换空间的做法，但我们发现时间不断地延后，空间并没有成长，最重要的原因是我们这两年来结构化改革没有进行大规模的推进，所以像通缩这些都是经济下行时的反映，因此2016年我们要重点推进国企改革、财税改革、社保改革等领域的进程。

（张梦洁）

第二篇　经济画像

第四章 经济大棋局

柳传志："拐大弯"要提前布局

柳传志

柳传志先生站在门口迎接我们，握手介绍之后，还未落座，他就问："你们专门从广州过来的吗？"我们回答不是，柳传志说："那你们也要天天吸收这个了。"他手指着窗外说，主宾会心一笑。2015年12月8日，北京首次启动了重雾霾的红色预警。

作为中国企业家群体中的大佬级人物，柳传志在改革开放初期带领联想在PC领域做到全国第一，然后毅然支持并购IBM的个人电脑业务，取得了令世人瞩目的成就。尔后他则专心打造联想控股，试图通过非相关多元化的战略，实现对联想品牌的双轮驱动，打造百年老店。

柳传志先生今年71岁，是联想控股的董事长。在访谈中，他以其丰富的阅历和睿智的思维，对我们提出的问题逐一解答，娓娓道来，不时回顾过去，又展望未来，妙语连珠。

一边吃着碗里的饭，还要注意锅里的饭

《21世纪》：最近几年，世界及国内的政经形势都在发生深刻的变化，不少企业家对这种变化感到迷茫。您对企业家面临的不确定性进行过精到的归纳，如政策层面、全球经济波动以及未来科技创新的影响等等。在应对不确定性方面，您有什么经验可以分享吗?

柳传志：这要针对具体情况具体分析，现在像国内的政策发生变化，或者国际的政经形势发生变化，对一般企业的影响是很难避免的。比如说2004年，有一次宏观调控就把江苏的一个钢铁厂给关了，还有这些年的房地产调控政策，对行业影响都很大。最近提出的供给侧结构性改革，预示着国家政策某些方向性的变化，作为民企来说，就要格外地注意进行调整。

对于这些正在发生的变化，要认真地抬头看路，但是不要忙于下结论，做的时候要冷静。对一些模糊不清的东西，不要一头就往下愣走。当年香港中信泰富不就是为了汇率的问题，一头扎下去的?有些经济学家在讲问题的时候，敢把话讲得很肯定，因为假定不是这样或那样，他们也没什么太大的关系，但是企业家如果要是看不清

楚，盲目地下决心，风险就比较大。

另外，当企业到了一定规模的时候，一边吃着碗里的饭，确实要同时注意做锅里的饭，要为下一步有可能发生的变化积极做准备，凡是提前做好准备的，情况就会更好一点。

《21世纪》：您在对宏观形势和政策的判断上，有没有做得比较好的和一些失误的案例分享？

柳传志：我自己觉得最不错的地方就是，联想从一个科学院出来的100%国有企业，由于科学院领导的开明，我们能够在不同的阶段抓住机会，变成了一个真正的股份制企业。当年，在意识到产权问题对企业发展的重要性后，我们就去努力争取进行改革，而当时中关村的有些类似的企业都没能做到。

还有就是在1990年代初，在中关村很多人倒卖计算机，除了四通有一个中文打字机，还没有哪家能做真正的PC，我们克服了千种磨难，万般艰苦，形成了自己的品牌——联想电脑。在后来跟国外的PC的较量之中，我们又取得了胜利，这个东西其实对国家的意义很大。今天中国为什么会成为一个互联网大国？这跟当时电脑普及打下的基础密不可分。这方面就是我们看准的地方。

看不准的地方当然也有了，比如我们最开始选的个别行业未必特别合适，因此在做投资的时候，我们就会分外注意，要更加充分地考虑中国和世界经济形势的变化等等。这在我们做投资重新确定所投行业的时候，会分外注意。

《21世纪》：这两年，中国的经济结构正处于深度调整转型期，一些传统行业正面临非常大的困难。这么一个大的经济体的转型会很艰难，很漫长，在您看来，这个过程要多久？

柳传志：你所谓漫长是拿人的生命和年龄来衡量的，但要放在历史长河来衡量，那就很短暂。改革开放一晃30多年过去了，这30多年发生了很大的变化，之前的30多年一直是严守过去的老路。

我觉得现在这个转型还要相当长的时间，为什么呢？因为中国和国外不太一样，受政策变化的影响比较大。大方向是一致的，但是中间总是有时偏东点有时偏西点，在这种情况下，我觉得调整起来还是要费一些时间的，再加上我们以往的基础也差一些。

《21世纪》：对于企业家来说，有没有可能进行所谓的逆周期布局，避免宏观环境的变化对企业伤害扩大？

柳传志：造成这个情况的原因很多，就像现在的股市，突然间好了坏了，谁都不知道什么原因，将来真有大数据分析以后，也许能发现，就比如大数据发了卖啤酒和卖尿布的相关性。所以这个东西一定要具体情况具体分析，没有模板可套。

对于企业家来说，如果这个企业真的是企业家本人的，或者是真正有主人的，他可能吃大亏的概率就会少。有一种情况是，政府一号召，比如说投资太阳能，大家就扎堆做这些东西，但政府官员就管他这一任，未来就未必考虑得那么清楚。这些企业在做战略规划的时候，不是根据实际情况出发，而是根据口号，或者是根据当时短期的利益驱动来做的。如果你把它当成自己的企业来看，就一定会小心再小心，就会往长远的方向去考虑。

这就是国企要调整的原因。国企调整就是要让它变成真正是有主人的企业，它的生死、好坏，直接影响到具体的人。要不然的话，产能过剩怎么会这么厉害？眼看着那边房地产有变化，这边做钢铁的还在那拼命投资。

《21世纪》：在经济转型的背景下，您认为未来的投资趋势或机会是什么，在哪些行业？或者说联想控股未来的投资方向是什么？

柳传志：对联想控股来说，旗下的联想集团算是兄弟公司里的老大哥吧，我们希望他们在高科技领域勇于探索，这块有一定的风险，但是不冒风险就很难会有大的发展，比如说当年联想集团并购IBM 的PC这样的事。

联想控股希望能够在受到各方面影响比较小一些的领域进行投资，我们最看好的还是内需消费领域。中产阶级的增加、中国人消费意识的改变、政府的提倡鼓励等都会给消费领域带来机会。我们认为这些领域的发展总体上会比较平稳，外界影响的主要是业务模式创新的挑战。

所以我们在消费领域，像农业食品、医疗服务、互联网的消费服务、出行服务（比如神州租车）以及金融服务等多个领域进行投资。

体系里会有一些公司独立上市

《21世纪》：对联想控股的发展，您提出了双轮驱动战略，朝非相关性的多元化方向发展。联想控股是如何形成这个战略，以及什么类型的企业会更适合发展非相关性的多元化业务?

柳传志：这个也不能死搬硬套，我们是逐渐地走到这条路上来的。像华为，他们能够在技术上一路领先，而且拥有了相当丰厚的资本，他们可以形成自己的业务方向，开展相关多元化的业务，沿着这个往下走。现在像互联网企业，像BAT等，大一些的尽量形成自己的生态圈。

对联想控股来说，非相关多元化的选择适合我们自己的情况，当然跟企业家的性格、年龄等等也都有比较大的关系。我还是格外地注意让更多的年轻同事多做一些。所以这个真的是大家各有不同就是了。

《21世纪》：您过去做PC业务，比较单一，现在则涉及很多很多行业，这对你来说会不会难度更大?

柳传志：反正不同吧，因为我们是做制造业出身，而现在我们把服务业放在一个非常重要的位置。由于我们做了十几年的投资，积累了资金，而且对各行各业的企业有了更加深入的了解和一定的管理经验，在这种情况下，我们做投资和投后管理方面，相信会比纯粹地只做过制造业会好一些。

我们的投资包括两个方面，一个是财务投资，一个是战略投资。战略投资的含义就是说，这个企业领域是我们战略发展的方向，但是后面还有“投资”二字，这就是说，我们依然只是在投资层面去对企业进行管理和控制，并不是要亲自下去做。

《21世纪》：您提到过韦尔奇，对他非常佩服，是指他的管理方法吗?

柳传志：因为当时给我的感觉是，GE从飞机发动机到金融等等，他自己都管到相当深的层面，让我很吃惊，我觉得我们做不了，所以只能是到投资层面，打造出更多的平台，每一个平台都有它自己的主人。韦尔奇采用的是一种事业部的管理方式，对下属部门管控更强。这种管理方式对于一把手的能力要求就非常之高，因此换了人以后，要充分考虑这一点。

《21世纪》：联想控股在财务投资和战略投资会否有一些先后顺序，比如第一步用财务投资的方式进入一些行业试水，第二步再进行战略投资。目前看来似乎财务投资一块做得更好一些。

柳传志：财务投资是最先做的，像君联资本和弘毅投资，已经做了十几年，他们的经验确实为联想控股后面做战略投资奠定了非常好的基础。这是我们的做法，也有不是这样的。也有先做财务投资，然后转回来做实业的，柳青不就是这样的吗，对吧？

另外，联想控股的财务投资业务不是为战略投资服务的，他们是独立的基金管理公司，会为LP负责，但是财务投资之间、财务投资与战略投资之间自然而然地会产生协同和联动，因为对大家都非常有利，这也是我们“双轮驱动”的一个优势所在。

《21世纪》：联想控股要在一些领域打造领先的企业，形成新的山峰，有没有一些更具体的目标？

柳传志：有是有，我们认为现在说稍微早了点，大概还得要几年，在后边的几年，我们认为体系里会有一些企业独立上市，像金融、医疗服务领域都有可能。

《21世纪》：在您看来，联想控股现在是处于一种什么样发展阶段。

柳传志：上市算是我们的一个里程碑，上市完了以后，三年算一个小的节点，就是2018年，我们应该有一个更好一些的表现能够拿出来。

这次联想上市以后，确实遇到了一个问题，因为摩托罗拉的并购等等，联想集团大概亏了六十几个亿，如果不是“双轮驱动”，我们的财务投资这一块有比较好的回报的话，联想控股的业绩就会受到影响。

目前从联想控股的利润来看，联想集团这一块的利润，加上房地产这一块的利润相对比较大，投资这一块的回报不错，也占了比较大的比重，战略投资这一块更多的企业逐渐发展壮大，利润也就会相应增高，因为有些投下去的钱还没有直接产生效益。

发现优秀的企业：事为先，人为重

《21世纪》：如果做天使投资的话，选择一些小微企业作为您的投资对象，您会比较看重哪些东西？

柳传志：我们的“联想之星”是专门负责做天使投资的，他们重点看TMT、医疗健康这样的领域，也会积极布局人工智能、智能机器、互联网改造传统产业、生物技术、医疗器械这样的前沿领域。他们投资的时候跟联想控股做战略投资就不一样了。不能要求他们每个都看得很准，他们会关注科技发展的前沿。

联想控股VC业务的理念是“事为先，人为重”。除了项目本身、行业本身好不好，还是很注意看人的，看领头的人，而越大的企业，到PE业务，对人就看得更重了，但是做天使投资这块，可能会对项目、对行业看得更重一点。

《21世纪》：您自己去看过一些项目吗？或者说你们要投的项目，您自己去做前期的这种工作吗？

柳传志：没有，但在有的财务投资项目，我们要做战略投资的时候，属于联想控股要发展的项目，我肯定会看。前期投资的我基本没有看。但是君联在成立的时候，他们所投的几个失败的项目，失败以后的复盘会，我是连续参加了的。公司也是由于不停地复盘，去进行研究，慢慢地就上路了。

《21世纪》：复盘会发现什么吗？

柳：比如我们投了一个应用软件公司，负责人是从美国回来的一个公司的应用软件负责人。我们投下去以后，很快就垮了。复盘的结果，主要还是跟人有关，因为这个人只抱怨中国的市场跟美国不一样，而不知道怎样让自己的科技成果更适应中国市场。

还有一个项目，是一个科学家的，虽然他请了CEO，但事事都要自己控制，实际上就没法发展。我们还投过一个医疗项目，一位著名的医生出来办企业，但始终办不好，也是自己要控制。

所以到后来我们总结出了“事为先，人为重”，这个理念就是这么出来的。首先看的是项目，最后决定投不投跟人有很大的关系。

《21世纪》：对一些投资成功的具体案例，能举一二吗?

柳传志：我随便举一个例子吧，像拉卡拉，早期是君联资本投资的企业。后来我们加大了投入，联想控股对它进行了战略投资，他们的发展就很不错，除了最早的支付业务，它还有征信、小贷、保理等等，现在已经是一个综合性的互联网金融服务公司了。像这样的企业，往下发展下去，做这些东西就都会比较好。

《21世纪》：在互联网领域，技术创新是一个颠覆性力量。您对技术变革非常关注，能否谈谈这方面的体会，未来的科技变革会往哪个方向发展?

柳传志：技术的变革非常快。在PC行业一度企业非常多，在美国排上号的大企业就有四五十家，小的有成千上万家，现在大多不存在了。

在对新技术进行投资的时候会有很大的风险。比如，对光盘技术和硬盘技术要进行选择的时候，你投错了，几十亿美金可能就颗粒不收。以前有一个很大的公司叫DEC，做阿尔法芯片的，一把投下去，投完了以后不成功，整个公司就完了。

我们国家经常做科技发展的计划，但往往是人家投什么，我们跟什么，而且在做的时候，由于跟企业联动不紧，生产出来的东西也始终不能产品化。

从未来看，如果人工智能技术、传感器和互联网结合起来，这个世界的变化可能难以想象。我在微信上看到一个美国小伙子，带着他的那个团队玩小直升机，他拿了一个遥控器指挥，飞机在空中一架变四架，后来他把遥控器甩了，拿手指挥，飞机就跟着他的手在动，像魔术师一样。这些科技的发展对未来的军事、政治都会产生影响，而且可能会产生一系列大的蝴蝶效应。

《21世纪》：像您怎样关注这种新的东西，比如刚才说的有科技的，又有军事的等等各个领域?

柳传志：我的很多信息都是从微信上来的。我还学着做了一个“小年糕（小视频）”，你们看过吗?

企业接班人：“有主人意识”

《21世纪》：您内心有个愿景，就是希望联想成为百年老店，但外部环境变化确实都难以预测。能否畅想一下七八十年以后的联想?

柳传志：不确定性因素太多，所以真的无从想起。前面一整个世纪，一战、二战、冷战，世界发生了多大的变化?

我在强调做百年老店的时候，是希望我们的企业接班人有主人意识，就是从产权机制、价值观上都能有共同的认同。先不管能力怎么样，最起码屁股要坐得正，要替这个企业真的当家做主，做长远考虑。

我们上一次产权机制的改革主要也是让未来的管理层在联想里边多多少少有一定的股份，虽然比例都不高，但是这个集体要用一种机制传下去。

《21世纪》：在中国的民营企业家群体中，通过制度传承，希望打造百年老店的企业家多吗？

柳传志：我接触的民营企业一般还都是家族式，一般家里的孩子能接他就接。假定不准备让子女接，就必须得考虑这个问题。不考虑这个问题就不是拐大弯，到时候就会手忙脚乱。

（谭翊飞）

刘元春：防止中国步入资产负债表衰退阶段

刘元春

2016年，经济运行态势如何？宏观调控政策上如何把握？需要注意哪些风险？短期调控政策与供给端的结构性改革，是什么样的关系？就此，中国人民大学国家发展与战略研究院执行院长刘元春谈了自己的看法。

2016年经济增速仍将继续下行

《21世纪》：如何看待当前不断下行的经济形势，下行的趋势会延续到什么时候？

刘元春：我国经济下行是由三大因素导致的。首先，世界经济的大调整对所有国家都造成了冲击。再者，中国过去维持了三四十年的传统增长方式进入了拐点阶段。还有短期市场失灵、机制扭曲等短期因素，也使得经济承受下行压力。

在这三大力量的作用下，我国经济增速还将继续下行。我们预期2016年底可能是底部。

《21世纪》：短期周期性因素包括哪些？

刘元春：短期周期性因素有很多。比如市场主体对前景不看好；企业积累的高负债高杠杆，需要进一步去调控；改革对存量造成冲击，但新的机制还未建立，像反腐倡廉造成官员激励机制不足，出现懒政怠政现象；再者还有房地产去库存的过程等。这些因素相互作用，形成了短期下行压力。

守住底线

《21世纪》：2015年6.9%的增速，在世界范围来看，仍然是比较高的，就业形势也不错，经济下行的趋势值得担忧吗？

刘元春：6.9%的增速是比较高，不用过分在意经济增速。增长速度取决于很多因素，后续下降幅度未必很大，但明后年中国经济处于敏感期，需要密切关注。

当前经济结构比较脆弱，微观主体受到很多冲击。一些企业利润已经是负增长；中国企业整体负债率高，“借新还息”比例不断提高，像2014年企业发行的信用债券中60%用来还本付息；局部区域风险不断积累，东北三省、部分资源省份，下行的速度可能超出其承受能力——这些都会异化微观主体的行为。

再者，当前就业指数不够敏感，未能反映实际就业状况。经济新动力对就业的吸纳能力，究竟是在持续增长，还是已经到达拐点阶段？中国经济能承受多大下行压力，历史上没有参照系，也没有国际标准可照搬。

这些问题都值得密切关注。在下行压力加剧的过程中，宏观调控要强化底部意识。

《21世纪》：这个底线指的是就业？

刘元春：底线有很多，首先是就业。随着经济结构调整、新旧动能转换，建筑业受房地产形势影响，吸纳新增就业的能力有限；工业还将不断释放劳动力；服务业受整体经济下行影响，后续吸纳新增就业的空间也有所减弱。

其次是政府财政。2015年，土地出让金的大幅负增长，政府整体收入是下降的，2016年的收入也不容乐观。财政支出压力很大，除了刚性支出的增长，后续改革也需要财政支付成本，局部地区可能出现风险。

还有居民收入。前几年，我国居民收入增速超过GDP增速，但中期来看，GDP增速会不断下行，居民收入的高增长不可持续。像一些僵尸企业破产，建筑业对农民工吸纳能力下降等，都会影响居民收入。

积极政策继续

《21世纪》：2014年以来，政府出台了多项稳增长的政策，但经济增速仍在下行。稳增长的政策效果似乎不大好？

刘元春：经济下行、调整过程中，宏观经济政策传导效率下降是很正常的，全世界都如此。

为何政策效果不大好呢？主要是微观主体行为变化导致政策传导机制发生变异。目前像地方政府官员、企业家、科技人员等精英阶层情绪懈怠，懒政惰政消极现象普遍，这是很多政策失灵的重要原因。

稳增长政策效率进入强烈递减区域，未来要通过改革，重新梳理宏观经济政策传递的路径，提高效率。比如促进形成利益相融的激励机制，调动精英阶层的积极性。

《21世纪》：2016年宏观调控政策该如何把握？

刘元春：尽管政策效率下降，但明后年政策层面仍要加大力度，扩大积极财政政策幅度，稳健的货币政策应该向适度宽松的货币政策调整，以此重构相对积极的经济预期。

在短期宏观政策托底的基础上，2016年要积极推行实质性的结构改革。要抓住2016年经济探底的时机，调整存量，像加大对僵尸企业的清理、房地产的去库存化。增量方面，要加大对医疗教育等公共服务领域和一些新兴产业的扶持力度，解决中国经济的短板，扩大内需。

《21世纪》：当前中央政府强调要进行供给端的结构性改革，这跟里根政府、撒切尔政府当年供给改革的做法，有什么区别？

刘元春：里根政府和撒切尔政府的做法，来自自由主义哲学，核心是私有化。中国进行结构性改革有特殊的内涵，跟西方不一样。

中国之所以要进行结构性改革，是要解决扭曲的体制机制——当前需求和市场信号不灵敏，一方面产能过剩严重，另一方面很多服务和中高端需求得不到满足；供给过多的企业没办法退出，供给不足的企业又进不来。

中国供给端结构性改革核心是通过对政府的改革，让市场成为资源配置的决定性因素。政府要做好功能定位，不能过度干预企业运营，应该让市场更好发挥作用，让市场信号引导资源配置，该退出的企业退出，短缺产品加大供给力度。

不少人提到的减税，并不是供给端改革的核心问题。

财政挖沟　货币配合

《21世纪》：2016年，积极财政政策的力度多大?

刘云春：财政赤字方面，2016年收支压力会进一步加剧，财政赤字率可以扩大到3%左右，规模达到2万亿元。要加大地方债置换力度，缓解地方政府压力。还有，减税力度要加强，而且需要定向。对于那些供给不足、创新活力很强、升级压力较大的行业进行全面减税。

另外，财政还要支付一些改革成本。比如当前很多僵尸国有企业，未来要让这部分企业出清，化解过高的债务，破产清算或员工安置等，都需要财政给予一定扶持。

《21世纪》：有人认为应该维持中性的货币政策，以防出现资产泡沫。您怎么看?

刘元春：当前中国企业债务高企，需要货币政策从“稳健”转向“适度宽松”，为企业去杠杆提供一个更宽松的环境。另外，经济内生性紧缩力量仍强，需要适度宽松的政策来稳定市场预期，防止中国步入资产负债表衰退阶段。

为防止出现“衰退性泡沫”，适度宽松的货币政策需要配以“强金融监管”和“市场秩序建设”，以免进一步诱发资金“脱实向虚”，导致实体经济与虚拟经济的背离。

金融市场缺陷的弥补和恢复金融市场配置资源的能力，是适度宽松货币政策实施的一个很重要前提，也是实施各种宏观大腾挪战略的重要前提。

《21世纪》：当前一线城市房价逆势上涨，这是否就是由于相对宽松的货币政策带来的“衰退性泡沫”，该如何应对?

刘元春：货币政策需要配合积极的财政政策，由财政挖沟，将货币引到相应的领域，同时加强监管，防止资金的胡乱流窜。

目前房地产调控政策，要改变简单宽松的政策导向，不同区域应分类治理，防范市场分化进一步加剧。

要合理引导预期和控制一线城市房价，防止过度上涨形成新的泡沫。一线城市泡沫会加速资金脱离实体经济，弱化市场复苏对宏观经济的提振作用，同时房价偏高也是制约房地产需求的重要因素。

三四线城市要鼓励房地产销售，增强复苏的韧度，防止出现局部房地产崩溃的问题。尽快消化巨量库存，政府应鼓励房地产商扩大销售，并给予一定政策支持。

（周潇枭　白姣霞）

越过山丘：供给侧视野下的中国企业升级

总结2015年的时候，我们必然会铭记许多事情。

刚迈入2015年的门槛，国务院总理李克强就在深圳点燃了“大众创业、万众创新”的焰火；全国两会上，“互联网+”战略首次出现在政府工作报告中，成为跨年度的产业升级命题；随后，包括“中国智造”“中国制造2025”“网络强国”等战略相继发布，经济领域的新名词让人应接不暇。

11月召开的中央财经领导小组会议上，“供给侧结构性改革”横空出世，为此前的一系列动作牵出了一条暗藏的主线。一系列新思路、新战略的提出和实施，印证了中国进入“新常态”的判断，也指明了中国产业升级的方向。

若如此，在中国经济转型的年份里，2015年注定会成为具有里程碑意义的年份。

谁在创造“中国经济”

如果把中国浓缩或者抽象为一个具体的人，他应该是个什么形象呢？

根据中国第六次人口普查的数据来推算，目前中国人均年龄在40岁左右；按已接受教育的年限计算，他应该是刚刚跨过九年义务教育的关口，还没念完高一的样子，这是中国人口素质的事实。

一位年龄在40岁上下，只有初中文化水平的大叔或大妈，能创造的经济结构是什么样子？再拿其他国家横向对比后，或可更容易理解其间的内涵。

譬如，按照同样的模型来比拟，美国的年龄应该在38岁左右，但其接受教育的时间年限超过了14年；德国情况与美国也基本类似，不同的是其接受教育的方向有两个，更专业的职业教育使其具有强烈的工程师气质；而即便是陷入人口老龄化危机的日本，其人均的受教育年限也接近12年，依然远高于中国。

如果我们把审视的眼光投入历史，则会获得更多启发。三十年前刚改革开放的时候，中国还是一位平均年龄30岁出头的小伙子，虽然初中还没毕业，但有浑身的干劲，而当时的美国、德国情况与今天基本类似，日本则还要更年轻一些；一百年前，当时的中国也只有30多岁，却是没受过两年教育的准文盲，而且寿命也不长，美、德、日各自的情况比现在当然要差一些，但比之当时的中国却有天壤之别。

也正因为如此，在一百年前，美、德、日都能造出飞机大炮的年代里，偌大的中国甚至生产不出100万吨钢铁；三十年前，美、德、日的现代化企业在全球上演攻伐战时，刚刚打开国门的中国只能依靠招商引资，做些来料加工这类几乎没有技术含量的产业。

历史的车轮滚滚向前，世界经济的格局也因为中国的对外开放有了深远的变化。

假如在今天，有一个世界工厂来雇用中国、美国、德国和日本这四位工人，他们各自能从事的工作也就显而易见了：工厂里的研发和工程师岗位大抵要被美国、德国和日本抢了去；而中国工人能做的，就是流水线上的普通操作工，技术熟练点能混成工头已是极限了。

而真实世界中的全球产业分工，也基本遵循了这个虚拟工厂的雇佣模型来运转。更大的不幸是，在中国经济逐渐爬上陡坡准备冲刺的阶段，中国人口的现代化这一过程尚未完成，而人口的老龄化却已经提前来到了。

如何提振“中国经济”

再进一步剖析中国经济当前面临的结构性问题，会感受到一丝担忧。

回望2015年，国人记忆中最深刻的印象一定与股市有关。上半年充沛的流动性疯狂涌入股市，造就了一场堪比2007年行情的大牛市，超过9000万股民徜徉在泡沫的盛宴中；但就在所有人都欣喜若狂的时候，泡沫骤然破灭，近30万亿市值瞬间蒸发。

股市为何暴涨，又为何暴跌，将成为研究者们长久关注的一个话题。但对于中国经济来说，在央行5次降息外加4次降准后，资金蜂拥进入股市，股灾之后又从股市撤退转入债市，是一条清晰的资金流动脉络。

当然不仅只是股市。自2014年开始的各类互联网理财产品、P2P乃至众筹模式的兴起，也无一不反映出社会资本的充沛；但另一方面，实体经济领域底层的中小微企业，却依然不能以较低的成本获取资金支持，难以转型为经济的稳定器。

资金可以流向股市、债市甚至是大类理财产品，就是没有流入实体经济。而这个问题，又牵出了中国经济当下最大的结构性问题，即因房地产等市场降温之后引发的结构性的房地产库存高企和产能过剩，以及各类中低端产能的产品毛利下滑乃至亏损，中国经济进入所谓“新常态”。

而此前为应对2009年的经济危机而启动的4万亿元投资计划，虽然将中国经济增速稳定在高水平，但衍生出来的问题是加深了中低端产能过剩的趋势，并且让中国政府背负的债务余额开始迅猛增长。据各类研究机构测算，至2014年年底，中国各级政府负有偿还责任的债务总额一度达到30万亿。

楼市库存、产能过剩以及债务高企，构成了当下中国经济转型的三大难题，而且也制约了过去政府调控宏观经济的诸多手段，诸如加大“铁公基”投资力度、稳定外贸鼓励消费等措施，在这些问题面前显得心有余而力不足。

这也应当是中央为何在11月的中央财经领导小组会议上提出“供给侧结构性改革”的深层原因，要解决当下中国经济的结构性困境，必须要有新的思路和理论框架来指导高层决策。

提高全要素生产率是根本

回到前面那个中国经济的形象“人”，考虑到楼市库存、产能过剩以及债务高企这三大问题，中国应该是一个年过四十，受过初等水平教育，体态臃肿有些不健康的胖子。

治疗这样一个“胖子”，此前的思路可类比为下猛药，或者是注射抗生素。现在发现抗生素注射多了也没见效果，那就只有坚持锻炼这个“笨”办法了。

由此，我们不难理解供给侧结构性改革的基本思路。按照新供给学派的理论，供给侧结构性改革旨在调整经济的内部结构，使生产要素实现最优化的配置，进而提升经济增长的质量和数量，而供给侧的要素则包含劳动力、土地、资本以及创新。

首先是劳动力要素的调整。一直以来，因为庞大的人口基数，中国在国际市场竞争中拥有天然的人口红利优势，这是中国经济飞速发展三十年的底牌之一，而三十多年的经济发展也将中国的数亿劳动人口训练得适应于粗疏的工业化。

往后走，人口的数量红利逐渐消退不可避免，但人口的素质红利得来并非一朝一夕，而是一个“百年树人”的工程。即使乐观估计，也要到2050年，中国人均受教育年限才会超过14年，从而接近欧美国家当前的水平。类似放开二孩以及后续可能的鼓励生育的政策，恐怕也只能延缓人口的老龄化步伐而已。

而土地和资本要素的调整，则牵动了政府自身角色的转变。从放宽土地流转以提高使用效率，打破用地供给瓶颈，到通过各种减税措施提升企业经营利润，提高实体经济的资本回报率，这些相对技术性的手段并不针对当下经济最紧迫的下行风险，而是中长期的调节措施。

再说创新，这一要素是稀缺品，而且依赖劳动力、资本二者的正向刺激，创新的能力是计划不出来的，只能尽量提供培育创新的土壤环境，使得整个社会形成共谋，习惯于聚合各种资源来逐渐培育出这种稀缺的能力。

这也注定中国的产业升级是一项长期任务，是这个国家作为一个共同体的质变过程。

山峰就在那里，而攀爬山峰的时候，是没有捷径可走的。

（郑升）

2015年上市公司财报扫描：传统行业积重难返 新兴行业身影轻盈

“断裂”，这个清华大学社会学系教授孙立平曾用来描述20世纪90年代以来中国社会的词语，恰好适用于中国目前的产业经济现状。

目前，中国经济基本面面临挑战，这对A股上市公司的收入和盈利都有负面压制作用。基于A股上市公司2015年三季报的分析，中国经济结构的“断裂”更加明显一传统行业沉重向下，新兴行业轻盈向上。这一强烈对比，专题中的坐标图给出形象呈现：以净利润同比增长为竖轴，合计总市值为横轴，在坐标系的世界中，A股28个行业的生存现状一目了然。

中国产业经济主要存量一化工、机械设备、有色金属、综合、建筑材料、采掘、钢铁等行业三季报净利润同比增速均低于-20%，且体量颇大，可谓“沉重”。而主要增量一承载着转型升级重任的传媒、休闲服务、计算机等新兴行业在大经济环境下行的背景下，仍然取得了较好的盈利增长。从其总市值来看，尚有很大的发展空间。这是希望所在。

若从大类板块的业绩对比来看，2015年三季报，创业板好于中小板，中小板好于主板，主板又好于非金融传统行业。创业板表现较好的原因之一，在于战略性新兴产业公司的聚集性。

但是，值得警惕的是，创业板公司的内生增长实际并不高。创业板公司前三季度净利润同比增长率为24.6%。而板块盈利解剖的结果是，除去明显受益于2015年上半年大牛市的东方财富、同花顺，存在明显的大额非经营性损益的华谊兄弟、慈星股份，以及74家重大重组已实施，或者净利增长超3000万元并存在对财报影响显著并购的公司，剩余351创业板公司（占比80%）净利润仅增长15.6亿，贡献仅有24%，净利润同比仅增6.8%。

一、传统行业积重难返，与新兴行业轻盈身影

数据来源：Wind

●总市值（单位：千亿元）

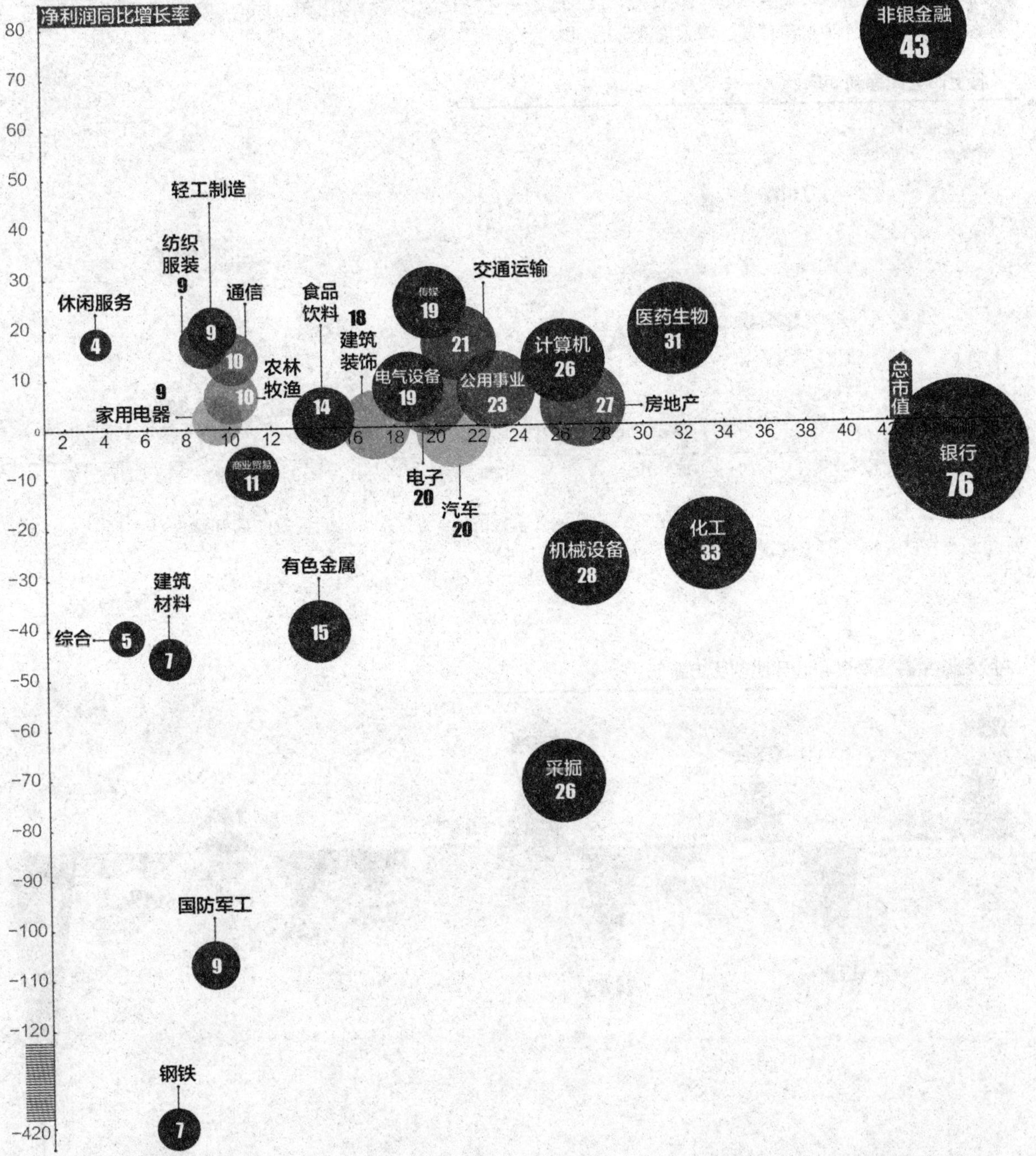

解读：从净利润增长与总市值两个维度，可见A股上市公司中传统行业的沉重肉身与新兴行业的轻盈身影。化工、机械设备、有色金属、综合、建筑材料、采掘、国防军工、钢铁等行业三季报净利润同比增速均低于−20%，但总市值偏大，而传媒、休闲服务、计算机等新兴行业在大经济环境下行的背景下，仍然取得了较好的盈利增长，从其总市值来看，尚有很大的发展空间。

二、A股2015年三季报整体增速回落明显

数据来源：Wind、广发证券研究所

2015年第三季度，中国经济基本面进一步恶化，这对A股上市公司的收入和盈利都有负面压制作用。A股上市公司的收入增速与盈利增速均明显下滑。

A股上市公司净利润增速进一步下滑

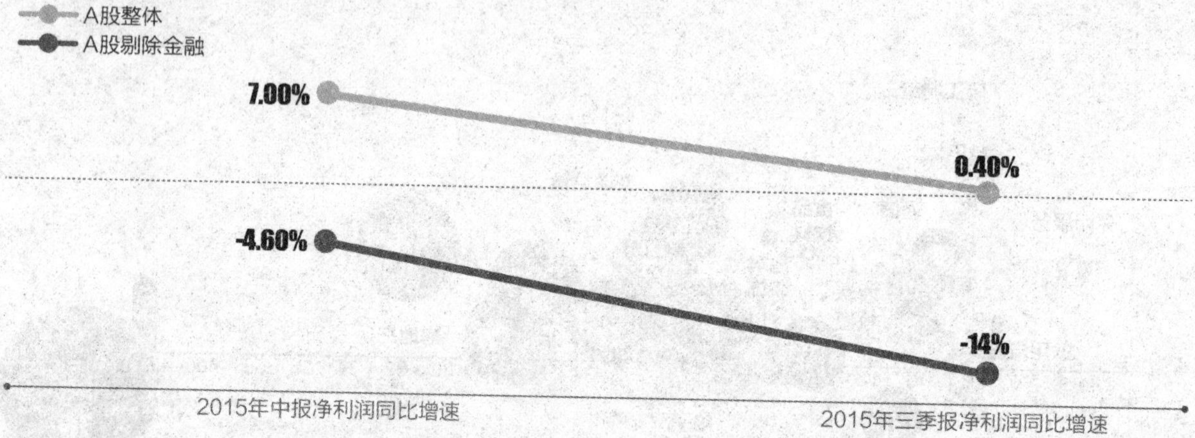

解读：A股整体的盈利增速从中报的7%下滑至三季报的0.4%，A股剔除金融的盈利增速从中报的-4.6%下滑至三季报的-14%，出现了较为明显的回落。

A股剔除金融三季度利润环比创历史新低

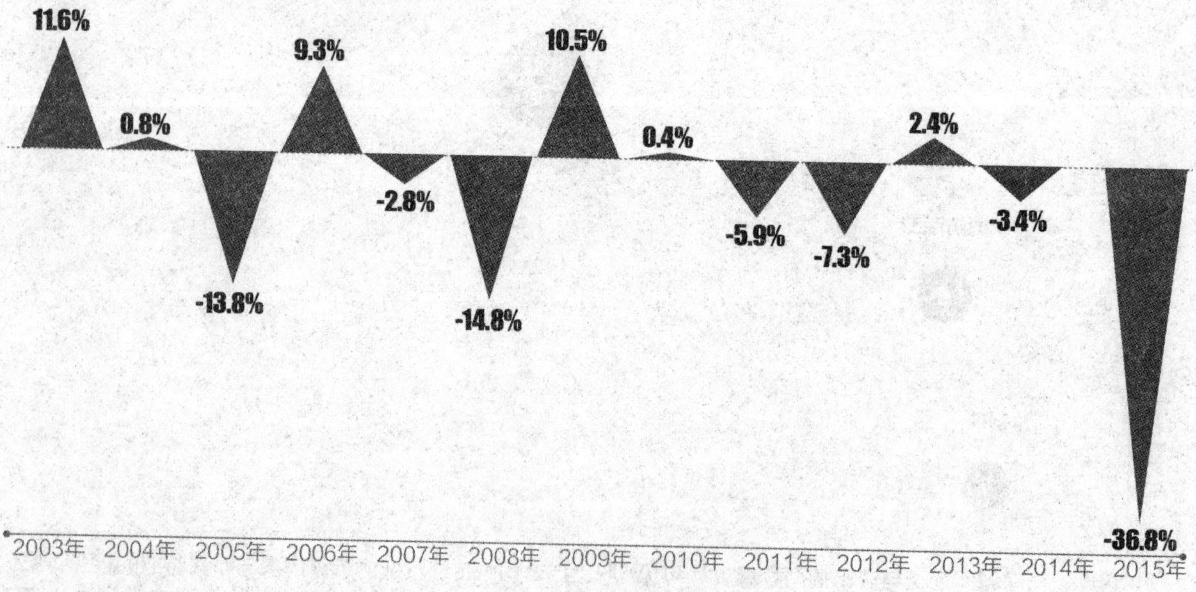

解读：从利润环比的情况来看，A股整体的三季度利润环比二季度大幅下滑了25.6%，剔除金融后情况更差，相比二季度环比下滑36.8%。据广发证券统计，这是A股历史上最差的三季度利润环比水平。

2012年后盈利增速趋势与A股涨跌脱钩现象继续

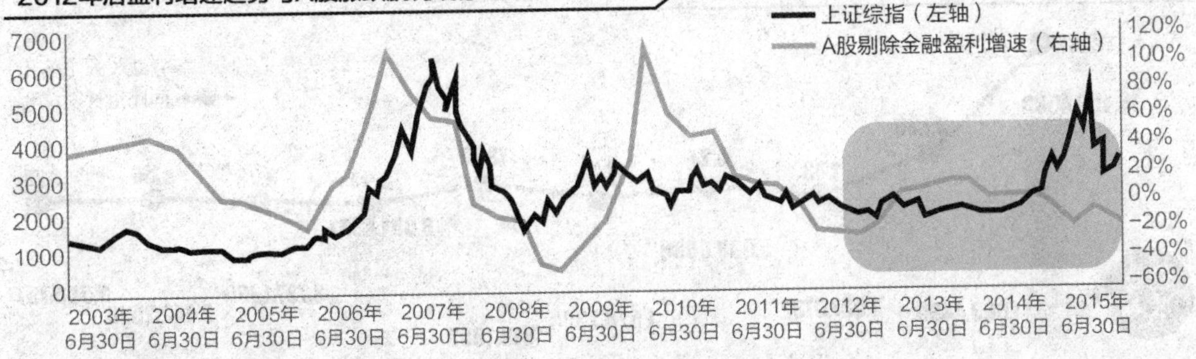

解读：据广发证券统计，最近两年A股的盈利增速和盈利拐点不再像2012年以前那样对股市有极为重要的影响，两者在一定程度上是脱钩的。

三、分行业看增速：战略性新兴行业增长较好

数据来源：Wind

传统行业向下—2015年三季报净利润同比增长后十大行业板块

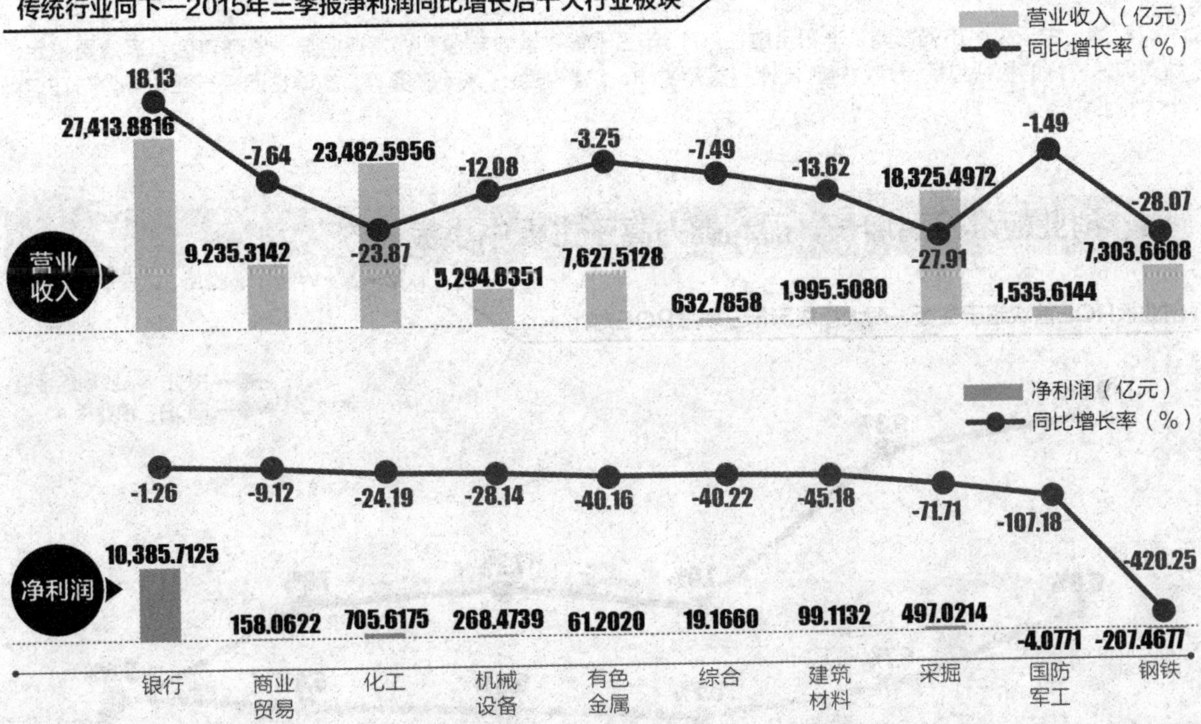

解读：传统行业沉重的肉身，在这一张图中可以明显看出。在经济下行引发的不良贷款率攀升、利率市场化竞争加剧、互联网金融的冲击等因素影响下，A股最为笨重的银行板块净利润在三季报出现净利润的负增长。

而同样存量很大的钢铁、采掘、建筑材料、有色金属、机械设备、化工、商业贸易等传统行业，或者由于经济大环境下行影响，或者由于互联网等新趋势的冲击，发展趋势明显向下。

新兴行业向上—2015年三季报净利润同比增长前十大行业板块

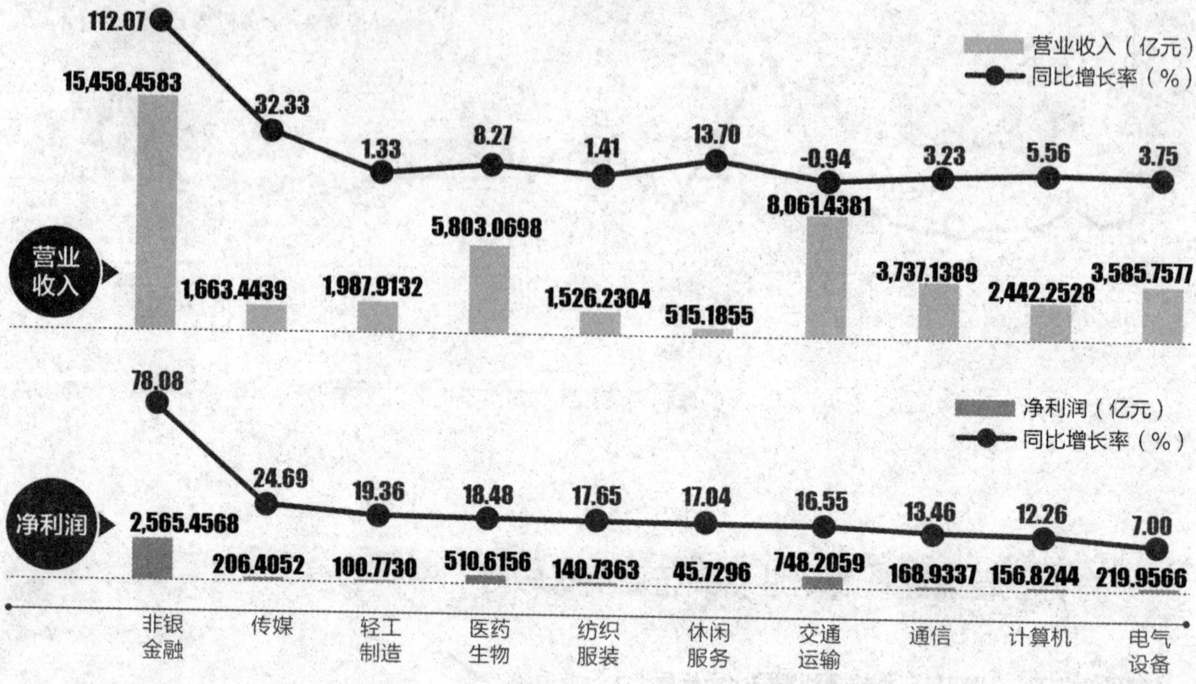

解读：由于大牛市的影响，非银金融在2015年三季报中营收与盈利均增速明显。紧随其后，表现更稳定，利润增速较好的板块包括传媒、轻工制造、医药生物、纺织服装、休闲服务等。战略性新兴行业主要分布在这前十大行业中。

四、创业板维持高增长，盈利能力高于主板中小板

数据来源：Wind、深交所、广发证券研究所

创业板ROE首次超于主板—两大板块历年三季报ROE对比

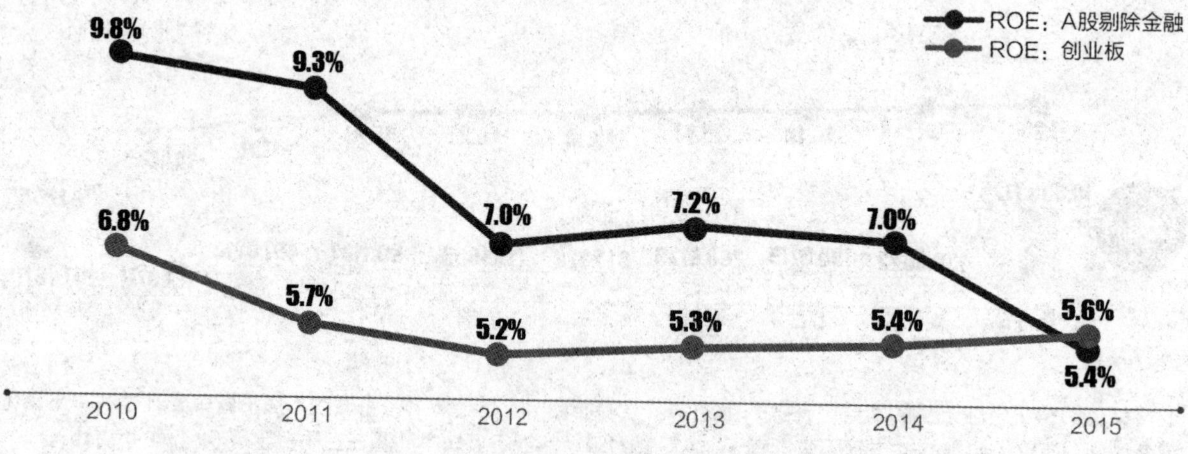

解读：据广发证券统计，创业板2015年前三季度的ROE为5.6%，而A股剔除金融在2015年前三季度的ROE为5.4%，这是创业板设立以来，其ROE对主板（剔除金融）的首次超越。

创业板中的战略性新兴产业是创业板的领跑板块—战略新兴产业公司2014年度创新及成长指标

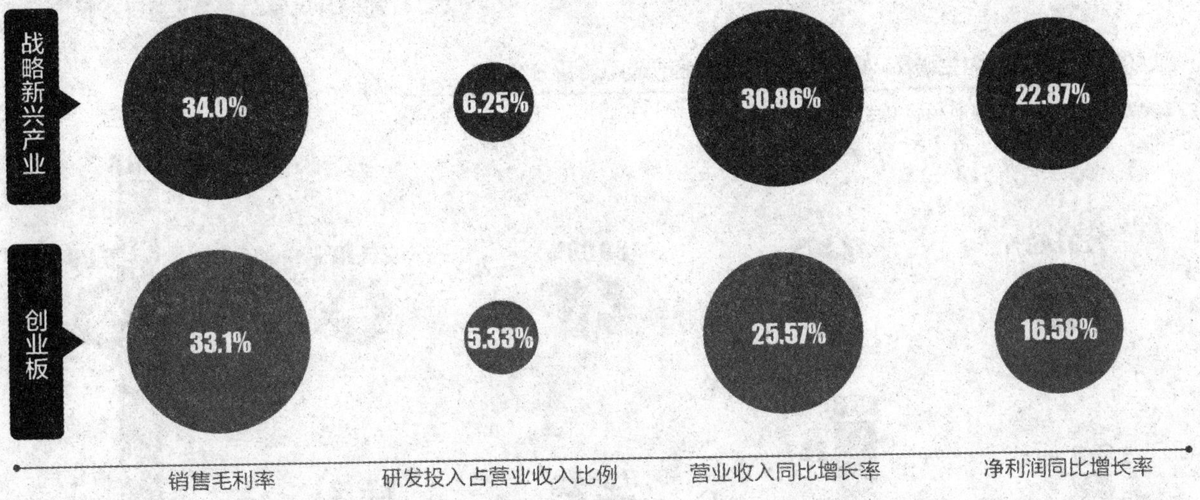

解读：2015年三季报，若从大类板块的业绩对比来看，创业板好于中小板，中小板好于主板，主板又好于非金融传统行业。创业板表现较好的一大原因，在于战略性新兴产业公司的聚集性。

轻盈新经济的贡献—2015年前三季度创业板公司部分行业利润及增长表

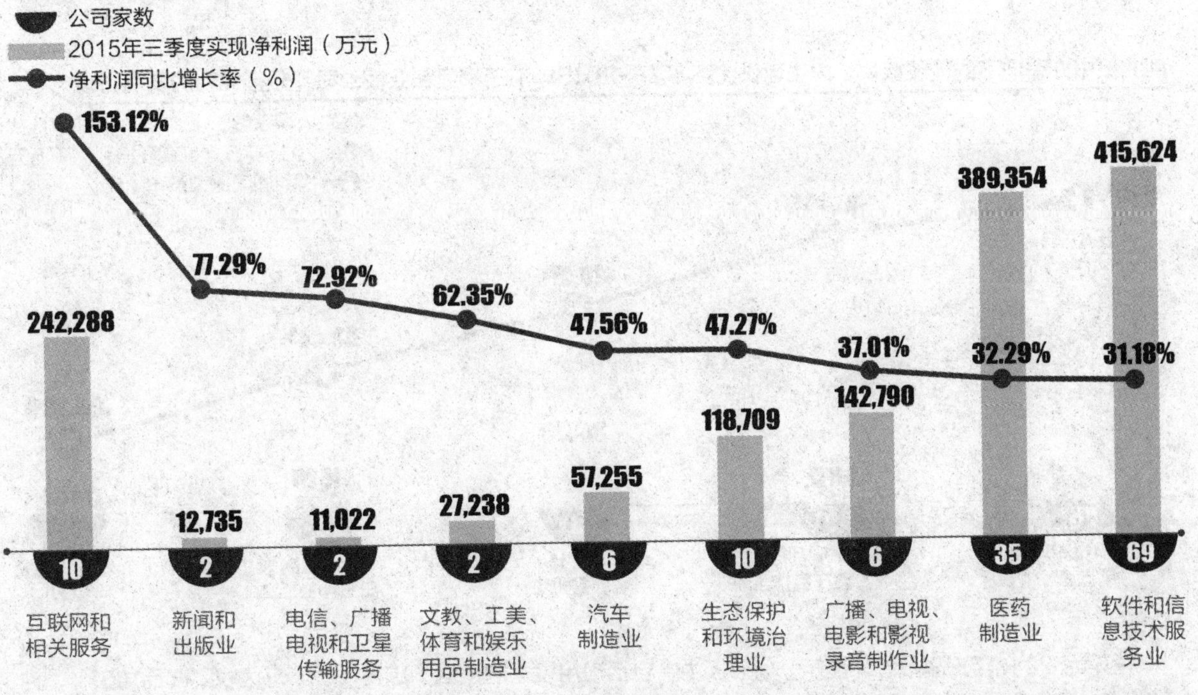

解读：深交所数据显示，创业板聚集了一大批战略性新兴产业公司（354家），占比达73.1%。从战略新兴产业公司的情况来看，披露2014年年报的446家创业板公司中，战略新兴产业公司有316家。这些公司2014年度实现净利润合计301.6亿元，占整个板块的比例为71.7%。

五、理性剖析：创业板存在较多“外延增长”公司

数据来源：Wind、招商证券研究所、深交所

创业板盈利剖析：内生增长实际不高—创业板上市公司盈利分解

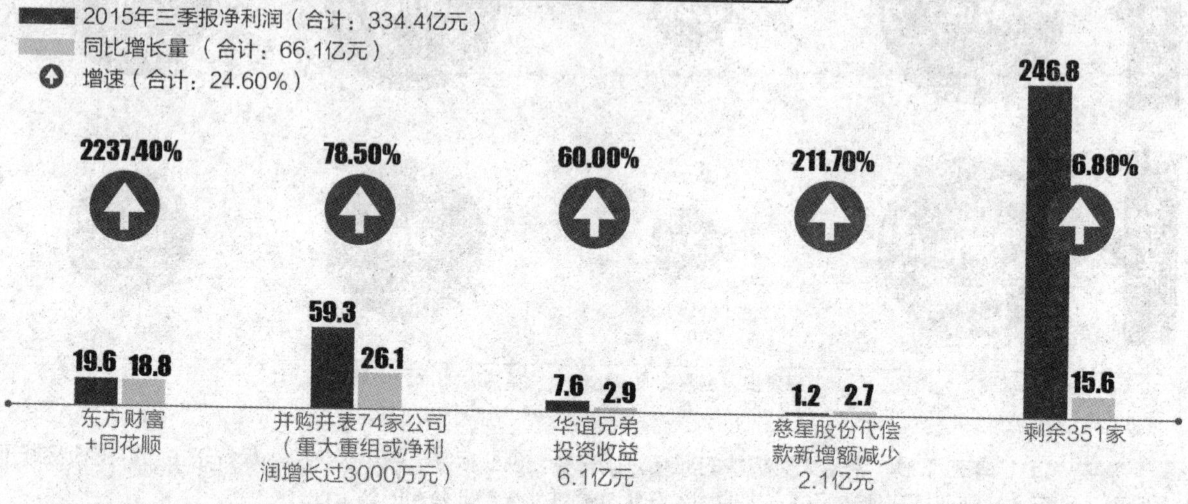

解读：据招商证券统计，除去明显受益于2015年上半年大牛市的东方财富、同花顺，存在明显的大额非经营性损益的华谊兄弟、慈星股份，以及74家重大重组已实施，或者净利增长超3000万元并存在对财报影响显著并购的公司，剩余351创业板公司（占比80%）净利润仅增长15.6亿元，贡献仅有24%，净利润同比仅增6.8%。

创业板中亦有向下的传统板块：内生增长实际不高—2015年前三季度创业板公司部分行业利润及增长表

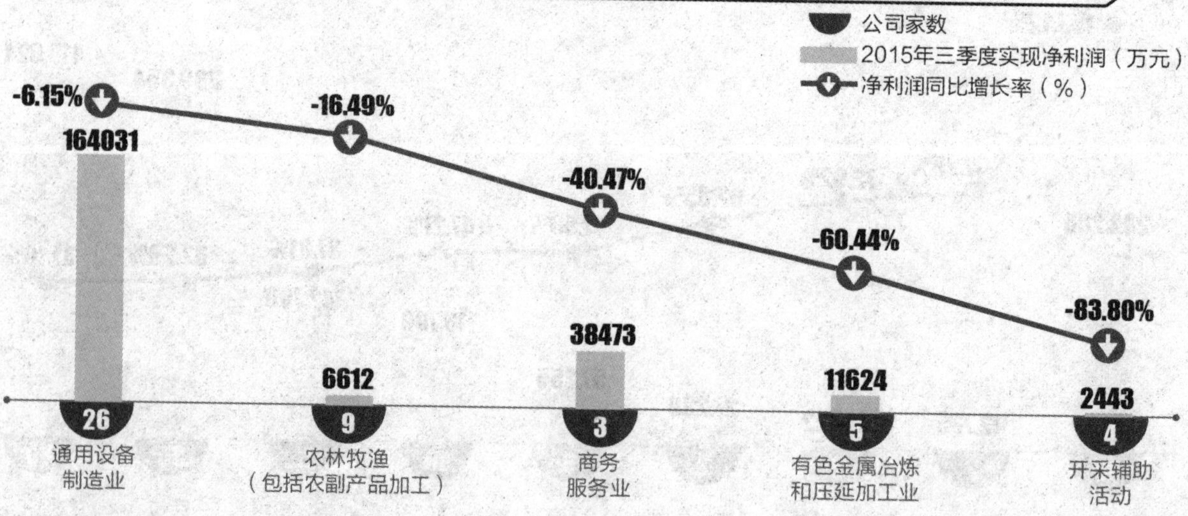

解读：2015年三季报统计显示，创业板中，包括通用设备制造业、农林牧渔（包括农副产品加工）、商务服务业、有色金属冶炼和压延加工业、开采辅助活动等传统行业，上述行业在2015年前三季度净利润同比出现较为明显的下滑。

除了轻盈的战略新兴产业，创业板中亦有沉重的传统产业。承载着转型升级重任的创业板，也面临着自身转型升级的课题。

大国脸谱：中美500强对决赛点临近

当中国的科技创新型企业有一天占据了世界500强企业的主体地位之时，中国的转型升级才可以说终于成功了，而此时才可以说中国是真正的世界第二大经济体。

2015年世界500强榜单显示，中国企业上榜数量仅次于美国，位居第二。在某种意义上这标志着本世纪初国家制定的关于发展具有国际竞争力的大型企业的战略规划进一步取得成功。

这份榜单反映了世界经济版图的变化，中国企业上榜的数量与中国世界第二大经济体的地位更加相称。不过，数量多，营收总量庞大，就真的强大了么？

数据分析与发现，2015年对过去15年在世界500强中一路上升的中国企业而言是危机潜伏的一年。这一年全球亏损最严重的50家企业中，中企已占到14席，大多为资源类国企。其中中国铝业以2015年亏损17.58亿美元居中企亏损榜首。而资源类、金融类公司是中企在世界500强的主力军，中资银行业在2015年也进入了成长拐点。

一、中国“500强”企业数量逼近美国

世界500强：中、美两国上榜公司总数变化

备注：中国企业数量包含中国大陆、香港及台湾地区上榜企业

年份	中国	美国	年份	中国	美国
1996	3	151	2006	23	170
1997	3	162	2007	30	162
1998	6	173	2008	35	153
1999	8	184	2009	42	140
2000	11	178	2010	54	140
2001	12	184	2011	69	132
2002	13	198	2012	79	132
2003	12	192	2013	95	132
2004	16	190	2014	100	128
2005	18	176	2015	106	128

20年的风云变幻，中国上榜企业数量不断突破前期；尤其在2008年之后，每年新增上榜企业均在10家左右，增速明显加快。如果中国继续在世界500强中保持强劲的发展势头，将在2020年赶上或者超过美国，在世界500强数量上实现中美“零距离”。

中美世界500强企业盈利情况

年份	500强营业收入（万亿美元）	美国营业收入（万亿美元）
2000	0.2	4.99
2001	0.27	4.7
2002	0.26	5.49
2003	0.39	5.9
2004	0.36	5.4
2005	0.46	5.71
2006	0.59	6.23
2007	0.8	6.82
2008	1.07	7.31
2009	1.66	7.74
2010	2.13	7.54
2011	2.74	7.63
2012	3.83	8.44
2013	4.47	8.6
2014	5.66	8.56
2015	5.92	8.69

解读：不过总体而言，以营业收入为标准进行排行的世界500强，中国成长速度的确快于美国，尤其是2010年以来，呈现出一种迅猛的追赶状态，这与我国经济增速较快的国情是相符合的。

解读：尽管从数量和规模上看，中国与美国差距已经不大，但说到谁更会赚钱，中国依然被美国甩在后面。尤其是，在全球亏损最严重的50家企业中，中国企业占据14席，且无一例外都是国有企业。

排名	国家	公司名称（中英文）	营业收入（百万美元）	利润（百万美元）
18	中国	中国工商银行	163,174.9	44,763.9
15	美国	苹果公司	182,795	39,510
29	中国	中国建设银行	139,932.5	36,976.6
5	美国	埃克森美孚	382,597	32,520
36	中国	中国农业银行	130,047.7	29,126.4
45	中国	中国银行	120,946	27,525.1
90	美国	美国富国银行	88,372	23,057
95	美国	微软	86,833	22,074
3	韩国	三星电子	195,845.3	21,922.7
61	美国	摩根大通	102,102	21,762

二、中国500强：政府主导经济的产物

2015年，中国上榜的106家企业中，有83家是国企，占比仍然高达78.3%。无可否认的是，中国特色的经济制度，在中国500强企业总量和规模赶超美国的道路上，发挥了重要作用。

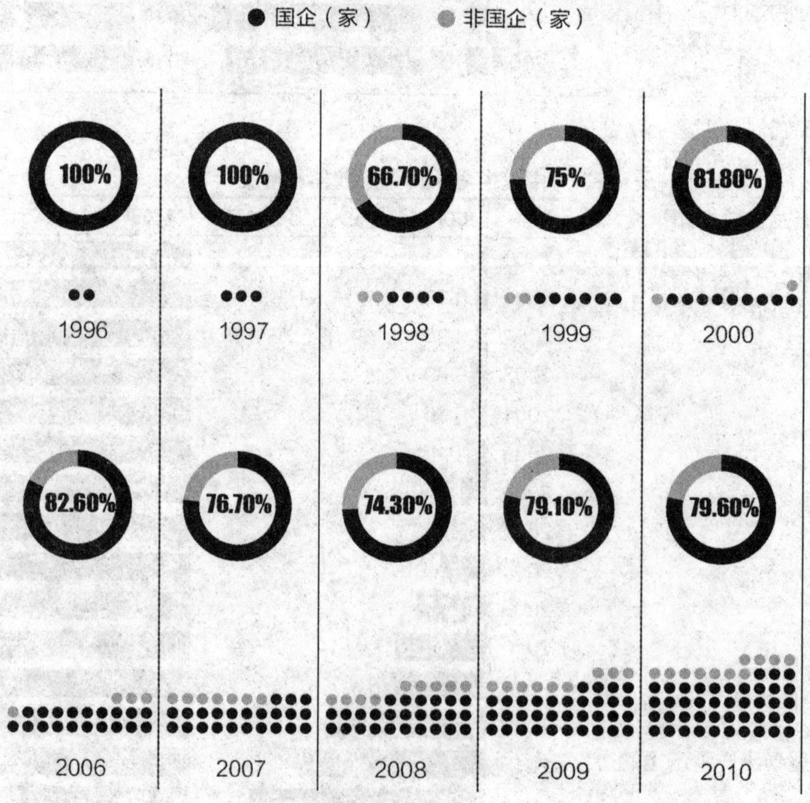

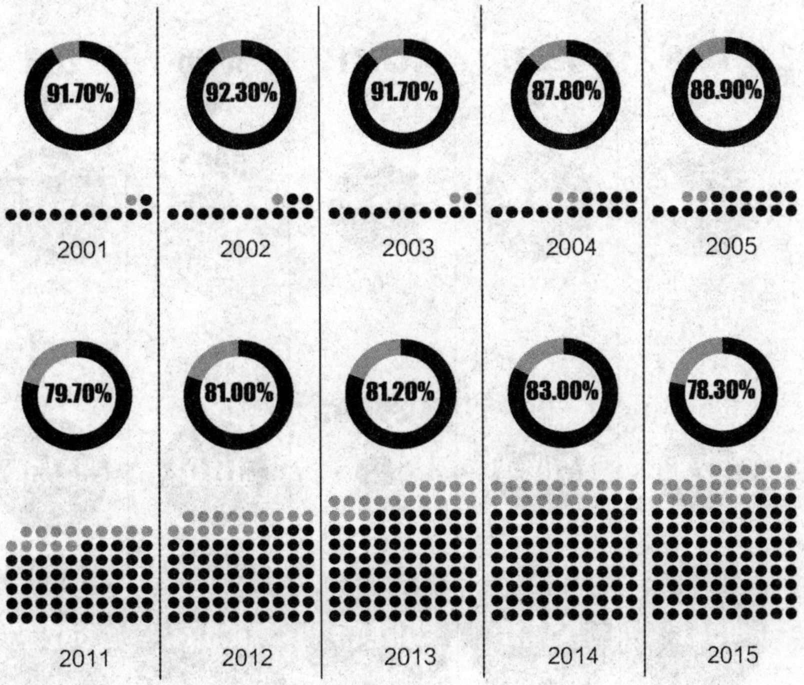
91.70%
92.30%
91.70%
87.80%
88.90%
2001
2002
2003
2004
2005
79.70%
81.00%
81.20%
83.00%
78.30%
2011
2012
2013
2014
2015

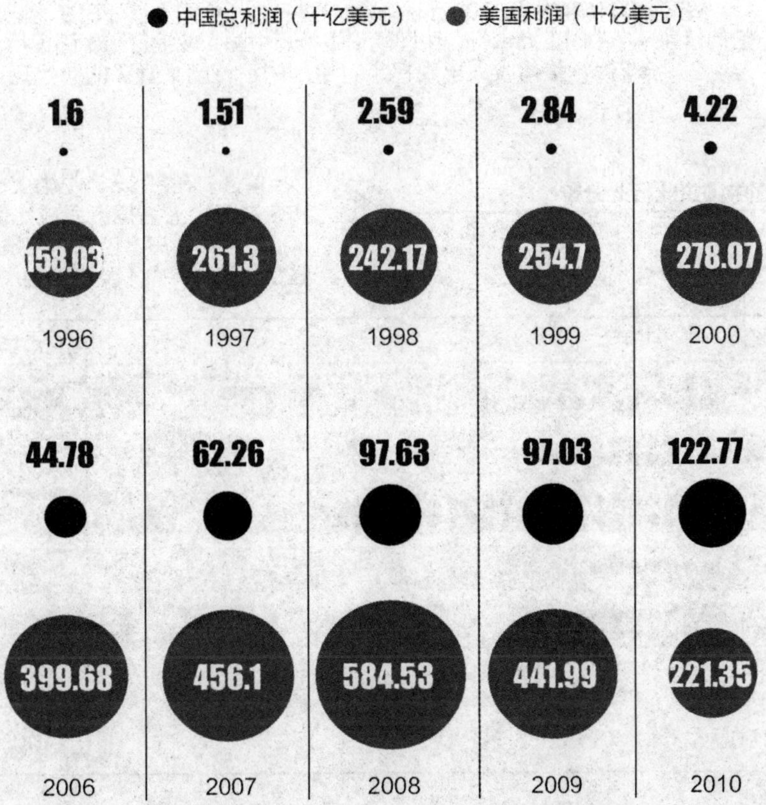
中国总利润（十亿美元）
美国利润（十亿美元）
1.6
1.51
2.59
2.84
4.22
158.03
261.3
242.17
254.7
278.07
1996
1997
1998
1999
2000
44.78
62.26
97.63
97.03
122.77
399.68
456.1
584.53
441.99
221.35
2006
2007
2008
2009
2010

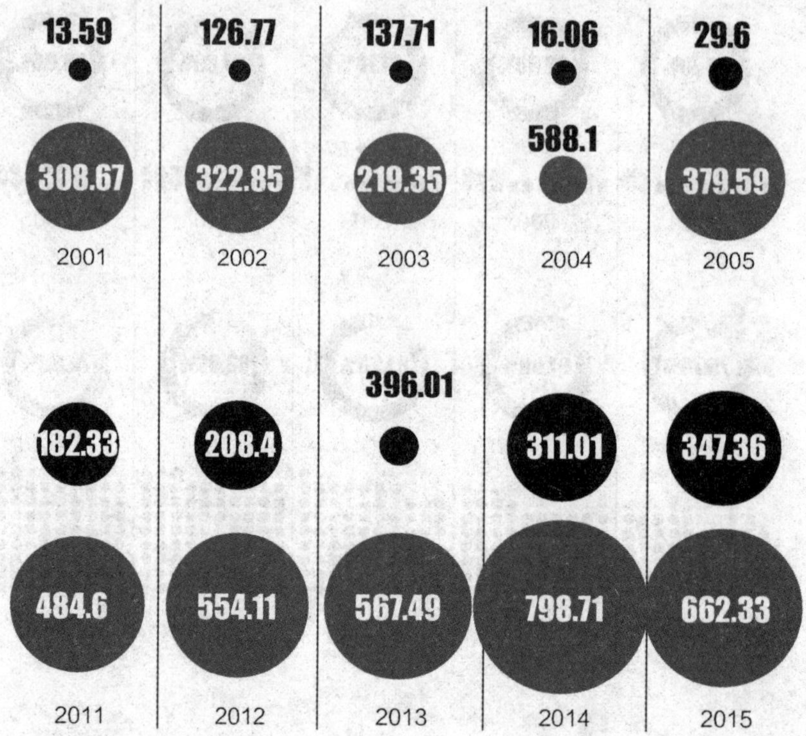

解读：2015年世界500强利润榜前十排名中，中国上榜公司高达四家，它们分别是：中国工商银行、中国建设银行、中国农业银行和中国银行。不过，2015年银行整体收入出现拐点，中国的银行闭眼赚钱的时代正在过去。

2015年世界500强中国企业行业分布

备注：统计数据包括2015年注册地址在中国内地和香港的企业

解读：在2015年中国上榜的企业中，资源和金融类企业占据近六成比例，而资源企业是500强亏损大户，这或许也是为何中国进入500强企业盈利能力不及美国的原因所在。

行业	数量	占比
服务业	12	12%
金融	18	18%
资源	41	41%
科技	7	7%
制造	21	21%
其他	1	1%
总数	100	100%

三、2016年世界500强中企榜单恐不乐观

因为统计时差，这份依据2014年数据的榜单似乎已经落伍于我们这个时代经济的变化，这一年的变化实在太快。

随着国际大宗商品连连暴跌，资源能源类的企业正在遭受前所未有的困境。这不仅仅是中国独有的现象，全球也一样。但是，不同的是这对中国大型企业冲击尤其严重，因为在入榜世界500强的106家中国企业中，有41家就是资源能源类企业，占比超过38%，远远高于其他发达国家。如果这个板块塌陷，2016年的世界500强榜单中的中国榜单将是什么样的情形？年度数据出炉，可以预计2016年榜单很不乐观。

除资源能源之外，入榜世界500强的中国企业主要类型还包括金融和其他服务业、制造业等。这些行业也在面临前所未有的困境，如金融业面临中国经济转轨过程中的呆坏账问题，2016年肯定还会继续攀升。制造业则受困于产能过剩，前景也很不乐观。

这些变化正在发生，我们需要思考的是：为什么会这样？这既是中国问题，也是世界问题。大宗商品和美元的关系紧密，前几年为应对2008年全球金融危机的影响，全球主要经济体几乎无一例外地采取了极度宽松的货币政策，这些宽松政策推高了大宗商品的价格。而今，美元很可能结束宽松周期，进入加息周期。再加上中国的经济增速放缓，需求减弱，大宗商品在双重的压力下，价格暴跌不惊奇。

说它是中国的问题，在于中国经过三十多年的改革开放，经济取得了巨大成就，无论是从入榜世界500强企业的数量，还是集中度等指标来看，似乎都也同步走到了世界第二的位置。但是，细看内部结构发现太不一样了。中国入榜的企业大多有两个共性：央企+基础性行业。这些行业靠过去的国企重组而来，为中国大多数行业提供能源、金融、电力、交通运输等基础性产业和服务，因而掌握了中国的经济命脉。但恰恰是这些行业，虽然也经历了市场化的洗礼，但却享受着诸多的行政垄断福利。她们的壮大，既是中国经济快速成长的原因，也是结果。

无论如何，未来这些大型企业在相当长的时间都会占据中国企业在世界500强榜单的重要一部分，但他们需要面临变革。他们需要通过自身的创新能力立足于世，其所闻名于世的不仅仅是因为其占据基础垄断性行业的优势，而是因为他有立足于世界的不败的核心科技实力。2015年提供了这样的契机，国家制定的《中国制造2025》规划以及科技创新战略正在引导中国经济走向这个方向，但要实现这一目标路途仍遥远，科技创新和制度变革都缺一不可。

与此同时，以华为、阿里巴巴等为代表的一批中国科技创新型企业正在迅速崛起，部分有实力的中国民营企业目前还未进入世界500强的榜单，未来也许会有这一天。

中外巅峰对决：巨头的差异不只是一点点

● 中国营业收入（百万美元） ● 中国利润（百万美元） ● 外国营业收入（百万美元） ● 外国利润（百万美元）

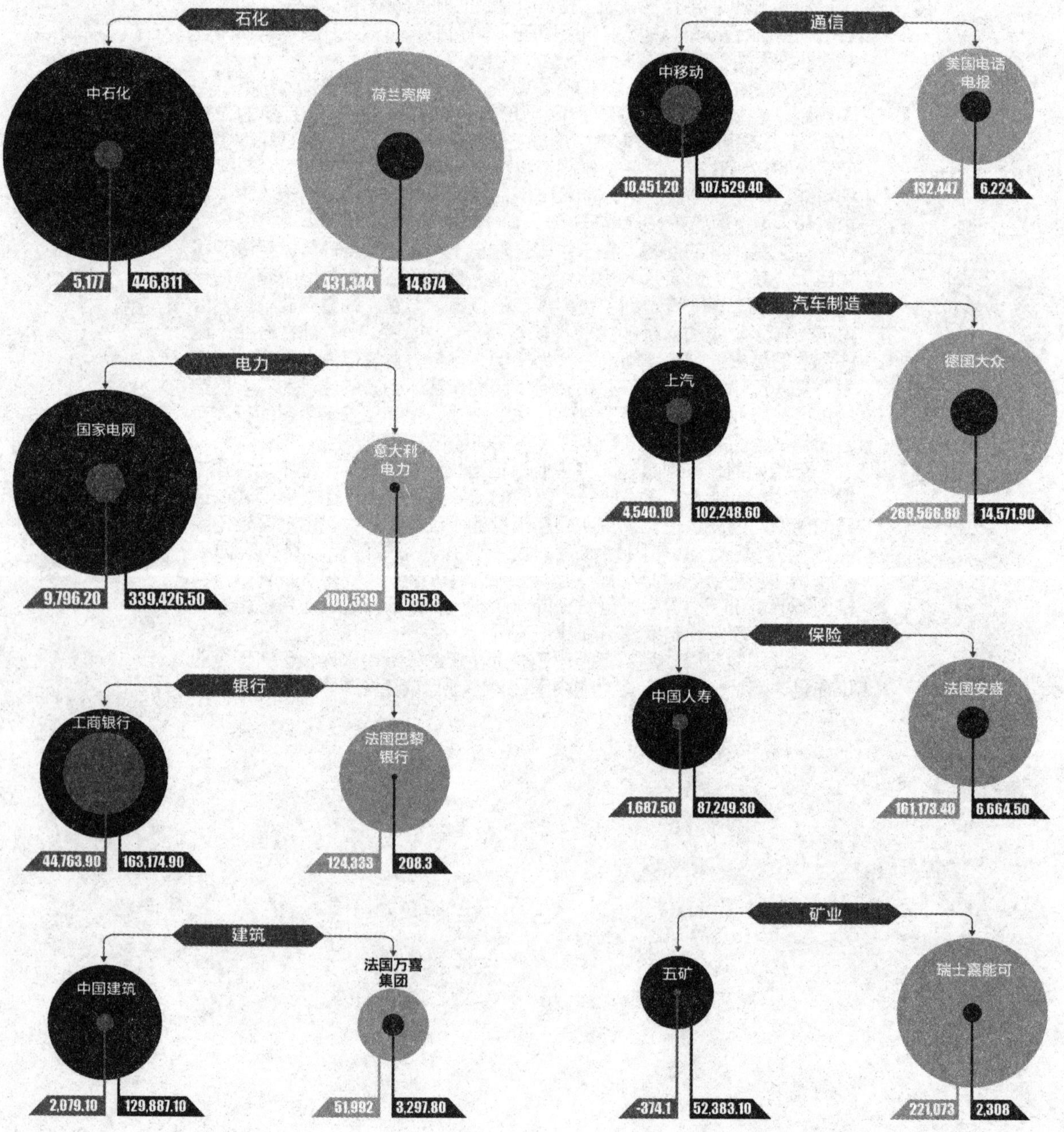

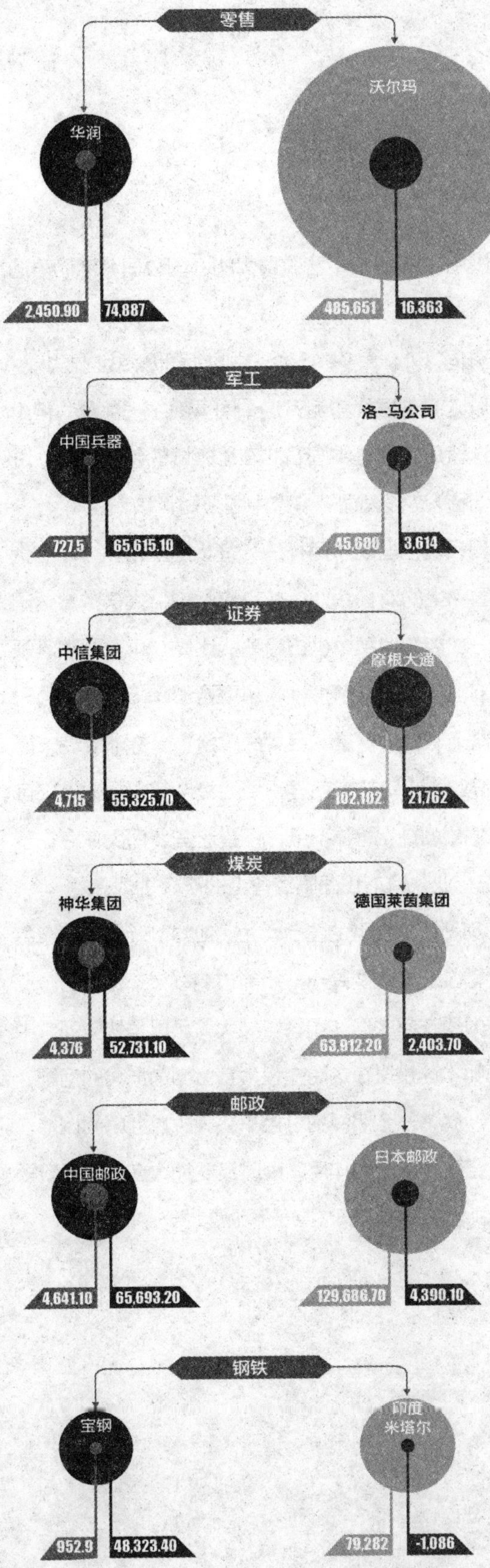

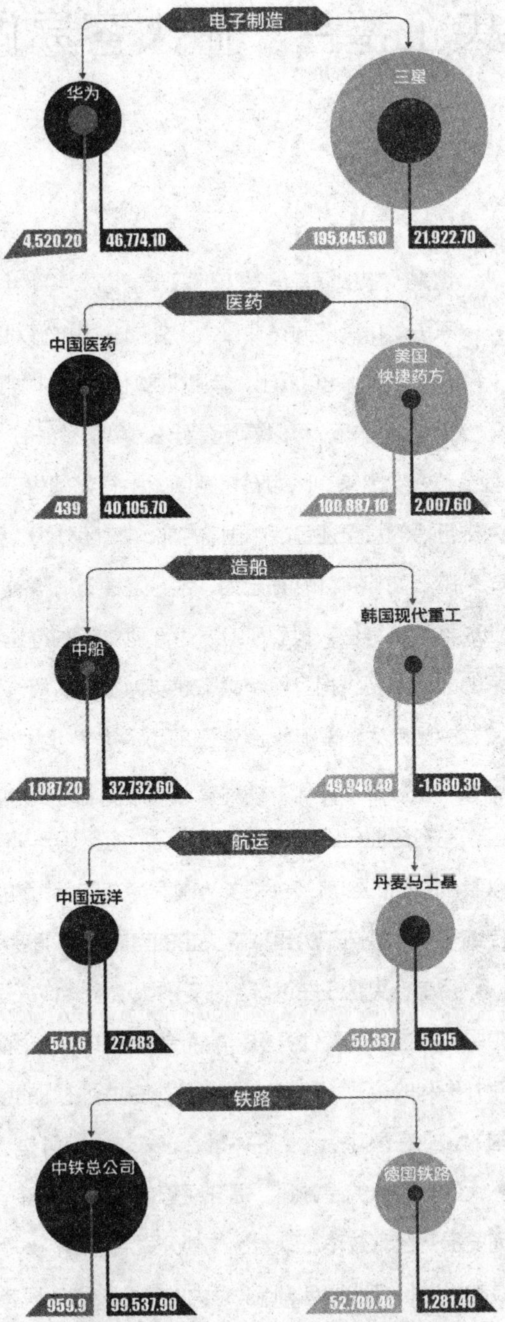

数据来源：《财富》2015年世界500强排行榜

央企整合：做大容易做强难

这是一张很简单的图。选取一家进入2015年《财富》世界500强的同行业中营收最大的中国公司，然后再选择一家进入榜单的同行业最大的外国公司进行对比。

从这个对比可以看出，除了少数几个领域中国公司的营收大于国外同行外，大多数行业，中国公司仍然相对弱小。

再仔细分析，可以看出是什么类型的公司，中国公司的营业收入会占据优势呢？这个图展现了一部分，但没有全部表现出来。比如石化领域，中石化领先于荷兰皇家壳牌。这背后其实是中国石油石化领域的整体崛起，进入排行榜的甚至还包括中国航空油料集团公司、陕西延长石油（集团）有限公司等多家中国公司。

除石油石化外，在电力、银行、建筑、煤炭、钢铁、有色金属领域也呈现了同样的特征，这些行业，中国企业成群结队地进入世界500强的行列。有些行业甚至都很难找到国际上的对标企业，如煤炭领域。大多数发达国家的能源消费结构早已跨越了煤炭为主的阶段，而中国至今煤在一次能源消费中仍占极高的比重。再比如建筑领域，中国庞大的基础设施建设带动了这个行业的成长，并且在全球具有极强的竞争力，中国至少有5家建筑公司进入这个榜单，但在全球来看，建筑行业入榜的并不多。当然，这个榜单仅仅是“巨头的较量”，并非全貌。而且，许多企业已经实现多元化经营，甚至很难将之单独划为哪个行业，比较起来就显得更为复杂。但总体上仍可以看出中国的经济结构和发达国家存在的巨大差异，虽然中国体量很大的公司并不少，但是这些公司大多存在于传统行业，甚至不少是依靠央企的垄断地位而变得强大。这些传统行业，目前正面临经营上的严峻挑战。

目前，央企正在进行新一轮的大整合，似乎呈现出两大逻辑：第一是外向型的企业，为了应对国际竞争，避免中国企业之间的恶性竞争，故而合并，中车是个典型；第二是内向型企业，主要是一些产能过剩领域，让优势企业兼并失利的企业。但是，这些发生在央企之间的整合，大多是行政力量在起主导作用，“做大”可以很快实现，中国的企业在国际上，也许体量会越来越大，可是“做强”如何实现呢？这是摆在这轮央企大整合面前严峻的问题，做大的根本目的是做强，提升经营效率才是关键。否则经济周期的波动，一个浪潮拍打过来，大象也会瞬间倒地。而要提升经营效率，既要从改善公司治理结构入手，真正发挥企业经营管理层的作用，同时又要加大在技术创新领域的投入，打造具有国际竞争力的核心技术。只有这样，中国的大象级企业才能长久立于不败之地。

（谭翊飞）

第五章 中国企业画像

中国企业家传承换代：谁来主导未来30年的经济

最近两年，异常低调的任正非频频发声，不但主动接受海外媒体的访谈，还不吝时间多次与国内媒体恳谈，至于间或发布的内部信函，频次更是有明显的提升。所作所为，皆为立言乎？当然不是。如果你留心一点，会发现，1944年出生的任正非马上就要72岁了，接班人问题、企业文化的传承问题不得不提上议事日程。

这不仅仅是任正非的问题，还暗示了一个时代的结束，另一个时代的到来。

一个时代的结束

如果你再去对比一下，联想的柳传志也是1944年出生，十年前就筹备退出了；但是，在2008年历经PC危机的时候又不得不出来力挺联想；最近，联想手机遇到困境之后，他虽然也多有暗示，但是二次复出的可能性已然不大——终究是要放手的。与他们相比，1949年出生的张瑞敏还战斗在一线，希望重塑海尔，甚至“去公司化”；1954年出生的董明珠还在保持几十年一贯的战斗精神，不断发声，和张瑞敏一样希望再推动企业新一次转型，但是作为有国企背景的企业掌门人，距离自己退休的年龄也不过是最后的时光；1951年出生的王石，除了在娱乐版出现，也不常谈论地产行业了。

其实，还有更老的一批人：1942年出生的何享健走得最为顺畅，纯民企背景的他早早把公司交给职业经理人打理——其实也是持有比较多股份的职业经理人；而同样是1942年出生的侯为贵，在把中兴带到全球前四之后距离交棒也为期不远了；而1940年出生的万隆，在双汇内部问题解决之后恐怕也没有恋战的必要了。

换一个角度，看那些纯粹的国企，中国移动原董事长王建宙出生在1948年，招商银行原董事长马蔚华出生在1949年，早已退休；广受赞誉的中海地产原主席孔庆平出生在1957年，也已离开职场；1958年出生，先后主政华润、中粮的宁高宁可能是这一代人里比较年轻的一位了……

正因为1980年代是一个草莽时代，是一个纠葛时代，也是一个囤积了几代人共同从体制内发轫创业的时代，所以，这也是中国优秀企业的一个密集创办期。以1949年为主轴，这前后的10年左右出生的一代企业家，几乎创办了中国八成以上的全球500强和准500强企业，也是中国得以工业化的主力军，主宰了20世纪80年代到21世纪前10年，整整30年。如果更准确地说，他们很多都发端于1984—1986年的中国城市商品化改革时期，2014—2016年或将成为他们的密集退出期。这一代人，张扬也好、低调也好，传统也好、西化也好，多多少少身上都有一些英雄情结、家国情怀。加上几乎所有这些企业都是体制内的或者脱胎于体制内的，其中就包含着各种纠葛，都是充满故事的人——尽管，这故事也不再那么受到新一代人的膜拜和关注。

当2015年国家面临大转型的时候，我们也应该意识到，一个时代结束了；下一个时代谁可以承担转型的重任，谁才是未来的王者？他们的接班人又如何？

中国是否会面临企业家的断层？

我们可以对比一下港台的华人企业家，甚至是欧美的华人，从中会有新的发现。

以香港为例，李嘉诚、郭得胜、李兆基、郑裕彤四大家族也好，还是更宽泛的十大家族也好，除了祖宗基业之外，又出现过几个年轻的企业家？闻名者寥寥。不仅如此，四大家族创办的产业也无外乎地产、基建、零售，在新产业面前，其实香港也并无太大建树。1928年出生的李嘉诚、同年出生的李兆基、1925年出生的郑裕彤，都已垂垂老矣，至于已经去世的郭得胜，三个儿子兄弟阋墙还不够，又卷入贿赂官司……

台湾可能好一点，但是，也存在着巨大的断层：1931年出生的张仲谋依然是台积电的灵魂人物，1950年出生的郭台铭算是其中年轻的一位了，加上联发科的创办人蔡明介，在部分领域还算得上“后继有人”，加上康师傅、统一和旺旺三家企业，因为很早在大陆生根还可一战；但是，更大的背景下，1917年出生而已经仙逝的台塑经营之神王永庆之后，女儿王雪红已经乏力驾驭HTC；1944年出生的宏碁创始人施振荣、1952年出生的华硕领军人施崇棠即使亲自出马，也难以完全扭转公司的前途了，因为PC产业的大势不再；至于张荣发所创办的船运行业、蔡万才所开创的金融事业，由于台湾市场本身比较狭小，很难有更大的发展了……

从中，我们不难看出，企业家终究是大时代、大市场的产物，时势造英雄。

与之相比，大陆的企业家们要幸福得多：改革开放是一个大时代，因此造就了20世纪80年代中后期崛起的一大批企业、一大批企业家，这些企业家也与时代相得益彰，促进了中国经济的第一波长达30年的发展浪潮；而在此之后，出生于“文革”前、成长于“文革”中的企业家本来有一个断层，但是，自1994年市场化改革之后，加之信息产业的大发展，又出现了新一波的浪潮，也密集造就了中国新一代的企业家——1964年出生的马云、1968年出生的李彦宏、1971年出生的马化腾，三个人创办的BAT共同主宰了中国的互联网时代，他们与1971年出生的丁磊、1974年出生的刘强东、1978年出生的傅盛都可以算作同一批人，共同成就了中国互联网行业的繁荣。

70后企业家少了些家国情怀，多数崇尚成功学，很多钱也更加符合市场框架，因此也少了很多纠结；当然，市场的初级和野蛮下，还有一批不那么显性的人，也会大肆利用资本市场、政商体制牟利，是这一代企业家相伴相生的另一面。但是，我们面向未来的30年，可能还是要回答三大疑问：第一，既然大浪潮是企业密集出现的关键驱动力，下一波大浪潮是什么？第二，中国下一波企业家的瓶颈又在哪里，如何超越前代？第三，原有的企业家又是否能顺利交接，会不会面临台湾、香港的难题？

未来中国企业家的“三条道路”

如果我们说到传承，很少有企业能穿越几个时代，你是时代的骄子，也往往被时代所淘汰，IBM这样的百年老店毕竟是少数。那么，那些得以传承的企业精神，就是可资学习的对象，也是少数可资借鉴的样本：

第一种是所谓日韩德模式。日本人拥有全球最古老的家族企业，三菱、三井的大财团更是源远流长，这是不是一种成功的模式？至少大型集团企业是这样。相比之下，韩国的企业，三星、现代也好，LG、SK也好，年头还远没有日本的企业那么长，但是模式与日本接近。而欧洲的德国、意大利也与此有相近之处。

它们的特点是：家族企业控制企业方向，但是股权更为分散，这样能避免企业失去固有的文化，关注长期利益，避免被职业经理人的急功近利所主导，也能避免股权过于在家族之内、失去了开放性和活力的问题，核心是文化和股权设置。你仔细去对比，香港、台湾的家族企业，甚至是马来西亚、印尼等华人企业，家族往往控制权过大，一代创始人之后多数就会衰落，二代之后依然能处于引领地位的更少。对于华人，特别是传统儒家文化来说，在家族之外分享权益一直是一种重大挑战。除此之外，对于中国企业家来说，很少有能高度全球化的，这也是一个文化陷阱，目前除了华为、中兴等少数，这是一个待完成的任务。

第二种模式是所谓美国模式。美国的模式是高度关注创新的，兼顾家族企业的股权分散化，其中更值得一提的是创新。近100年来，美国人在全球的主要产业里都是引领者地位，只要有大的产业浪潮，总有新的一批企业冒出——与守成相比，这也往往意味着更好的进化、迭代。在技术更迭迅速的产业，美国模式优势无疑更加明显，因为在这里颠覆重于打磨，创新重于管理。

与之相匹配的是更加彻底的市场化，而不是伪市场化。什么是伪市场化？很多A股上市公司，已经彻底成为创始人家族的圈钱机器，没有制衡，也没有必要的股东回报，具有皇帝一样的封建性地位。如果中国不能在二级市场上、在宏观制度上营造一个企业必须对利益相关者负责的制度，不对知识产权负责的态度，那么，中国不太会出现美国式的长期创新环境，中国将会有很多的“富豪”、很少的“企业家”。

有没有第三种模式？或者说未来中国所需要的模式、未来世界所需要的模式？应该会有，因为未来的企业规模会越来越大，占有的资本会越来越多，全世界的寡头趋势不可逆转，企业正在变成“超级社会化大生产”，也就是说具备了社会主义的部分经济条件；但是，资本所有者却往往集中在个体手中，资本的权力已经大到了可以左右政治、舆论、文化的程度，成为一种超级资本主义。这种财富创造、运营层面的社会主义客体与财富分配、所有层面的资本主义主体是构成当代全球经济的核心矛盾之一，内在的矛盾所产生的张力正在撕裂这个社会，旧模式很难继续驾驭如此大的张力。

扎克伯格又给我们创造了一种可能，把个人财富捐出去，重新纳入经济大循环；但是，它也造就了另两种可能，即这种分配方式可能更低效或者更黑箱，暂时没有答案。抑或像张瑞敏自问的，企业这种经济组织方式注定在未来30年消亡？这是待解的谜题。回到中国的语境，中国建国之后的第三个30年，我们正在面临一个转型的巨大当口，什么才是大浪潮？大浪潮下会有什么新的企业、新的企业家来推动经济发展？而这种发展又是否能普惠于民、是否公平而不损害增量，将最终决定它的可持续性，也最终决定我们的经济未来。

未来将来，但关于未来的一切，仍然充满未知。

（刘燚）

2015年创业板高成长逻辑：公司平均研发强度达5.3%

如果一个公司能够持续推陈出新，有可能长时间赚取垄断利润。

对应于更大的研发强度，创业板公司创造了更多的净利润。而在创业板公司内部，战略新兴产业公司创造了更多的净利润，并拥有更好的成长性。

“研发是企业保持创新和竞争力的必要条件，更是公司创新能力和盈利水平高于同行的保障。”兴业证券首席策略分析师张忆东在一项研究中指出，许多技术密集型企业都将研发视为企业的生命，企业通过研发进行创新，新产品将最终转化为公司业绩的提升。

创业板公司平均研发强度已达5.3%

研发投入是支撑企业竞争力的重要因素。

苹果、特斯拉、辉瑞……美国企业是重视研发投入的典范。资料显示，全球每年约有三分之一的研发支出来自美国，超过60%的基础研究在美国完成。在美国的研发支出中，接近三分之二的研发资金来源于企业。

尽管差距甚大，但中国企业在研发投入上正不断加大，与发达国家和国际标准水平逐渐缩小差距。

深交所统计数据显示，2014年，深市已披露年度研发数据，上市公司研发投入金额合计1488亿元，平均每家8926万元，较上年增加13.27%，其中，中小板、创业板分别增长16.64%和22.84%。419家公司研发强度（研发投入占营业收入比例）超过5%，占公司总数的25.13%。131家公司研发强度超过10%，35家超过20%。

2014年，以高新技术企业以及战略性新兴产业企业为主的创业板，公司平均研发强度达到5.38%，居三板块之首。

事实上，以新兴企业为主的创业板公司一直保持了较高的研发投入。据深交所统计数据，2009—2014年，创业板公司研发强度分别为4.57%、4.63%、5.04%、5.41%、5.72%和5.33%，高于深市平均水平。

2015年11月，一家创业板医药公司高管表示，公司所在领域需要持续高投入研发出新产品才能保持竞争力，在创业板上市之后，利用在资本市场募集的资金，公司在研发方面的投入逐渐增大，竞争力也逐步提升。

这种趋势并非偶然，以主营业务为体外诊断试剂、生化原料及仪器的利德曼（300289.SZ）为例，公司2015年上半年研发投入为1630.28万元，同比增长36.90%。研发项目集中于体外诊断试剂、生物化学原料及诊断试剂研发。

有券商分析师认为，由于利德曼不断的研发投入，生化项目能够不断保持稳定增长，化学发光产品和血凝分析仪将会是公司新的增长点。这些产品线针对的均为医院的检验科，可以利用公司及子公司的现有渠道实现进口替代，全面提升公司竞争力。

高强度研发支持业绩持续高增长

2015年10月，中国官方制造业采购经理指数PMI为49.80%，连续三月低于荣枯线。全国经济总体情况很不乐观，传统产业普遍面临极大的经营困境。

旧经济继续向下的同时，驱动中国经济转型升级的新经济则在冉冉升起。从全部484家公司2015年第三季度报告披露的情况来看，创业板上市公司可谓一枝独秀。

从深交所获得的统计数据显示，从第三季度的情况来看，7—9月，创业板上市公司营业总收入同比增长30.61%，净利润同比增长28.35%，增长速度较2015年上半年进一步加快，不仅高于中小板上市公司，更是与深市主板公司第三季度营业收入和净利润的加速下滑态势形成了鲜明对比。

在较高研发投入的支持下，创业板公司保持了较强的盈利能力。深交所统计数据显示，创业板公司毛利率长期维持在32%以上，远高于市场平均水平。

而统计也显示，创业板设立六年来，先后经历了金融危机、欧债危机以及国内经济下滑等严峻外部环境的考验，但创业板公司收入增长率六年来始终保持稳定增长，平均收入规模已由2009年的3.05亿元增长至2014年的8.25亿元，增幅达到170.5%。

净利润方面，创业板公司经历了2012年的小幅下滑后迅速回升，2014年平均净利润达9435万元，相比2009年增幅达62.06%。

“创业板高企的市盈率并非没有道理，其对应的是创业板相对于其他板块的增长速度与发展空间。”一位深圳私募人士表示。

截至2015年11月25日，深交所网站提供的数据显示，创业板公司的平均市盈率为112.15倍，而中小板公司与深市主板公司的平均市盈率分别为66.97倍、30.18倍。

张忆东认为，在研发投入较大的行业，有些公司或因大量研发支出而拉低净利润，针对技术密集型的成长股估值分析及投资决策时，应该将市研率作为其他估值手段的有效补充，可以避免仅仅依赖PE高低判断而错过良好的投资机会。

例如，若一家芯片设计公司的市盈率偏高，市研率却不高（相对行业平均水平），则有可能该公司在酝酿新产品的投放。若结合历史水准上来看，公司有很高的研发生产率，即将研发支出转化成有效产出的能力，那么可初步推断现行的产品研发有望转化成新的成长点，从而带来未来销售收入和利润的增长。

战略性新兴产业占比68%

目前，中国已成为仅次于美国的世界第二大科技经费投入大国，虽然研发投入强度与发达国家3%—4%的水平相比还有差距，但呈逐年提高态势。

据Battelle预测，中国有望在2022年与美国在研发上的投入持平。在经济转型期，中国在向全球价值链升级的过程中对研发和创新的需求更大。

目光回到创业板，创业板公司未来若要继续保持较快速度的增长，足够大的研发强度仍是其基础。

张忆东的研究显示，近几年，随着政府和企业对于研发和创新愈发重视，中国在研发上的投入不断加大，从结构性上来看，研发资金来源于企业的比重在加大。在这一点上，中国和发达国家基本一致。企业为了在激烈竞争中保证竞争力无不加大投入。

而从行业层面上来看，近年来，医疗、计算机的研发投入增速最明显。在技术密集型行业中，医疗行业的研发投入占比明显提升，从2002年15%提升到2011年的24%。从研发投入的增速来看，最显著的是医疗器械，从2001年至2011年，十年间研发投入翻了26倍，近几年投入还有进一步加大的明显趋势，排名第二的计算机也有近15倍的增幅。

“我们在投资医疗企业时，研发投入是一个重要的考量因素。”2015年11月，一位深圳私募机构总经理称，更多的研发投入，往往意味着医疗企业有更深厚的产品储备，比如恒瑞医药（600276.SH）、海正药业（600267.SH）。

类似规律，亦出现在创业板公司群体上。

在创业板公司内部，不同行业的研发强度差异颇大，但整体上看，战略新兴产业公司的研发强度明显更大。

深交所统计的创业板2015年半年度经营情况显示，互联网、影视娱乐、生态保护等战略新兴行业公司在创业板中占比达到68%，截至2015年上半年，研发投入78.98亿元，占整个板块的比例高达82.13%。

2014年年报数据则显示，截至2014年底，创业板研发投入强度是5.33%，创业板战略新兴产业公司2014年度研发投入合计为152亿元，研发投入强度为6.25%，高于板块平均水平。

对应于更大的研发强度，战略新兴产业公司创造了更多的净利润，并拥有更好的成长性。

深交所统计显示，创业板战略新兴产业公司净利润同比增长率显著高于板块平均水平。2015年上半年实现净利润合计163亿元，占整个板块的比例为71.46%；营业收入、销售利润、净利润的增长率分别为35.59%、25.5%、27.41%，均高于创业板平均29.40%、23.17%、20.54%的水平。

张忆东认为，以创业板为代表的许多成长股目前估值较高，因为投资者对它们的成长空间非常乐观。在这种情况下，就更需要企业持续不断地通过研发来带动创新，以更多更优的产品、更有说服力的“故事”来匹配投资者日益见长的成长期望，不然难免出现泡沫化趋势。投资者也需要擦亮眼睛，分辨创新能力和成长性的真伪。

（陈浠）

新三板“疾行”：资金聚焦信息技术企业

2015年11月24日，全国股转系统发布《全国股转系统挂牌公司分层方案（征求意见稿）》，新三版年内最大政策红利落地。

2015年，新三板挂牌企业数量、交易额、融资额不断刷新纪录。从市场走势来看，新三板经历了年初的疯狂上涨和二季度以来的下跌。这一平台在为越来越多的中小企业提供挂牌、交易、融资服务的同时，也呈现出其特有的问题：“二八”分化严重、流动性待改善、股票价格不够公允、信息披露不规范等等。

2015年来新三板规模量级增长

2015年新三板挂牌及做市规模变化

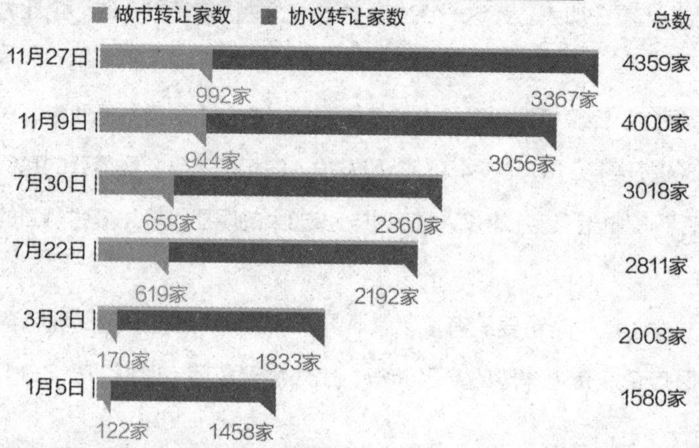

解读：2015年来新三板挂牌家数成量级增长，体现在——1. 挂牌数量屡破纪录：3月初突破2000家、7月末突破3000家、11月初突破4000家，在7月22日首超A股公司总和；2. 做市踊跃：年初至今，挂牌企业增长176%、做市企业增长七倍多；3. 后备力量足：截至11月27日，待挂牌家数为223家，申报中的企业总家数为1849家。

新三板结构分化

行业分布：信息技术企业最多、金融企业市值最大

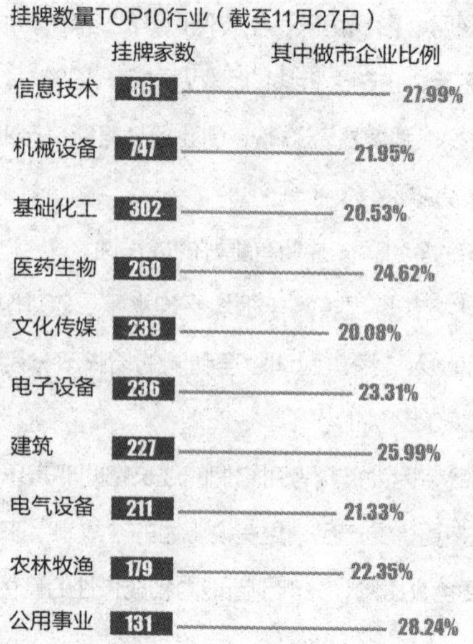

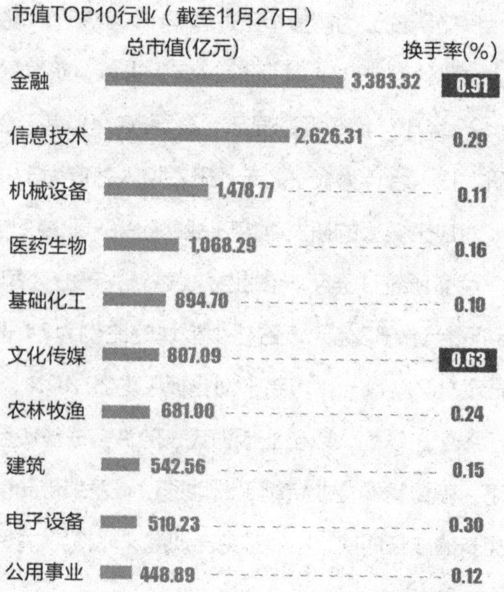

成交额TOP10企业（剔除金融类企业）（截至11月27日）

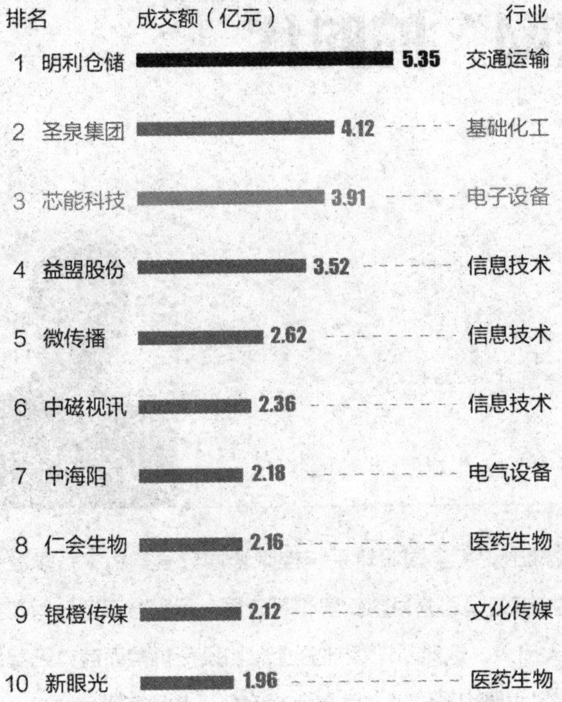

解读：挂牌企业中信息技术行业最多，新三板为新兴技术类企业提供了舞台，这一行业做市企业占比也略高于其他行业，表明流动性相对较好。95 家金融挂牌企业市值在全行业中排名第一，金融企业权重十分明显，交易活跃度也较高，有成新三板“主角”之势，更多的金融企业欲潮涌新三板挂牌。剔除金融企业后，最近一月成交额排名前十的企业信息技术企业相对较多，其次为医药生物。

分层演示：“剪刀差”或更明显

	全部挂牌企业	创新层企业（以华金证券11月24日估算的489家企业为单位计算）
企业数量（截至11月27日）	4359家	489家
近一月企业平均成交额（10月27日到11月27日）	538.2万元	11,451万元
企业平均总股本数（截至2015年中报）	5589.32万股	9516.95万股
企业股东权益（截至2015年中报）	1.17亿元	2.44亿元
企业平均股东户数（11月27日）	43户	148户

（数据来源：choice终端、记者统计）

解读：从月平均成交额、平均总股本数、股东权益和股东户数来看，创新层企业远远高于全部挂牌企业平均值。

股转系统提出的创新层有三套并行标准，分别为：净利润 + 净资产收益率 + 股东人数，营业收入复合增长率 + 营业收入 + 股本，市值 + 股东权益 + 做市商家数。达不到相应标准的企业归于基础层。这无疑从盈利能力、成长性、流动性等多方面将新三板挂牌企业分成两大阵营，分层制度 2016 年实施后，两大层次将享有不同的政策红利。

分层的实施对于新三板整体利好，不过对于基础层和创新层的大部分企业来说，无疑差距会拉大，资金、资源将会往创新层企业倾斜。有新三板投资人士对记者指出，新三板的设立就是为了服务优质的中小企业，帮助它们低成本融资，无交易、质量差的企业会被自然淘汰。

齐慎：
未来可能是“产业互联网”的时代

齐慎

2015年11月24日，传闻已久的新三板分层方案正式推出。《全国股转系统挂牌公司分层方案（征求意见稿）》发布，计划以2015年年报披露截止日为基准日，将挂牌公司划分为创新层和基础层。尽管方案还停留在征求意见阶段，但市场预期征求意见稿不会与最终版本有太大出入。这对新三板部分企业和投资机构而言，无疑是利好“靴子”的落地。“我们所投资的企业入选创新层应该是大概率事件。”达晨创投合伙人齐慎充满信心。

在“新三板改革”被写入“十三五”规划建议后，其流动性症结被期许以改善的预期渐强。达晨创投对于新三板的未来怎么看？它在新三板领域又有着怎样的投资逻辑和故事？

新三板或诞生“产业互联网”巨头

《21世纪》：“十三五”规划建议提出，“发展天使、创业、产业投资，深化创业板、新三板改革”，怎么理解新三板改革对促进中国经济结构转型、促进中小企业发展的作用？

齐慎：从“十三五”规划建议可以看到未来中国经济发展的方向和要求，其中五大理念值得关注：创新、协调、绿色、开放、共享。未来经济发展重视质量、要有创新的商业模式、绿色环保经济受到重视等，对于新三板这一平台和我们投资机构而言，都会在国家鼓励的产业上倾斜。

《21世纪》：新三板是多层次资本市场的重要一部分，近期有“围城论”出现，“外面人想进去，里面的人想出来”，尤其是IPO重启后拟进行IPO上市辅导的挂牌企业增多，新三板的挂牌企业会因为IPO的重启而流失吗？

齐慎：新三板有它自身的优势：创新、包容、融资效率。实际上它已经在按照注册制的方式来审核企业，淡化财务指标，强调信息披露，能够帮助中小微企业快速登陆资本市场，但劣势在于流动性不足，估值方面某些企业其实也并不低。

每个市场都会遇到问题，新三板本身不断在优化演进，未来随着分层制度的实施、交易门槛的降低、市场活跃度的增加，新三板和主板能够满足企业需求的程度不存在明显差异，那企业就不用“边走边看”了。当然，我们会尊重所投企业的选择，如果企业能够融资到位，流动性也好，诉求得到满足，其实在哪个“板”都不用担心。

《21世纪》：作为中小企业的“摇篮”，新三板可能催生下一个BAT吗？

齐慎：如果新三板有更好的机制创新、制度优化，那么它就对企业有吸引力，不排除有更优秀的公司脱颖而出，“A”和“T”的体量太大，有没有“B”的体量出现其实说不定。

从互联网经济到移动互联网经济，未来可能是“产业互联网”的时代，也就是传统产业与互联网结合紧密的时代，比如后汽车市场互联网、医疗互联网、房地产互联网等，很多制造业和互联网结合都可能产生上万亿的市场，包括以“智能制造”为核心的工业4.0时代，高新技术主导的大公司也可能产生。

未来不是所有的大公司都是互联网公司，新三板在不断优化下有可能产生大量的创新公司，从时间跨度上来说，有很多可能性。

分层制度利于区分优质企业

《21世纪》：有一种说法认为现在处于“资本寒冬”，A股和新三板都经历了流动性的考验，股权投资行业这一年有什么变化？有没有影响达晨在A股和新三板项目的退出？

齐慎：这一轮A股的剧烈调整大家共知，这对市场的信心会有影响。因为二级市场实际上主要围绕新兴概念来炒作，这种估值的调整多多少少对一级市场带来影响。从整个投资行业来讲，可以说2015年年底大家对项目判断的要求会提高，对估值可能更敏感。因为一、二级市场的估值、退出是紧密相联的。

“资本寒冬”倒不一定，我们在十五年里经历了好几个牛熊交替的市场，经历过更困难的时期，会根据投资布局的节奏、团队的能力耐心地寻找优质的项目，不会受市场短期的波动影响投资布局。现在的投资并非为了马上退出，也许这个时候正是投资的机会，我们并不担心项目退出的问题。

其实社会上的资金还是充沛的，资金有增值的需求，当效益能够达到的时候募钱并不是问题。2014年年底以来是股权投资的黄金时代，我们看到比如很多投资于房地产的资金想进入这个行业，包括一些产业资本、上市公司的钱，上市公司有转型的调整要求，希望通过专业的投资机构来切入这个行业。

《21世纪》：分层制度的实施越来越明朗，它对于新三板市场能起到怎样的作用？达晨投资所投的项目是否能够分享其中的利好？

齐慎：新三板分层制度根据企业质地设置两个层次，很自然地能够看出哪些企业优质，哪些企业高估值但没有竞争力，还有一部分企业根本不具有投资价值，这将吸引更多优秀公司去高层次板块定位其自身。未来伴随着交易门槛的降低，高层次板块的流动性能够得到较大的改善，优秀企业也能留住，对新三板的发展很有利。

《21世纪》：挂牌新三板的这些标的是如何挑选的？介绍一下投资思路。

齐慎：所有项目基本的投资逻辑是，首先选择政策鼓励的、有发展前景的行业，包括TMT、教育文化、医疗健康、智能制造等，其次在优选行业后选择行业中有潜力、成长性的企业，再看标的团队的能力、技术和研发能力、商业模式是否创新。我们会在每个风口去筛选，但永远不会去追风，不会选择投资估值离谱但很多机构去竞标的企业。

我们投资拆VIE回归的企业有个原则是“只选行业龙头”，包括分众传媒、软通动力、宇信易诚等，这类企业能够上A股获得较好的估值。投资新三板的一些企业，比较幸运地都抓到细分行业领先的公司，它们能够充分享受到制度红利。

（陈静）

沪市上市公司“升级”路：唯并购不转型？

资本市场并购重组，是上市公司实现产业升级和行业转型的主要手段，而无论是产业升级还是行业转型，都无疑能够提升企业的核心竞争力。

据21世纪经济报道不完全统计，截至2015年11月30日，沪市A股上市公司共发生并购重组已有800余家次，其中，150多家公司进入重大资产重组，逾50家公司完成重大并购重组，延续了自2014年以来的并购重组热。

“上市公司并购重组与国家战略、产业结构调整形成良性互动，既有力地支持了国企混合所有制改革、推动‘一带一路’建设等国家级战略，也助力传统企业脱胎换骨，同时，从上市公司并购重组的新特点、新变化和新趋势，微观层面可以观测到单个上市公司由小到大、由弱变强、由旧换新的发展轨迹；而宏观角度，则还可以把握我国经济在新常态下革故鼎新、以质为先、转型升级的重构脉络。”上交所相关人士分析表示。

并购重组有动力

沪市上市公司纷纷展开并购重组，不仅有主观意愿的推动，也有客观背景的影响。

尽管近两年来，以上证50和上证180为代表的大盘蓝筹股公司继续保持稳定，体现了中流砥柱的作用，战略新兴产业类公司也展现出成长活力，经营规模比重有所增大。

但不可否认，受经济趋缓形势的影响，沪市上市公司在过去一年多里整体出现了业绩增速放缓，同时还存在着产业调整难、区域发展不平衡以及部分公司经营风险较大等问题。

上交所统计，2015年上半年，沪市1071家上市公司共实现净利润约1.2万亿元，同比增长幅度为6.36%，虽与同期宏观经济增速基本相当，但与2014年同期相比，增速下滑。

如何推动企业深化改革，寻求适应经济新常态，并得以在新常态下获得新利润增长点？这一问题的答案已是沪市上市公司的整体追求。

沪市集聚了大批金融、交通运输及仓储业、建筑业、采掘业、能源等基础性、传统型行业的国民经济支柱型上市公司，其中相当部分的公司，尤其是传统制造行业内生性发展动力已现明显不足，企业、行业甚至是产业都面临重新洗牌，因此，通过并购重组实现转型和重生，这种需求是前所未有的迫切。

“从投入驱动到创新驱动，从外延扩张到内涵发展，从落后产能到新兴产业，这些转型要求，仅靠上市公司自身努力难以完成，需要通过并购重组，引入新的发展方向和发展动力。”上交所相关人士解释称。

据统计，在2014年新重组办法实施后，沪市不久就有18家上市公司披露了以现金收购方式实施重大资产重组的预案，而在此之前此类重组仅有2单；更有近25%的重组上市公司，实施了跨界并购。

并购重组出现井喷

事实上，2014年开始，沪市上市公司并购重组就已呈现井喷之势。

统计数据显示，2014年全年，沪市上市公司资产重组共计发生838家次。其中，171家公司进入重大资产重组（包括发行股份购买资产），39家公司完成重大资产重组，合计交易金额超过1300亿元；非重大资产重组644家次（包括通过非公开发行募集资金购买资产及金额未达到重大资产重组标准的其他重组），合计交易金额超过6800亿元，较之2013年分别增长94%和160%。另有21家公司完成重大资产重组配套融资，合计金额154亿元。

而到2015年，这一热潮得到延续。据上交所数据，2015年初至8月31日，沪市上市公司共有143家公司进入重大资产重组（包括发行股份购买资产），52家公司完成重大资产重组，较2014年同期分别增长25.44%和100%，合计完成重组交易金额超过2473亿元，较2014年同期增长186%。另有17家公司完成重大资产重组配套融资，合计金额154.8亿元。

需要说明的是，与早年上市公司的并购重组倾向于整体上市或借壳上市有所不同，近两年来沪市上市公司的并购重组主要是进行外延式扩张，横向纵向扩展产业链，或是转型进入新的行业，提升核心竞争力的同时助力市值拉升。

2014年，沪市启动重大资产重组的上市公司中行业整合类重组为46单，跨界并购类重组为23单，两者合计已占沪市全部重大资产重组数量的75%，远超借壳上市和整体上市类重组的数量，较2013年的这一数字上升近10个百分点。而2015年行业整合和跨界并购重组也不少，至8月31日完成重大资产重组的52家上市公司中，行业整合类有18单，整体上市类有15单，借壳上市有12单，跨界并购类有7单。

“为实现产业链加粗加长的产业整合类重组和实现主业转型的跨界并购类重组，已逐渐成为上市公司并购重组的主流形态，沪市并购重组越来越回归重组本源，成为处于经济转型的上市公司实现产业整合和行业转型的重要工具。”西南证券分析师刘峰表示。

提升公司盈利能力和市值

总体而言，实施并购重组的公司，其后续盈利能力和市场表现，均会有较为显著的提升。以重大资产重组为例，沪市2014年度完成重组的39家公司当年实现营业收入4043亿元，同比增长69%，实现净利润201亿元，同比增长232%；2014年末净资产总额为1848亿元，同比增长89%，净资产收益率平均为14%，同比增长7个百分点。31家公司实现净利润同比增长，15家公司2014年净利润增幅在100%以上，增长最多的公司增幅达到12143%。

同时，从启动重组日到完成重组日的市值增加值看，39家完成重组的公司合计增加市值为2186.67亿元，同比增长73%。再从股价表现看，绝大部分企业涨幅高于同期大盘走势，数据显示，2014年披露重大资产重组预案的76上市公司中，有64家公司复牌后两周内涨幅超过大盘同期波幅，其中业务转型、资产注入和产业并购的个股平均涨幅分别达到48.18%、39.90%和10.24%，有效提高了市值。

2014年重大资产重组类型分布

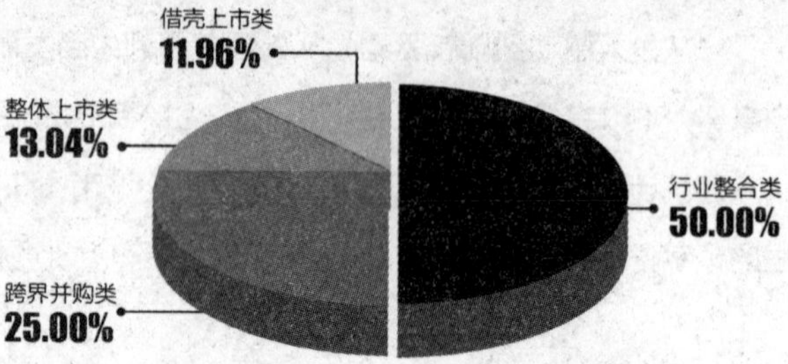

2014年完成重组公司业绩情况

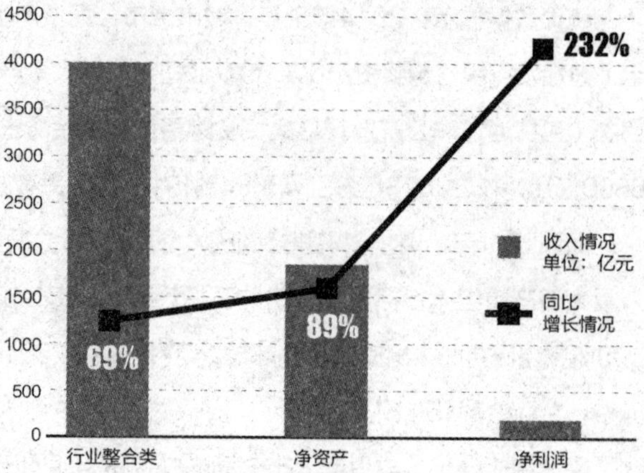

经过并购重组，2015年也有不少沪市上市公司扭转了业绩下滑甚至亏损的局面。最突出的如ST公司，*ST国通（600444）、*ST建机（600984）、*ST金化（600722）、*ST秦岭（600217）等，这些在年内已完成并购重组的“风险”股如今都预告了2015年年报将扭亏为盈，甚至净利润同比出现大幅度增长。2015年上半年，不少国有企业也借力并购重组实现了行业整合或结构调整，并催生出一批市场高度关注、具有示范意义的整合案例，如中国南北车的合并，推动中国高铁“扬帆出海”，在更高层面上提升国际竞争力；又如百事通吸收合并东方明珠，诞生了A股首家千亿级新型互联网媒体集团；绿地集团以资产置换和发行股份购买资产的方式借壳金丰投资，成为 A股史上最大规模借壳方案等。

上交所数据显示，2014年，沪市包含重大和非重大的646家上市公司资产收购和重组案例中，有384家公司为国有企业，占比约60%，其中167家启动重大资产重组的公司中，96家是国有控股，占比57%，比2013年提高4%。另据公开数据统计，2015年前9个月，沪市启动重大资产重组的上市公司中有近40%是国有企业，而完成重大资产重组的国有上市公司占比则近60%。

（王丹）

央企整合风向标：带路大哥“中车”重组之后

2003年国资委创设以来，央企的整合从未停止。但是，从2010年至今，整合速度明显放缓，央企数量的减少从前五年每年减少10家左右变为不到5家。

十八届三中全会以后，新一轮国企改革再度出发。中央层面的顶层设计文件在2015年9月终于出台，资本市场对于央企重组的呼声不断高涨。

南车和北车的整合是2015年最典型的案例，具有风向标的意义，其整合过程不可谓不神速。

2015年6月1日，中国中车股份有限公司正式挂牌成立，距南车与北车正式宣告合并为一家新公司仅仅只有5个月。而按以往经验，可能需要几年。比如中国外运集团和长航集团的合并，是从2008年宣布意向，但正式合并拖至2010年才开始。

南北车的合并重组之所以推进得如此神速，既与高层关注相关，也与这起改革所呈现的新逻辑有关。这一逻辑则正在2015年底继续发酵，并很可能引领这轮央企重组潮。

“带头大哥”的逻辑

南车北车是中国装备制造“走出去”的典型产业，国家总理李克强曾多次在国际场合为中国铁路装备站台推销。

但是，在合并以前，南北车的体量与国际巨头比仍有差异。南车北车之前单独的体量大概在1500亿元左右，规模比川崎重工要大，但比庞巴迪略小，合并成中车规模则远超庞巴迪。但如果中车与德国的西门子公司相比，则仍然小得多。西门子2014年的总资产超过1300亿美金。

而且，南北车的业务相对单一，无论是庞巴迪、西门子或是川崎，机车制造只是他们其中一个业务板块，他们分别还有航空、船舶、机械设备等业务。

即使在并不有利的国际竞争环境下，南北车却还面临互相之间的激烈竞争，在国际市场上互相压价。

2013年6月，21世纪经济报道独家披露过中国南车和中国北车在阿根廷恶性竞争的情况，当时，中国南车以127万美元/辆的价格，超低价地甩开中国北车及其他中国企业，先后获得了多笔阿根廷地铁的订单，但这一抢单事件引发了连锁反应，不仅让阿根廷方面认为中方企业的报价不严肃，还搅局了中资公司另外30亿美元的已签约项目。

实际上，阿根廷的这起削价竞争，只是南车与北车在海外多个市场进行价格竞争的缩影。中国国际贸易学会副会长李雨时透露，商务部的内部简报中经常通报类似的削价竞争事件。商务部尽管多次出规整治，仍无法解决，而且，随着中国国企参与国际竞争的深入，在越来越多的市场争夺激烈，恶性竞争的态势越发恶劣起来。

在中国工程院院士王梦恕看来，合并为一家或可缓解这一矛盾。另外，合并为一家也有利于高铁品牌效应扩大化。但这只是南北车合并重组最为浅层的原因。国务院发展研究中心企业研究所副所长张文魁认为，同上一轮重在打造国内前三竞争力的央企重组不同，这一轮央企合并重组的重要逻辑之一是，国家希望打造出在各行各业能够与国际巨头竞争的、有国际竞争力的央企。

实际上，在打造中车集团之后，众多央企重组纷纷浮上水面，背后推动的因素与南北车类似。

创造可复制、可推广的改革模式

这轮国资改革在2015年已完成的有两例，除南北车外，2015年还有国家核电和中国电力投资集团的联合重组。此后，又陆续公布发布消息的央企及央企系上市公司还包括招商局与中外运、五矿和中冶等。

这些已公开的整合案例体现出鲜明的特征，在民生证券研究院执行院长管清友看来，新一届政府对央企强强联合的思路则主要是针对龙头企业进行整合，打造具有国际竞争力的“国家品牌”，避免企业在“走出去”的过程中产生恶性竞争、自相残杀，拓展海外市场，加快产能输出。

高铁装备业便是最先被选中的行业，南北车合并形成的新公司，将肩负起在国际上为中国铁路开路的先锋角色。具有这些特征的央企及下属上市公司也很可能会成为未来整合的重点。

除了变成最先探路的央企重组样本，中国中车的重组内涵也被赋予新的时代特征。

此前的央企重组长期纠缠于旧常态下的重组，即资本、权利和资源的重组，如今高层要求南北车应该以改革的方法，以效益为基本标准，进行新常态化的重组。

2015年3月总理的讲话已经点明路径，即南北车重组可以尝试在国有资本投资公司或国有资本运营公司下进行，在重组的过程中改革公司的体制、治理结构等，以效率和质量为中心，用改革的方式推进重组进程。中国企业改革与发展研究会副会长李锦认为，这意味着，此轮改革中第一个落地的国有资本投资公司和国有资本运营公司的试点，可能落在南北车集团合并后的新集团上。

全球机车制造企业资产规模比较（亿美元）

数据来源：中国中车三季报、福布斯2015年全球2000强排行榜

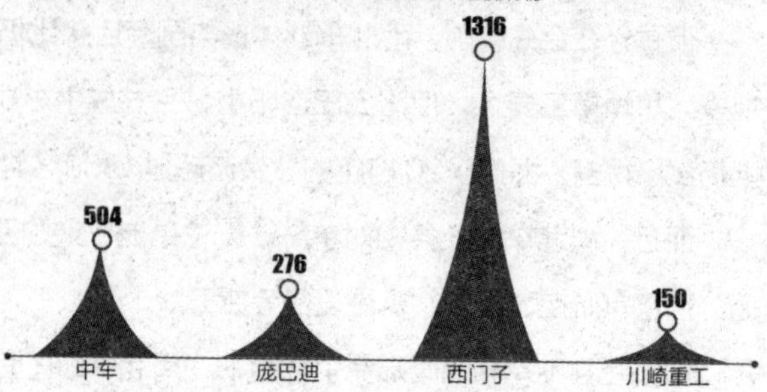

而且中国南车与中国北车管理结构上颇为特殊，集团公司实际上是个空壳，资产资源等均分散到各子公司手中，集团公司对各子公司的管控力度并不强，大多数经营决策均是各子公司自行完成，造成大量的重复建设和过度竞争问题，如果未来合并后的集团公司转身变为国有资本投资公司或运营公司，则新“集团”将坐实管控能力，未来对于新公司的发展将更为有利。

果然，在两家央企股份公司层面对等式合并后，集团层面的重组却呈现出不同以往的做法。2015年9月28日，在中车集团成立大会上，该集团董事长崔殿国率集团管理层亮相，并公开集团定位于“以高端装备制造为核心，多元发展、跨国经营的世界一流投资集团”。

崔殿国还头一次明确透露了中国中车集团要为深化国有企业改革提供借鉴、积累经验，创造可复制、可推广的改革模式。

（高江虹）

海尔再造：痛苦的转型风口

张瑞敏

海尔的近10年，尴尬地站立在中国企业的族群中，既不退去，也不上升，它奋力转型的努力与疼痛，是老牌家电企业的缩影。

2015年11月9日，刚参加完在奥地利维也纳举行的彼得·德鲁克全球论坛后，海尔集团董事局主席、首席执行官张瑞敏马不停蹄地赶到英国伦敦。这次，他应邀参加全球最具影响力的“50大管理思想家”颁奖典礼。

在这届颁奖典礼上，张瑞敏被授予Thinkers 50杰出成就奖之“最佳理念实践奖”。同时，张瑞敏还入选了“2015年度Thinkers 50榜单”，成为目前唯一同时获得两个奖项的中国企业家。

“我们现在做的是颠覆传统的管理模式，建立互联网式的企业模式，正在探索一条别人没有走过的路，所以非常艰难。”张瑞敏说。众所周知，在过去的10年，张瑞敏带领海尔进入了漫长而又艰辛的转型期，过程中亦从不缺少质疑声：相较起格力、美的近年来的快速发展，“海尔10年间只增长了1000亿”经常被拿来作为海尔衰落的证明；2014年，关于海尔裁员的系列新闻更迅速抢占了各大门户的头条。

时至今日，仍然有人看不懂张瑞敏以及海尔的转型，但张瑞敏仍然以无比的毅力坚持探索，就连著名财经作家吴晓波也不得不深感佩服地说：“1949年出生的张瑞敏也许是他那一代企业家中最勇敢的一位。”

孵化212个小微企业

2015年是海尔集团探索“人单合一”模式的10周年。2005年9月，作为中国民族工业的代表，海尔创新性地提出了“人单合一”商业模式。2012年底，海尔宣布正式进入网络化战略阶段，向平台型企业转型。

“从具体战略上看，海尔分成了三大板块：互联网+工业、互联网+商业、互联网+金融。”海尔集团副总裁刁云峰此前表示，在传统工业制造领域的互联网+改造，海尔将主要以青岛海尔（600690.SH）作为载体；而在商贸领域，则是由香港上市公司海尔电器（01169.HK）来承载，此外海尔集团底下还有金融服务公司，未来不排除拆分上市的可能。

2014年，海尔进一步提出“企业平台化、员工创客化、用户个性化”的“三化”战略主题，全面推动平台企业的转型和落地。

“人单合一提出十年，到今天正式进入2.0时代。1.0时代我们推动员工和用户连到一起，表现出来的是把企业和市场连到一起，于是内部就划分了单位，变成一个自主经营体，直面市场和用户。但是随着时间的推移，问题来了，受到原来组织机制框架的限制。”在张瑞敏看来，2.0版本的人单合一体就现在“三化”上，在2.0阶段海尔要做的除了颠覆原有传统模式，还要建立共创共赢的新模式。

海尔认为，企业平台化是对应企业的互联网思维，即企业无边界；员工创客化对应员工的价值体现，员工成为自主创业创新的创新者；用户个性化对应着企业的互联网宗旨，即创造用户全流程最佳体验。简单理解，前两者分别是针对企业和员工的转型，第三个就是用户意识的改变。

企业如何转型？张瑞敏提出，要把原来像金字塔一样的科层制变成一个网络性的组织。“传统企业和互联网企业最大的不同就是传统企业是一个封闭的系统，以自我为中心。但互联网企业则是互联网的一个节点，不是一个封闭的系统。”据张瑞敏透露，为此海尔在两年内减少了26，000人，其中主要就是中层管理者以及工厂升级为智能工厂后减少的工人。

其次就是员工，员工原来定位是雇佣者和执行者，但在现在海尔员工的角色已发生改变，变成了创业者和合伙人。张瑞敏把这个过程叫作“三自”：自创业，自组织，自驱动。

自此以后，海尔内部出现了上千个“自主经营体”，并开始了一场内部“竞赛运动”。当中，除了有诸如雷神游戏笔记本、巨商汇等为人所知的成功样本，也有不少因为无法通过市场考验而最终被淘汰。据统计，截至2014年底，在海尔集团2000多个自主经营体中，最终有212个成功孵化为小微企业。

“与其被人杀掉，还不如自杀。”海尔小家电跨境综合服务平台总经理杨华如是形容海尔目前正进行的改革。但海尔无线小微公司CEO李标透露，这种自创业的过程十分艰辛。

“我们曾经有一两个月一分钱收入都没有。”据了解，李标已是该公司第三任CEO，刚来的时候公司有45人，但现在只剩下42个。“因为创业企业是很烧钱的，烧几个月却没有结果，大家感觉看不到希望。”李标说。

站在痛苦转型的风口上

2015年9月，海尔又进行了一项大胆的改革，取消了员工的酬薪制。张瑞敏称之为“断奶”，而被取消酬薪的员工则称为“小微主”。

海尔期望用大平台套小平台，小平台生长出小微物种的方式，来丰富整个海尔生态。但是，不同于BAT往往通过收购或战略投资来扩大生态范围，海尔倡导创客文

国内白电三巨头前三季度营业收入（亿元）

数据来源：相关公司2015年三季报

化，鼓励员工利用海尔资源内部创业，成为生态的一分子。张瑞敏希望海尔最终存在三类人：平台主、小微主和创客。

据海尔官方最新披露，截至2015年7月，海尔共建立起21个平台。杨华告诉记者，在这种模式下海尔的角色已变成投资人，挑选潜力项目，然后与创业团队共同成立公司。而为了降低公司运营风险，海尔通常以提供平台或资源的方式来入股，并提倡“用户付薪”或者“资本驱动”。

“要么就是有用户愿意用你的东西，产生效益养活自己；要么就引进战略性投资，甚至上市。”杨华说。事实上，目前有相当一部分的小微企业尚处于未盈利阶段，而支撑他们的是风投。

以李标的无线充电技术为例，目前市面上300元左右就能买到一个不错的电饭煲，但是用了李标公司研发的充电技术后成本大幅增加。“我们的第一代产品卖6999元，第二代产品售价3999元。用户对技术的接受和对价格的接受，这中间是有落差的。”最终，李标顺利找到风投，目前公司估值1.5亿元。

而对于海尔来说，除了要面对旗下小微企业有可能倒闭的风险，还要对转型所带来的业绩损失有充分心理准备。

据青岛海尔今年三季报显示，1—9月公司实现营收626.3亿元，同比下降11.14%；归属于母公司所有者净利润34.31亿元，同比下降18.62%。海尔主营业务增长放缓的同时，其主要产品的市场份额亦有所下降。

中怡康零售端数据显示，前三季度海尔空调零售量同比下降8.36%，市场份额为11.58%，同比下降0.34个百分点；海尔冰箱零售量同比下降5.76%；海尔洗衣机零售量同比下降5.60%，高于行业同比下降2.03%的平均水平。

大部分家电业人士都认为，海尔在转型过程中丢失的市场份额，使其处境更为不利。据了解，由于互联网转型更多是强调与用户的沟通，因此海尔停掉了不少传统广告，加上2015年家电业深度探底，海尔经销商做起来更加不容易。

此外，对于海尔一线的销售人员来说，不仅要在市场上与对手火拼，还要应付集团转型所带来的流程变化，工作亦十分辛苦。而且，虽然海尔是国内最大的家电集团，但其职业经理人的工资在业内顶多只能算是中等偏下。在海尔30周年内部大会上，张瑞敏也表示：“当下的转型让海尔面临巨大挑战，但我们承受的底线在哪里，这个一定要清楚。”海尔集团轮值总裁周云杰则预计，海尔转型“在三年后可看见较好的效果”。

（叶碧华）

从"战国"到"三国"：BAT版图扩张年

李彦宏　马化腾　马云

2015年，合并是互联网的一大主题。出行领域有滴滴和快的，本地生活领域有58同城和赶集，O2O领域是美团和大众点评，在线旅游则是携程与去哪儿网。

这四桩交易中，一个主要特点是，这些公司在此前都曾经历过较长时间的竞争，并为其付出了巨大的成本。另一个特点是，这四桩交易背后基本上都站着BAT三大互联网巨头。

外界评论，资本寒冬之下，BAT纷纷停止校园招聘，意味着就连地主家也没有余粮去给小巨头们打补贴战了，纷纷合并了结。事实是，根据截至9月底的季报，百度手握现金、现金等价物和短期投资110亿美元，阿里巴巴为166亿美元，而腾讯的现金净额和股权与金融资产价值合计也超过100亿美元。

"只能说这几年来，BAT扩张到了一定阶段，有目的地进行投资布局。"一位投资人说，移动互联网时代，各个领域都发展迅速，尽快合并并抓紧下一个领域的布局是最重要的。

2011年前，BAT主要的战略还是内部增长，复制有前景的创业项目，将其在内部扶持成为新业务。"3Q大战"之后，腾讯开始布局其开放平台生态，在逐渐垂直细分化的互联网发展情形下，BAT都逐步布局了其开放平台，而对于三巨头来说，对外投资布局也逐渐取代了内部孵化。

百度：搭建O2O消费场景

百度遇到的问题是，移动互联网时代，搜索的入口和价值被分解。PC时代，百度超过六成的搜索市场份额是其主要的收入来源。但移动端上，应用市场、地图、电商等各类具有入口价值的APP，都承载着垂直搜索的功能。

因此，2015年以来，O2O成为百度最为重要的战略，重新定义为"人和服务"的连接器，企图通过移动互联网服务和线下的买卖连接创造收入。

2015年2月，百度将移动云事业群和LBS事业群合并为移动服务事业群组，由之前在移动端营收贡献相对突出的副总裁李明远统揽全局。2015年以来，百度除了领投拼车应用天天用车、二手车交易平台优信拍、公交Wi-Fi和e袋洗，又入股分类信息网站百姓网，最受外界注意的便是向糯米3年内追加200亿元投资，以及主导了与携程、去哪儿形成利益共同体的交易。

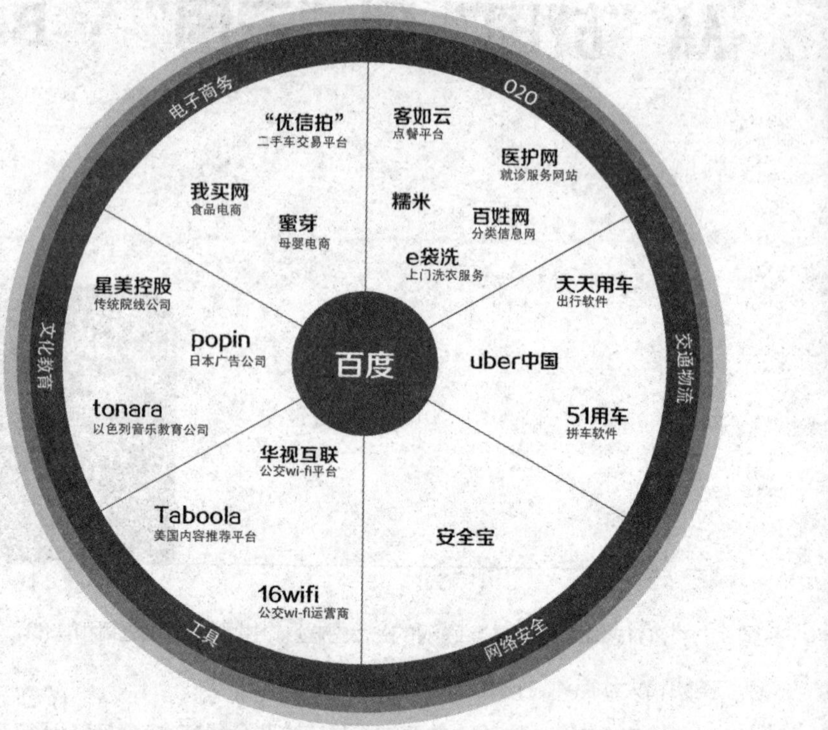

2015年1月，有消息称百度成立电影业务部，对外称其为“百度影业”。该业务部将专注于垂直O2O领域的电影在线选座和购票业务，以及参与影视投资等，并将联合万达、中影集团在在线选座和售取票终端进行深度合作，打造O2O闭环。

盘点2015年百度所作所为，O2O形成了两大模块：一是以百度糯米、地图、手机助手等核心搭建起来的中高频O2O，百度所布局的携程-去哪儿、优步、中粮我买网、蜜芽、e袋洗、百度影业等均会成为其服务提供方；二是以百度直通车为主的产品，则覆盖了线下长尾、低频消费的本地生活服务。

而当百度搭建起O2O消费场景之后，便开始正式布局互联网金融，2015年11月，百度与中信银行成立了“百信银行”之后，又与安联集团、高瓴资本联合成立了“百安保险”，均表示将结合O2O推出互联网金融产品。

腾讯：连接器的扩展

2015年9月，腾讯宣布成立两家影视公司——腾讯影业和企鹅影业，分别隶属于腾讯IEG（互动娱乐事业群）和腾讯OMG（网络媒体事业群）之下。这意味着，腾讯在影视领域也在架构上对标阿里巴巴的阿里影业。

在2014年报中，腾讯将对内容业务的投资放在各项战略首位。以微信、手机QQ为连接器，通过“自营+合作”输出内容被认定为2015年重点发展方向。在腾讯内部，内容领域一是OMG的门户新闻、网络视频业务；二是IEG的游戏与文学、动漫和影视业务构成其主要的两大内容核心。除了成立影视公司，腾讯还收购了盛大文学并成立了阅文集团，投资3亿元布局动漫产业，其企图是将IP最大程度地盘活；而腾讯视频也在近日号称2016年投资50亿元购买版权。

腾讯立足微信和QQ两大产品，连接了用户和内容。在O2O领域，腾讯也希望这两大产品能成为其利器，之前便入股了58同城、大众点评、滴滴打车等。

腾讯的想法是，微信和手机QQ可以拓宽到不同领域的第三方服务商，通过支付完成交易闭环。但是，在这期间，微信和手机QQ并没有能在O2O领域中发挥抢眼的作用。比如，微信和手机QQ同时给大众点评导流，却没有让大众点评获得胜利，这不由让人回想起当年腾讯用核心产品所扶持的电商业务。在娱乐领域表现突出的微信、手机QQ用户，是否真的能够完成O2O的转换？

不过，有消息称，腾讯已经入股美团和大众点评成立的新公司。O2O领域，腾讯仍是坚持以资本入股，培养代理选手加入战斗，这或许已经成为腾讯习惯性的打法。

但对于腾讯来说，目前的重点应是证明微信和手机QQ可否作为O2O的入口，真正成为O2O领域的连接器。

阿里巴巴：迎接“后淘宝时代”

对于阿里巴巴来说，“后淘宝时代”早已到来。虽然阿里巴巴鲜少提及“连接概念”，但阿里一直在做的事情，是连接人和商品，在这其中早就布局多种业务进行深耕。

2015年以来，阿里入股苏宁云商、圆通速递、印度在线支付平台Paytm、美国在线零售商Jet.com和美国母婴电商Zulily等，都是对其电商业务的服务体系进行完善，并深化其在垂直电商、跨境电商的能力。

而继2014年9月阿里小微金融服务集团成立之后，2015年4—9月，阿里巴巴先后成立了阿里影业、阿里健康、口碑网、阿里音乐集团、阿里体育集团，试图在这其中能构建出与电商体系区分的另一个核心。

2015年阿里最引人注目的两次资本运作，一个是入股苏宁云商，另一个是45亿美元收购优酷土豆。加上阿里收购港股公司文化中国并更名为阿里影业，逐步入股了华数影视、华谊兄弟、光线传媒、第一财经等，阿里的文化帝国版图尽显。

O2O领域也是阿里布局已久的领域。在过去几年的千团大战中，阿里支持美团，腾讯支持大众点评，百度支持糯米，这三家抱着巨头的大腿而存活。外界传闻，阿里已然撤出美团，其主要依据是阿里让冷藏多年的口碑网复活，企图自己下水争夺O2O市场。

当然，某种程度上讲，阿里所做的多数投资布局，对于阿里而言也是一个个流量池，为阿里的电商业务提供更多的流量支持。

（纪佳鹏）

全球2000强，中企研发在提速

研发、专利是公司发展和竞争力释放的核心。其中创新是公司实现跨越式发展的动力所在，也是部分公司跨界的资本所在。近年来，如滴滴打车、美的、苏宁等一系列中国企业，均通过技术改变业务模式，通过技术提升产品并伴随跨行业发展趋势。许多公司已经突破行业的限制跨界发展，这也成就了其在研发和体量竞争中的优势，从而形成反超的动力。国内，小米被越来越多的企业奉为商业案例，因为竞争的边界越来越模糊，这些企业担心像小米一样的公司会涌入自己所在的行业。再如滴滴打车，这家互联网公司入侵交通行业之后，还顺便冲击了广告市场。2015年11月26日，IBM发布调研报告《重新诠释边界》，这份涵盖全球818位CEO、5247位大公司高管观点的报告指出："未来的竞争主要来自产业融合，跨界而来的竞争者在抢夺市场份额时悄无声息，但当你意识到它的存在时已经为时已晚。"

全球2000强：中美差距在研发和设计等环节

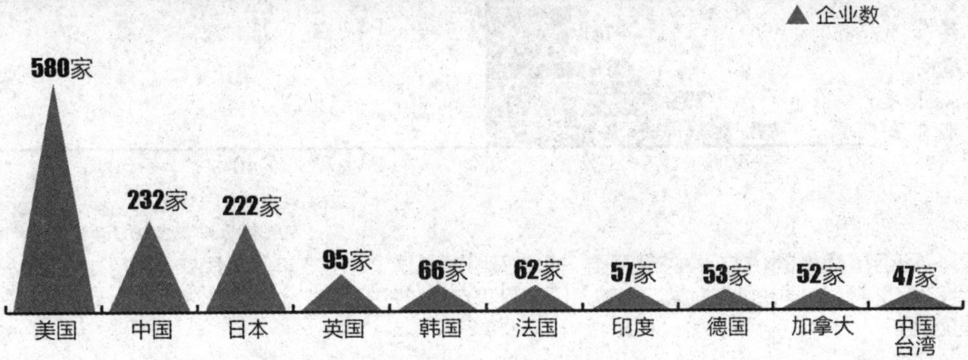

（来源：国际数据公司IDC）

解读：2015年福布斯全球2000强的榜单上，中国共有232家公司上榜。但中美力量悬殊,中国与美国的差距在于，美国把生产环节转到了第三世界，仍然牢牢把控着研发、设计等每一个环节，供应链的把控更让美国长期处于利润高的一端。

亚洲成为企业研发支出的首选，欧洲落至第三

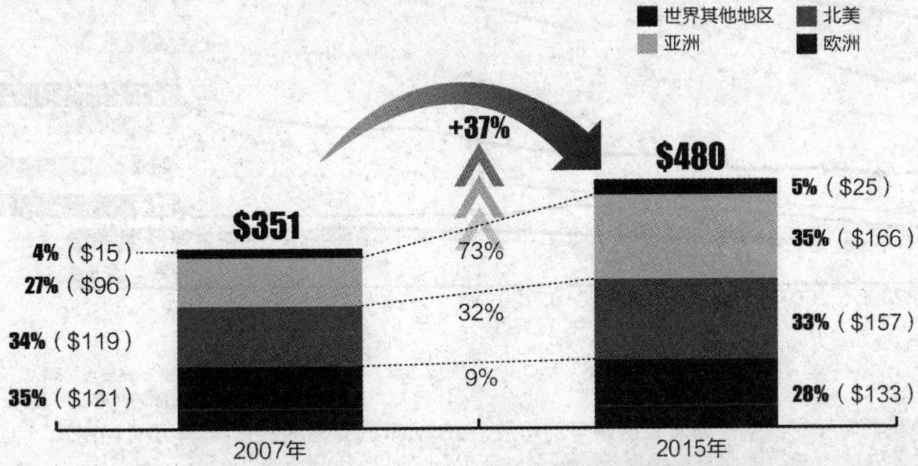

【各地区企业研发支出变化情况（2007—2015年 单位：十亿美元）】

（信息来源：斯略特2015年全球创新1000强分析）

解读：2015年，亚洲占到全球企业研发支出的35%，超过北美的33%和欧洲的28%。亚洲的创新研发支出增长最为显著。

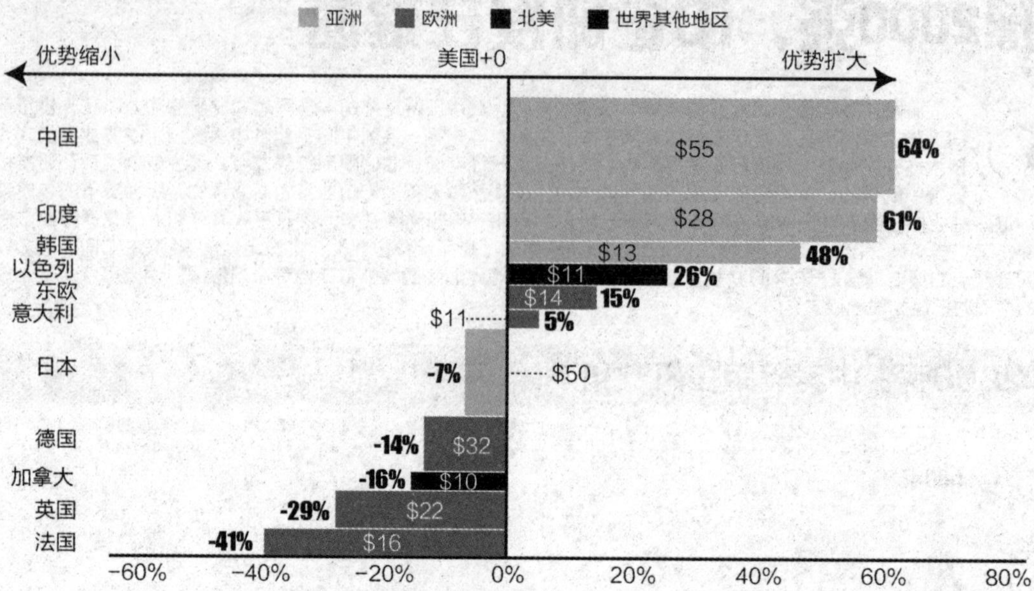

【柱状图高度=2015年全国研发支出 单位/十亿美元】
（信息来源：斯略特2015年全球创新1000强分析）

解读：美国仍是最大的企业研发支出国、输出国和输入国。2015年，美国来自境外的研发投资增长了23%，达到530亿美元。但中国作为第二大输入国，其来自境外的研发支出增长了79%，达到440亿美元，缩小了与美国的差距。

大多数行业研发支出上升，汽车行业增长最强劲（单位：十亿美元）

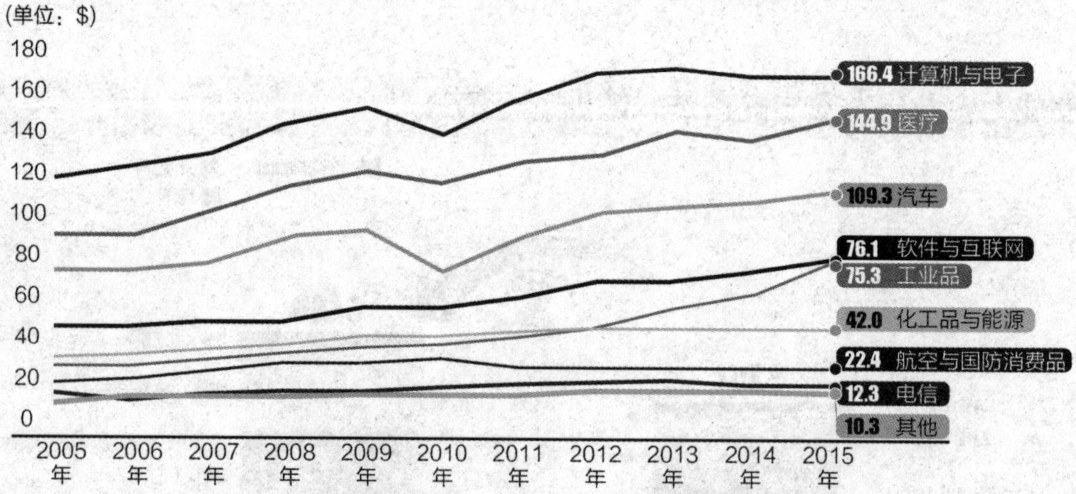

【各行业研发支出（单位：十亿美元）】
（信息来源：斯略特2015年全球创新1000强分析）

解读：计算机与电子行业仍是研发支出最多的行业，2015年其支出达1660亿美元，但出现了0.7%的负增长，颓势已现。此外，汽车行业研发输出增长最强劲，2007—2015年间增长了45%，超过医疗、计算机与电子的23%增幅。

2015年中国智造前十（单位：件）

排名	企业	行业	发明公布	发明授权	实用新型	外观设计	授权重综合
1	华为	通讯	22020	25183	1797	2638	17977
2	中兴	通讯	20118	15780	2120	1080	11960
3	比亚迪	汽车	2209	2442	5353	1157	2663
4	海尔	电器	2875	1326	4666	4765	2498
5	格力	电器	3073	579	6695	3892	2243
6	中芯国际	电子	3304	2810	1373	0	2222
7	海信	家电	2605	1168	4818	3114	2151
8	中国南车	交通	2978	1022	7409	659	2121
9	联想	IT	5556	1929	1740	928	2113
10	美的	家电	1498	307	6699	4714	2046

（来源：2015Q1互联网周刊）

解读：研发、专利往往被视为国家创新指数的关键性指标，从这些指数来看，中国正在通过大规模的研发投入来实现创新的跨越式发展。而在巨额研发支出的支撑下，2015年，中国有123家企业位列普华永道最新发布的《2015年全球创新1000强》中，10年前仅有8家。10年间，中国研发支出增长了33倍。

2015年全球2000强中最具创新精神的十家企业

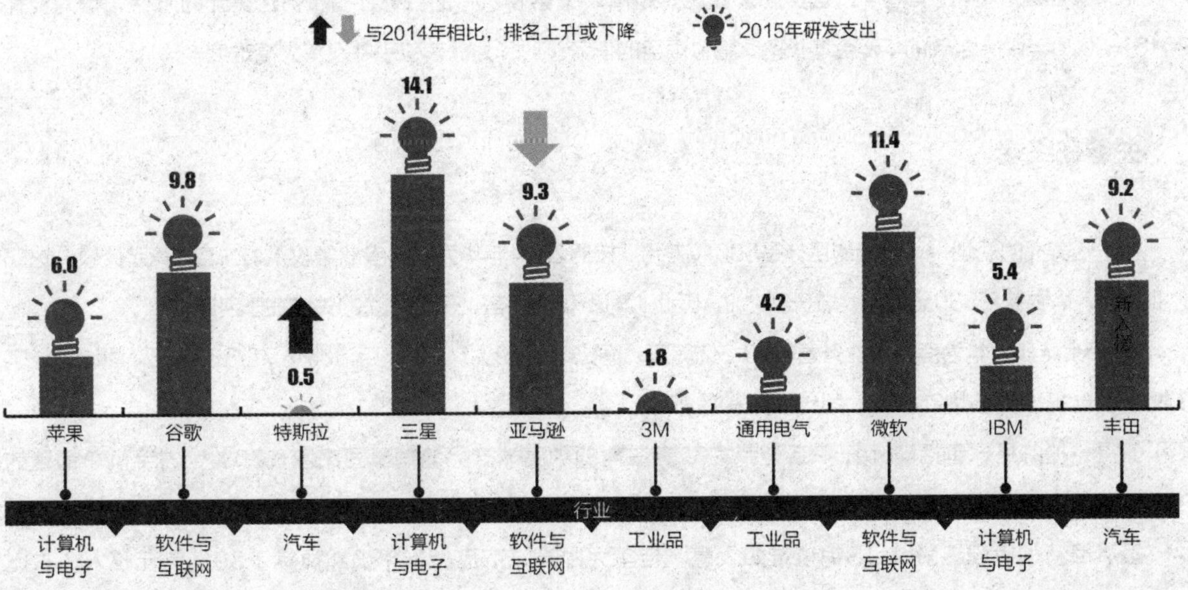

【单位：亿美元】
（信息来源：斯略特2015年全球创新1000强分析）

解读：2015年，苹果和谷歌仍分居最具创新精神的十家企业榜单前两位。特斯拉跃居第三，将亚马逊挤到第五。丰田则在阔别榜单两年后再次回归，位居第十。2015年首次有两家汽车企业同时入围最具创新精神的十家企业榜单（特斯拉第三、丰田第十）。

华为2020：千亿美元目标倒计时

华为被曝光称2015年收入将达到620亿美元，同比增长33.3%。华为官方否认这一数据，但数位华为中高层人士表示："没有任何问题。"

2010年首次杀入世界500强以来，华为全球排名从397提升至222位，平均每年提升44个排位。按照华为内部产品线目标，2020年，华为将突破1000亿美元大关，届时，华为将进入全球前100强，排名或在70—80之上。

如果按照2014年的答卷465亿美元来计算，距离"千亿收入"的目标还有535亿美元的阶梯，华为要在2015—2020年保持14%的年复合增长率。看似艰巨的任务，对华为而言似乎并没有太高难度。

关键在终端

在千亿美元的规划中，终端的目标是500亿美元。按照2014年华为消费者业务收入121.2亿美元计算，这部分业务收入需要暴涨380亿美元，增长312%。因此，对于华为而言，千亿之途的关键在于终端。

2015上半年，华为消费者业务营收90.9亿美元，同比增长69%。其中，手机收入72.3亿美元，同比增长了87%，智能机出货量4820万元，同比增长39%。

值得一提的是，包括Mate、P系列荣耀6、7在内的中高端产品的销量同比增长70%，占手机总销量的31%。根据预测，2015年，华为消费者业务收入将达到200亿美元，增长65%，全年智能手机销量1亿部。

虽然最新的旗舰机Mate S销量难如人意，但华为中高端产品上半年仍然贡献了39亿美元收入，占比42.9%，贡献利润占比达到44%。

中高端崛起的背后是研发、渠道、品牌的全面提升。目前，华为消费者业务在全球拥有16个分别负责美学设计、软件、硬件、芯片、无线的研发中心，每年投入收入的10%作为研发资金。

同时，华为国际市场已经扩招1万余人，并且投入巨资在海外市场建设公开渠道，而且华为还与Google联合发布了Nexus 6P，互联网品牌荣耀也正式进入美国市场。华为已经拥有手机企业基业长青的绝大多数条件。

内部人士介绍，“两年前，老板（任正非）经常会召集终端的几个头，问‘我们跟三星还差多少’，如果没有明显的进步，都会挨批。2015年开始，老板不再关注三星，而是开始问‘我们与苹果还差多少’，超越三星只是时间问题。”

企业业务也同样被寄予厚望。根据计划，华为企业业务计划在2019年实现100亿美元收入。但是2014年，企业业务收入31.3亿美元，同比增长27.3%。知情人士透露：“事实上，千亿美元，是集团为2017年制定的挑战目标，2020年是一个保守口径。这个挑战一直没有变，如果企业网突破，完全可以实现。”

当然，华为旗下还有两个被忽略的法宝：海思芯片和华为知识产权。过去10年，华为累计投入1880亿元研发资金，申请专利6.5万件。根据世界知识产权组织公告，华为2014年在PCT提交3442件专利，成为2014年最大的专利申请人，高通排名第二。历经终端磨砺的海思芯片如今已可与高通比肩，华为有能力复制芯片巨头高通的专利之路。

此外，在运营商业务方面，2014年收入310亿美元，同比增长16.4%，虽然华为在4G、4.5G方面已经领先，但由于全球电信市场目前增速不足0.7%，且爱立信、诺基亚、华为处于寡头格局，运营商业务收入并没有承担太高的增长目标。

5—10年的变革期

要让终端支撑千亿之梦，华为需要更精细的管理架构。当然，这也是整个华为集团亟需的变革，随着体量激增，华为也开始遭遇“大企业病”。

华为《管理优化报》曾刊登《一次付款的艰难旅程》，反映了一线人员在面向客户预付款时遇到财务审批多、流程复杂的问题。这篇文章引起了任正非的注意，2015年11月10日，任正非签发邮件，提出复杂流程已经成为“战斗的阻力”。

这些来自管理架构的阻力由来已久，并且对三大产品线均有制约。1990年代的成长期，华为靠大领导围绕客户，依靠集团冲锋、人海战术立足市场，为此华为建立了中央集权管理方式。但新世纪以来，当华为竞争力强大到不再需要人海战术时，中央集权的权力沉淀开始制造更多的流程节点以及部门墙，在市场竞争中出现效率低下、决策流程臃肿的问题。

厚重的部门墙使得华为在国际市场上经常出现研发、版本进度、维护、供货等等各部门支撑不给力的问题，这些问题曾经引发了多起投诉，其中包括著名的“马电事件”。

2009年1月，任正非发表《让听得见炮声的人来决策》，正式启动管理变革，明确变革要以作战需求为中心，后方平台要及时、准确满足前线的需求。文中，任正非还指示：“公司机关不要轻言总部，机关不代表总部，更不代表公司，机关是后方，必须对前方支持与服务，不能颐指气使。”

但是，无论是一线，还是中央的改革都充满曲折。

一线授权提升战斗力的同时，也因为权力缺少监管而滋生腐败。华为法务部查获海外市场多起腐败案例，其中以伊朗、阿联酋等中东国家为甚。同时，中央集权时遗留的厚重部门墙仍在，跨产品线、跨部门的流程整合、资源贯通始终是困扰华为转型的难题，部门之间相互推诿责任现象频繁出现，很难最大效率支撑前线。华为曾就流程管理对标爱立信，发现在从客户生成订单到项目验收的整个周期中，华为流程更长，比爱立信消耗更多的人力，与爱立信的管理水平存在较大差距。

2014年，任正非又提出了“班长的战争”，旨在完善海外代表处（子公司）的运作、监管体系，建立子公司董事会，推动LTC（合同周期管理流程）、账实相符等数据管理项目落地，而华为法务处也加强海外反腐工作，预计未来2—3年都将是海外反腐的重点期。在任正非看来，这场“让前方组织有责、有权，后方组织赋能、监管”的变革需要5—10年。

2015年初，华为轮值CEO胡厚崑在CEO致辞中提出2015年的重点：“跨功能、跨流程、跨部门地实现LTC、ISD、国家计统调、存货账实相符等变革项目在一线代表处的集成落地。”

闭源、开放的生态

千亿美元之途，需要变革的不只是流程管理，还有华为的技术创新思维。

一位华为首席专家如是形容：“千亿华为会成为航母级公司。这种规模下，华为本身要具备航母级的战斗力，同时还要有驱逐舰、巡洋舰、补给舰形成强大的战斗群、补给队。前者靠自身实力，后者靠生态合作，二者缺一不可，必须相互配合才能发挥华为最大的战斗力。

“如果没有生态建设，那么电信行业会愈发管道化，沦为价值链最底层；未来的终端产品也需要与各式各样的智能设备连接，成为价值的中心，如果没有生态建设，现在的终端产品到时候就只是一个Hub（转发器）。”

2015年，华为很大程度上宣传自己的开放战略。三大产品线都举办过多次开放论坛，推出华为内部的多个开放平台。2015年10月，华为还召开了首届开发者大会，并宣布了投入10亿美元扶持开发者的“沃土”计划。同时，轮值CEO胡厚崑2015年在多个场合提及5G时都在强调“行业生态”“物联网”的建设。

但需要指出，华为内部的开放平台相对分散，并没有一个集合华为全部优势资源的平台。华为首届开发者大会也主要以电信行业开发者为主，很少见到移动互联网开发者。华为的开放战略还无法比肩Google、苹果等公司，暂时也很难建立类似Android、iOS一样拥有生命力的生态系统。

一位来自国内互联网巨头的技术高层也如是评论华为：“华为一直是我们最敬佩的公司。但比较郁闷的是，华为做什么都自己搞，没有合作的可能。”

“主要是华为的文化相对封闭，做什么都喜欢聚焦。而且，硬件文化主导，不能学习互联网公司的试错文化。华为还需要一段时间去摸索开放之路。”上述华为专家透露，华为希望能够在物联网、企业级市场打造iOS一样闭源、开放的生态圈。

（陈宝亮）

长安反超“秘诀”：研发驱动

重庆市江北区建新东路260号，一座带有1990年代建筑印记的10层办公楼。这里是长安汽车总部所在地。根据乘联会数据统计，2015年前10个月，该公司累计销售汽车787，525辆，同比增长32.8%，在所有自主车企中排名第一。

这个名次5年前很难让汽车圈中人想到。彼时，奇瑞、比亚迪销售正猛，吉利因收购沃尔沃名声大噪，长城因哈弗品牌在农村市场风生水起，长安汽车除了微面销量猛增，轿车产品亮点不多。

在多数人眼中，长安汽车因属于国有企业而并不被寄予厚望。大家通常认为，制度更为灵活的民营车企也许能为自主品牌的未来闯出一条路。但从2014年开始，长安因总体销量超过一汽，自主车型销量逼近长城，而颇受业内瞩目。

很多人开始到长安参观，试图寻找这家国有车企“反超”的奥秘。对此，包括长安汽车总裁朱华荣在内，很多长安人都已习以为常。“其实，长安发展的原因很简单，就是坚持既定战略不动摇，把握汽车产业的发展规律，持续提升体系能力。”朱华荣笑言，长安汽车的发展没有奥秘，不过是不忘“初心”。

“把钱花在刀刃上”

与其他实力相当的车企相比，长安汽车的总部大楼是最“低调”的。“没办法，钱都拿去做研发了。”长安汽车的工作人员说，研发是当前长安的头等大事，与之相比，其他一切事情都可让行。

坚持研发投入，就是朱华荣所说的“坚持既定战略方向”的内容之一。从“十一五”开始，长安坚持每年把销售收入的5%左右投入研发中，而跨国车企的平均水平为3%。“十一五”期间，长安在研发上累计投入120亿元，建成涵盖振动噪声、碰撞安全、底盘试验等14个领域的国际先进实验室。彼时，长安常因自主品牌项目亏损而备受批评，但并未因此而中断对研发的投入。

“十二五”期间，长安继续投入300亿元用于自主研发和科技创新，先后在意大利、日本、英国、美国等国以及中国重庆、上海、北京、哈尔滨、江西等地建立研发中心，以“五国九地”各有侧重的研发格局支撑长安车型的谱系研发。

这种大规模、持续的研发投入终在2012年初见成效。率先一炮而红的是长安在全新平台上打造的战略车型逸动。这款A级车因安装了电子平衡控制系统，极大地提升了驾车者和乘客的安全性，同时又以极具竞争力的价格连续三年保持月销量过万的水准，当前在同级别自主车型中，销售成绩仅次于帝豪EC7。

随后，接连推出的SUV车型、CS75和CS35，踩准了中国SUV市场爆发的节点，又因外型出众而使长安的SUV销量一路飘红，其他车型也因此受益。

“一开始，大家觉得我们的研发投入是不是太着急了，现在公司里没有人觉得研发投资是浪费，都觉得值。”朱华荣说。

与其他自主车企一样，多年的研发投入虽然带来销量，但长安汽车的毛利率还是比合资车企低。这一方面与自主车企的品牌力有关，另一方面也与车型的规模化程度不够相连。毕竟与跨国车企全球市场销量相比，长安目前的成绩还远远不够。由此引发的问题是，长安如何在资金上保证持续不断的研发投入?

长安可以向其他国有车企学习，走“合资反哺自主”的道路。现实中，长安也确实在通过长安福特的收入分成和资本市场的融资功能发展自主事业。不过，这些资金也并不充裕，除了长安福特，长安旗下其他合资车企表现并不出色，有的甚至还在亏损的泥潭中挣扎。

这种局面一方面使长安发展自主事业的心情更迫切，另一方面也使长安在做项目投资时极为谨慎。“我曾对研发部说，钱不是问题，但每一分钱要用在刀刃上。我们毕竟是上市公司，希望以稳健的姿态持续发展。”朱华荣说。

对标世界一流车企

长安登上自主车企第一的宝座后，困扰朱华荣的有两个问题：一是如何继续提升产品质量；二是如何走出国门，让长安汽车在海外市场的销量不断攀升。这两个问题都关联到长安的最终愿景——做世界一流车企。

“现在，长安汽车在自主领域已经有一定口碑，今后消费者会不自觉地将长安与合资品牌车型相比，所以未来我们的压力更大。”朱华荣说，目前他每周坚持开的会有两个：一是周例会，盘点一周公司的整体运营状况；一是质量会，不放过每一个微观问题，尽快为客户解决。

在朱华荣看来，自主车企要想长久保持市场竞争力，体系能力建设必不可少。“正是因为体系建设不完善，自主车企的战略时常是跳跃性或摇摆不定的，企业领导经常根据自己的判断做决定，缺少基础的体系数据支撑，这不利于企业稳健、可持续的发展。”

而体系能力建设正是世界一流车企的优势。所以，当前长安的对标车企并不明确，只要是合资车企做得好的地方，不管哪个品牌，长安都吸收。但即便如此，朱华荣认为，长安要在体系建设上与合资车企对等，至少还需要三到五年的时间。

目前，长安的体系架构基本完成，但还须进一步完善，某些领域还要结合自己的文化，同时还要处理体系与效率之间的平衡问题。所以，以朱华荣为首的长安高管们，经常在坚持稳健发展的步调的同时，还要在产品投放上高效决策。“毕竟与世界一流车企相比，我们的优势只有快。”

事实上，尽管2015年长安销售成绩逆市上扬、表现出色，但仍面临产品结构调整问题。曾经的明星车型逸动，已经在销量上出现疲态，急需换代车型刺激市场。红火的SUV市场，竞争已呈白热化状态，随着合资车企密集投放SUV，自主品牌在此细分市场的红利能享受多久？长安也必须要提前布局。

“长安未来的产品规划还是坚持均衡战略，轿车、SUV、MPV都要发展，不会过度偏重哪一类产品。”朱华荣的梦想是，带领长安汽车走出国门，毕竟中国市场只占世界汽车市场销量的四分之一，只有在海外市场占据更多份额，长安汽车才会尽早实现规模效应，享受自主红利。

（范文清　陈冰洁）

自主研发长安样本

有资料显示，到2020年，中国汽车保有量将超过2亿辆，逐步跨入汽车大国之列。伴随跨国车企的介入，市场竞争十分激烈。国内车企面临的首要任务是强化自主开发能力。以汽车开发来看，分为正向开发和逆向开发两种趋势，其中正向开发是汽车企业引以为荣的一种发展模式。未来，自主车企在研发的比拼上还有很长的路要走。

“自主汽车”流派，长安走正向开发路

完全正向开发	组合拼装	合资自主车
上汽、长安、奇瑞、吉利	一汽奔腾、欧朗、东风风神、广汽传祺、北汽E系列	理念、宝骏、启辰、思铭、朗世、华骐、首望、之诺、天越、开利、佳跃等

解读：正向开发是汽车企业目前引以为荣的一种发展模式。其中，长安和奇瑞是业内公认的做正向开发的车企。

长安汽车总市值位列行业中间值

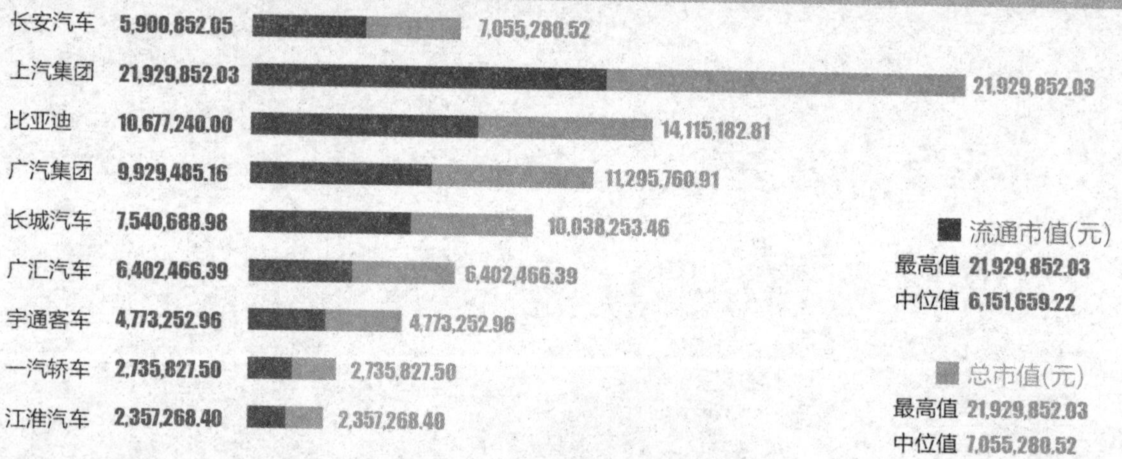

国际知名车企研发投入大众居首

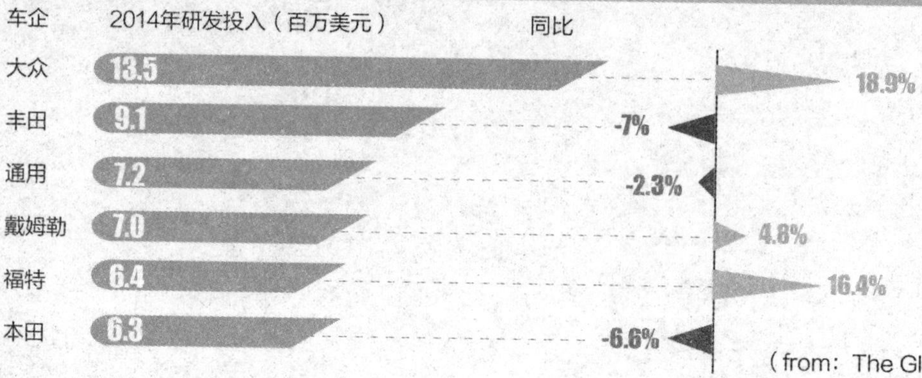

解读：大众汽车位列榜首，成为全球研发投入最大的企业：2013 年大众汽车研发费用支出 135 亿美元，占其销售收入的 5.2%。

（from：The Global Innovation 1000）

2015年前三季长安汽车净利润排名第二

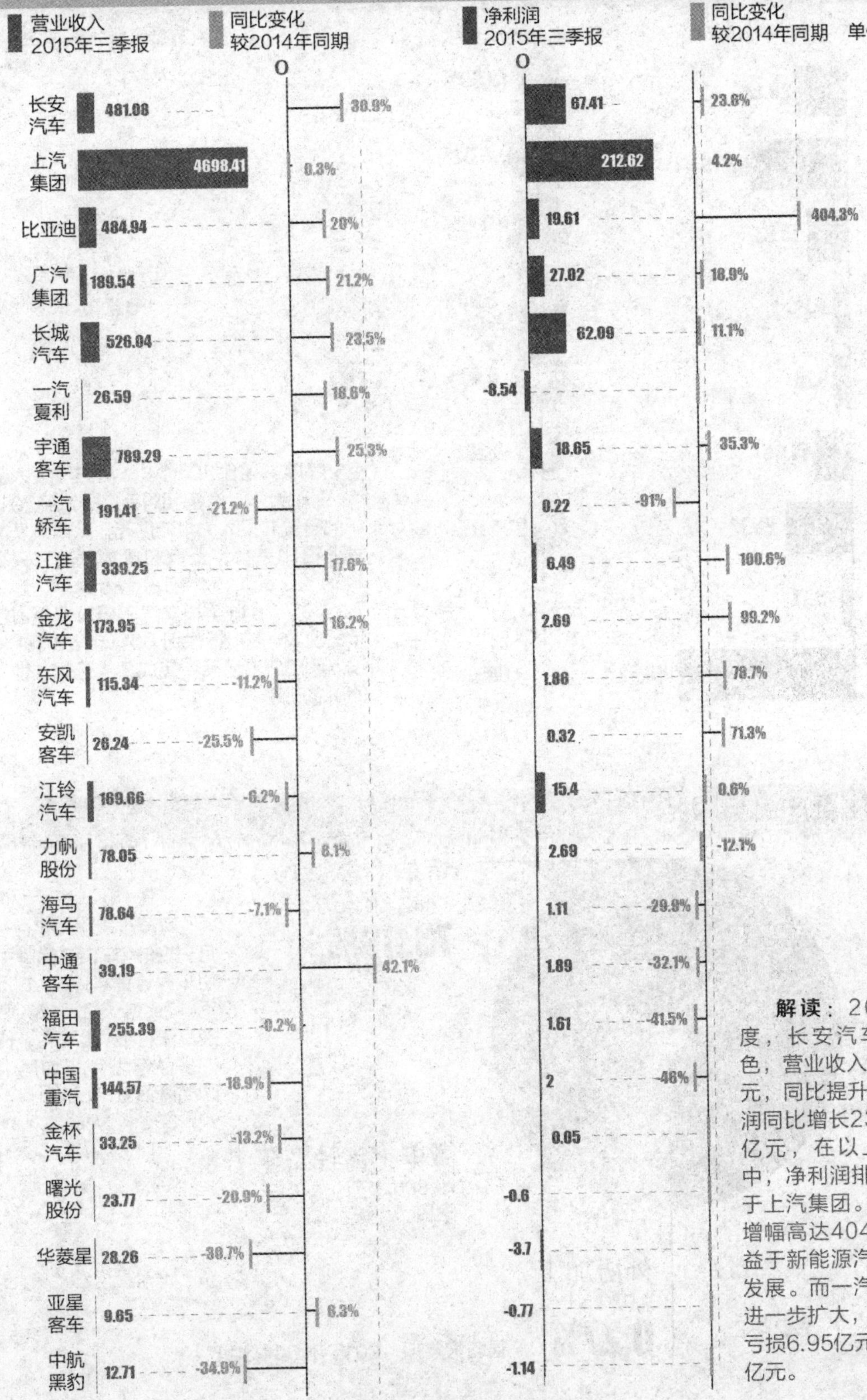

解读：2015年前三季度，长安汽车业绩表现出色，营业收入实现481.08亿元，同比提升30.9%；净利润同比增长23.6%至67.41亿元，在以上统计的企业中，净利润排名第二，仅低于上汽集团。比亚迪净利润增幅高达404.3%，主要得益于新能源汽车业务的快速发展。而一汽夏利亏损额度进一步扩大，由2014年同期亏损6.95亿元上升到了8.54亿元。

研发投入额比拼：近3年长安汽 车总投入超200亿元

数据来源：各车企年报

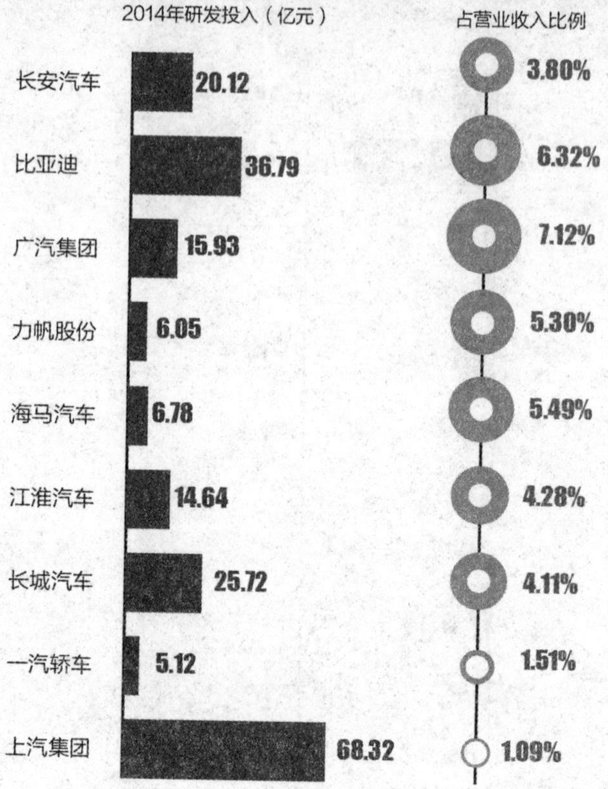

解读：相比2013年，从研发投入额度 上来看，上汽集团居首，上汽到2015年的研发总投入为450亿元。从研发费与营业占比来看，上汽却是最低的，只有1.09%，而广汽集团占比最高，达到了7.12%。2014年长安汽车研发费用占当年营业收入的比例为3.80%，近3年来总投入超过200亿元，完成了“五国九地”的研发布局。

长安汽车主要产品与服务

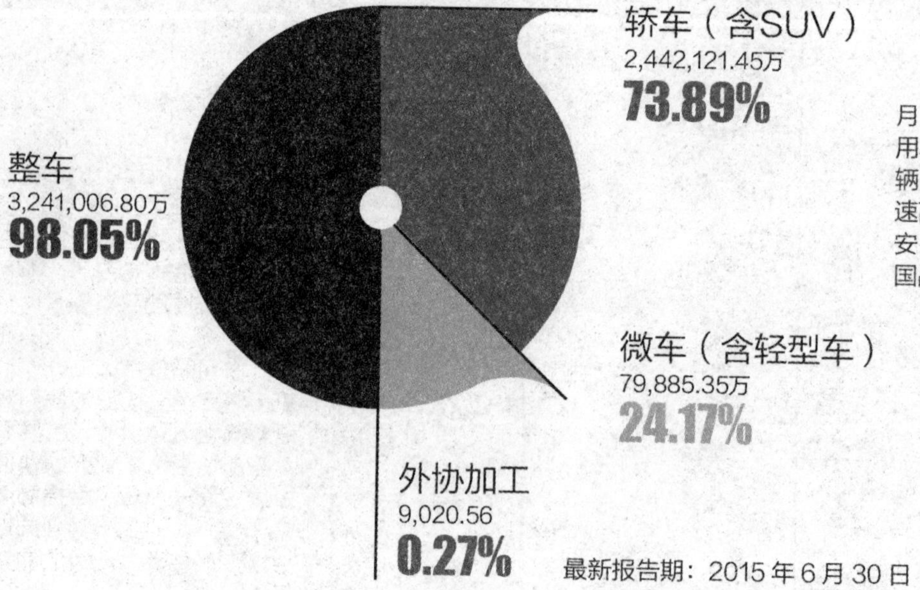

解读：2015 年 1-9 月，长安汽车自主品牌乘用车累计销售 75. 1 万辆，同比增长 32. 1%，增速高于行业 11. 4%，长安多款车型销量均居中国品牌细分市场前列。

最新报告期：2015 年 6 月 30 日

风电最佳成长期：全球前十风电企业中国5家上榜

中国的风电开发历史至今已有30年之久，在2003年国家能源局启动“风电特许权招标”政策之前，一直保持极为缓慢的发展节奏，风电机组基本为国外垄断。在过去五年里，以风电、光伏为代表的可再生能源产业迎来了高速发展期。截至2015年6月，我国风电累计并网容量10,553万千瓦，累计并网容量同比增长27.6%，提前完成风电“十二五”规划目标。“十三五”期间的风电将迎来进一步调高的规划目标。

中、美、德装机需求尤其强劲

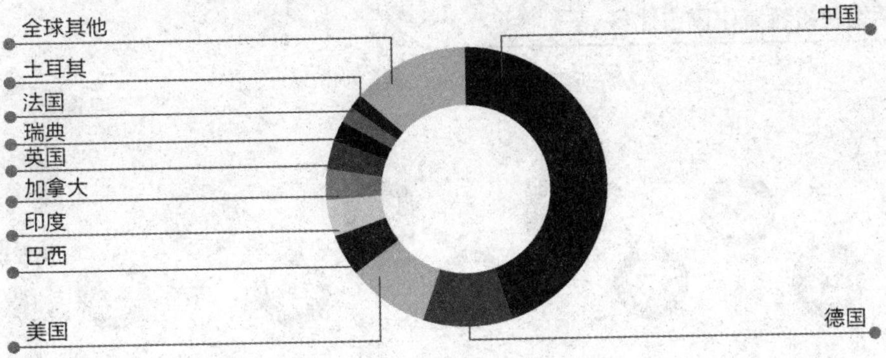

2014年全球新增装机容量比拼

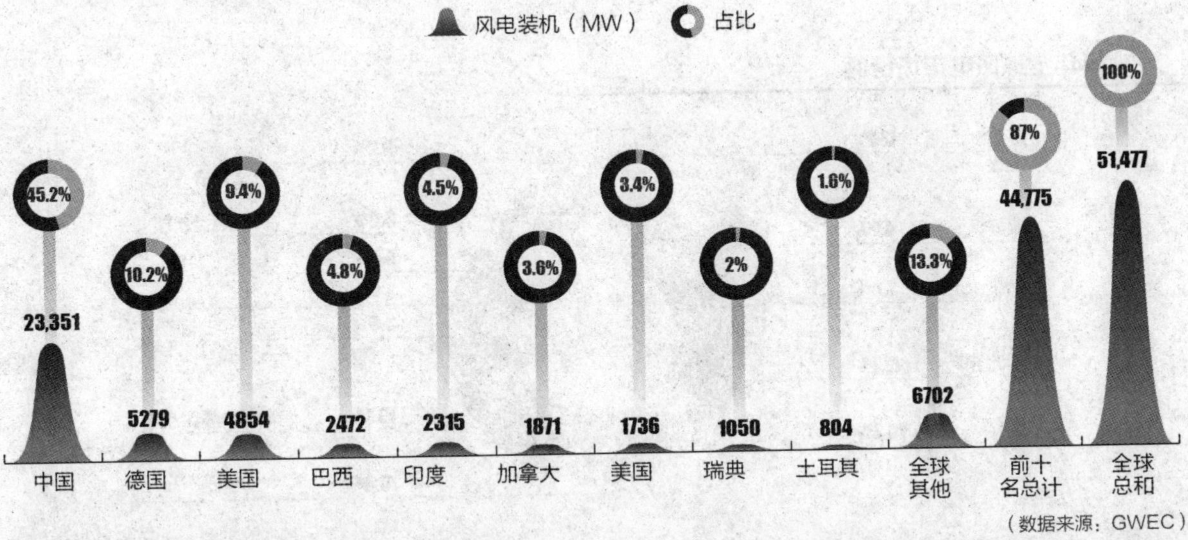

（数据来源：GWEC）

解读：全球新增装机容量在2014年较2013年的35.7GW，同比增长44%，创下51.5GW的历史新高。由于风电行业政策的调整，美国和中国的装机需求尤其强劲。

2014年全球累计容量排名中国领先

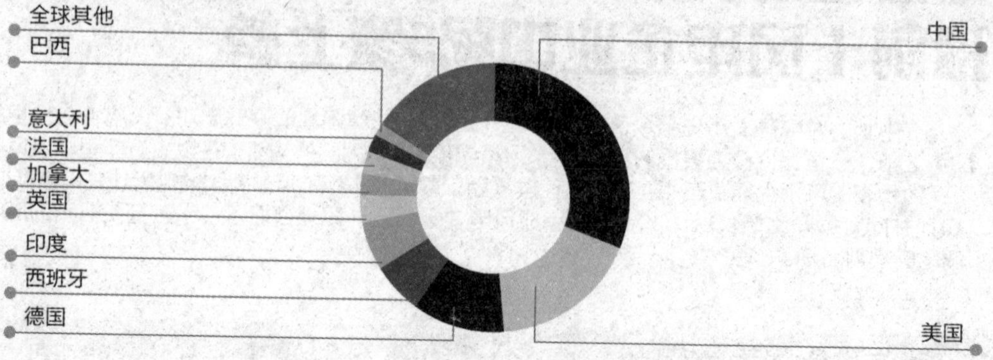

2014全球新增装机容量中国占比多

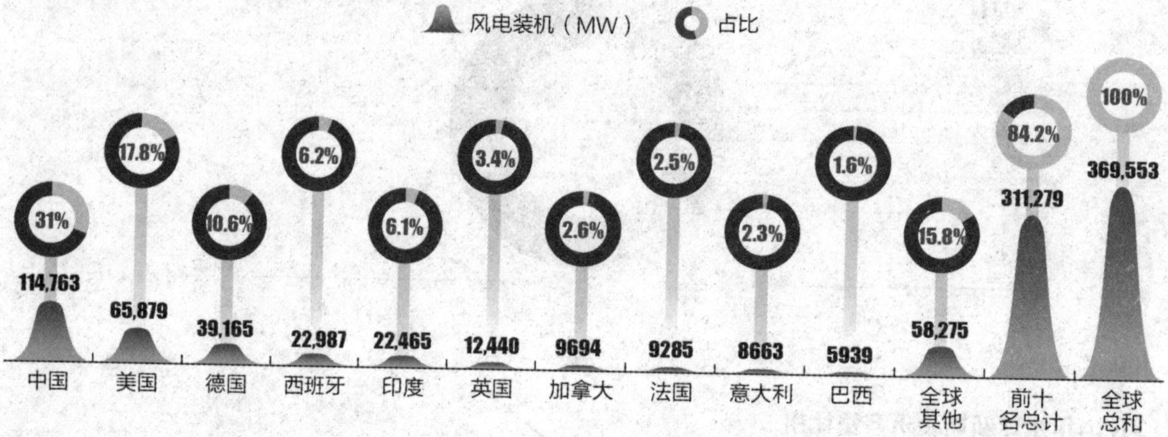

（数据来源：GWEC）

2014年全球风电市场份额

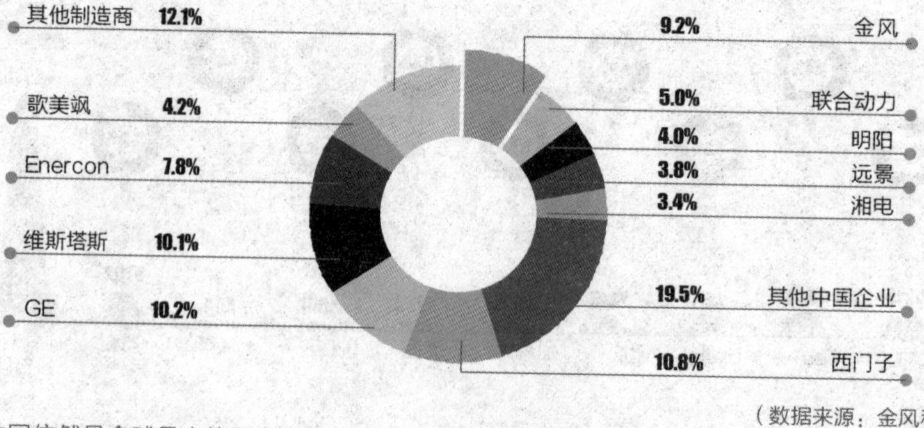

（数据来源：金风科技三季报）

解读：中国依然是全球最大的风电市场，2014年新增装机容量23GW，占当年全球市场份额的44%。因此，在全球前十大风电设备制造商中，有5家中国企业上榜。金风在中国市场排名第一，在全球风机市场排名第四。

中国风电装机数据

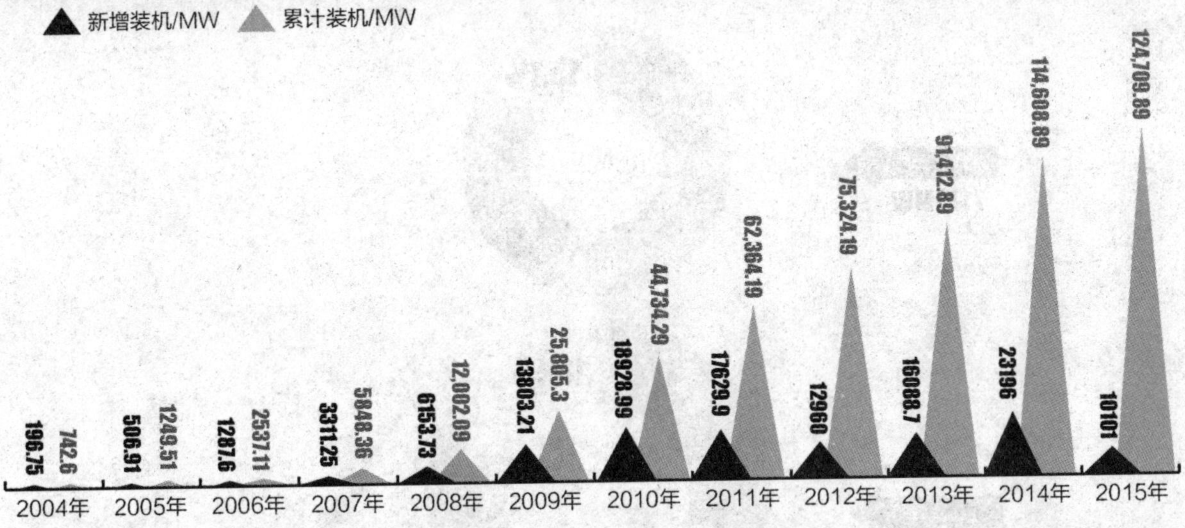

（数据来源：GWEC）

解读：据统计，2014年全国（除台湾地区外）新增安装风电机组13121台，新增装机容量23,196MW，同比增长44.2%；累计安装风电机组76,241台，累计装机容量114,609MW，同比增长25.4%。2014年，中国风电产业发展势头良好，新增风电装机量刷新历史纪录。

风能占中国电力的需求比例

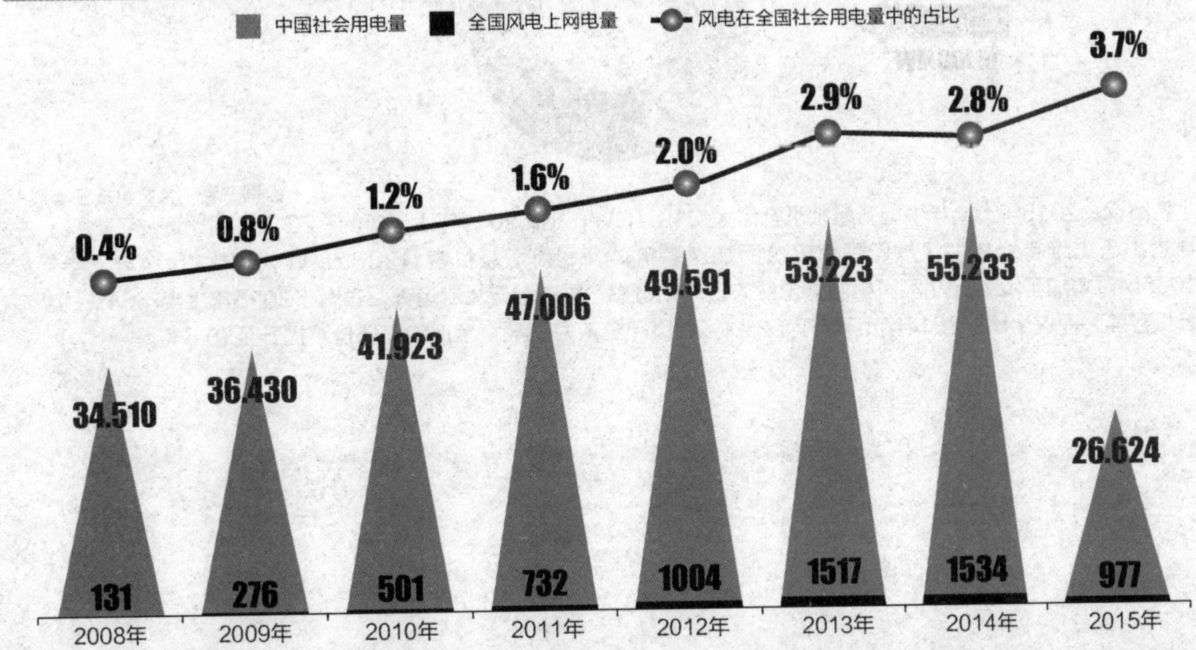

解读：2015年上半年风电占全社会用电量从2014年同期的2.8%提升至3.7%。风电在其他国家的应用证明，风电消纳比例的比重存在很大提升空间。2014年风电消纳比例最高的国家分别是丹麦（39%）、葡萄牙（24%）和西班牙（21%）。

金风国内市场份额提升至20.6%

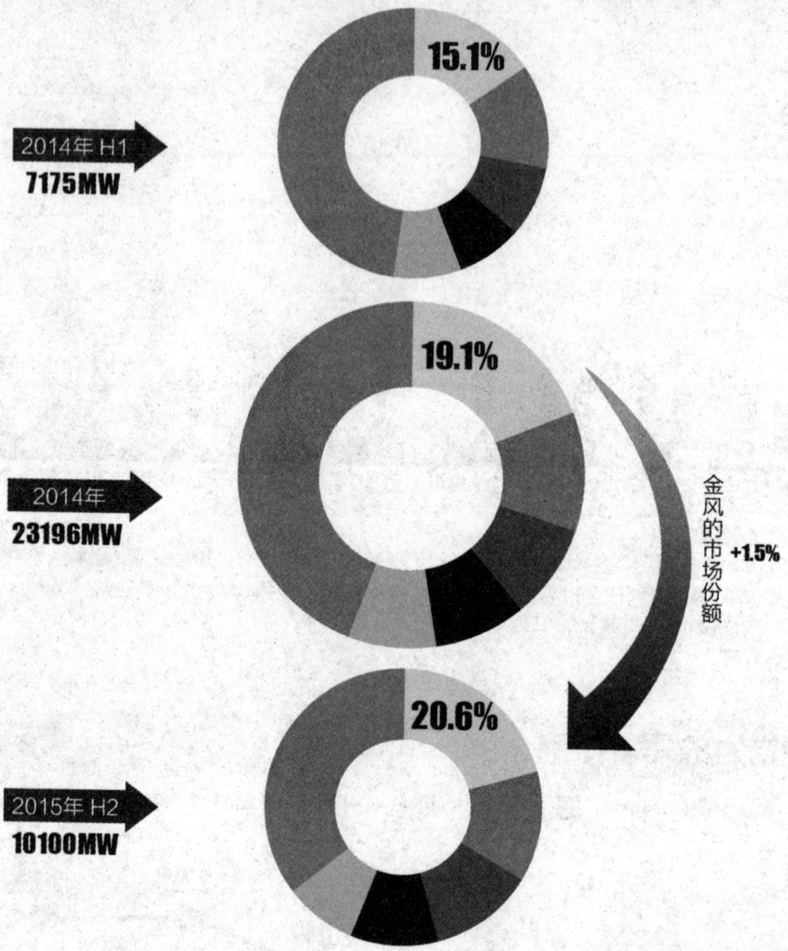

（数据来源：金风科技三季报）

解读：2015年上半年中国新增装机容量大约10.1GW，相比2014年上半年的7.2GW，同比增加了41%。主要是由于上半年业主为了锁定现有电价而加速装机。公司新增装机容量2082MW，相比2014年上半年的1085MW增加了92%。小型风机制造企业失去市场份额，国内前五大制造商，占有了2015年上半年64%的新增装机容量，而这个比例2014年上半年为52%，2014年全年为55%。金风的市场份额提升至20.6%。

金风科技龙头趋稳：风电重回“正途”

中国电力企业联合会发布的2014年全国风电场生产运行指标评比结果，简单来说，这项评比是要选出效益最好的风电场，在174个获奖项目中，26%的风电场采购了金风科技的风电机组，是所有获奖项目中占比最高的品牌。

金风科技对这一评比解读为机组质量的比拼。“我们最关注的是风电机组的质量和度电成本。”几乎每次面对媒体，马金儒都会提到这句话，她是金风科技的副总裁兼董秘。

金风科技是中国最老牌的风电制造企业，公司脱胎于新疆风能研究所，在1998年成立，这一时点也是中国风电产业起步不久，在随后的18年中，金风科技先后在深圳、香港上市，并把1.9万台风力发电机插在全国和世界。

伴随风电产业回暖，金风科技2015年前三季度收入、毛利润和净利润已经超过2014年全年业绩，其中，营业收入达到185亿元，同比上升75%，净利润21亿元，同比上升76%。总资产超过532亿元，全球排名第四，连续三年中国排名第一。

在金风科技的发展史上，只有两度未能排名国内龙头，第一次是起步阶段，中国风电市场几乎全为外资控制，第二次短暂地被后来者华锐风电超越。但金风科技实现反超，最终坐稳了中国风电制造头把交椅。

观察金风科技的成功之路，其并非具备任何特殊商业模式，而是在产品质量和度电成本上下足功夫，性价比优于对手。

金风科技的发展史也可以称为中国风电发展史的微缩版本，在历经了缓慢发展、突飞猛进、行业低迷、回暖复苏、稳定增长多个阶段后，正在转型国际化清洁能源和节能环保解决方案提供商。

外资垄断

在成立之初，金风科技并非风电机组制造企业。“当时是客户的身份，即风电场开发商。”金风科技副总裁曹志刚说。

即使中国已经存在生产并网风电机组的厂商，但金风科技位于新疆的第一个风电场采购了国外机组。事实上，从在20世纪80年代初到金风科技开发风电场，中国的风电场大多采购国外机组，如1986年，中国第一个风电场在山东荣城并网发电，安装的3台55千瓦风电机组来自丹麦风电巨头维斯塔斯。

国外风电机组优越的质量获得中国采购商的青睐，目前，在新疆、甘肃等地的一些风电场，仍然可以看到荷兰、德国、丹麦等国的风电机组正常发电运行，算算时间，早已超过了行业公认的20年寿命期。

但优越的质量，加上中国的风电制造几乎空白，国外风电制造厂商给出了昂贵的价格，每千瓦价格在万元以上，比目前价格高出两三倍，而中国却别无选择。

中国政府第一次鼓励风电产业的时间始于1995年，原电力工业部提出到2000年底全国风电装机达到100万千瓦的目标，并制定了《风力发电场并网运行管理规定（试行）》，出台了电网公司应允许风电场就近上网，全额收购风电场上网电量，对高于电网平均电价部分实行全网分摊的鼓励政策。

1995年是中国风电商业化运行的分水岭，此后数年，中国最早一批风电制造企业诞生，如金风科技、浙江运达等。虽然科技部、原经贸委、计委等相继发布863、双加工程、国债项目、乘风计划等鼓励政策，但此时的中国风电企业仍然无法与国外公司分庭抗礼，直至2003年。

2003年是中国风电企业壮大的节点，当年，国家发改委有意鼓励国内风电企业，降低风电成本和上网电价，开始了“风电特许权招标项目”，只有中标项目才能在中国建设风电场，并要求风电机组的国产化率达到70%以上才能投标。

截至2006年，国家发改委共组织了四期风电特许权招标，装机容量共计1750MW，金风科技借势实现第一次快速发展，连续六年增长超过100%，已成为中国新增风电装机市场占有率排名第一的企业，并在全球新增装机市场占有率排名第十。随着当年国家首次公布《可再生能源法》，金风科技于2007年登陆深交所顺理成章。

国内混战

风电特许权招标和《可再生能源法》的颁布，让市场看到了风电发展的诱人前景，各方纷纷加入风电制造领域，相继成立了华锐风电、明阳电气、湘电风能、国电联合动力等企业，中国市场一下子冒出了最多80家整机制造企业，金风科技上市不久，中国的风电行业即进入了混战时期。

此时，国家发改委继续进行了第五、第六期风电特许权招标，并且规模显著增长，直到2009年，国家能源局首次公布风电上网标杆电价政策，规定风电上网电价按四类风资源区分别定价为0.51元/度、0.54元/度、0.58元/度、0.61元/度，从而取代了特许权招标模式。

风电开发商和制造企业计算，按照国家公布的电价政策，风电产业的利润可以保证，跃跃欲试。

这一政策是新成立的国家能源局颁布的，新任局长张国宝希望将风电发展作为自己最重要的政绩，遂颁布了“风电三峡”战略。中国风电产业进入了有史以来最鼎盛的发展时期。

风电全产业链一时供不应求，包括风电整机、零部件等。这时的企业为了快速拿到订单，纷纷舍弃了自主研发环节，变身为实质上的“组装厂”，为两三年之后的滑坡埋下了隐患。

在数十家企业激烈竞争的格局下，金风科技的名字不像此前那么耀眼了，相反，金风科技的机组报价不得不随着价格战而连续下跌，从2007年的7000元/千瓦，跌到了2011年的4000元/千瓦。

低价竞争促使外资风电企业逐步缩小了中国市场的占有率，但硬币的另一面却是，国产风机的质量随之下降。

似乎国有发电商并不担心风电机组的质量，多位业内人士表示，“他们似乎更加愿意以低成本做大规模”。

价格战甚至暂时搁浅了金风科技在香港上市的计划。“鉴于市场环境恶化以及近期市场意外地出现剧烈波动，公司与联席账簿管理人商议后，暂时搁置上市。”2010年5月，金风科技发布上述公告。

事实上，2008—2011年，金风科技的霸主地位受到后来者华锐风电的挑战，失去龙头地位。除外在政商因素外，金风科技在兆瓦级机组的推出逊色对手。环境恶化以及近期市场意外地出现剧烈波动，公司与联席账簿管理人商议后，暂时搁置上市。”2010年5月，金风科技发布上述公告。金风科技的霸主地位受到后来者华锐风电的挑战，失去龙头地位。除外在政商因素外，金风科技在兆瓦级机组的推出逊色对手。

华锐风电进入风电市场时，避开了千瓦级别机组，直接生产1.5MW，避免与金风科技正面交锋。2006年6月，华锐风电生产了中国第一台国产化1.5兆瓦风电机组，兆瓦级机组的率先推出使其迅速获得了巨大的市场份额。金风科技比华锐晚了将近2年才推出1.5兆瓦风电机组，眼睁睁看着取得先机的华锐攻城略地。

2008年，华锐新增风电装机容量首次超越金风科技，排名中国第一、全球第七，同时让金风科技之前研发1.2兆瓦机组的努力打水漂。2011年华锐风电上市之时，已跃居中国第一大风电设备生产商，仅次于全球风电巨头丹麦维斯塔斯公司，全球排名第二。甚至，国电联合动力也曾扬言超越金风科技。

不过，此时的风电产业已因价格战和重规模，导致风电机组质量下降，最终由甘肃风电脱网事故开启了低迷时期。

“脱网”转折

行业进入衰退期的导火索发生在甘肃，2011年2月24日，甘肃酒泉风电机组大规模脱网事故，导致598台风电机组脱网，损失出力84万千瓦，并造成西北主网频率最低至49.854Hz。这是中国风力发电发生的对电网影响最大的一起事故。

事故的深层次原因是，风电装机容量的增长与电网并网及送出之间的落差，风电装机量由发改委决定，而电网建设由电网公司决定，两个不同的决策出现了偏差，这意味着，风电装机容量不能再像此前几年那样快速增长了。

脱网事故也暴露了突飞猛进时期风电机组质量不过关的弊病，风机故障、倒塌等事件相继发生。

“风电行业中的人从未遇到过这样的挫折。”曹志刚说。

曹志刚所称的行业低谷发生于2011—2013年上半年，根据中国风能协会的统计，2012年，中国（不包括台湾地区）新增安装风电机组7872台，装机容量12960MW，同比下降26.5%。这是中国风电行业发展20多年来的首次下降。

与此同时，风电弃风进一步加剧，国家能源局数据显示，2012年，风电设备利用小时数全国平均为1890小时，较2011年下降30小时。个别省（区）风电利用小时数下降到1400小时左右，造成直接经济损失在100亿元以上。

金风科技在衰退期中遭受到了来自市场的质询，2010年公司刚刚在港股上市并做出了较为乐观的预期，而2011年，投资银行高盛即把金风科技H股评级由中性调低至卖出。

曹志刚坦承："金风科技在初期受到很大压力，并有些恐慌。"

日子不好时，很多企业本能是收缩战线，金风科技也裁减了部分人员和部门，但与其他风电制造企业不同，金风科技又反其道而行之，做了大量研发投入，以提升质量。

据曹志刚介绍，金风科技与零部件企业一起做了很多预防性投入，诸如建设实验室、与零部件厂商制定新标准等。这些新标准也进一步抬高了风电的行业门槛。

"在脱网事故发生后，每个企业都要具有5个电力合规性标准，如低电压穿越、无功补偿等，这在以前是不清晰的，重新定义质量标准，需要与供应商一起做投入，最后能够见到的是可利用率提升了，损失降低了。"

金风科技在行业周期中意识到的另一个经验是现金流的重要性，其风电场开发业务在业绩下跌时期提供了重要支撑。曹志刚说："行业景气时，风电场是锦上添花，但在困难时期，由于有发电收益，却是很重要的现金流支持。"

事后看来，风电产业转折点带来的最重要的成果是，开发商和制造商同时意识到了产品质量的重要性。如，发电商龙源电力在内部对风电机组的质量做了排名，中国风能协会也首次公布了机组性能的参考性排名，与中电联的统计类似，金风科技名列前茅。

重归理性

就像脱网事故出人意料地使风电行业转入低迷，两年后，2013年风电行业出人意料地开始出现复苏迹象，2014年即又重归发展"正途"。

之所以称之为"正途"，原因在于发电商在选择风电机组时更加重视质量和售后服务。金风科技也在这一时期重新回到行业第一的位置。

2015年上半年，金风科技的市场份额从2014年同期的19.1%上升至20.6%，进一步巩固了龙头地位，而华锐风电、国电联合动力等挑战其地位的企业滑出了第一方阵。目前，除了远景能源提出超越金风科技的口号，其他企业暂时难以企及。

事实上，金风科技的行业地位并非有何特殊的商业模式，而是性价比的胜出：与国际风电巨头相比，金风科技的价格较低，并配备了远胜国外公司的售后服务；与国内多数企业相比，金风科技的机组质量略胜一筹，价格相差无几。

在经历行业低谷并重新进入增长期，尤其是风电上网电价下调之后，金风科技的战略也随之发生调整：以降低度电成本为核心。

战略调整首先体现在研发部门，曹志刚表示："今后，金风科技的思路是以度电成本的需求作为研发、制造和服务的基础。”

度电成本的下降不仅仅局限于风机造价的下降，金风科技认为，采集风能效率的提高更加重要。作为提高风能采集效率的举措，金风科技推出了柔性塔架。

按照风电的规律，塔架每增高10米，平均风速至少增加0.1米/秒，这将为发电商带来更高的效益。金风科技的柔性塔架高达120米或以上，高出国内80—100米的普遍高度。

此外，金风科技陆续推出了新机型和应用，如2.0MW机组、VP机组以及智能微网项目等。

在降低度电成本的进程中，金风科技也希望利用大数据、云计算、物联网等新兴的技术和工具。如风机智能感知，用传感器、视频、音频等手段代替工作人员实地维护。据马金儒称，目前，金风科技已有9000多台风机加装了智能传感器。

虽然“十三五”规划还未最终确定，但初步方案提出到2020年，风电将实现累计并网装机容量250—280GW，金风科技预计，未来五年，即使上网电价会缓慢下降，但风电机组的需求依然强劲并稳定。

“未来，金风科技将成为制造（风机、电控、智能微网）、服务、投资（风力发电、环保、其他清洁能源）齐头并进的产业格局。”马金儒说。

（陆宇）

美的“双智”超车样本：2015年白电唯一业绩双增

“互联网+”成为了2015年的最热名词之一，它为互联网环境带来延伸机会，也为传统行业带来挑战。经过20多年的洗牌、整合和发展，目前中国家电行业已形成格力、美的、海尔三大千亿俱乐部大型家电集团，并率先探索“互联网+”转型，但在经济增速放缓、房地产支撑断档以及补贴政策真空的三大压力下，中国家电的裂变之路分外崎岖。

在2015年整个家电市场需求低迷以及空调价格战硝烟不断的大环境下，美的集团（000333.SZ）前三季度实现营业总收入1120亿元，同比增长2.2%；实现归属于母公司净利润110.12亿元，同比增长23%，是三大白电上市公司中唯一收入利润双增的企业。

在移动互联时代，传统行业的边界日益淡化，家电企业除了要面对产能过剩、有效需求不足等常态化问题，还要把好方向盘，最终才能实现弯道超车。正如美的集团董事长方洪波所说的那样：“与其让别人来颠覆，还不如自己先颠覆自己。”

深化转型

早在2011年，美的便开始了一场从技术研发、生产制造、营销服务的全面转型。2012年8月，作为职业经理人的方洪波正式从创始人何享健手中接棒，方洪波上任后的第一件事就是继续推进美的战略转型。

一年后，美的电器正式整体上市，将上市公司的业务在原来的冰箱、空调、洗衣机等大家电基础上，注入毛利率较高的小家电、电机以及物流等业务，以增厚上市公司收益，此举也让美的成为A股市场营收规模最大的家电上市公司。提及行业标杆，方洪波说：“我并没有说以谁做标杆，目前根本不跟竞争对手较劲，而是跟这个时代在较劲。”

与此同时，方洪波大力抓经营质量。“我们要建立一个新的盈利能力，要靠技术领先和产品创新的路径。”方洪波表示，另外，就是效率驱动，这主要体现在生产自动化的改造上。在方洪波看来，美的转型的下一步还包括全球经营。

“静态地看，所有的中国家电企业的商业模式已经失效，跟整个中国的经济结构发展一样，以前大规模、低要素成本的模式已经失效。”方洪波表示，中国家电企业必须建立一个新的竞争能力和商业模式。

发力“双智”

在2015年前就提出智能家居雏形的海尔最先开始进行内部革新。2015年3月，海尔率先对外发布了其工业4.0战略，并将公司转型的方向确定为“智慧家庭+互联工厂”。据了解，目前海尔已建成沈阳冰箱、郑州空调和佛山洗衣机、青岛热水器四大互联工厂。

值得注意的是，这种由企业思维逐步转为产品用户思维的类似改革也正在美的集团低调进行着。

2015年8月，美的集团宣布与日本安川电机合作成立两家机器人合资公司，分别生产和销售服务机器人和产业机器人。随着与安川的合作，美的正式开启“智慧家居+智能制造”的“双智”战略。

美的集团董事长方洪波表示：“在移动互联的新时代，人工智能、智能硬件、智能制造是美的必须做出的战略选择。”

根据美的提出的整体战略和行动规划，美的集团在智能家居领域将实施“1+1+1”战略（即“一个智慧管家系统+一个M-Smart互动社区+一个M-BOX管理中心”），依托物联网、云计算等技术，由传统家电制造商转变为智慧家居创造商。方洪波判断，未来代理商会逐渐消失，中间层也会慢慢去掉。

11月18日，美的集团与科大讯飞签署战略合作协议，协议包括智能家电、智慧家居、机器人、售后服务及云平台、大数据分析等业务领域。

方洪波表示，其目标是，未来美的要从传统家电企业逐渐往拥有互联网思维的智能硬件公司转型。据了解，美的自2014年3月正式发布智慧家居战略以来，目前已实现单品牌内多类家电产品的互通互联。根据该公司的规划，到2018年，智慧家居产品销售将占美的整体销售的50%以上。

而相较海尔、美的，格力则选择以手机来切入智能家居领域。目前，格力手机尚未正式量产，但其中链接格力空调、收集使用用户数据等关键功能仍然值得市场期待。此外，志高、格兰仕、奥克斯、西门子等家电企业都先后公布了智能家居落地方案，尽管进程各不相同，但至少已经踏出了“裂变”的第一步。

互联网+美的

在美的中央空调合肥基地可以看到改造后的数字化车间实际效果：生产车间配置了数据采集系统和先进控制系统，生产工艺数据自动数采率达90%以上。

据美的中央空调事业部国内营销公司经营部市场推广部长黄国强介绍，截至2015年6月底，一年内美的已投入了4142.36万元对合肥中央空调基地进行数字化改造。

根据美的规划，未来两年预计每年会有500台新增机器人投入使用，两年后保有量计划为1800台。美的集团机器人产业项目总经理甄少强透露，“更长期的规划是达到上万台”。

近两年来，美的已先后与阿里巴巴、腾讯、小米等互联网公司建立了合作关系。“腾讯在用户需求，特别是年轻用户需求方面的研究是很充分的，而阿里巴巴则在电商、用户需求、大数据分析等方面有独到之处，我们希望通过合作来掌握和了解消费者需求。”黄国强说。

方洪波预计，一到两年之后美的“互联网+”改造就可以看到一个非常大的变化。“比如说用户，以前说得很多，但你不了解用户，连东西卖给谁都不知道；第二个你不尊重用户，等坏了都修不好，人家都不愿意修了；第三，你跟用户没有关系，没有连接，然后你就没有交流，没有数据系统，不能经营，其他所有的用户需求更不用说。”

“所以这一块我们投入很大，比如说如何跟用户连接，做得不错很有成效，然后是移动化、数字化。以前美的基于PC端的数字化都没有完成，但现在我们已经做到手机端的数字化了，全部移动化、数字化并接通我们的大物流系统。”方洪波说道。

据其透露，目前美的在广州已经开始推试点，进行大物流系统的改造。传统家电企业的物流一般是由代理商进给分销商，分销商给零售终端，这样层层压货。但美的现在尝试把物流全部给旗下的安得物流做，覆盖干线、支线、仓储，让美的产品一次发货就到零售终端，省去了代理商的物流。

方洪波表示，未来无论是公司内部决策管理，还是与外部经销的业务沟通都将在移动端完成，全面数字化、移动化。

（叶碧华）

传统家电“最冷”一年：齐谋智能家居

2015年，是空调业最冷的一年，白色家电并不好过。通过价格战和去库存行动，美的、格力、海尔三大白电上市公司，市场份额再次得到提升。在市场普遍低迷的情况下，转型是家电厂家的“救命稻草”。《2010—2015中国智能家居产业发展趋势与投资机会研究报告》预测显示，我国智能家居市场规模2015年全年将达到1240亿元。智能家居也将成为家电企业的新战场。

三大白电上市公司PK:美的增速快

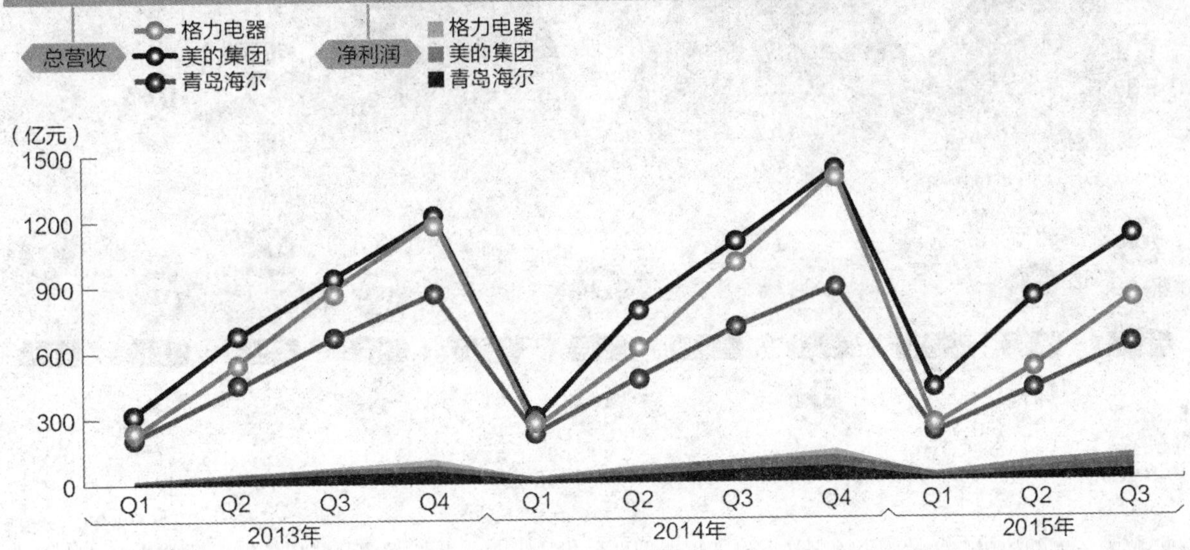

(数据来源：上市公司财报)

解读：2015年，家电企业全行业下滑。白电三强企业的三季报，除美的保持营收、净利双增长外，格力、海尔均出现不同程度营收下降，跌幅都在两位数。从三家企业的半年报来看，2015年上半年，美的营收保持6.7%的正增长，利润上保持25%以上的增幅。海尔在营收上有所下滑，但利润仍然有2%的增长。但格力表现平平，营收下滑超过13%。

美的市值超越格力

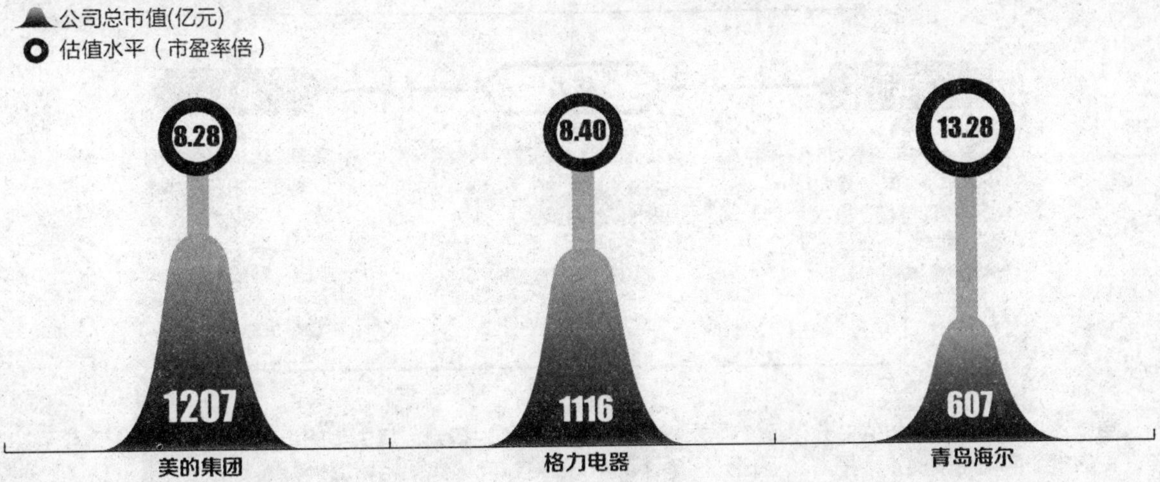

空调市场份额格力美的占半壁江山

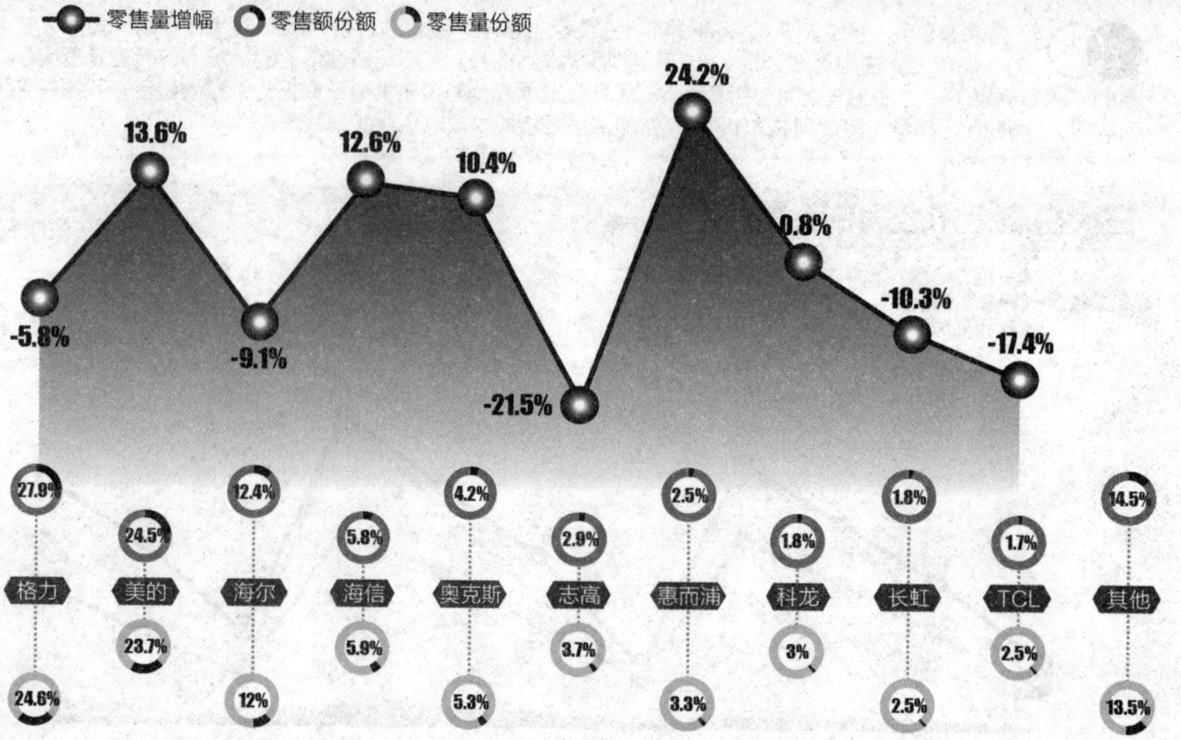

（时间：2014年1–11月 数据来源：中怡康）

解读：美的和格力在空调市场的的份额之和占到50%以上，其中美的零售量增幅较大。经过2015的价格战和去库存，格力市场占有率已经逼近40%，美的市场占有率近30%，其他品牌份额再次被瓜分。

多元化程度海尔领先，美的率先玩起机器人

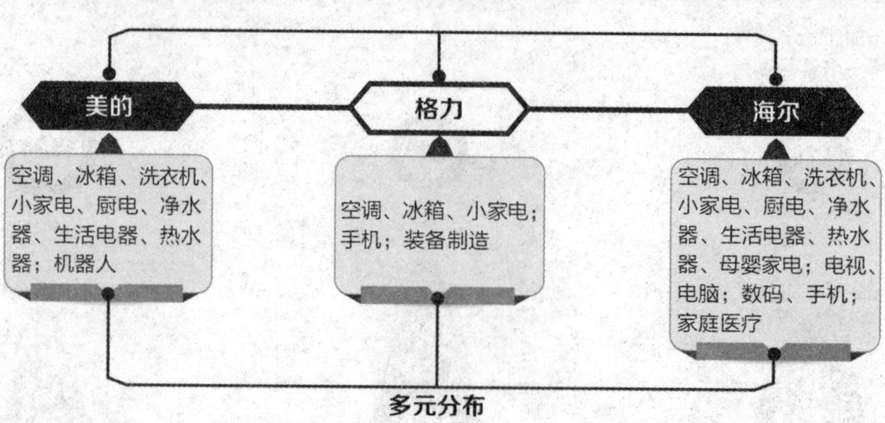

解读：从三大白色家电的多元化程度来看，海尔产品覆盖最为多元。其中美的率先玩起了机器人，截至2014年，美的集团自动化投资累计投入20多亿元，预计2015—2017年该集团将新增机器人1700台。

美的架构新“789”高度扁平化

解读：2015年开始美的集团整个内部架构将进行大调整，用一到两年时间使美的集团高度扁平化和去中心化。据了解，这系列改革在美的内部被称为“789”，把以前“美的集团-二级集团-事业部”的层级关系打散并重新整合成为7大平台、8大职能和9大事业部。

从前架构

- ◆美的集团
- ◆二级集团
- ◆事业部（空调、家用电器、压缩机、电机、厨具、信息产品等）

2015年“789”新架构

- ◆“7大平台”：国际总部　集团电商公司　客户服务中心　采购中心　创新中心　安得物流公司　金融中心
- ◆“8大职能”：用户与市场　财经　企业发展　审计　产品管理　流程IT　人力资源　法务
- ◆“9大事业部”：家用空调　冰箱　厨房电器　环境电器　中央空调　洗衣机　生活电器　热水器一部品事业部

传统家电摩拳擦掌 智能家居布局概况

企业	发布时间	事件	具体内容	目前进展
长虹	2014-2-26	推出全球首款全面市场化云图像识别冰箱CHiQ	提出打造开放的家居平台，在此平台上推出更多的智能家居产品，通过大数据，将各地湿度、温度、空气质量等指标进行监控	未来5年通过智能研发、智能制造、智能交易构建三位一体的智能平台
美的	2014-3-10	发布M-Smart智慧家居战略	◆“1+1+1”战略：一个智慧管家系统+一个M-Smart互动社区+一个M-BOX管理中心 ◆加速布局物联网家居市场：“空气智慧管家”“营养智慧管家”“水健康智慧管家”“能源安防智慧管家”	30个智能单品互联互通
海尔	2014-3-17	推出U+智慧生活操作系统	◆U-home系统，有线与无线结合物物互联：“家庭小网”“社区中网”“世界大网” ◆通过物联网推动：3C产品、智能家居系统、安防系统等的智能化识别、管理以及数字媒体信息的共享	基于海尔U+平台的第三方厂家多达40多个，涉及50多个品类，第三方产品接入U+平台后，可以实现跨品牌互联互通，数据和资源全部共享
博西	2014-4-28	发布新一代智能家庭平台	依靠一款名为Home Connect应用软件即可实现对所有家电的控制	到2018年所有产品都具备“家居互联”功能
创维	2015-3-11	发布智慧家庭战略	一个遥控器可遥控所有家电，开发了手机APP智慧家庭的操作平台	已成立实验室，让产品互联互通
TCL	2015-4-8	智能家庭战略	◆“四合一”：云端/智能终端 APP应用/智能网关 ◆六大功能：影音娱乐/家庭社交 安全健康/视频通讯 节能管理/生活服务	—
海信	2015-4-23	智能家庭“X”战略	终端之间、人与终端之间交互与对接的融合，海信对客厅经济的重要战略布局	凭借U+X，海信将率先开启500亿智能电视后市场，围绕场景消费开掘客厅经济

解读：白电正处于从功能机向智能机转型的阶段。据千家网预测，到2018年我国智能家居市场规模有望达到1800亿元，未来3年至5年的整体增速约为13%。有机构预测，到2020年我国智能电视渗透率将达到93%，智能洗衣机、智能冰箱、智能空调的渗透率将分别增至45%、38%、55%。传统家电及互联网企业都开始摩拳擦掌，欲在智能家居领域分羹。

庄丹：中国将改变全球光纤光缆产业格局

庄丹

从产能过剩到产能不足，2015年的中国光纤光缆行业经历了量的飞越。国家持续推进“三网融合”“宽带中国”以及“互联网+”，多项政策引导下，可以预见，中国光纤光缆行业的消费市场还在扩容。

成立于1988年的长飞光纤光缆股份有限公司（以下简称“长飞公司”，06869.HK），是国内最早从事光纤光缆业务的企业之一，其产能规模已多年在国内排名第一。在此背景下，长飞公司总裁庄丹表示，中国正在改变全球光纤光缆产业格局，而该公司正在谋求成为全球行业领袖。

在当前国内水平和国际水平尚存差距，国内外企业竞争加剧的局面下，长飞底气何在？庄丹认为，做全球第一容易，2016年年底长飞就可以，但做行业领袖还需较长时间。“全球第一是量的概念，行业领袖是质的概念，讲的是企业的综合实力，比如研发、技术、企业社会责任、参与制定全球行业标准等，目前，中国公司跟全球行业标杆还是存在一定差距，需要长期的努力和积累。”

中国光纤光缆市场需求占全球一半以上

《21世纪》：在您看来，2015年的行业形势如何？国际市场格局有些什么变化？

庄丹：2015年，中国光纤光缆市场需求持续旺盛，市场总需求达到2亿芯公里，在全球占比超过55%。此外，中国预制棒产能不足，加之对原产于美国和日本的预制棒反倾销成功，进口量下降，国内光纤光缆及相关产品出现产能不足。

从未来行情看，中国和全球市场仍有很大增长空间。目前，我国固网宽带普及率已超过全球平均水平，但与发达国家相比，仍有差距，也尚未达成宽带中国战略的发展路线指标。中国农村和西部地区通信发展水平还非常低。

此外，“一带一路”战略将给中国光纤光缆行业国际化带来巨大机遇。当前美国和欧洲市场比较成熟，但相比中国还是小。中国政府很重视“互联网+”，计划未来三年内投资1.14万亿元。此外，马上就要启动的中国移动光纤光缆集中采购中，光纤的量接近1亿公里，中国移动一家公司的采购量占全球的30%，超过目前北美和欧洲总和。可以看出中国政府的决心和力度很大，这利好光纤光缆行业。

智能制造方面，新一代信息技术与制造业深度融合，正引发产业变革，形成新的生产方式、产业形态、商业模式和经济增长点。此外，非洲、东南亚等区域的光通信水平还十分落后，未来的建设需求增长潜力巨大。从全球来看，中国企业将彻底改变光纤光缆产业全球格局，扮演更加重要的角色，中国市场将成为全球最重要的市场。

《21世纪》：2015年，商务部裁定美国和日本的光纤预制棒在中国倾销后，中国光纤预制棒行业发生了很大的变化，对此，您怎么理解？

庄丹：当前中国市场供应短缺，此背景下反倾销对行业未来5—10年起到非常重要的作用。我们现有的预制棒技术在国际上虽然已经比较先进，但还不是最先进的，特别在VAD和OVD上面，国内跟国际相比有相当的差距。但预制棒是光纤光缆行业中利润最高的环节，实施反倾销后，国内预制棒生产企业有动力持续研发，可在制棒技术上赶上世界先进水平。

深耕产业链

《21世纪》：在这种行业背景下，2015年长飞公司的着力点有哪些？

庄丹：长飞公司总的战略是在“全球第一、行业领袖”的总目标下，上市后开始第二次创业。针对上述目标的实施路径则是深化光纤光缆业务，实现全产业链运营，走多工艺路线，把公司建设成为全球光纤光缆“研发中心、制造中心、营销中心、咨询和服务中心”；同时，大力发展相关多元化业务，提升国际化水平，完成长飞的国际化。

围绕上述目标，长飞已开始全产业链布局。上游，公司的云晶飞全面投产，光纤涂料项目正式立项；预制棒的外包层，我们跟日本信越化学工业株式会社（下简称日本信越）已经做了一个合资公司。再往上，我们做了一些关键的原材料如四氯化硅（潜江）、四氯化锗（武汉）的布局。下一步我们要进入光纤拉丝涂料领域。可以说，长飞基本上是全球预制棒光纤光缆行业产业链最长的公司。

此外，公司还开展多工艺路线，早在公司创立初期，从国外已引进PVCD工艺生产预制棒，通过消化吸收再创新后，长飞全面掌握了该工艺。此后，公司通过与日本信越签订预制棒合资项目协议，引进OVD工艺。公司自主研发的VAD已开始小规模生产交付，自主研发的OVD试验平台也开始试验运行，若这些项目全部完成，我们是全世界唯一同时拥有三种工艺、三种技术的预制棒公司。

《21世纪》：公司还进入了下游的综合布线领域，为什么？

庄丹：长飞组建深圳长飞智连公司，进入综合布线领域，是因为目前数据中心布线的国内高端市场都是被进口品牌垄断，毛利率在40%以上；而在大数据时代，这个需求量会很大，国内需求端与外国公司合作风险较大，因此，我们认为这给了国内企业机会。

目前，国内大都是民营企业涉足布线市场，规模偏小，且此前的方案都是用铜缆去进行数据传输，而如今都采用光缆，我们有先天优势。公司对智连公司的规划是做到中国布线领域前三名，未来规划成为一个5亿—10亿元级别公司，2015年该业务产值同比增长68%。

国际化突破行业天花板

《21世纪》：作为国内最大的光纤光缆企业，长飞公司被视为已达到行业天花板，对此，公司有什么应对措施?

庄丹：公司开始布局相关多元化业务。2015年以来，公司成立特种产品事业部，扭转了特种产品销售下滑颓势，公司旗下子公司发布FIBBR品牌（菲伯尔），正式进入消费电子线缆领域。

公司还加大在海外市场布局。目前长飞已在印尼成立光纤合资企业，预计2016年下半年投产；在缅甸建立的光缆合资企业已投产。同时，长飞还在海外建立了9个办事处，覆盖东南亚、中东、拉丁美洲和非洲的大部分地区，长飞的计划是在重点目标市场建立至少20个生产基地和海外办事处。2015年前三季度，公司光纤光缆的出口额和出口量均同比增长超过40%。

《21世纪》：长飞未来的目标是做全球第一，您预计到2017年前后能达到这一目标，但量的超越难度不大，要真正实现质的超越，您觉得长飞有什么核心竞争力?

庄丹：目前，长飞的预制棒产能已是全球第一位，光纤产能仅次于美国康宁公司，是全球第二，2015年光缆也可能做到全球第一，预计最晚到2016年年末长飞预制棒、光纤、光缆全面做到全球第一。

如何达到“全球第一，行业领袖”的目标？我觉得长飞做全球第一是容易的，但做行业领袖还需长时间。因为全球第一是量的概念，行业领袖是质的概念，讲的是企业的综合实力，比如研发、技术、企业社会责任、制定行业标准以及参与全球标准制定等，目前，中国公司跟全球行业标杆还是存在一定差距，需要长期的努力和积累。

而目前，与国际领先企业对比，国内企业的差距主要集中在研发和品牌方面。长飞可能的机会在于，后续一些国际巨头企业毛利率可能不断走低，最终可能会被卖掉，不再做投入，这是我们超越他们的机会。而现在我们每年在研发上的投入达到营收占比的5%左右，保证公司品牌和研发方面的影响力。

（陈红霞）

长飞公司：如何从国内第一到全球第一

一、中国光纤光缆龙头

长飞公司2014产能及国内市场占有率

数据来源：公开报道、相关数据均为约数

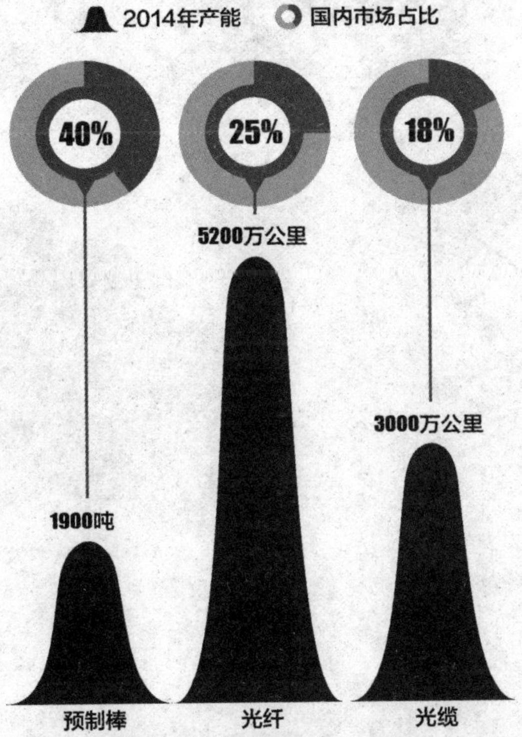

解读：长飞公司是国内最早从事光纤光缆业务的企业之一。目前，公司产能已包括预制棒1900吨，光纤拉丝能力超过5200万公里，光缆承揽能力超过3000万公里，在2014年国内市场份额中均达到第一。

二、世界坐标

长飞光学预制棒全球市场占有率

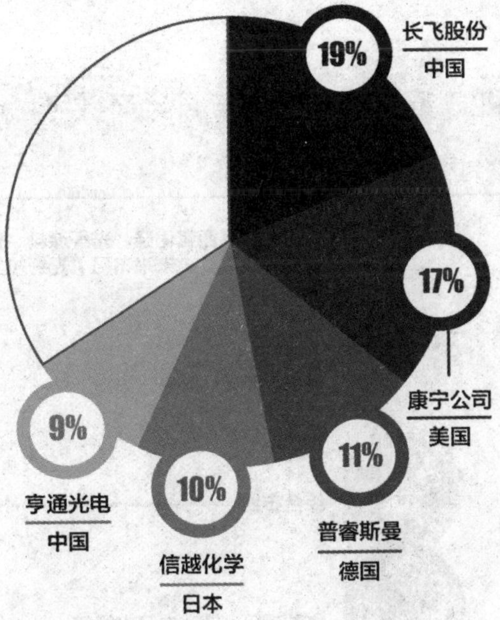

解读：2013年起，长飞公司的光纤预制棒规模在全球市场的占比已位列全球第一，在光缆领域排名仅次于美国老牌光纤光缆企业美国康宁公司。

三、加产能

解读：2014年底，公司上市后进入产能扩张期，在建项目完成后，公司预计在2016年，光纤光缆方面的产能也能达到全球第一。

四、应对天花板 布局全产业链

公司产业链产品分布状况

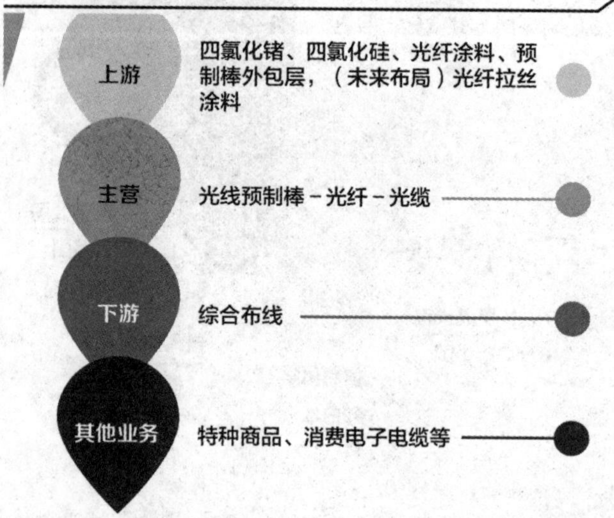

解读：完成全球规模第一后的长飞股份可能面临企业“天花板”，为了解决这一问题，长飞公司已着手在产业链上延伸，目前，已初步形成了一条全行业布局最完整的产业链。

第六章 过剩产能观察

房多了，要卖掉

自2012年以来，全国商品房待售面积节节走高，不断逼近近几年的年均销售量。而楼市的真实库存，还需算上远高于待售面积的未开工的企业拿地和在建商品房，数据或逼近100亿平方米。

一、库存攀升，二、三、四线城市承压

图一：待售面积逐渐逼近销售面积

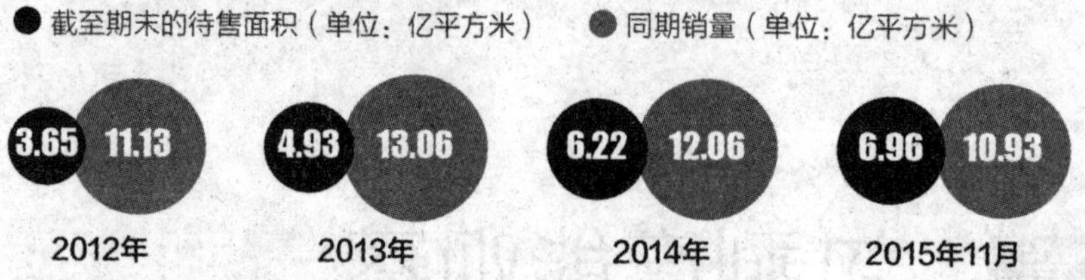

解读：近几年的商品房销售面积大约在每年12亿平方米浮动，而待售面积却在急速增加，并逐渐逼近销售面积，一旦其超过销售面积，意味着市场将绝对过剩。

图二：真实库存远高于待售面积，去化约需8年

数据来源：国家统计局、安信证券

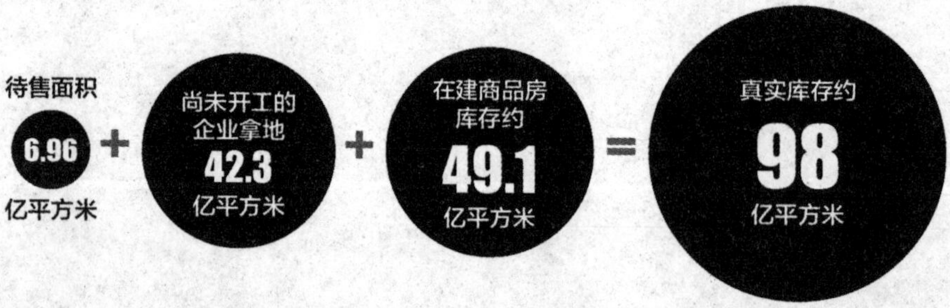

解读：安信证券指出，“商品房待售面积”的统计口径是：报告期末已竣工的可供销售的商品房屋建筑面积中尚未销售的部分，但还应算上尚未开工的企业拿地和未竣工的在建项目（除去已经预售）。按照此种计算方法，在不增加新供给的情况下，若以当前的平均年销售量来计，完全去化约需要8年时间。

图三：二、三线城市供大于求

数据来源：Wind、安信证券

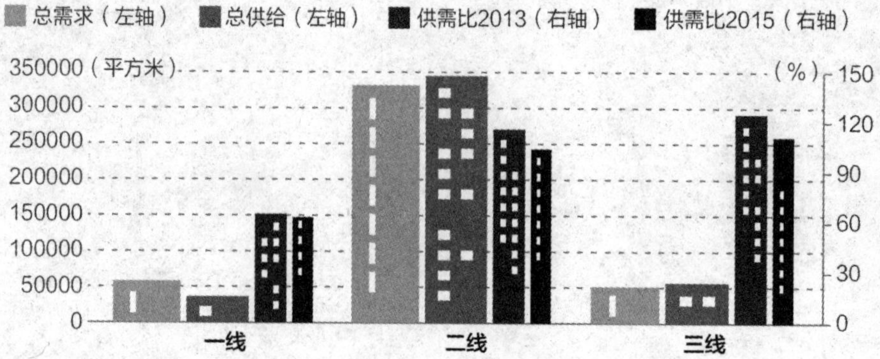

解读：在监测的70个城市中，供大于求的压力主要集中在二、三线城市，尽管2015年对比2013年有所好转，但对于三线城市而言，供需比仍高达111%；而一线城市则持续处于供小于求的状态。

二、楼市进入存量主导"新常态"

曾一路高歌猛进的房地产行业，正面临着开发投资增速逼近零的处境。在高库存的压力下，房地产企业的拿地意愿也在萎缩，土地购置面积已连续两年出现较大幅度的负增长。

背后的逻辑是，经历了高速发展的中国房地产市场，早已积累起了相当的存量。2009年，全国工商联房地产商会会长聂梅生即指出，房地产改革十年，中国人均住房面积已达到28平方米。

供求关系已经逆转。随着城镇人口增速的放缓，新房投资增速的递减，楼市已经进入并或将长期处在存量主导"新常态"。

图四：近10年间全国房地产开发数据

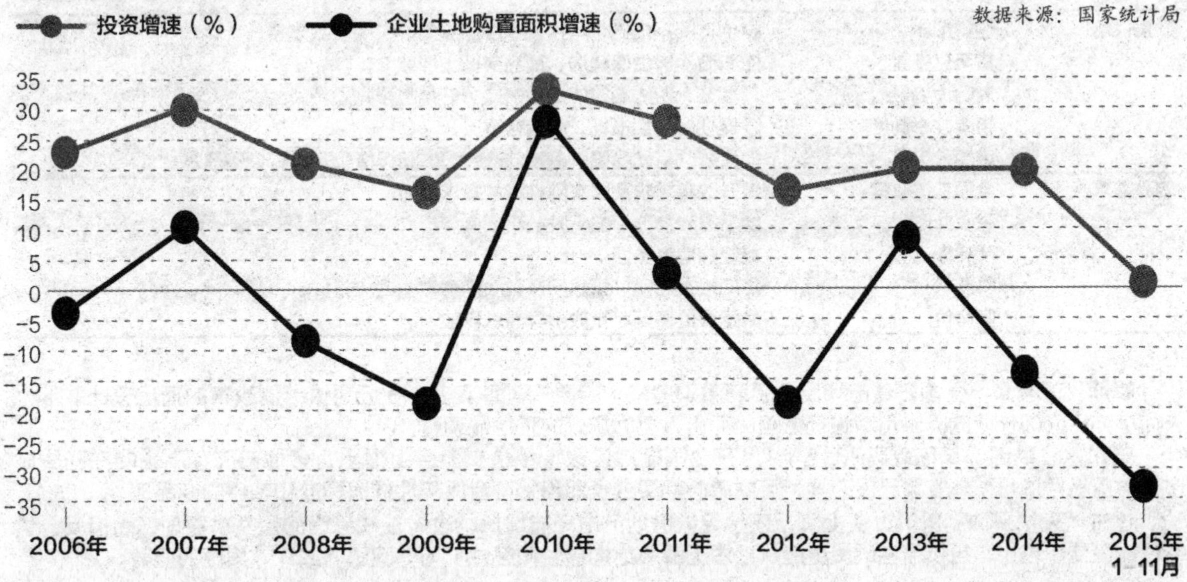

解读：近十年间，一直到2014年，房地产开发投资增速始终保持在两位数，2014年的增速已经有所下滑，而2015年前11个月，增速已经降至1.3%。房企购置土地的情况在10年间出现了波动，但较少有连续的下滑。从2014年和2015年前11个月的情况来看，两个年度的降速已大大超过了2008年和2009年。

图五：2000年和2010年城镇住房面积

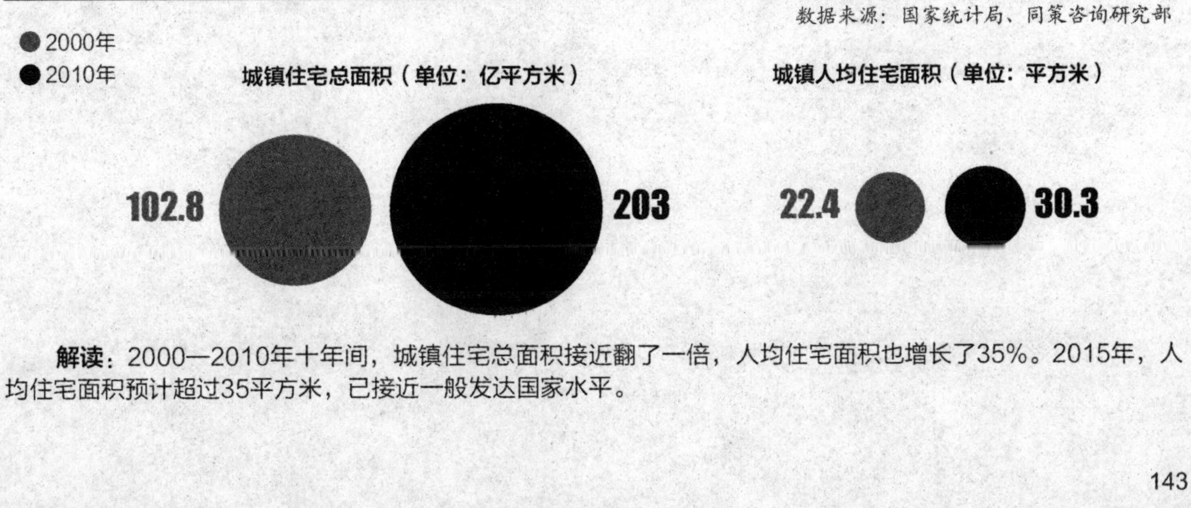

解读：2000—2010年十年间，城镇住宅总面积接近翻了一倍，人均住宅面积也增长了35%。2015年，人均住宅面积预计超过35平方米，已接近一般发达国家水平。

三、问计去库存，需求侧、供给侧并重

尽管存量主导将成为新常态，高企的库存仍是一个亟待解决的经济问题。2015年12月18日—21日的中央经济工作会议指出，2016年经济社会发展五大任务之一就是化解房地产库存。

盘活存量，解决供给和需求及结构性错配，房地产市场的供给侧调整所涉甚广，包括土地供应节奏的把控、信贷货币政策的调整、公共资源的平衡，等等。这也意味着，这一轮的去库存将倚赖于长效机制和更广泛的社会变革。

图六：供给侧VS需求侧

数据来源：安信证券、媒体公开报道

	方向	内容
调整供给	信贷证券化	将信贷资产证券化再投入保障房支出或者再贷款支持
	货币化安置	回购商品房做保障房、商品房抵土地款
	控制土地供应	控制三、四线城市的土地供应节奏是必要
	租购并举制度	发展住房租赁市场，盘活存量
	增加公用品	加大公共基础建设、医疗教育资源的建设提升，进行户籍改革
刺激需求	全面二孩政策	提升改善需求及未来刚性释放需求潜力
	财政补贴	给予财政补贴，或提升公积金额度
	降利率	减轻购房者负担
	降首付	降低准入门槛，给优质及首次购房者主动加杠杆
	降房价	稳定房价预期可有效引导需求释放

解读：近年来，全国多省市均出台了刺激购房需求的政策。事实上，在近期供给侧改革的顶层设计之下，去库存亦需突破长期的需求刺激路径依赖，而引入更为广泛的供给端调整。

譬如，住建部部长陈政高2015年1月在全国棚户区改造经验交流会上提出，房地产库存高企的三四线城市，再盖新楼进行整体安置已没必要，可由政府购买或长期租赁符合保障性住房标准和条件的商品房。

过去，无论是抑制房价过快上涨，还是促进房地产市场的增长，政府往往考虑的是需求管理，而相反，供给性政策使用较少，且供给性政策更能从根本上解决结构错配和区域不均等问题，或许效果更为显著。

90亿平方米楼市高库存如何解题

楼市库存已经成为悬在中国经济头上的一把达摩克里斯之剑。

根据国家统计局数据，2015年前10个月，房地产开发投资同比下降0.5%，为近十年来首次出现同比下降，1—11月降幅扩大至1.3%，且存在进一步下降的趋势，其对于经济的贡献率也再度创历史新低。

“从历史经验来看，在销售面积回暖半年左右，新开工回暖。”中国指数研究院常务副院长黄瑜介绍。2015年1—6月，商品房销售面积同比转正，但截至11月，全国房屋新开工面积仍同比下降14.7%。

房地产投资数据持续萎靡的一个主要原因在于楼市高库存。也因此中央经济会议以罕见的大篇幅对房地产库存进行了论述，并把去库存写入了2016年经济工作的“五大任务”中。

会议亦描绘了去库存的政策方向，包括加快农民工市民化，扩大有效需求，打通供需通道；同时还提到励房地产开发企业降价、取消过时的限制性措施、建立购租并举的住房制度等方法。

虽然基调是去库存，但是中央经济工作会议对于房地产政策的定调，却非简单的刺激消费的救市方案，而是针对新型城镇化背景下，中长期间房地产行业的系统性解决方案。

自1998年住房信贷化开始，中国房地产在17年的高速增长下，已经进入“存量时代”，与此同时，新一轮住房制度改革也悄然开启。

解构高楼市库存

去库存已经成为国家任务，但是有关楼市库存的全口径数据，却依然缺乏。

根据国家统计局数据，截止到2015年11月底，全国商品房待售面积6.9637亿平方米，比10月末增加1004万平方米，处于历史高位。

根据国家统计局的定义，商品房待售面积，指报告末已竣工的可供销售或出租的商品房屋建筑面积中，尚未销售或出租的商品房屋建筑面积，包括以前年度竣工和本期竣工的房屋面积。

上述口径不包括报告期已竣工的拆迁还建、统建代建、公共配套建筑、房地产公司自用及周转房等不可销售或出租的房屋面积。

北京中原地产市场分析师张大伟也表示，上述数据并未如期反映当前的库存的实际状况。

另根据国家统计局数据，在建未售面积约为48亿平方米，待开工面积为8.5亿平方米，以2.4的容积率计算，全国整体库存约为63亿平方米。

但这仍未是全口径的楼市库存数据。在北师大教授钟伟看来，除了现房、期房的数据，还有新拿地、闲置未开工等将转为楼市库存的数据，另外，此前曾大举开建的3600万套保障房以及当前和未来一段时间将力推的棚户区改造也将纳入统计范围内。

根据钟伟的测算，全国的楼市库存至少是85亿—90亿元平方米。按照过去3年平均销售速度计算，需要至少7年时间才能消化。

受库存压力的影响，2015年以来，房地产投资同比增幅持续放缓和快速下滑。“2015年房地产住宅投资同比增幅持续下滑，已快接近2009年2月的历史最低值。”社科院城市与竞争力研究中心主任倪鹏飞说，房地产投资下降直接拖累经济增长。初步测算，2015年前三季度，房地产投资对经济增长的直接贡献率已降到只有0.04个百分点，创下2000年以来的新低，几乎要落入负增长贡献轨道。

在钟伟看来，去库存不只是2016年的工作重点，也将是未来5年乃至更长一段时间的工作重心。

“1998—2014年上半年，房地产行业投资增长比其他行业增长要快，引领着中国经济增长15年。”钟伟说，而反观2014—2015年二季度，房地产从以前的有引领的正能量作用转为拖后腿了，“未来5年，房地产不给经济惹麻烦就不错了”。

住房需求测算

存量时代的房地产规律也悄然生变，“2014年四季度之前，房地产行业都是这样，销售变好了，两三个季度后，开发商就耐不住寂寞开发新土地、新项目，也就是说，销售好转不到半年，投资也将好转”，钟伟介绍，但是楼市高库存之下，上述情况已经不存在。

2015年1—6月，商品房销售面积同比转正，但截至11月，全国房屋新开工面积仍同比下降14.7%。

消化高达90亿平方米的高库存，是稳投资，促进经济增长的不二选择，但高达90亿平方米的库存如何消化，无疑是未来的政策主要着力点。

全联房地产商会创会会长聂梅生认为，库存量最大的问题在于消化慢，如此高的库存量我国以前也曾达到过，但当时在政策刺激之下，很快就消化了，下降到3亿—4亿平方米的水平。

实际上，以“稳定住房消费”为基调的一系列楼市支持政策，在2015年已经次第推出。

纵向比较一下，政策2008—2015年已实施五次降息、四次全面降准。五年以上长贷利率降至4.9%的历史低点，存准率也回落到2010年的宽松水平；楼市限制性政策诸如限购、限贷等也次第退出，首付降至三成甚至更低；营业税免征年限由5年改为2年等。

政策的刺激效果也很明显，房地产销售面积增速已经从1—2月的-16.3%，逐步回暖。国家统计局数据显示，截止到2015年11月底，楼市销售10.9亿平方米。

据中国指数研究院测算，未来五年商品住宅总需求为年均10亿平方米左右。

“2015年住宅总需求将超过11亿平方米，接近2013年水平。”在黄瑜看来，市场存在透支的可能，我国已经基本达到户均一套房水平，基本的住房需求已经被满足，住房需求意愿有所降低，因此，政策对于市场的刺激作用较之前趋弱。

这也是2016年去库存药方转变的一大原因，由短期的刺激性政策转为构建房地产的系统性解决方案，也被市场誉为新一轮住房制度改革开启。

会议聚焦农民工市民化带来的有效需求，打通供需通道，消化库存，稳定房地产市场。

“农民工市民化带来的租购需求属于刚需，且符合新型城镇化发展战略，1998年的住房制度改革主要是以城镇户籍人口的公有住房产权化为主要方向，2014年以来的住房优惠政策，诸如住房公积金、财政补贴、信贷政策等也多聚焦城市人口。”北京荣邦瑞明总经理陈民表示，把居住制度改革延伸到“农民工”这些“新市民”上也是居住制度改革侧重公平的一个表现。

在易居研究院智库中心研究总监严跃进看来，新一轮住房制度改革更侧重回归居住的本源，不管是租赁需求还是农民工由新型城镇化形成的就业买房或长期租房的预期和需求均属于真实的住房需求。

会议也提出要打通商品房和租赁房的通道，建立购租并举的住房制度。这也是中央继要求打通商品房和保障房的通道后，首度提出打通商品房和租赁市场的通道。

聂梅生表示，这也是住房制度改革的一个方向，由此前的“补人头”好过“补砖头”，聂梅生解释，“补人头”指的是资金方面的鼓励政策，“补砖头”指的是房产。中国的房地产虽基本面存在过剩问题，但依然存在结构性短缺，比如租赁市场、棚改保障房领域等，住房租赁市场是我国住房供应体系的重要组成部分，相比新建，打通与商品房的通道无疑是供给侧结构性改革下房地产库存去化的关键着力点。

会议也鼓励房地产开发企业顺应市场规律调整营销策略，适当降低商品住房价格，促进房地产业兼并重组，提高产业集中度。在中房协名誉副会长朱中一看来，即是解除房地产开发、经营环节等各类不符合市场的措施，某种程度上供给侧结构性改革在行政体制改善层面的具体体现，给房企解压。

（纪睿坤　葛逸瑶）

房产中介革命：爱屋吉屋卡位楼市去库存

当前中国楼市最大的问题是库存高企。国家统计局数据显示，截至2015年10月底，全国商品房待售面积68，632万平方米，比9月末增加2122万平方米，其中住宅待售面积增加1180万平方米，再创历史新高。中国社科院公布的《中国住房陈述（2015—2016）》则披露，商品住房过剩总库存高达21亿平方米。

而2015年11月，二手房成交大幅提升，创年内新高。中介业绩丰收背后，意味着存量房市场的来临与行业洗牌升级的信号。2014年，资本与互联网概念进入中介行业，互联网中介对传统房产中介市场份额的蚕食，已经日益加剧，他们的商业逻辑就是推翻传统模式，重新定义行业，建立定价权。

传统中介门外的第一个“野蛮人”，是爱屋吉屋。

仅用120天，爱屋吉屋即夺取上海市整租房份额第一，而后迅速布局二手房业务。创立一年半后，爱屋吉屋就完成了累计3.5亿美金的5轮融资。

爱屋吉屋联合创始人邓薇表示，为什么作为圈外人敢去做这么重模式的事情，除了有信息不透明真假等等弊端，最基本的判断是这个行业效率太低。

暴利以及用户体验的低下也是大问题。传统房屋中介整个业务逻辑是按照卖方市场逻辑所设定，以暴利作为导向而不顾买家体验。而其实，整个房地产市场近两年也开始到了一个拐点。

中国大部分城市的房地产市场都出现了供过于求，无论是在二手房还是在新房的领域。“虽然每一个城市，哪怕延展到美国，在个别学区房当然还是紧俏的，但是从整个市场面上来说，获

房地产销售平台模式对比

公司名称	互联网业务	优势	劣势
世联行	推出家圆云贷，入股Q房网	解决购房者资金端痛点	O2O尚未成熟
易居中国	提供房产电商平台和金融服务	覆盖全国256所城市	线下占比较重
搜房网	以房产媒体电商为主	每日500万的访问量	线下体验缺失
房多多	房产渠道电商，进行精准营销	核心成员经验支持	缺乏C端用户
爱屋吉屋	自建团队，不设线下，低额佣金	整个流程的可视化	受传统抵制大

解读： （数据来源：平安证券研究所）

按市场规模测算，除传统的媒体和代理收入外，房地产电商销售规模有望增长至总体一手房销售规模的15%即1.2万亿的市场空间，目前龙头公司的合同销售规模大约在3000亿-5000亿元。按2%的交易提成比例计算，一手房平台交易业务有望达到2000亿元的市场规模。

利空间越来越小，从原来的暴利时代变成了理性时代。"邓薇表示，原来卖方市场强势占有房子的时代已经彻底过去了，买方市场到来了。

这种传统中介暴利而暴力的商业模式，在爱屋吉屋之后，逐渐走到尽头。但是，传统中介并没有坐以待毙。中原地产的施永青重返江湖，链家地产更名链家，撕掉"地产"标签，宣告转型互联网。

在楼市去库存的大背景之下，互联网房产中介也纷纷兴起。房多多、房天下都先后获得数亿美元的投资。而未来搜房网将拓展新的交易与金融服务。互联网房产中介，未来势必还会是一场恶战。

重模式和快速度

与爱屋吉屋提供双倍于传统中介底薪、广招优秀经纪人的"重模式"相映成趣，目前整个互联网行业最常提到一个概念便是"去除中介"，让买方与卖方两个市场的信息对称，并且将费用降到最低甚至免费。而定义为一家互联网公司的爱屋吉屋在成立之初，便旗帜鲜明地提出"我是中介"，并表示会长期收取半价租金。

"在一个简单标准化的业务里，以前的那些中介都应该被去掉。"邓薇介绍，以前买电脑，用户会去找地区经销商或者二级代理商等，这是在传统互联网和信息不畅通的情况下，人们一站一站地把信息和决策分发下去的管理结构。

而到了移动互联时代，互联网在标准产品上面的改变，是将所有的链条、所有的中间环节全部都打碎了，全部让它缩短了，让买方和卖方可以直接交易，旧有交易成本上节省下来的收益，买卖双方都看得到，中间环节就应该消亡掉。

"所以我们仔细分析整个模型，我们认为门店应该消亡掉，以门店为半径的找房模式应该消亡掉，传统中介公司的低效率应该消亡掉。"邓薇表示，但是在房屋租赁领域，中介无法消亡。

租房服务是房地产中介里面最简单的服务，周期最短，最容易被标准化，但本质上它依然不能完全被标准化。比如，中介经常会收到房东的委托，而房客也有各种各样不同的需求。"让房东和房客在一个平台直接对接，这件事情的沟通效率非常低，因为租客和房东，大家对自己居住环境的要求，包括装修等附带条件的要求都是不一样的。"邓薇说。

邓薇认为，在这样一个典型的非标准化、低频次、高参与度的服务里，中介居中起到的沟通、协调达成交易以及管理双方期望值的作用，至少短期内完全没有办法替代。

买方市场时代的对决

《21世纪》：爱屋吉屋的模式与传统中介不同的地方主要是哪些?

邓薇：传统中介的门店不精准计算每一个人的有效工作时间，基本上每一个门店有自己的盈亏指标，这是唯一的标准。这种情形下，直营店能赚钱就活着，不能赚钱就关掉，大致是这样的生产逻辑。

移动互联网时代，用户找寻信息的轨迹从手机开始。爱屋吉屋采取了分公司模型，这是一个精简门店的模型，只是你在街上看不见而已。我们每一个门店差不多是四站地铁的覆盖范围，对于经纪人而言，就有一个就近带看的办公空间。

首先在效率上面，我们把整个城市中的物理点进行精简。每一个片区的经纪人不但要熟悉那个片区的楼盘，还可以根据用户的需求走到这个片区外更大的区域里去，他的利益和买家能不能找到自己喜欢的一套房子相挂钩。

《21世纪》：你觉得那些传统中介，会把门店给取消掉吗？或者把爱屋吉屋原来那些模式都搬过来？

邓薇：不会，不可能。比如某中介公司在上海有一千多家店，2.5万多人，他们就是买买买、占地盘的逻辑。我们也研究他们的政策和规律，他们从卖方市场出发，抓住房源，其商业逻辑是一个密不透风且非常沉重的机器，我也觉得他们很严谨。但是这一套系统和这一套规则是过去十几年发展出来的，然后再开发一个公司的内部体系，用五年时间才完成，这种情况下如何转型？

所以目前我们的对决就是两种模型的对决，大家就是各自占着自己对商业的理解，然后比拼在市场前端每一单的服务质量。

（纪佳鹏）

2016年去产能路径：如何提高集中度？

中央经济工作会议确定了明年经济工作重点：推进结构性改革，推动经济持续健康发展。会议提到，明年经济社会发展特别是结构性改革任务十分繁重，战略上要坚持稳中求进、把握好节奏和力度，战术上要抓住关键点，主要是抓好去产能、去库存、去杠杆、降成本、补短板五大任务。

工业和信息化部副部长冯飞近日表示，当前，部分行业产能严重过剩问题进一步凸显。特别是钢铁、水泥、平板玻璃、电解铝，也包括船舶，这几个行业产能严重过剩、供大于求的形势比较严峻。

一、产能过剩行业拖累工业通缩

1.钢厂高炉开工率创三年新低

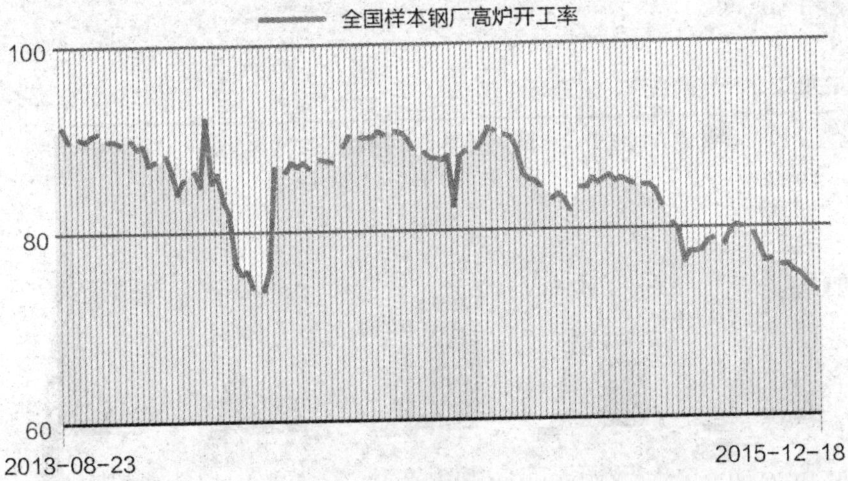

解读：开工率是衡量行业运行状态的重要指标，钢厂高炉开工率降至三年来75%的新低，且没有止跌迹象，显示钢铁产能过剩较为严重。近年来，由于产能过剩、需求疲软等原因，黑色金属价格呈现加速下滑趋势，其中螺纹钢价格与2011年最高位相比跌去近七成。金属价格的下跌进一步侵蚀矿山利润。

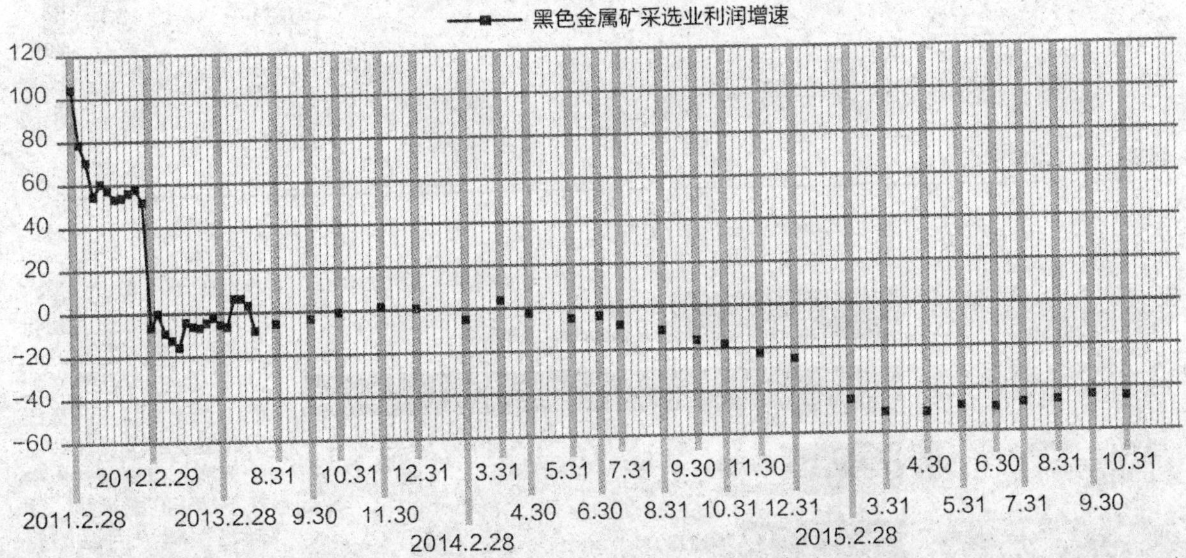

（单位：%；数据来源：国家统计局、Choice）

2.PPI为负值显现工业不景气

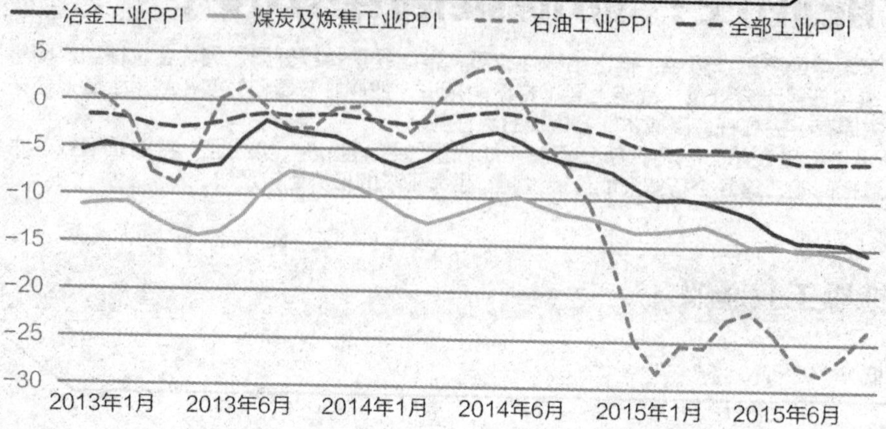

解读：工业通缩持续恶化，工业品PPI价格指数已经连续45个月下跌。其中，截至2015年11月煤价、钢价均屡创新低，铜价跌至6年低位，成品油价继续下调。中游钢铁去库存，水泥库存偏高，上游煤炭、有色库存仍偏高。影响最大的地产需求持续回落。这意味着钢铁、水泥、煤炭和有色等行业供过于求，产能过剩，拖累工业整体通缩。

二、产能过剩趋势恶化

解读：统计局数据，钢铁、水泥平板玻璃、钢材、有色金属等工业产品2015年三季度末库存较年初均有所增加，其中十种有色金属库存增长近50%，平板玻璃也增长近四分之一。实际上，这也与国内经济增长速度放缓，工业品需求下滑密切相关，而全球工业品下滑趋势目前仍未得到缓解。

主要工业产品的生产、销售与库存

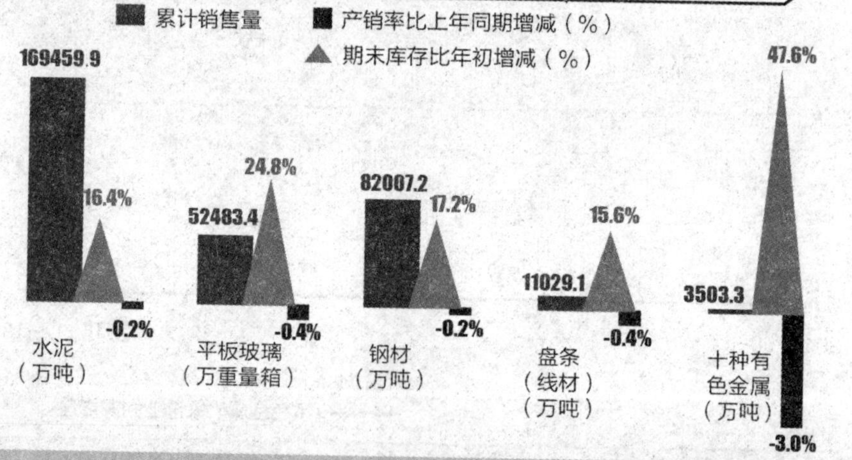

三、出路：提高行业集中度

煤炭企业集中度情况

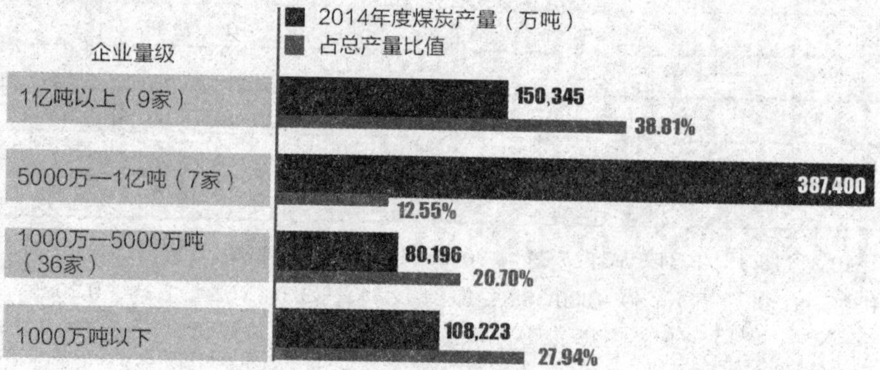

解读：在众多产能过剩行业中，煤炭行业有典型的代表意义，排名前四的企业占有的行业产能比例不足四成，而1000万吨以下产能的小企业，其总产量比值超过了27%。化解过剩产能，提高行业集中度是绕不开的难题，同样也是解决问题的方向。

第七章 中国金融市场观察

全球大银行PK：中资资产质量大幅好于全球18家大行平均水平

一、总资产

注：数据截至2015年6月末

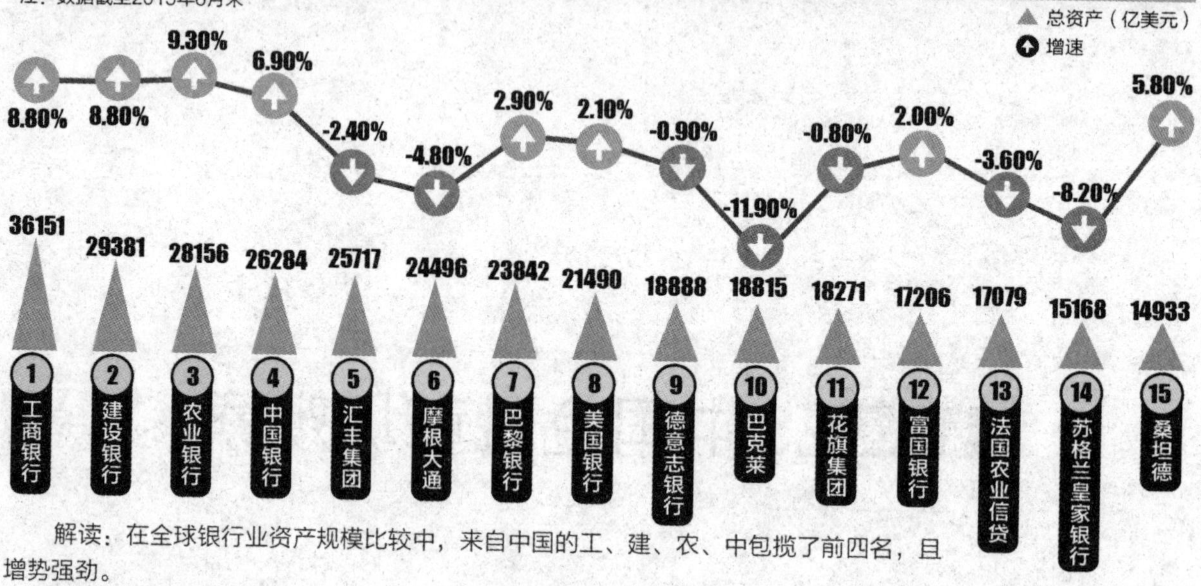

解读：在全球银行业资产规模比较中，来自中国的工、建、农、中包揽了前四名，且增势强劲。

二、总市值

排名	银行	总市值	增速
1	工商银行	2986	10.20%
2	富国银行	2896	1.80%
3	摩根大通	2515	7.50%
4	建设银行	2306	10.90%
5	中国银行	2206	23.90%
6	农业银行	1925	0.60%
7	美国银行	1787	-5.00%
8	汇丰集团	1766	-3.70%
9	花旗集团	1676	2.30%
10	桑坦德	1000	-6.50%
11	莱斯银行	957	13.30%
12	高盛	904	8.30%
13	交通银行	774	11.60%
14	巴黎银行	753	1.60%
15	巴克莱	687	9.80%

解读：工商银行常年为全球市值第一银行，富国银行曾有段时间超越工行。这体现了银行本身规模与资本市场青睐程度。

三、一级资本

排名	银行	一级资本	增速
1	工商银行	2571.63	4.80%
2	建设银行	2089.6	4.80%
3	摩根大通	1947.25	4.40%
4	农业银行	1797.91	8.60%
5	中国银行	1796.96	4.30%
6	花旗集团	1598.75	9.00%
7	美国银行	1594.26	4.00%
8	汇丰集团	1594.26	4.40%
9	富国银行	1409	2.80%
10	高盛	823.75	5.00%
11	交通银行	785.85	3.60%
12	巴黎银行	739	16.70%
13	桑坦德	655.03	7.40%
14	巴克莱	528.53	1.50%
15	德意志银行	519.12	2.40%

解读：在英国《银行家》杂志每年评选的全球1000家大银行中，均以一级资本作为参考指标。一级资本体现了银行资本充足情况和抵御风险能力，成为衡量银行综合实力的重要体现。中国的银行业在此指标上表现较好。

四、资本充足率

排名	银行	资本充足率
1	莱斯银行	21.70%
2	巴克莱	17.40%
3	高盛	16.80%
4	法国农业信贷	16.50%
5	汇丰集团	16.30%
6	美国银行	15.50%
7	德意志银行	15.50%
8	苏格兰皇家银行	14.80%
9	建设银行	14.70%
10	摩根大通	14.30%
11	富国银行	14.27%
12	工商银行	14.17%
13	花旗集团	14.10%
14	中国银行	13.69%
15	交通银行	13.12%

解读：资本充足率反映银行能以自有资本承担债权人损失的程度，可以防止银行风险资产过度膨胀。尽管中国银行业在此指标相对较后，巴塞尔协议III要求资本充足率达到6%。中国银行业该指标也大幅优于监管指标。

五、净利润

排名	银行	净利润	同比增速
	工商银行	241	0.70%
	建设银行	213	1.00%
	农业银行	169	0.50%
	中国银行	153	1.70%
	摩根大通	122	8.50%
	富国银行	117	-1.60%
	汇丰集团	107	3.90%
	花旗集团	97	129.30%
	美国银行	87	330.60%
	交通银行	60	1.70%
	巴黎银行	49	—
	桑坦德	46	23.20%
	高盛	39	-4.40%
	巴克莱	33	31.30%
	法国农业信贷	22	87.70%

六、不良贷款率

排名	银行	资本充足率
1	摩根大通	0.87%
2	花旗集团	1.02%
3	美国银行	1.45%
4	交通银行	1.35%
5	工商银行	1.40%
6	中国银行	1.41%
7	建设银行	1.42%
8	富国银行	1.62%
9	农业银行	1.83%
10	巴克莱	1.98%
11	德意志银行	2.01%
12	汇丰集团	2.61%
13	莱斯银行	2.73%
14	桑坦德	4.64%
15	苏格兰皇家银行	4.80%

解读：2015年，中国银行业不良率和不良贷款余额有所上升，在国际大行比较重处于靠中水平，但仍然在可控范围内。

七、品牌价值

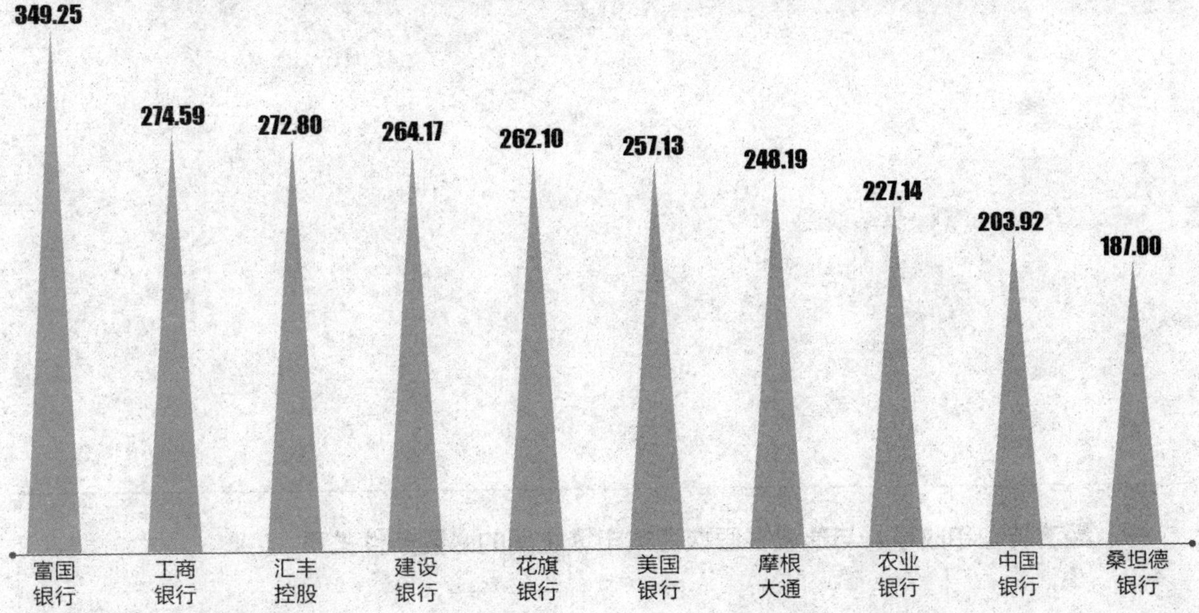

数据来源：WIND，彭博、英国《银行家》杂志2015榜单

多层次资本市场是经济转型的重要支撑

一、经济转型和改革，与建设多层次资本市场之间的必要条件关系

我们说经济转型，应该是个自下而上的市场行为，但为什么中国的经济转型更多是自上而下地积极引导？因为一方面市场经济制度尚不够完善，许许多多旧的、顽固的因素在阻碍中国经济转型，另一方面中国市场有内生性的弱势，必须自上而下进行改革以破除这些阻力因素并跨越内生性的生产要素弱势。因此，如果我们要成功转型，就必须勇于改革。

若要改革，在经济金融领域进行改革，那么建设多层次资本市场，是金融改革中极其重要的一环，必不可少的一项。这是为什么呢？我们还要从制度改革讲起。

我们说建设多层次资本市场是金融改革的重要任务，如果要深入地理解金融改革，并分析金改带来的影响，就要首先理解什么是制度，制度的核心是什么，制度改革是改革什么？抓住制度的核心，就是抓住了制度改革所要触碰和改变的核心，而理解了改革所触碰的核心，才能够透彻分析制度改革的影响。

制度，从社会科学的角度来理解，是指以规则来规范主体行为的一种社会结构。规范主体行动的社会结构，是对人与人之间、主体与主体之间的权利与义务的一种建构，法规即是制度的核心组成，规定了各类主体的权利与义务。因此制度的核心是这个社会上各类主体之间的权利与义务。而制度改革的核心，就是各类主体的权利与义务。十八届三中全会《决定》里所涉及的社会经济各个领域的制度改革，其改革的核心均是各类主体的权利与义务，而权利与义务是相生的一体两面，所以我们分析制度改革就重点把“改革”的核心聚焦到主体的权利上。改革，是自上而下的赋予各类市场主体平等权利，使自下而上的需求合法化。

“广义”资本市场上各类主体，有融资需求的各类主体，有投资需求的各类主体，在资本市场上拥有平等的权利与义务，有一套合法公平的行为规则，那么投融资需求自由对接，能够达到生产要素的效率最大化、利益最大化。但我国在此前很长一段时间内，“狭义”的资本市场，也即有公开制度的资本市场，给予各类主体平等公平自由的权利与义务还不够充分。这不仅导致资本配置效率低下，还导致“狭义”资本市场之外，也即规则之

外的资本市场难以受到有效监管，给整个金融系统带来风险隐患。规则内的资本市场难以满足中小型主体、新兴产业主体的投融资需求，制约经济转型。因此我们需要改革资本市场，从而建设多层次资本市场，给各类主体规定平等的权利与义务，从而使各类主体能够自由公平合法地进行投融资活动，促进自下而上的经济转型能够更平稳、更快速地行进。建设多层次资本市场是确保经济转型成功的关键要素之一，中国经济要转型，就必须要通过改革建设多层次资本市场。

二、转型需要什么样的多层次资本市场——“以投融资主体为本”

转型离不开多层次资本市场，那么从中国经济的转型方向上看，经济转型需要什么样的资本市场？中国经济目前主要有六大转型趋势。

一是需求结构的转型——消费特别是服务消费对经济增长的贡献度不断提高，那么对应的多层次资本市场建设就包括发展更加满足消费需求的消费贷、P2P、各类商业保险等等。

二是产业结构的转型——包括传统产业转型升级和新兴产业崛起两方面，那么对应的多层次资本市场建设就包括发展更加便利于传统行业企业的并购重组、新兴行业企业的上市融资等需求的证券资本市场，扩大直接融资占比等等。

三是社会阶层结构的转型——从金字塔型向中产阶层壮大的梭子型转变，贫困进一步消除，中产阶层及富裕阶层的财富管理需求上升，那么对应的多层次资本市场建设就包括进一步发展财富管理业务等等。

四是城乡结构的转型——新型城镇化深入发展，人口进一步向城镇集中，农地集中空间更大，城镇基础设施建设与基本公共服务需求进一步增加，那么对应的多层次资本市场建设就包括农村土地资本化和发展农村产权交易市场、发展PPP等公共品的投融资模式等等。

五是区域结构的转型——全国不同区域内的城市集群崛起，多点开花，优势各现，区域的产业投融资需求差异显现，对应的多层次资本市场建设就包括发展区域性股权市场以及内陆资本市场进一步开放、建设内陆自贸区等等。

六是对外战略的转型——从“引进来”为主向“引进来”与“走出去”并重转变，企业“走出去”的需求不断扩大升级，对应的多层次资本市场建设就包括进一步扩大资本市场对外开放、推进资本市场国际化等等。

上述对应经济转型需求的多层次资本市场改革与建设，均是十八届三中全会以来全面深化改革的重点任务与内容。总体来看，伴随经济转型，未来中国多层次资本市场的发展，将不断完善证券市场、非证券市场，股权市场、债权市场、期权市场、租赁市场、产权交易市场，场内市场、场外市场，公募市场、私募市场等各类金融市场规则，赋予国际、国内、个人、机构、大企业、小企业、社会机构、政府等各类市场主体更加平等、公平、自由、开放的投融资权利与义务。

三、当前多层次资本市场在经济转型中所起的作用评价

我们看到，2015年中国股市在年中经历了一场巨幅波动，引发了人们对系统性金融风险的担忧。但从近两年

资本市场改革与发展来看，从IPO再启到注册制改革推进，从新三板扩容到新三板制度进一步完善，从人民币中间价放开到SDR入篮，从地方政府债务置换到公司债新规，从资本项目进一步放开到自贸区扩围，从QFII额度提升到沪港通等等，总体而言，中国多层次资本市场沿着市场化、法治化、国际化的方向深化改革，在中国经济转型升级的过程中起到了不可替代的提供动力、加速转型、缓释风险的作用。

以A股为例，观察2006年以来的新股发行企业的情况，我们能够看到，2013年以来IPO企业所在行业的结构相比2008—2012年间发生了比较明显的变化，医药生物、机械设备、汽车、计算机、传媒、非银金融、休闲服务等新兴行业的IPO企业占比增长，而房地产起到了重要的支持作用。

2014年以来，国内经济增速继续放缓，实体经济亟需转型升级，然而实体企业融资成本难以有效下降，中小企业更是难以获得稳定的低成本资金。从2014年下半年开始，A股市场开始上涨，市场风险偏好提升，理财产品资金向A股转移，IPO与增发有序进行，信贷市场融资成本难以大幅下行的背景下企业能够在A股市场筹集转型升级所需资金，同时，新三板市场也发挥着类似的作用，其受益的公司规模更小；另外，信贷市场上，“多层次”也在发挥着支持转型的重要作用，改革对中小商业银行、民营银行的支持，形成了多层次的银行市场，支持中小微企业的融资需求，发挥了助力经济转型的重要作用。整个资本市场的“多层次”，以及资本市场各领域内的“多层次”对经济转型升级的提供动力、加速转型、缓释风险等作用举不胜举。

相信随着全面深化改革的进一步推进，多层次资本市场建设的进一步完善，资本市场对中国经济转型升级的作用将会进一步体现，中国能够平稳渡过经济转型期，迈入中等偏上收入国家行列，实现中国经济的伟大复兴。

（陆挺为华泰证券首席经济学家和董事总经理。此前担任美国银行美林证券大中华区首席经济学家和董事总经理）

（陆挺　薛鹤翔）

曹彤：“资产荒”是一个伪命题

曹彤

近年来，转型互联网金融的银行大佬日渐增多，而中信银行前副行长、中国进出口银行副行长曹彤是目前为止出走体制内级别最高的银行高管之一。在微众银行短暂停留后，他牵头组建了厦门国际金融技术有限公司（下称厦门国金），并正在发起筹备厦门国际金融资产交易中心（下称厦交所）。

曹彤22岁进入央行北京分行，4年后南下深圳任职招商银行，一路升至招商银行深圳管理部副主任；2004年赴任中信银行，先后担任行长助理和副行长；2013年，时年45岁的曹彤出任中国进出口银行副行长。

2014年，曹彤加盟微众银行更为引人关注，他放弃了中管干部的身份，出任微众银行行长，但仅十个月后，曹彤再一次华丽转身，出任厦门国金的董事长。

为什么要从传统银行业转身至互联网金融行业？

曹彤说，过去数十年传统银行的经验不能帮助其判断互联网金融演变和发展的方向，“所以要跳进去切身体会其内在规律。互联网金融的体验对未来的整个金融业都非常有价值”。

当前我国金融业有“两化”，一是金融深化，一是互联网化。金融深化可以跟美国等先进国家的经验学，但互联网化对全球都是一个新命题。

“互联网对金融业必将产生深刻影响，同时又跟金融深化的逻辑重叠到一起，导致变量非常多。过去我在金融深化方面看了和思考了很多问题，但真正在金融互联网化方面的实操经验并不深刻，还无法从认知的角度判断其演绎的未来。只有置身其中，才能真正把握互联网金融的规律。”

传统银行业不会没落，但其拥抱互联网的速度和深度会决定其未来十年的地位变化。

互联网资产证券化可解决“资产荒”

谈及创业初衷，曹彤表示，很多互联网金融平台与微众银行一样，都是产品销售平台，是典型的B2C。那就涉及的那么多的产品从哪里来？这是一个巨大的市场机会。

作为中国银行业最为资深的一批职业银行家，曹彤熟知中国金融体系的优势和短板，也了解机会所在。而多年积累的专业素养、资源人脉、眼界格局也自然成为其创业的资本。

他短期内的目标是为互联网资产证券化项目提供类似于“水电煤”的开放平台，长远来看，曹彤希望能够完善中国资产证券化的基础设施建设，建立一套适用于互联网时代的产品评级标准、信息披露标准、交易流程标准、增信标准等。

据曹彤介绍，厦门国金将主要提供金融技术服务和信息技术服务，金融技术主要包括资产证券化技术、资信评级技术、担保增信技术、金融信息集成技术等，信息技术主要包括金融信息技术外包、金融业务流程外包、金融知识流程外包以及相关软件开发、信息系统集成服务等。厦交所则是从事证券化产品产销和投资等互联网平台建设，负责与社会各参与方进行交互。他表示，这两个项目将助力厦门成为国内债权市场和金融资产交易市场的重要推动者。

对于厦交所的进展曹彤并没有多说，而对他筹建的另一家公司厦门国金，曹彤则表示：“进展很快，我们在资产证券化的出表、风险隔离和流量模型这些方面做出了探索，已经推出了几期产品。而2015年下半年资产证券化已成为热点词语，业务发展和市场的反馈都超出了我的想象。整个互联网金融在转型，盘活存量资产，对一系列金融工具运用的需求在明显增长。”

在基础资产这一端，曹彤认为资产荒是一个伪命题，是因为现在市场上有三个不对称造成了所谓的资产荒。

第一是信息的不对称，一方面是钱在找好的企业，另外一个方面是依然有好的项目和好的企业在找钱。第二是金融技术的不对称，在没有成熟的金融工程和技术进行处理的时候，部分好的资产被淹没在坏的资产里面了。第三是信用评级的不对称，一个企业评级3C，但其中某块资产可能是3A级的。

“一些遇到困难的企业依然有好的资产和好的业务，好的资产是存量，好的业务是增量，代表了未来的现金流的预期，如果能折现，这个企业就可能走出困境。”曹彤表示，资产荒是静态的、狭义的，如果从动态的更为广义的角度来看，市场上并不存在资产荒。

基础设施的挑战

曹彤认为，目前互联网金融最大的挑战就是欠缺基础设施，银行在线下积累了这么多年的风控、征信，有一套完整的体系，但很难平移到线上来。所以很多东西要在互联网的架构下重新建一套适合互联网模式的基础设施。比如说在线开户、在线身份识别、在线风控模型、在线征信、在线评级、在线增信、在线流动性保证等一系列基础设施的建设都非常重要。

但基础设施怎么建、由谁来建？比如，在线身份识别是互联网金融最重要的基础设施。那么，应如何识别客户身份？如果各金融机构不能识别，是否应该有第三方，或者公安部门开放电子身份证？或者某家银行识别之后再对社会开放，变成一项公共的基础设施？

厦门国金做资产证券化的基础设施，内容包括业务、系统和研究三个条线。厦门国金的定位是一个开放式平台，可以支持包含厦交所在内的所有的场外市场交易。资产证券化链条非常长，产品也非常复杂，严格意义上来讲，资产证券化是最复杂的金融工程技术之一。要求的研究功底要强，比如说风险的模型、风控的标准、评级的标准和信息披露的标准等等。

过去的场外交易往往是一个机构就是一个小市场，在没有互联网技术的情况下这些小市场原本都是割裂的，但有了互联网技术就可以合并为一个大市场，而且资产证券化的市场体量很大。现在的存量规模大概为50万亿元，将来会成长到数倍甚至更多。

“这么大体量的市场给场外的机构和平台提供了业务增长的空间，所以这是当前资本力量都希望在场外市场布局的重要原因。”曹彤表示。

一个例证是，2015年在中国平安入股深圳前海金融资产交易所后，蚂蚁金服和东方资管也入股了天津金融资产交易所。非标市场本身非常广阔，而仅依靠传统的金融模式并不足以支撑场外市场的成长，如何利用互联网的思维和技术更深刻地改造业务模式、拓宽产品线才是他真正的命题。

B2B模式是互联网金融的下一个风口

曹彤认为，B2B模式是互联网金融的下一个风口。

互联网金融在B2C端已经发展得很成熟，而在B2B端展开的模式还不多，目前已有的多是聚焦于垂直“窄条线”的，比如说在线保理和供应链金融等等。

互联网金融正在从最早期的个人服务过渡到企业服务，从 2C转到2B，2B的机会刚刚开始。金融的本质还是要为实体经济服务，而做企业服务的链条比较长，演绎出的模式和机会更多。

在曹彤看来，微众银行是一个典型的B2C互联网零售银行模式，而他现在所做的厦门国际和厦交所则是典型的B2B互联网金融批发模式。

厦门金圆是厦门国金的投资方之一，作为金控公司，厦门金圆旗下有信托、基金等金融牌照，很自然的一部分业务可以跟厦门国金和厦交所产生协同效应。

腾讯集团也是厦门国金的主发起人之一。也就是说，其实曹彤离开微众银行并没有离开腾讯，只是集团内部的工作调动。厦门国金在腾讯的金融版图里，弥补了B2B的空白。

曹彤认为，互联网技术对于金融业的影响刚刚开始，不管在行业应用层面，还是基础设施层面仍然有非常广阔的空间。曹彤还希望运用互联网在管理信用风险领域做出创新，从而探索出一条新的债权市场发展的路径。

第一，基于互联网与大数据，使得信息挖掘和风险识别可以变得更充分。第二，非标准化的流程和服务，可以通过互联网技术逐渐的标准化、模块化。第三，互联网使得很多交易不受地域、时间的限制，可以产生高效的辐射效应，使得一个场外的、具有一定流动性的二级市场的建立成为一种可能。第四，互联网平台资源整合有包容性，使得专业投资人的进入也成为一种可能，使得机构投资人的成长会变得更快。

这四点就使得建立一种基于互联网架构的，对场外固收市场提供服务，对信用风险定价提供服务的专业模式成为可能，也使得互联网为有效的定价信用风险进行资产证券化、促进场外债权市场的发展提供了一种解决方案。

（包慧）

管清友：多层次资本市场的建设对供给侧结构性改革意义重大

管清友

2015年11月以来，“供给侧结构性改革”成为高层讲话中的高频词。最早是国家主席习近平在中央财经领导小组第11次会议上强调，要“着力加强供给侧结构性改革”。随后，多位中央高层以及国家部委领导人也均在不同场合强调“加强供给侧结构性改革”，“供给侧结构性改革”成为近期财经界最热词语之一。

高层屡屡提及之下，学术界的相关讨论也如火如荼。而资源配置是资本市场的核心功能，在供给侧结构性改革的大命题中，资本市场能够并且应该发挥什么作用？围绕这一主题，民生证券研究院执行院长、民生财富投资首席经济学家管清友博士谈了谈自己的看法。

多层次资本市场建设是改革重要内容

《21世纪》：关于供给侧结构性改革，您是如何理解的？您觉得资本市场在国家的供给侧结构性改革中有何作用？

管清友：当前我国在钢铁、水泥等传统行业存量供给过剩，而在教育、医疗等新兴行业增量供给又短缺，解决这一矛盾既不能靠凯恩斯主义，也不能靠里根经济学，而是着力依靠供给侧结构性改革。但是也不能忽视和弱化消费、投资和出口“三驾马车”在稳增长中的作用，习总书记在中央财经领导小组会议和中央经济工作会议上指出，要在适度扩大总需求的同时，着力加强供给侧结构性改革，说明中央对总供给和总需求两端的认识更加充分了。

具体而言，供给侧结构性改革的基本思路应该是在短期去库存、中期去杠杆和去产能、长期技术创新。做好相关工作并非易事，涉及诸多方面，不可能单一突破，一定是全局性配套式的改革。既需要在短期对需求端“三驾马车”的管理，又需要在中长期对土地、劳动、资本、技术与制度四大要素的改革。

供给侧结构性改革围绕四大要素展开，而资本市场可发挥积极作用。一方面，资本市场本身就是“技术与制度”这一要素的重要组成，资本市场的健康发展有助于“技术与制度”的进步。另一方面，资本市场为激活要素的活力提供平台。第一，资本市场能提供相对公平公开的资产定价方式，通过IPO、资产注入等方式提高国资证券化率，在外部监督作用下能提升存量国有资产的效率。第二，通过兼并、重组等方式提高行业集中度，减少产能过剩行业在去产能过程中遭遇的“囚徒困境”，也是化解过剩产能的有效方式。中央经济工作会议也提出，资本市场要配合企业兼并重组。第三，股票市场制度建设的加快与注册制推出，能降低企业上市门槛，进而激发企业创新能力与国民经济活力，使经济增长更多依靠全要素生产率驱动。第四，资本市场的发展有助于从以银行为主体的间接融资向以股票市场、债券市场为主体的直接融资转变，降低企业融资成本，助力经济转型。

因此，加快建立和完善多层次资本市场、加强相关制度的建设，是供给侧结构性改革的应有之义，而一个完善的多层次资本市场又反过来加快供给侧结构性改革进程。

《21世纪》：资本市场要发挥上述作用，还需要实施哪些配套政策?

管清友：发挥资本市场在供给侧结构性改革中的重要作用，需要在资本市场内部和外部同时建立实施多项配套政策。

从资本市场内部看，制度建设包括具体交易规则的制定与修改、相关法律法规的完善等。2016年1月1日后将实行熔断机制，在执行熔断机制后个股涨跌停板限制是否需要保留？注册制推出后加大了股票供给，而存量股票的退市制度能否严格执行？证券法的具体细则如何修订？这些都是资本市场内部制度建设过程中所必须解决的问题。

从资本市场外部看，资本市场作为整体经济的重要部分，其制度建设进程中还需要其他领域的改革配合，才能使经济和金融最大限度地互相促进。前面我们谈到资本市场可以激活四大要素，对化解产能过剩、降低实体融资成本都具有积极作用，但具体落实还需要国家层面大力化解过剩产能、发展直接融资，不是单方面发展资本市场就能促成的。再比如股票市场和债券市场的壮大，需要在一定程度上扩大外国投资者比例，这又涉及资本账户的开放、汇率制度与人民币国际化，这些配套改革都需要高度重视。

存量利益冲突是供给侧结构性改革最大难点

《21世纪》：您认为目前在我国推行供给侧结构性改革可能会面临哪些压力？具体对资本市场本身可能会产生什么影响?

管清友：中央经济工作会议提出了结构性改革的去产能、去库存、去杠杆、降成本、补短板五大任务，同时也指出要战略上坚持持久战、战术上打好歼灭战，意味着供给侧结构性改革所面临的阻力不小。

第一，在化解产能方面，钢铁、煤炭等过剩产能行业同时还解决着大量就业，也是所在地地方政府重要的税收来源，去产能过程中可能会面临来自企业内部和地方政府的压力。第二，在消化房地产库存方面，可能会导致住房价格出现一定的下跌，开发商面临来自原有购房者的压力。第三，在降低融资成本方面，可采取的措施包括发展直接融资等，而当前息差仍是商业银行的主要收入来源，发展直接融资后商业银行的息差将进一步受挤压。我国现行的是以国有商业银行为主导的金融体系，切实解决相关问题所面临压力不小。第四，在扩大供给方面，供给端的改革节奏可能慢于需求端变动，造成供给与需求错位。第五，在防范和化解系统性风险方面，风险的释放可能是突发的，一些情况可能并非原先所能设想和预料到的。

整体而言，由于供给侧结构性改革主要着眼于中长期的要素改革，短期内所发挥的作用可能有限，其最大难点还是在于如何化解增量与存量之间的利益冲突。

对资本市场而言，风险与机遇并存。如在注册制改革中，股票供给放量会对原有的存量股票形成流动性冲击，退市制度的完善也会带来股票价值重估，对市场和部分高估值的行业造成不利影响。但与此同时，注册制后企业能以更低的成本融得资金参与并购重组，资源利用得到优化，对部分企业、行业及相关板块提供了新的投资机会，这又是供给侧结构性改革给资本市场带来的投资机遇。因此，多层次资本市场的建设，短期而言肯定会有改革成本，但从长远来看是非常必要的。

《21世纪》：供给侧结构性改革带来的上述问题，哪些是可以通过资本市场来缓解或者解决的?

管清友：资本市场有其特定的功能，希望所有问题都能通过资本市场来解决，这是不现实的。资本市场最核心的作用还是在于它能以公平的定价方式、公开的交易方式为企业融资。

供给侧结构性改革在资本市场的体现，主要就在于激活资本市场，为企业融资创造更好的条件。它将来会创造一个市场化定价和市场化发行的新股票池子，这个池子足够大，可以吸纳大量过剩的流动性，加快企业从债权融资转向股权融资，从间接融资转向直接融资。

在供给侧结构性改革中，为什么要激活资本市场，鼓励间接融资向直接融资转变？因为目前很多企业的杠杆率相对较高，积累了一定的风险，影响个体企业和整体经济的发展。政府希望企业能够更多地以股权融资的方式来降低高杠杆率，这也是政府在资本市场方面推出一系列改革的原因。IPO重启、注册制改革、新三板分层、战略新兴板的推出，都是政府在主导资本市场来化解当前市场存在的一些定价不合理、融资困难等问题。

归根结底，改革资本市场最重要的目的在于使市场在资源配置中起决定作用。事实上注册制推出的目标是解决融资难的问题，但最根本的意义还是让市场在资源配置中起决定作用。

《21世纪》：为了尽可能地减小供给侧结构性改革面临的风险和阻力，还应该注意什么问题?

管清友：任何改革包括资本市场改革在内都会有代价，只能两害相权取其轻，做好短期成本和长期收益的权衡。选择社会成本最小化、经济效益最大化还是折中的方案，取决于改革者的目标取向，不同的改革者所做出的选择和所付出的代价也是不同的。

在改革中有两方面的问题需要重视。一方面是前面提到的改革中增量与存量利益之间的博弈，如何让利益相关方都能接受的方式去推进制度上的建设，是改革者需要重视的问题。另一方面是制度建设方面必须拿捏火候，需要精巧的设计和高超的操作手法，而不仅仅是节奏的问题，这对于改革操盘手而言同样具有很大的挑战。同样的改革方案，在某个时点和国内外综合环境下推出可能是合适的，但换一个时间和环境形势下可能会有很大的不同。因此，即便有很多精巧的改革方案，但这些方案何时以何种方式推出，都需要有较好的把握。

《21世纪》：供给侧结构性改革，必然涉及过剩产业的调整和新兴产业的扶持问题，这给投资者的未来投资带来什么指导?

管清友：整体而言，中国未来的发展空间还是非常大的。首先，我们有东西部发展不均衡的问题；其次，我们有城乡发展之间的差距；第三，我们正处在从计划经济到市场经济的转型过程中，还有一些需要简政放权、释放潜力的领域。这些既是我们的差距，同时也是我们的潜力。

具体到产业上，产能过剩行业和新兴产业都值得关注。一方面，化解过剩产能的过程中，能快节奏实施去产能的行业还是有机会的，有些行业并购重组比较频繁，可保持关注。另一方面，供给侧结构性改革中新兴行业确实有较大的机会，如市场都看好互联网、新能源汽车、智能制造等行业的前景，而在经济转型中大消费、生物医药、健康、养老、教育等行业，提升的空间也很大。对新兴行业而言，其实不需要政府作为主体去重点支持，政府只要做好简政放权，做到事前、事中、事后引导就可以了，让市场机制去引导产业的发展。

总而言之，改革对中国未来经济社会的发展具有非常重要的意义，全面的供给侧结构性改革必然是接下来政策的重中之重。

（李洁雪）

2016年：百万亿财富路标

随着经济的发展，中国居民财富不断增加，根据中国金融家庭调查与研究中心数据，中国家庭平均资产为92万元，而兴业银行与波士顿咨询相关报告显示中国私人可投资资产总额将达到108万亿元。在中国家庭资产中，房产占比最高，不过资产增速放缓，金融资产的占比提升，高净值人群也更多地关注股票、信托等金融资产投资。在近几年，股票投资者不断增多，自然人投资者接近1亿，同时，各类金融投资品快速增长，银行理财、信托、基金、保险、私募产品等规模预计接近80万亿元，随之而来的是存款意愿下降。此外，中国家庭，特别是高净值人群，将投资目标扩展到海外投资，最关注股票和房地产。

一、中国家庭金融资产快速增长

1.中国家庭资产增速加快

中国家庭资产状况

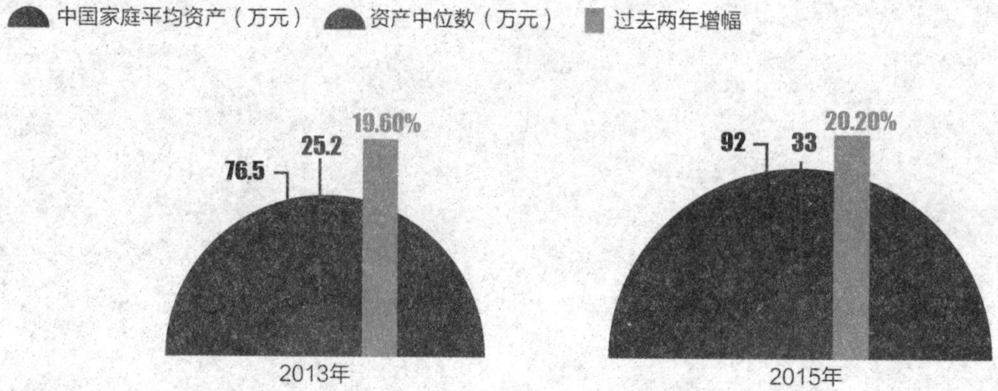

2.金融资产贡献度提升

中国家庭房产和金融资产状况

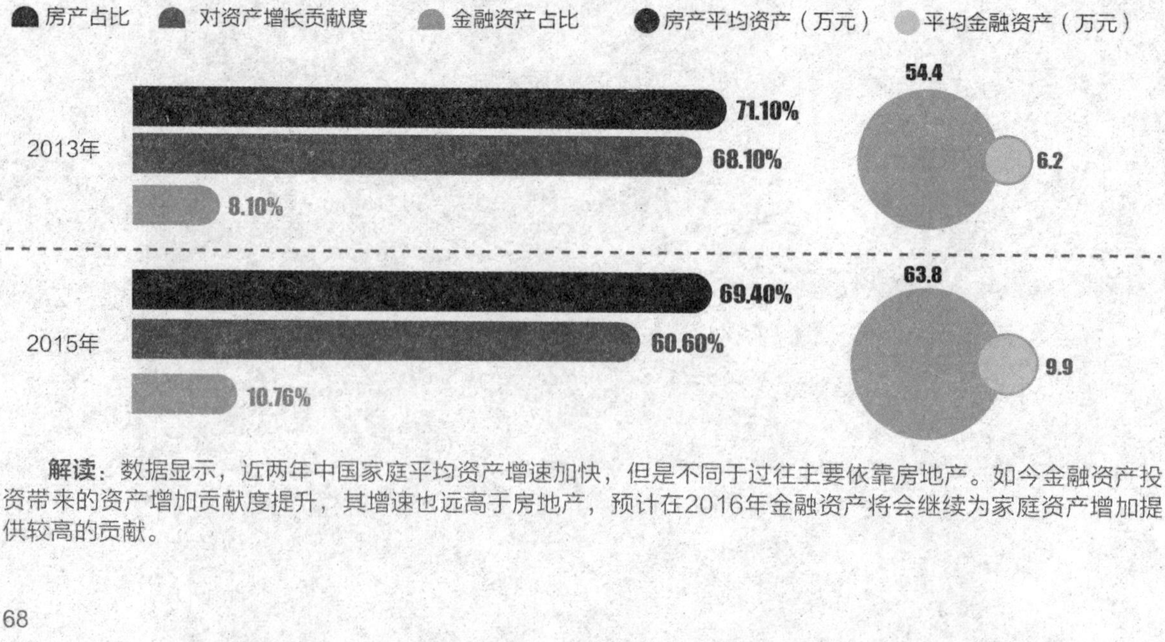

解读：数据显示，近两年中国家庭平均资产增速加快，但是不同于过往主要依靠房地产。如今金融资产投资带来的资产增加贡献度提升，其增速也远高于房地产，预计在2016年金融资产将会继续为家庭资产增加提供较高的贡献。

二、工资收入呈现下降

中国城镇单位工资增长状况

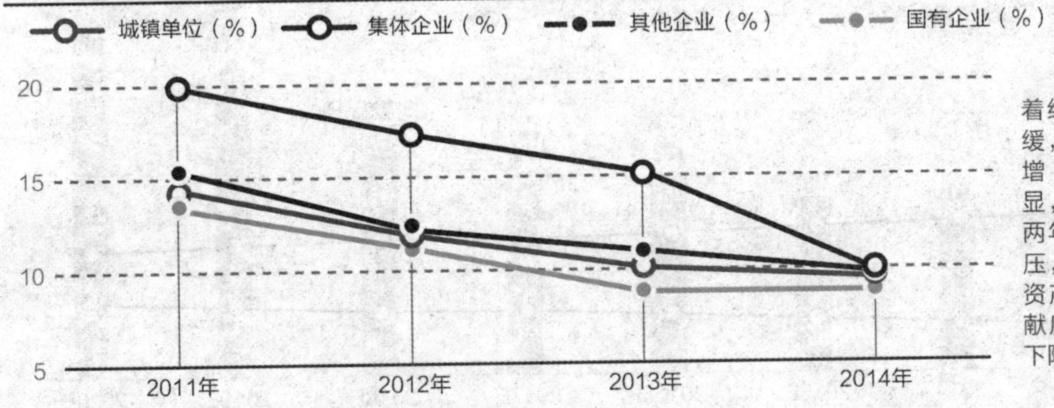

解读：随着经济增速放缓，工资收入增长下降明显，并且未来两年将继续承压，这对家庭资产增长的贡献度将会有所下降。

三、存款意愿下降

中国居民2015年新增存贷款状况

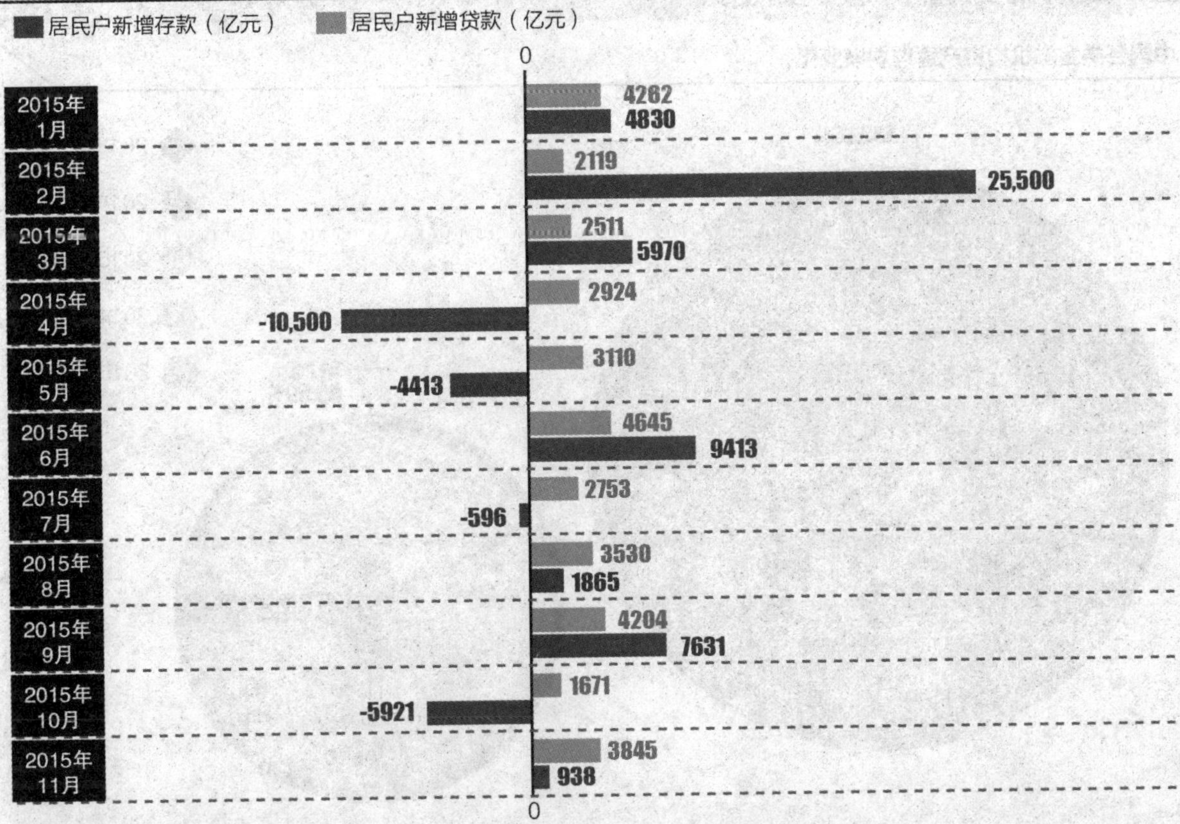

解读：存款带来的投资收益越来越低，这使得家庭存款意愿下降，更多资金流向金融投资。

四、高净值人群资产占比继续上升

中国私人可投资资产变化及预期

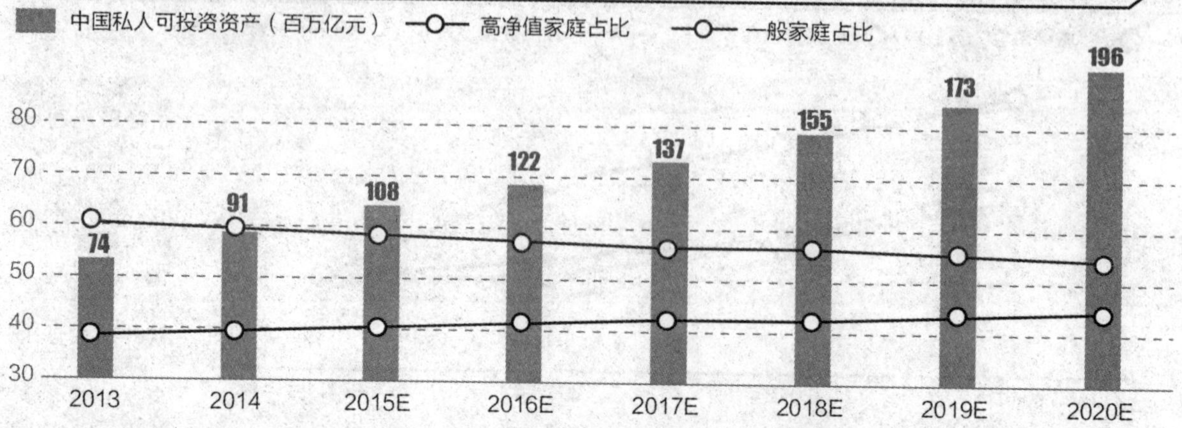

解读：根据兴业银行和波士顿咨询数据，中国私人可投资资产2015年突破100万亿元，并且到2020年将接近200万亿元，其中高净值人群占比在40%以上，并且逐步提升。

五、金融投资产品规模迅速上升

中国各类金融机构资产管理规模变化

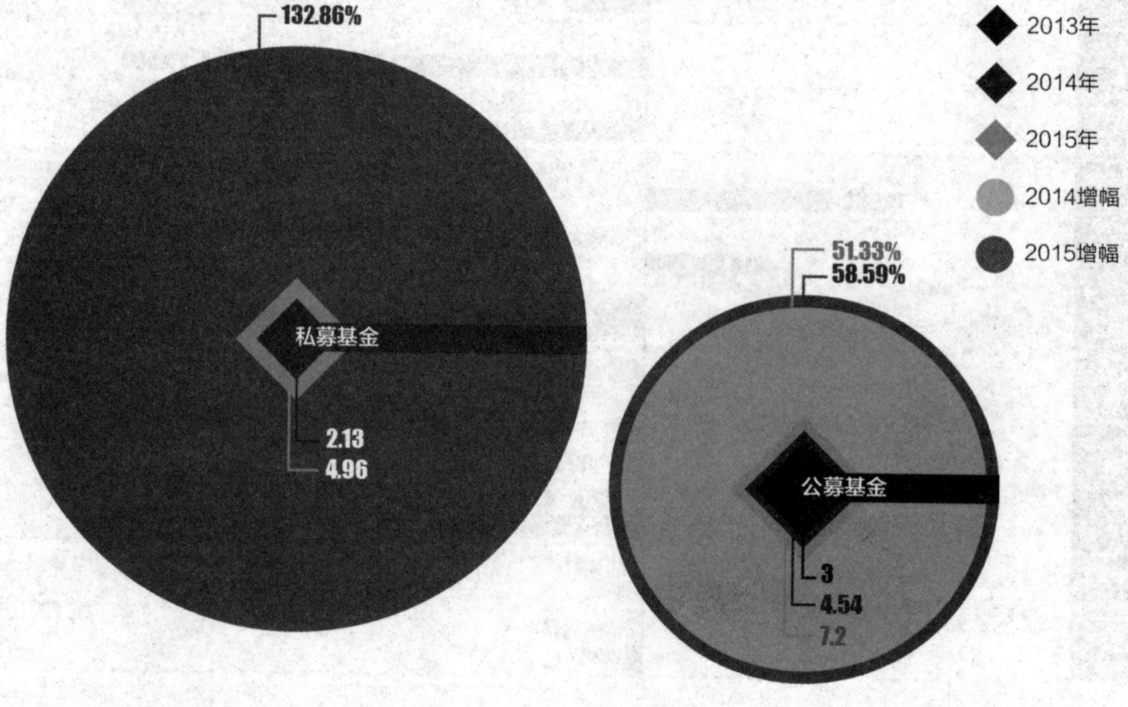

备注：相关数据为截至2015年12月中旬最新公布数据

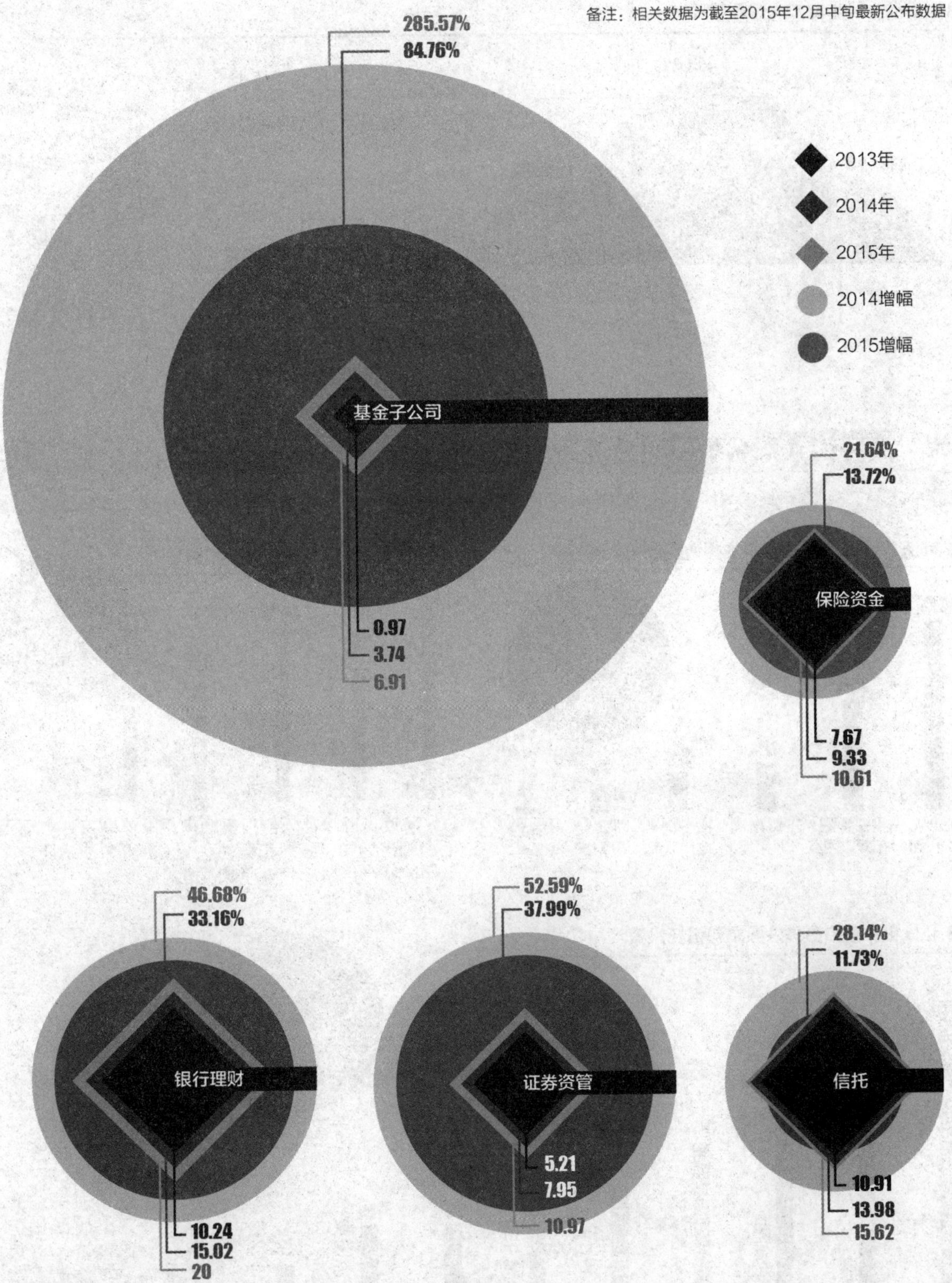

2015年11月末自然人持股状况

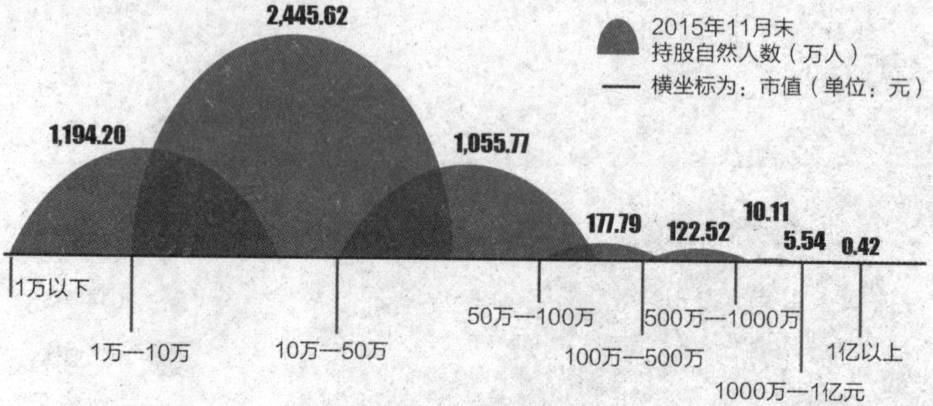

解读：在家庭资产增长背后，带来的是资产管理市场的膨胀，主要金融机构管理的资产规模近80万亿元，自然人参与股市投资接近1亿元。

六、高净值人群金融投资首选股票

资料来源：中国家庭金融调查与研究中心、兴业银行、基金业协会、保监会、信托业协会、wind

1.私人银行客户财富来源主要为实业和金融投资

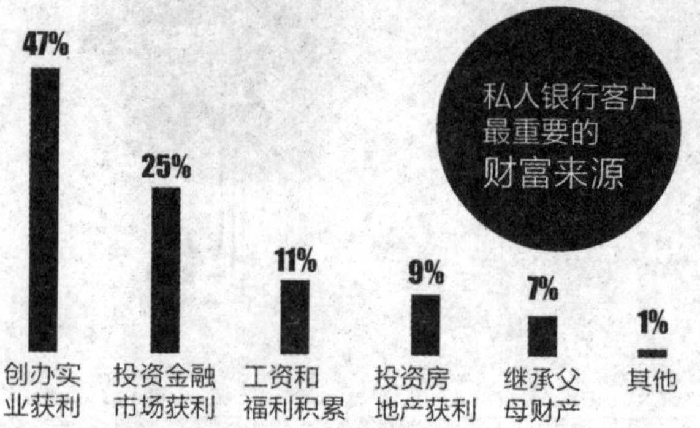

2.海外投资：最关注股票和房地产

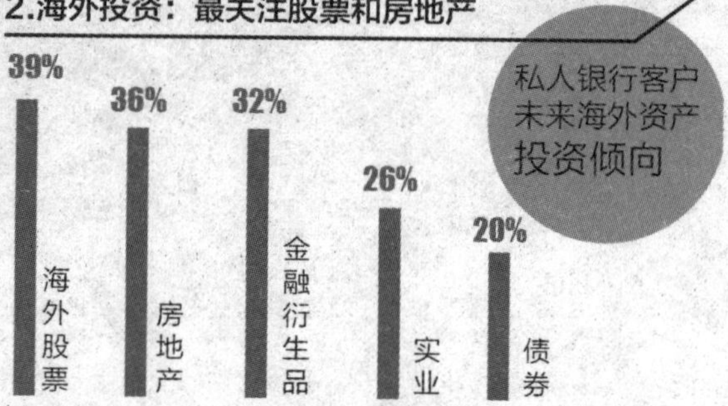

解读：高净值人群投资触角逐渐伸向海外市场，而海外市场中，股票和房地产投资最受关注，债券等低风险资产也是部分高净值人群的选择。

3.私人银行客户最关注股票和信托投资

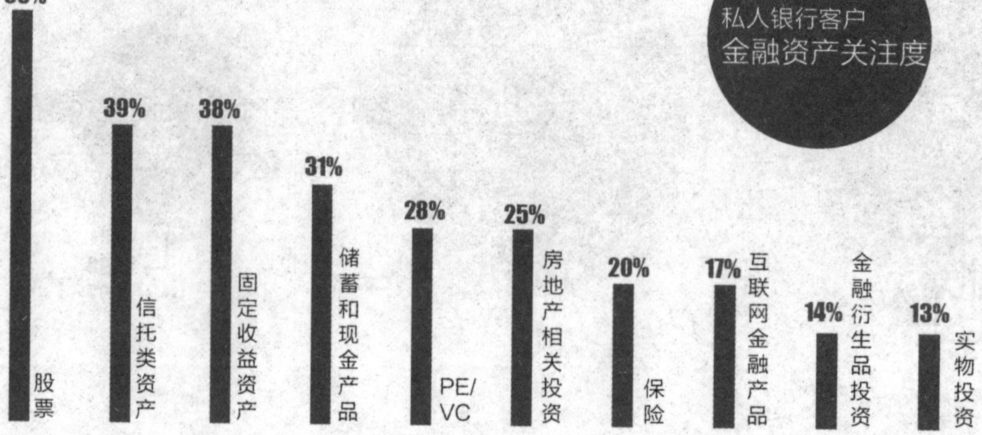

解读：对于高净值人群来说，实业投资和金融投资是其财富增长的主要来源，而金融投资上，最关注的则是股票和信托投资，表现出高净值人群风险偏好相对较高。

百万亿财富投资市场图谱

目前中国居民财富突破百万亿元，投资需求巨大，银行、证券、信托、基金、保险乃至海外机构都在争夺，开发各类产品吸引投资者。然而，投资标的市场却是庞杂的。2014年年底以来，中国央行进行数次降息，这使得以基准利率为指引的固定收益类资产收益率进入下行通道，存款搬家，银行理财产品、货币基金、信托等收益水平普遍下降。债券发行利率逐渐下降，债券形成牛市，但是信用利差存在降低趋势，并且伴着经济调整和企业经营困难，信用风险提高。2015年的股市波澜壮阔，经历大起大落，不过总体保持了上升，信息技术等新兴产业以及改革主导行业涨幅较为明显，并且在2016年仍然存在较大机会。楼市存在回暖迹象，特别是一线城市，海外楼市在2015年也大部分出现上涨，不过需要提防部分涨势较快的城市。

一、固定收益资产：收益率下降

刺激经济增长，基准利率明显下调

存款利率

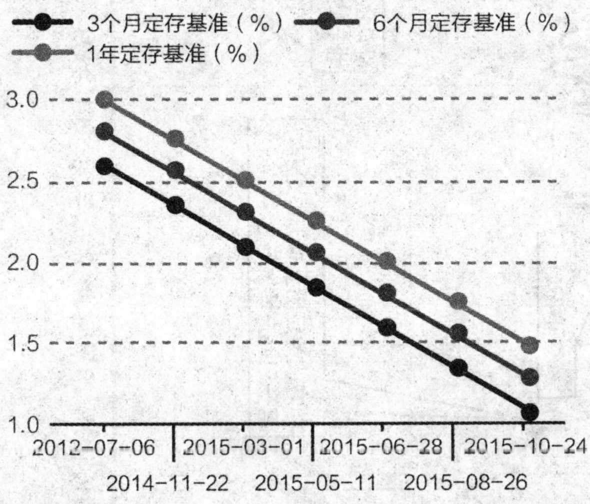

银行理财收益水平将继续下行

银行理财收益走势

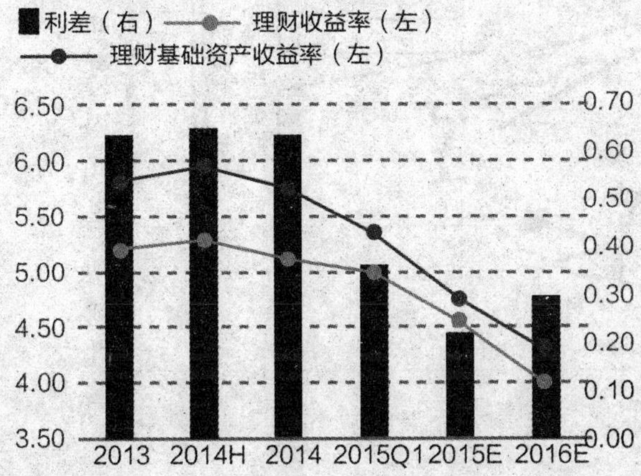

信托收益水平将至9%以下

信托收益率走势

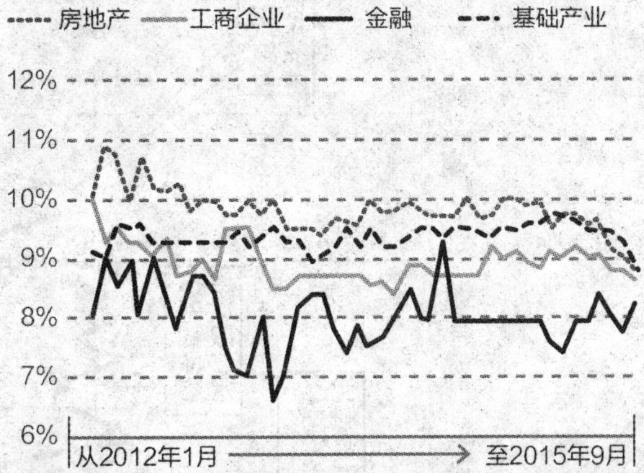

货基收益率下降明显，债基相对高位

货币基金和债券基金表现

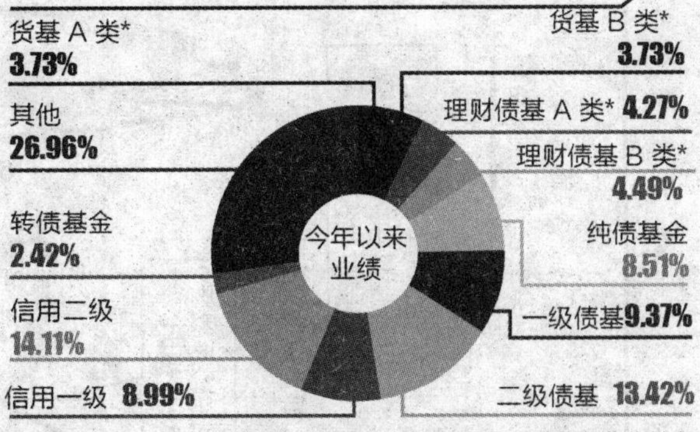

备注：截至2015年11月底，*代表年化收益率

解读：固定收益类资产是投资者配置最大的资产之一，其风险相对较低，受到多数低风险投资偏爱。不过，由于经济困难，基准利率水平将至历史最低水平，这导致了固定收益类资产收益水平大幅下降，在2016年，固定收益资产的收益水平或保持低位。

二、债市：利率走低，警惕信用风险

债券收益率走低

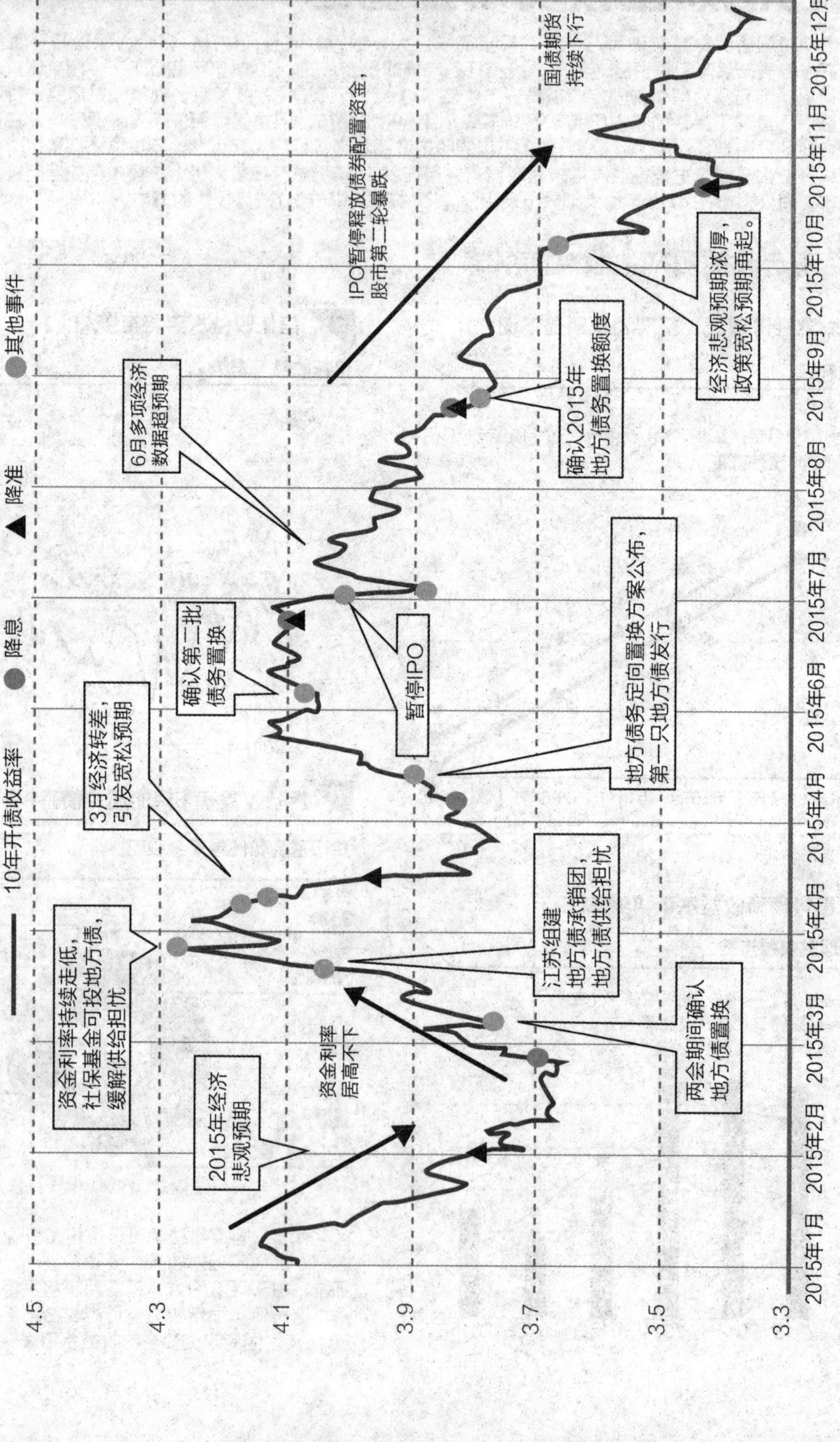

债券发行规模爆发式增长

2014年和2015年债券发行规模

类别	发行额(亿元)	发行额(亿元)
国债	17,745.01	21,116.20
地方政府债	4,000.00	38,320.62
同业存单	8,985.60	50,145.50
金融债	35,707.78	41,419.88
企业债	6,971.98	3,227.62
公司债	1,444.17	8,938.14
中期票据	9,780.70	12,144.56
短期融资券	21,849.53	31,909.10
定向工具	10,230.66	7,662.95
政府支持机构债	1,500.00	1,800.00
资产支持证券	3,309.84	5,471.23

信用债违约频发

2015年发生风险事件的部分债券

债券名称	企业名称	违约发生时间
12湘鄂债	中科云网	2015年4月
11天威MTN2	天威集团	2015年4月
12中富02	珠海中富	2015年5月
12二重集MTN1	中国二重	2015年9月
10中钢债	中钢股份	2015年10月
10英利MTN1	天威英利	2015年10月
15山水SCP001	山水集团	2015年11月
12圣大债	四川圣达	2015年12月

解读：2015年债券迎来一轮牛市，在政策推动下，地方债进行置换，公司债爆发式增长，资产证券化扩容，这都推动了债券发行增长迅速。中国央行连续降低基准利率，债券发行利率不断下降，带来了利差的扩大，不过随着时间推移，信用利差将收窄。市场繁荣背后是信用风险的提高，风险事件频发，在2016年去产能等推动下，风险仍然存在。

三、楼市：回暖迹象若隐若现，分化严重

楼市销售回暖，去库存继续

商品房销售和开工情况

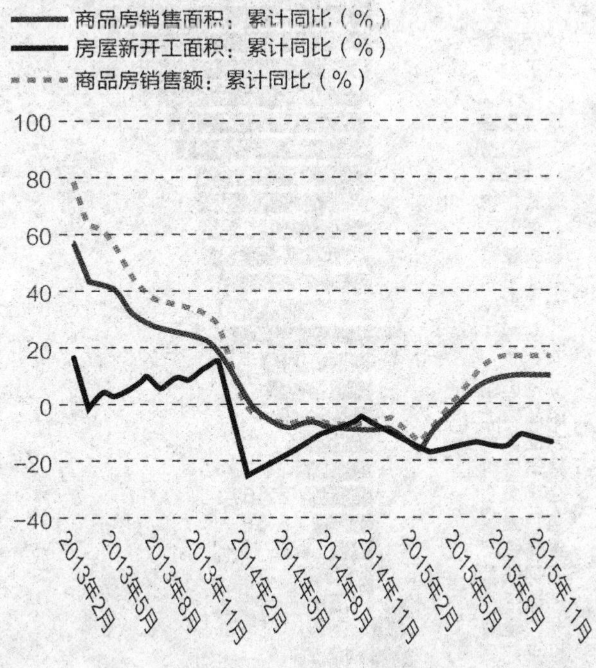

房价增速有所反弹，处于上升与下降胶着阶段

70个大中城市房价变化

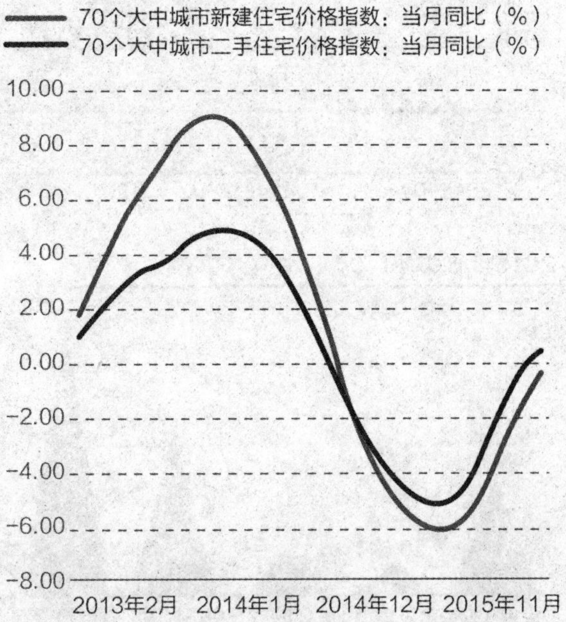

一线城市强势，三线城市继续下跌

不同类型城市价格涨幅对比

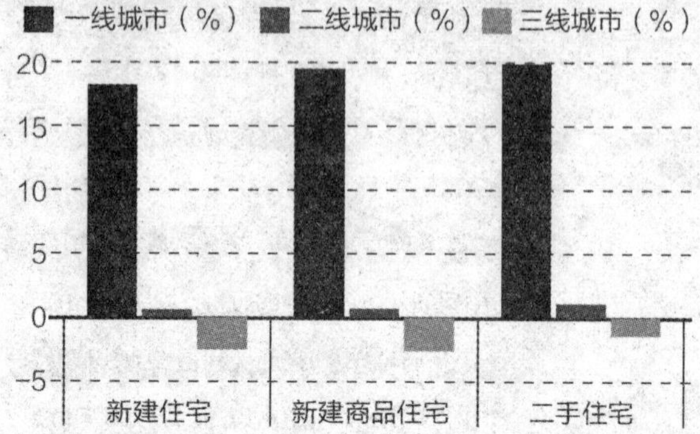

主要城市房价涨幅

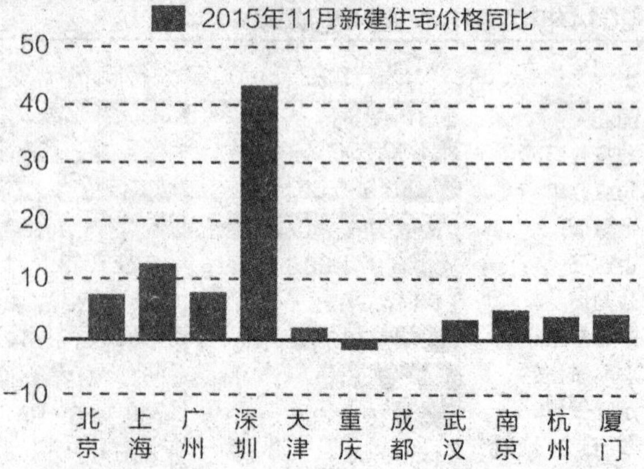

解读：2015年，中国房地产市场回暖，销售增速回升，同时房价整体处于上升。不过，这背后却是城市之间分化明显，一线城市领先，涨幅明显，二线城市房价基本维持不变状态，但是三线城市仍然小幅度下降。2016年房地产去库存成为主线，这将带动房地产销售，但是价格未必有大幅上升，二、三线城市仍然有着较大压力。

四、股市：关注新兴产业和升级产业

资料来源：wind、平安证券、中信证券、华泰证券、招商证券

A股遭遇巨幅调整，2016年震荡上行

上证指数走势

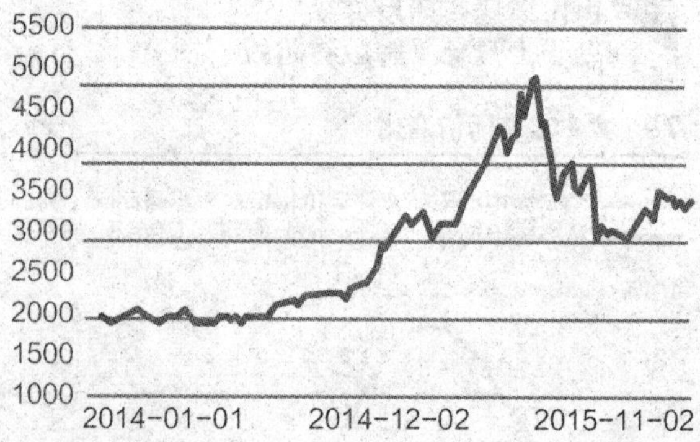

2015年涨跌幅（%）

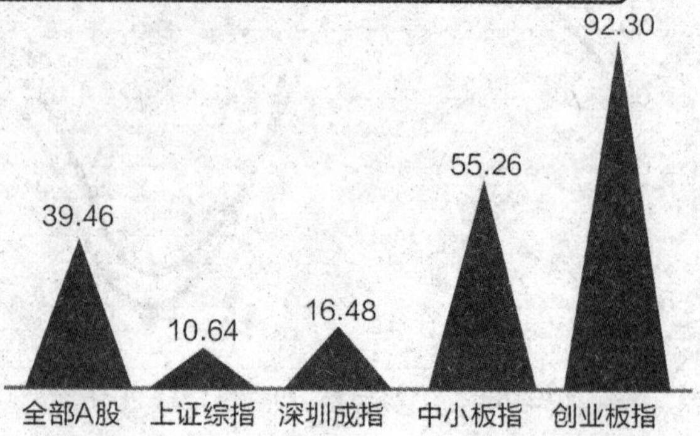

计算机行业翻倍，采掘业艰难

各行业2015年涨跌幅

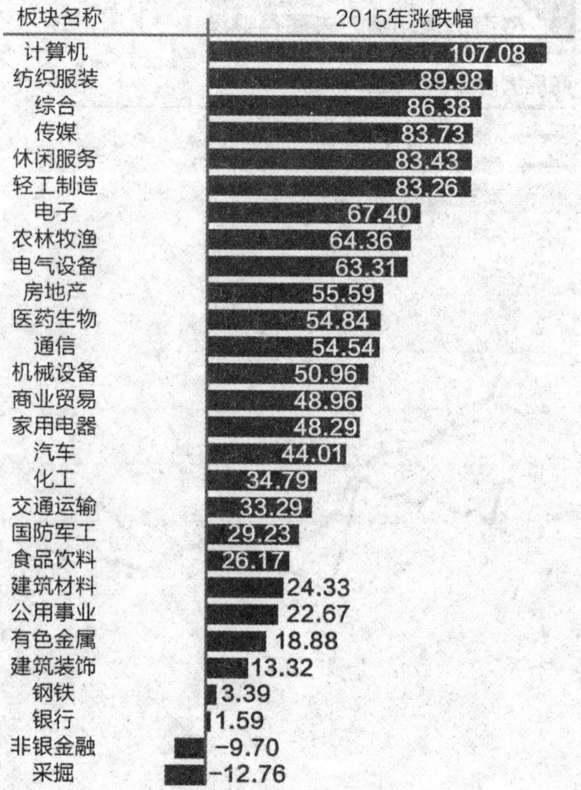

五、海外市场：楼市保持上扬

海外主要指数表现

2015年以来涨跌幅

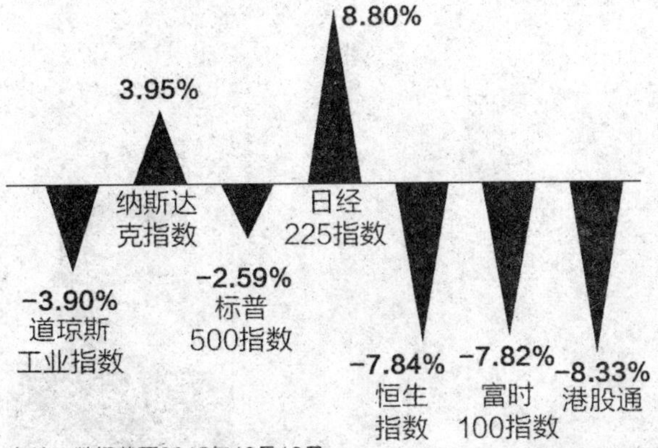

备注：数据截至2015年12月18日

QDII基金2015年表现

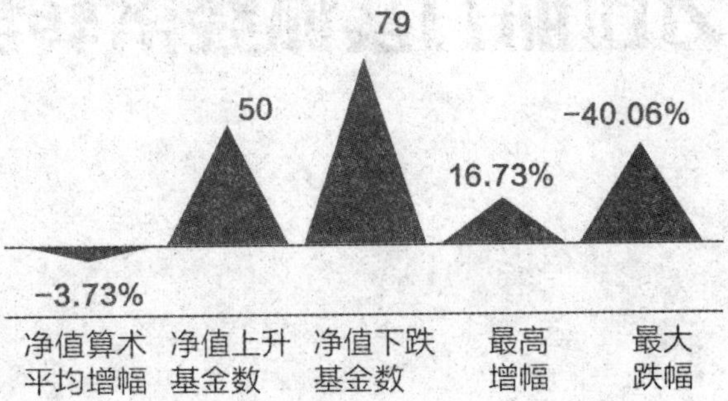

备注：数据截至2015年12月18日

解读：2016年A股经历大起大落，不过总体保持上升，这对于大多数风险偏好较低投资者并不是好的资产配置选择。在行业上，互联网+以及改革等推动下，计算机、传媒等行业涨幅明显，而过剩产能行业表现不佳，金融行业在2014年末有着一轮较大涨幅，2015年表现并不如意，不过非银金融有着较好的业绩支撑，并购重组等概念将继续发力。2016年，A股将继续在改革引导下，震荡上行概率较大。

海外楼市基本上扬，警惕上涨过快区域

美国标准普尔/CS房价指数（20个大中城市）

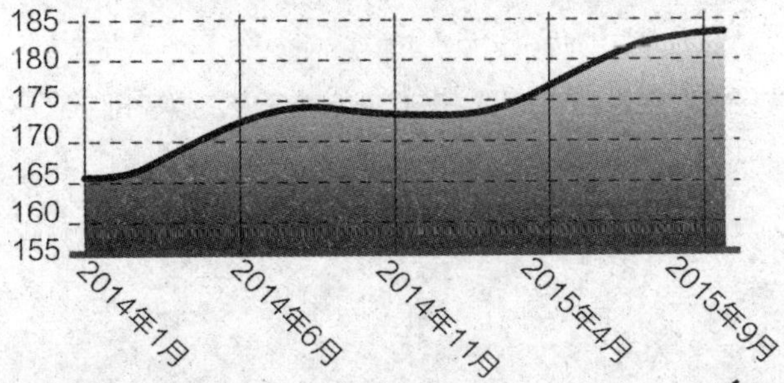

韩国房屋购买价格指数

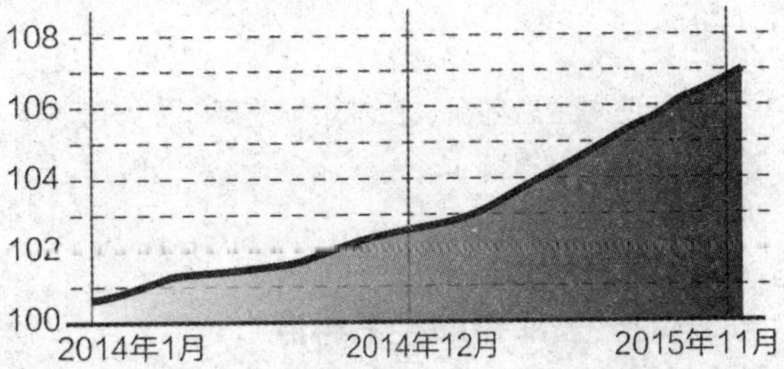

欧元区房价指数

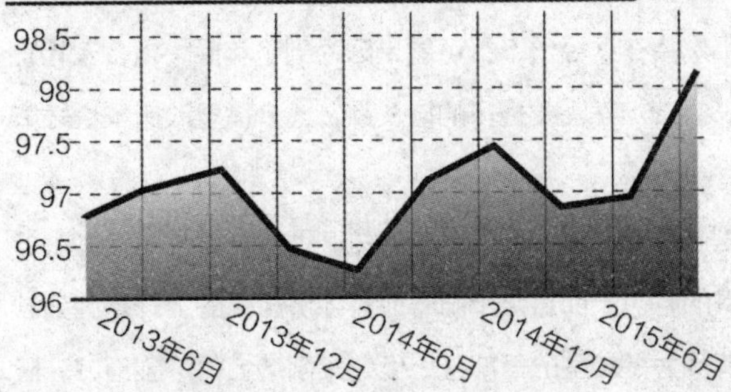

英国DCLG房价指数

解读：目前不少投资者将目光转向海外市场，股票和房地产是投资者最关注的资产。2015年海外股市表现并不特别乐观，涨跌互现，主要股票市场跑输了A股。从QDII基金表现来看，大部分基金净值下跌，总体为下跌。楼市则好于股市，海外楼市基本处于上扬态势，特别是英国、澳大利亚等市场，不过，需要特别注意涨势过快区域，香港楼市已经出现转向。

邵宇：资本市场供需两端同时发力才可助力实体经济转型

邵宇

2015年上半年以来，在杠杆的推动下，上证指数迅速从3200点涨至5000点，而市场偏离基本面起舞。

根据Wind统计，A股上市公司中期营收合计139719.12亿元，同比增长-1.56%，这距离上一次出现负增长已过去5年。其中上证板块的上市公司中期营收业绩增长率为-3.02%。

经历年中“泡沫破灭”以及一系列清理杠杆措施后，上证指数在年底逐渐企稳，而监管层亦有意“归还市场”，分别在2015年11月、12月陆续重启IPO、推出熔断机制、注册制落地先于《证券法》修订等。金融改革再次启程。

如何使得金融创新、资本市场改革能更好服务于实体经济，促进经济转型，东方证券首席经济学家邵宇谈了谈自己的观点。

房地产去库存助经济寻底

《21世纪》：中国制造业PMI数据持续下降，非制造业PMI则保持平稳扩张态势，怎么看待中国当前经济形势?

邵宇：根据官方PMI数据来看，中国经济下行的动能仍然存在，经济下行可能是因为到了年底，很多工程陆续停掉，也可能是天气的原因。经济下滑会持续一段时间，经济仍然需要更多的增长点，或者需要政策维稳才能慢慢地帮它找到一个底部，否则还会有出清的过程。

服务业虽然当前表现比较好，但主要构成部分是生产型服务业，因为服务业分为生产型服务业和生活型服务业。如果制造业表现不好，那么生产型服务业也不会有太多的起色。而且整个服务业对经济贡献的上升是因为制造业表现太差，使得服务业上升变得更明显，你可以把它解释为是转型的一部分，但如果制造业得不到复苏，服务业也会受到影响。

《21世纪》：经济下行局面要持续多久?

邵宇：中国经济中最大比例的投资在于与房地产、建筑行业相关的投资，这块下滑比较明显。未来除了核心区域房子仍然有上涨空间，其他二、三线城市仍然处在去库存的过程中。如果政府在2015年年底前出台一些有利于房地产去库存的政策譬如税收优惠、降低首付、增加更多的信用，可能会对整体经济起到一定帮助。

但总体而言，由于二、三线城市去库存需要两三年时间，经济可能还会面临一定下滑的空间。因为对中国经济而言，城市化、房地产等是经济稳定或者实现经济快速增长的重要来源，如果这块暂时不能稳住，其他基础建设即便投资再多，最终对经济虽然有帮助但起不到决定性的作用。所以我们预期可能会出台更多有利于房地产去库存的政策，来帮助经济逐渐找到底部。

《21世纪》：经济复苏的希望可能在哪些地方?

邵宇：中国经济的内需主要来自城市化，这一块新的动力包括更多农民工在城市留下并工作，这看起来还需要一定的时间，政府仍然有很多事情要做，但是牵涉资金、牵涉重大的政策调整，整个进展还是比较缓慢的，所以这方面要依靠积极的财政政策、宽松的货币政策，以及房地产去库存的政策，才能保持经济增长。

《21世纪》：2016年的经济趋势和风险是什么?

邵宇：2016年中国经济可能会有一定的企稳迹象，一方面房地产去库存会带来一定的帮助，一方面正值“十三五”的开局之年，会有一批工程、投资项目启动，对经济会有相应的帮助，我们对整体经济并不是特别悲观。

但我还是比较担心外围的风险，因为美联储加息会导致全球资本向美国回流，引发资源类的股灾，譬如巴西引发新的波动，这些波动可能会产生蝴蝶效应，进而影响到其他经济体，这个风险必须要小心。

资本市场供需两端发力利于经济转型

《21世纪》：2015年以来市场脱离基本面上涨的原因是什么?如今是否逐渐回归价值投资?

邵宇：在情绪和流动性宽松的引动下，这一波行情通过杠杆的帮助下发动起来。这个行情脱离基本面，导致估值泡沫和杠杆的繁荣。

现在资本市场风险释放已经告一段落。估值并不比前五年的估值均值高多少，因为经过几轮下跌后，估值得到一定的修正。但是考虑到经济增长还是比较弱，不排除一些题材股票估值过高。总体而言，估值还是有点高，但没有上半年5000点时那么夸张。

《21世纪》：资本市场改革能对经济转型起到多大作用?如何让资本市场“价值发现和资源配置”的功能发挥作用?

邵宇：因为现在资本市场大部分股票是国企，或是传统城市化主导的产业。新常态下这些产业的利润空间会下降，被投资者追捧的程度也在下降，相应的估值不会特别高。

对于资本市场而言，始终是经济中比较好的企业来提供融资的资源，这就意味着资本市场的改革必须在供给和需求两端同时发力。

供给方面，就在于必须通过注册制改革，使得由市场来决定投资价值和价格，而不是通过行政手段来决定哪家公司能不能上，这样可以让资本市场变得更有效率，这是供给方面的改革，所以大家对注册制有比较大的期望。

需求方面，中国80%的交易是由散户产生，他们没有一个长期价值投资、理性投资的群体，导致市场容易起起落落，大家愿意炒作以及做短期交易。如果有长线资金进场譬如社保基金、养老基金、保险基金等，或是做长线的机构投资者包括海外基金能够进入市场，那么将对价值稳定发挥更为重要的作用。

如果在供给方面通过注册制改革来提供更好的企业，需求方面机构投资者提供稳定的估值和长期投资理念，会更有助于经济的转型和资本市场长期繁荣。

《21世纪》：近年来上市公司出现大量的并购重组事件。并购重组作为产业升级、产业转型的重要手段，对经济转型发挥的作用何时才能体现？

邵宇：并购重组主要是消化，利用比较高的估值获得资金去购买新资产，传统的、低估值的产业与之形成协同效应。总体而言，整体经济在经历去产能的过程，虽然兼并重组看起来风风火火，但覆盖面积还不够，还没有大到足够把原来的产业进行改进。随着兼并收购大规模开展，倒是有可能见到经济的起色。

《21世纪》：目前A股并未出现真正的退市公司，如何让资本市场发挥“优胜劣汰”的功能同时避免中国经济“硬着陆”？

邵宇：我们一直觉得上市公司都是中国经济中比较好的企业，都是优质资产。目前整个经济都在讨论去产能，有些企业破产或者被兼并，对于上市公司而言，他们也面临类似情况。由于大家总会担心“去产能”会影响到公司业绩，担心会引发相应的社会动荡，因此“去产能”过程的节奏就很慢，而上市公司作为经济的“精华”，在去产能上也就会更慢。

我觉得这就成为一个悖论，你一定要打破它。若拿不出一个标志性的退市案例，体现“去产能”的效益，大家就不会跟进。僵尸企业会拼命维持下去，对经济的健康并没有帮助。

总结监管经验上重启金融改革

《21世纪》：监管层强调资本市场改革已有数年，2015年情况与以往有什么不同？

邵宇：2015年发生的事情很重要，反映出监管跟不上金融创新或者金融开放的步伐，也就是说监管层要做出一定的调整，要搞清楚“监管的内容应该是什么”“金融安全的底线是什么”“混业监管包括未来有效监管的体系是什么”，这些方面都在热烈讨论，可能2016年会取得更多的进展。

在守住安全底线和优化监管的同时，才能更有序地启动资本市场包括注册制在内的一系列创新和改革开放进程。通过这次市场波动，其实我们学到了很多教训，什么样的底线上才能做金融创新和金融改革这些重大措施，这样才能更加稳定以及真正帮助到实体经济。

《21世纪》：目前资本市场改革的节奏如何？

邵宇：相比原来金融改革单兵突进的状态而言，可能是有点放缓，但至少要在总结经验基础上才会去做更多推广和试点。

《21世纪》：资本市场改革的难点在哪里？

邵宇：难点在于，过去大家对资本市场的期望主要是为企业进行融资，现在思路要转换为“为投资人实现价值增值、保护投资者”，这个理念要做出根本转变，才能有利于市场制度的完善和建设。不能只求融钱而不给投资者回报，这是两个完全不同的思路。

正因为长期以来资本市场对投资者的保护不足，投资者的投资行为也发生变异。投资者知道没有办法从企业获得长期回报，他们只能通过炒作来进行短期资本获利，例如通过政策博弈、消息面博弈，这就助长了非理性的投资和形成投机交易的风格，这并不利于整个市场的健康发展。

《21世纪》：如今政府行政手段逐渐撤离，把市场归还给市场，未来可能出现放缓资本市场改革节奏的因素会是什么?

邵宇：其实市场上大部分风险基本已经除掉了，可以重新启动资本市场改革的进程，包括注册制、《证券法》的修改。所有改革都是有机的体系，在经济如此困难的情况下，我们就需要资本市场来进行非银行的直接融资。

（谭楚丹）

补“弹药”进行时：六大逻辑激发险资“狼性”

险资举牌上市公司再次受到监管关注。2015年12月23日，中国保监会发布了《保险公司资金运用信息披露准则第3号：举牌上市公司股票》）（下称“文件”），对保险公司举牌上市公司信息披露进行规范。

文件指出，保险公司举牌上市公司，应上市公司公告之日起2个工作日内，在保险公司网站、中国保险行业协会网站，以及中国保监会指定媒体发布信息披露公告；同时，保险公司还应披露资金来源、投资、比例、管理方式等信息。

近半年来，各大险资对上市公司的“疯狂举牌”不只引发上市公司股价的迅速上涨，也受到各方对于举牌潮逻辑的强烈关注，被举牌上市公司多为低估值、传统行业上市公司。举牌潮背后，险资继续扩充资本金补充“弹药”。

一、险资大举“进攻”资本市场

图一 2015年内险资举牌上市公司概况

	被举牌公司行业	被举牌公司名称	截至12月25日险资持股比例（联合一致行动人）	股东排名（联合一致行动人）	股价波动情况
安邦人寿	房地产	万科A（000002.SZ）	**7.01%**	三股东	11月以来股价最高涨幅达**80.43%**
		金地集团（600383.SH）	**20.49%**	二股东	12月以来股价最高涨幅达**34.3%**
		远洋地产（03377.HK）	**29.98%**	大股东	12月以来股价最高涨幅达**23.92%**
		金融街（000402.SZ）	**25.00%**	二股东	12月以来股价最高涨幅达**60.39%**
	商贸零售	大商股份（600694.SH）	**10.00%**	二股东	4月以来股价最高涨幅达**133.33%**
		欧亚集团（600697.SH）	**10.00%**	二股东	12月以来股价最高涨幅达**73.25%**
	医药生物	同仁堂（600085.SH）	**10.00%**	二股东	12月以来股价最高涨幅达**69.36%**
	电气设备	金风科技（002202.SZ）	**10.00%**	四股东	12月以来股价最高涨幅达**68.42%**
前海人寿	房地产	万科A（000002.SZ）	**24.26%**	大股东	7月以来股价最高涨幅达**94.82%**
	公用事业	明星电力（600101.SH）	**5.02%**	四股东	9月以来股价最高涨幅达**82.43%**
	商贸零售	合肥百货（000417.SZ）	**6.72%**	三股东	8月以来股价最高涨幅达**83.76%**
		南宁百货（600712.SH）	**10.01%**	二股东	9月以来股价最高涨幅达**83.97%**
	食品饮料	中炬高新（600872.SH）	**20.11%**	大股东	4月以来股价最高涨幅达**72.3%**
	建材	南玻A（000012.SZ）	**25.05%**	大股东	7月以来股价最高涨幅达**116.19%**
	公用事业	韶能股份（000601.SZ）	**15%**	大股东	7月以来股价最高涨幅达**150.9%**
百年人寿	交运设备	万丰奥威（002085.SZ）	**5%**	二股东	8月以来股价最高涨幅达**175.86%**

解读：据21世纪经济报道记者统计，2015年内共有31家上市公司（含A股、港股）被险资举牌。其中安邦人寿举牌8家最多，其次为前海人寿7家、国华人寿6家。从举牌风格来看，安邦在去年掀起银行股举牌潮后2015年12月集中大举进入房地产等蓝筹股，前海人寿举牌风格同样凌厉、凶猛，两者持股比例都较大，持有的多家公司股份步步逼近大股东股份，国华人寿多于“股灾”近结束时举牌。总体而言，险资在2015年下半年罕见、集中地“搅动了”传统行业的资本市场，带动了举牌概念股及相关行业板块的“狂舞”。

	被举牌公司行业	被举牌公司名称	截至12月25日险资持股比例（联合一致行动人）	股东排名（联合一致行动人）	股价波动情况
国华人寿	房地产	天宸股份（600620.SH）	**15%**	二股东	7月以来股价最高涨幅达**169.21%**
		华鑫股份（600621.SH）	**10.00%**	二股东	8月以来股价最高涨幅达**88.54%**
	商贸零售	新世界（600628.SH）	**10.00%**	二股东	8月以来股价最高涨幅达**97.47%**
	综合	东湖高新（600133.SH）	**7.46%**	二股东	8月以来股价最高涨幅达**74.37%**
	医药生物	国农科技（000004.SZ）	**5.01%**	三股东	7月以来股价最高涨幅达**158.97%**
	电子设备	有研新材（600206.SH）	**7.16%**	二股东	7月以来股价最高涨幅达**103.14%**
阳光人寿	纺织服装	凤竹纺织（600493.SH）	**5%**	四股东	7月以来股价最高涨幅达**113.14%**
	房地产	京投银泰（600683.SH）	**5.01%**	三股东	12月以来股价最高涨幅达**42.16%**
	食品饮料	承德露露（000848.SZ）	**5.03%**	二股东	12月以来股价最高涨幅达**44.96%**
	餐饮旅游	中青旅（600138.SH）	**5.01%**	二股东	12月以来股价最高涨幅达**37.16%**
君康人寿	餐饮旅游	三特索道（002159.SZ）	**5.06%**	三股东	9月以来股价最高涨幅达**85.85%**
	建筑	东华科技（002140.SZ）	**7.56%**	二股东	5月以来股价最高涨幅达**134.14%**
	餐饮旅游	中视传媒（600088.SH）	**5.45%**	二股东	4月以来股价最高涨幅**222.42%**
中国人保	金融	兴业银行（601166.SH）	**14.06%**	二股东	7月以来股价最高涨幅达**48.15%**
富德生命人寿	金融	浦发银行（600000.SH）	**20%**	二股东	8月以来股价最高涨幅达**68.93%**

二、险资补充举牌“弹药”

图二 2015年内部分险资补充资本金情况

保险公司名称	发行资本补充债获批复 时间（2015）	金额（亿元）	股东注资（亿元） 时间（2015）	增资资金（亿元）
安邦人寿	12月10日	150	2月	190
安邦财产保险			3月	180
和谐健康险（安邦旗下）			4月	58
前海人寿	9月2日	58	1月	10
中国平安人寿	10月19日	150		
中国平安财产保险	6月10日	50		
阳光财产保险	12月4日	30		
阳光人寿保险	12月3日	60		
建信人寿	12月10日	35		
幸福人寿	12月8日	30	1月 3月	14.43 2.9
天安人寿	11月18日	20		29.5
华夏人寿	7月9日	80	4月 9月	30 316.8（拟）
富德财险			7月	30
众安保险			6月	58

（资料来源：公开信息）

解读： 据不完全统计，图一参与举牌的9家险企举牌至少花费1300亿元。在大规模举牌背后，险资也继续补充资金本“补血”。

保险公司补充实际资本可以采取包括股东注入、上市和再融资、盈利积累、发行债务性资本工具和保单责任证券化产品等方式，其中债务性资本工具包括次级定期债务、资本补充债券、次级可转换债券等。

资本补充债券成为2015年险资常用的一种方式。该种债券为2015年年初才新确立的新品种，上半年几乎无人问津，下半年进入发行高潮。

与此同时，2015年申请募集次级定期债务的险企仅5家，包括天安人寿、永安财险、永诚财险、中新大东方人寿和浙商财险，获批募资额度共计仅36亿元。

数据可见，安邦系保险公司在股东注入、发行资本补充债上均显示“大手笔”。

三、险资举牌的逻辑

图三 险资举牌的多重逻辑

资料来源：国金、平安、民生、兴业、中泰证券研究所

行业逻辑

原因
- 险资举牌对象多为低估值高ROE蓝筹股，或拥有良好盈利能力和现金流的公司。
- 增持地产、银行等上市公司，将提升其与保险业务协同性，促进保险业务发展。

案例 承德露露、同仁堂、万科等

股权结构特征逻辑

原因
- 举牌标的通常持股相对分散，方便增持后提升对于公司的影响力。多半进入被举牌对象的二股东或大股东之列。
- 大股东持股比例低，若低于20%则为重点猎杀对象。

案例 万科、兴业银行等

偿付能力逻辑

原因
- 目前保险公司持有的股票类资产会计处理主要分为交易性金融资产、可供出售金融资产和长期股权投资。年底举牌主要原因在于增加投资收益和增厚净资产，提高偿付能力。

案例 万科、浦发银行等

获得牌照逻辑

原因
- 金融板块内的优质标的成为保险公司战略性投资的首选，可以快速获得稀缺金融牌照，成长为具有一定规模的保险集团，提高品牌认知度和业务板块间的协同效应。
- 在金融混业的政策导向下，建立全牌照的金融保险集团是未来中国多数保险机构的发展方向。

案例 兴业银行、浦发银行

获取收益逻辑

原因
- 保险公司加大长期股权投资是由于自身资金运用余额快速增长。
- 当持股比例超过一定比例，以长期股权投资权益法计量时，以被持股企业净资产为基础的公允价值入账而非股票价格为基础的公允价值入账，不会受到股票价格波动的影响。
- 在利率下行周期背景下，长配资产的高收益和不断降低的负债成本之间的差越来越大，足以保证保险公司为客户提供有竞争力的收益率和维持现金流安全。

案例 上述案例均适用

资产配置需要

原因
- 险资举牌零售公司，是因为其多为市值中小但流动性较好的二线蓝筹，对险资或产业资本而言，可进（高比例举牌，介入经营管理、管理层变动或资产处置等），可退（财务投资，享受价值回归和一定比例的分红收益），可攻可守，是在资产收益率下行趋势下，险资加大权益类资产配置的较好选择。

案例 南宁百货、大商股份

解读： 险资资金实力雄厚、偏爱蓝筹股、投资股权获取高分红、获得牌照、业务协同、便于交易等是其下半年密集举牌的主要原因。而更值得注意的是，A股自2015年6、7月进入下行通道，以险资为代表的产业资本抓住了价格低位这一契机，疯狂抄底获取反弹收益，此外，典型险资如宝能、安邦等带来的“举牌概念股”疯涨也使得资本市场对举牌股更加关注，如“万宝”之战成“年度大戏”，这种矛盾冲突也使得举牌趋势愈演愈烈。

第三篇 改革解题

第八章 大国发展观

尹中卿：
构建全国统一市场，财税体制改革至关重要

尹中卿

中共中央关于“十三五”规划建议提出，深化财税体制改革，建立事权和支出责任相适应的制度，适度加强中央事权和支出责任。调动各方面积极性，考虑税种属性，进一步理顺中央和地方收入划分。

而目前，中国正经历着前所未有的改革阵痛期，中国亟需一场深入的改革将疲软的经济带进新阶段。

在经济进入新常态之下，各个区域发展出现不同程度的问题，尤其是东北地区经济增速低迷引发关注，在这种情况下如何寻找新的增长动力？中央屡次提出建立全国统一市场，促进资源要素自由流动，要使地方的发展冲动与中央的战略相一致，就需要从制度设计层面进行改革。

那么，应该进行哪些制度改革?如何推进？在全国人大常委会委员、全国人大财政经济委员会副主任委员尹中卿看来，财税体制改革是一个关键，要通过完善预算制度，健全地方税收制度，建立中央与地方财力与支出匹配的制度，进一步发挥财税改革的指挥棒作用。同时，他也指出赤字和债务过快增长可能是双刃剑。

刚刚结束的中央经济工作会议也提出，要加快财税体制改革，抓住划分中央和地方事权与支出责任、完善的方税体系、增强地方发展能力、减轻企业负担等关键性问题加快推进。

财税改革关键是改进预算制度

《21世纪》：中央一再提出建立全国统一市场，但地方保护、地方壁垒仍然难以打破，如何促进资源要素自由流动及合理配置?

尹中卿：结合这个问题我想讲财税改革。财税体制不仅涉及中央与地方各级政府之间的关系，也涉及公民、法人和其他组织与政府的关系。科学的财税体制是优化资源配置、维护市场统一、促进社会公平、实现国家长治久安的制度保障。财税体制实际上就是一个指挥棒。建立全国统一市场，财税体制问题至关重要。

党的十八届三中全会对财税体制改革做出部署，提出三大任务，第一是改进预算制度，第二是完善税收制度，第三是建立中央和地方事权与支出相适应的制度。2014年6月，习近平总书记主持中央深改组会议，通过了

财税改革总体方案；8月，全国人大常委会通过了新的预算法；10月，国务院发布了财税体制改革的决定。

改进预算制度的目标，是建立全面规范、公开透明的预算制度，实行全口径预算管理。政府的一切收入包括税收、收费、罚款都要列入预算，政府的一切支出都要列入预算。预算法提出，实行全口径预算，需要编制四本预算，除了一般公共预算，同时还要编制政府性基金预算、国有资本经营预算和社会保险基金预算。从中央到乡镇都要这样，没有预算外，没有小金库。三中全会提出要让国企到2020年缴纳30%，交出来还要纳入一般预算，一部分还要划转到社会保障基金里去。目前除了基础养老保险准备全国统筹，剩下都统筹不了。实际上，全口径预算一时还难以完全做到。

改进预算制度，当前重点是改进转移支付制度。实行分税制改革以来，中央向地方、上级政府向下级政府的转移支付越来越多。2014年，中央一般公共预算收入6万多亿元，加上预算稳定调节基金，中央一般公共预算支出7万多亿元，其中中央本级支出2万多亿元，另外近5万亿元通过转移支付还给地方，在整个财政收入中占比接近40%。如果都是通过一般转移支付还好，关键还有近2万亿元是专项转移支付，很多专项转移支付由各个部委甚至是下设司局和处室负责分配，往往需要申报项目，还需要承诺配套资金。地方之间谁跑得多就要得多，有配套资金就能拿回来，没有就拿不回来。

按照中央的要求，要完善一般性转移支付增长机制，重点增加对革命老区、民族地区、边疆地区、贫困地区的转移支付。中央出台增支政策形成的地方财力缺口，原则上通过一般性转移支付调节。针对转移支付不规范问题，中央提出要清理、整合、规范专项转移支付项目，逐步取消竞争性领域专项和地方资金配套，严格控制引导类、救济类、应急类专项，对保留专项进行甄别，属地方事务的划入一般性转移支付。

改进预算制度难点是政府债务管理

《21世纪》：在债务快速增加的情况下，政府债务问题怎么解决?

尹中卿：这些年来政府债务规模越来越大。2015年纳入中央预算的债务超过11万亿元，当年赤字率超过2.3%。目前大家议论更多的是地方政府债务。国际金融危机爆发之前，2008年地方政府债务不到3万亿元；2010年底变成10.7万亿元，两年时间增加7万多亿元；2013年6月变成17.8万亿元，一年半时间又增加7万多亿元；2014年底，省市县乡四级政府直接债务15.4万亿元，加上8.6万亿元或有债务，总共超过24万亿元，一年半时间又增加近7万亿元。如此增长速度确实太快了，如此规模确实太大了，带来的好处人所共知，但同时也埋下了风险隐患。

近年来，党中央、全国人大常委会、国务院对地方政府债务高度重视。党的十八届三中全会提出，“建立规范合理的中央和地方政府债务管理及风险预警机制”。2014年8月，全国人大常委会通过新的预算法，从法律上对规范地方政府债务做了规定。国务院有关部门也做了大量的工作。怎么评价这些工作？我认为不能估计过高，只能说是取得了一定的阶段性成果。制度虽然建立了，规范虽然开始了，但是地方政府债务规模还在继续增加，地方政府债务风险隐患依然如故，并且在开始规范之后又出现了新的问题。

截至2014年年底，地方政府债务率平均为86%，个别省份债务率超过100%，一些地级市特别一些县和市辖区债务率更高。为了稳增长，避免地方政府资金断链，避免在建项目变成“半拉子工程”，2015年国务院分三次下达3.2万亿置换债券，过去以土地和其他收费权抵押，现在变成了政府债券，即以今后财政收入来偿还，把融资平台债转换为政府一般债券。实际上这仅仅是把短期债务变成了更长时限的债务，把风险推后了。国务院提出用三年左右的时间把15.4万亿债务都置换出来，压力很大。

在这种情况下，最近有一种说法认为中国赤字率并不高，只有2.3%。世界许多国家赤字率都超过了3%，2016年我们还可以继续扩大赤字。在经济下行条件下，为了稳定增长，弥补财政收支缺口，适度地阶段性增加财政赤字是必要的。赤字并不可怕，如果赤字和债务是可以负担的，投资是有效益的，那是没问题的。但是赤字和债务的过快增长、急剧增加，可能是双刃剑，也可能会为未来留下很多问题。在适度增加赤字的同时，我们还要加大盘活财政资金的力度，优化财政支出结构，将重复错位的支出修正过来，把低效无效的支出调整下来，大力增收节支，提高财政效能。同时还要加快建立规范合理的中央和地方政府债务管理及风险预警机制，完善全口径政府债务管理，防范和化解地方政府债务风险。

发挥税收制度指挥棒的作用任重道远

《21世纪》：税收制度对于促进资源要素自由流动及合理配置具有指挥棒作用。近年来，各方面对税收制度改革提出很多要求，如何进行改革呢?

尹中卿：完善税收制度是财税改革的重要任务。长期以来，我们更习惯于把税收看作筹集财政资金的手段，怎么有利于增加收入就怎样设置税制。一些地方政府过度依赖土地财政，就是因为分税制后税收的指挥棒影响的结果。越到基层越没有主体税种，分成越低，要修地铁、马路和广场从哪拿钱，只能是能借就借、能欠就欠。不是基层觉悟低，而是制度设计本身有缺陷。

实际上，税收还有调节国民收入的功能，也就是二次分配。完善税收制度就是要引导所有公民、法人和社会组织去合理追求自己的利益。

第一，尽快形成地方税体系。实行分税制以来，国税局收税任务重，地税局收税任务轻，地方主体税种没有形成。完善税收制度，就要明确地方主体税种，比如土地税、资源税、环境保护税、财产税、房地产税、物业税，把适合作为地方的税种下划给地方，增加地方基本的财力保障。

第二，逐步提高直接税比重。长期以来，我国税收制度以间接税即产品税、流转税为主。间接税筹资容易，纳税人痛苦指数低，问题是缺乏再分配职能。完善税收制度，就需要逐步减少流转税、产品税等间接税，相应增加财产税、劳务税等直接税。

第三，推进增值税改革。营业税改增值税已经取得很大进展，马上就要扩展到金融业、建筑业等领域，但也要适当简化税率，同时合理确定中央与地方分配比例。因为营业税本来是地方税，改成增值税后，就要重新确定分成比例，否则地方财政会更加困难。

第四，调整消费税。完善税收制度，需要抓紧调整消费税的征收范围、环节、税率，把高耗能、高污染产品及部分高档消费品纳入征收范围。

第五，改革个人所得税。这么多年来，我们更多在提高起征点做文章，个人所得税几乎变成了工薪税，调节居民收入的作用发挥得不够。完善税收制度，就是要逐步建立综合与分类相结合的个人所得税制，不仅要考虑抚养指数，而且要与养老联系起来。

第六，加快房地产税立法并适时推进改革。我一直主张开征房地产税，把一些涉地税收例如耕地占用税、土地增值税等与房产税合并起来，把土地出让金从一征70年改成按年计征，一年一征，同时还要清理各项收费。开征房地产税不应该增加老百姓自住房的税收负担。要研究在全国范围内分配级差地租，让全体居民共享城市发展过程中所产生的土地红利。城市近郊与城市远郊、城镇与农村土地收入应通过税收进行调节。否则，城市近郊土地涨几十倍，十几平方米土地就能换几套房子，远郊什么时候能做到？边远地区永远做不到。

第七，加快资源税改革。现在的资源税由从量计征改成从价计征，但赶上大宗商品价格下行，比如石油从110美元跌到40美元，一吨煤炭不如一吨沙子值钱，从价计征也成问题，资源税改革需要综合研究。

第八，推动环境保护费改税。环境税叫了这么多年，谁污染谁付费，但目前还停留在口头上，需要加快推出环境保护税。

另外，完善税收制度，还需要落实税收法定原则，健全国税、地税征管体制，按照统一税制、公平税负、促进公平竞争的原则，加强对税收优惠特别是区域税收优惠政策的规范管理。

《21世纪》：财税体系怎样影响资源要素配置，减少地方保护？

尹中卿：中央提出京津冀协同发展也就是要解决这个问题。现在增值税是按地域收税，改起来比较难。首钢搬到唐山要把部分税基留给北京，这是行政手段，要素自由流动问题没有解决。如果今后逐渐不用产品税、流转税，而是改变成直接税、财产税、所得税，就有可能从根本上解决这个问题。你在唐山就是唐山人，就要在唐山交税。

央地事权与支出责任应进一步明确划分

《21世纪》：很多地方抱怨，1994年实行中央和地方分税制之后，地方的财权和事权不匹配，成为地方发展面临的很大问题，现在这个问题从制度上怎么解决？

尹中卿：1994年分税制改革提出两个要求，第一就是要增加财政收入在整个国民收入中的比重，第二就是要提高中央财政收入在全国财政收入中的比重。这个设计在当时情况下是合理的，因为在家庭联产承包和企业改革之后，财政收入在整个国民收入中的比重下降，中央财政收入占比下降更多，导致各级政府财政比较困难，中央财政更加困难，有的年份不到年底就没钱了。

现在看来，分税制改革提高两个比重的目标达到了，但又走到了另一个极端，也就是财政收入在整个国民收入中占比过高，中央财政收入在全国财政收入占比过高。现在需要回过头降低财政收入比重，提高企业和居民收入比重；降低中央财政收入比重，提高地方收入在财政收入中的比重。在保持现有中央和地方财力格局总体稳定前提下，结合税制改革，考虑税种属性，进一步理顺中央和地方收入划分。

另外，除了划分财权，还要着手划分支出责任，使中央和地方之间事权与支出责任相适应。1994年分税制改革解决了中央与地方之间财权划分，或者说收入划分，但是没有顾得上解决事权划分，或者说是支出责任划分，哪些该中央管，哪些该地方省市县乡管。这就导致财权和事权混乱，事权与支出责任不适应。很多该地方政府管的中央管了，教师工资不是这样吗，有些该中央管的却没有管，比如转业军人都是分给地方。

在财税体制改革中，中央和地方应该按照事权划分相应承担和分担支出责任。首先，要把地方事权和支出责任界定清楚。把一些适宜地方政府负责的事务交给地方，让地方管就要保障财力。区域性公共服务要作为地方事权，部分社会保障、跨区域重大项目建设维护等作为中央和地方共同事权，逐步理顺事权关系。中央可通过安排转移支付将部分事权支出责任委托地方承担。同时，要适度加强中央事权和支出责任。国防、外交、国家安全以及关系全国统一市场规则和管理等作为中央事权。对于跨区域且对其他地区影响较大的公共服务，中央通过转移支付承担一部分地方事权支出责任。

《21世纪》：由于事权与支出责任不适应，地方收入来源比较单一，依赖土地财政，大量建新城新区，造成一批鬼城空城，这也是地方发展所面临的问题，以后怎么解决?

尹中卿：财税改革涉及很多问题，涉及对GDP增长的追求、地方对自己利益的保护、官员政绩考核、各个地方之间的关系、居民收入结构、城乡协调发展、地域协调发展。如果这些问题不解决，结构调整、发展方式转变，包括资源要素自由流动等问题不可能从根本上解决，也不利于形成全国的统一市场。

财税改革涉及全局，任何地方、部委都做不到，必须整体设计推进。财税改革影响深远，不可能一蹴而就，需要朝着这个方向坚定不移推动下去，改革红利才能释放，国家治理体系和治理能力现代化才有可能实现。

（李伯牙）

滕泰、周天勇、贾康：2016年供给侧结构性改革的中国药方——打破垄断、打破管制

滕泰　　周天勇　　贾康

从需求管理转向供需两端同时发力，预示着未来一段时间内宏观调控的新方向。

这味供给侧结构性改革的中国药方，当前最重要的改进方面在哪里？同时在关键环节产业结构升级上，原有老问题过剩产能又该如何出清？未来哪些领域会成为改革突破口？

为此，华夏新供给经济学研究院院长、财政部财科所原所长贾康，中央党校国际战略研究所副所长周天勇，万博研究院院长滕泰，他们2014年就开始提出中国应从供给端进行改革。

解除制度供给抑制是关键

《21世纪》：为什么最近决策层多次提出供给侧结构性改革？

贾康：当前“供给侧结构性改革”频频被提及，并不是偶然的。因为中国经济仍然面临严重的供给约束和供给抑制，是我们在改革深化中所必须解决的问题。

现在，中国经济下行是中短期最主要的矛盾，大家已在担心会出现通货紧缩的情况。在这个阶段上，需要特别注意有效供给，把供给管理摆在长期视野中，处理好短期与中长期的衔接，增强中国经济发展的后劲。

周天勇：第一，2008年以来的需求调控效果越来越弱；第二，投资、发债等财政政策，也造成了产能更加过剩的情况，所以这次提出了供给侧结构性改革。

《21世纪》：中国目前供给体系有哪些地方需要改进？其中最重要的改进方面是什么？

贾康：支持经济增长，特别是长期增长的供给要素，所谓“动力源”主要是五个方面，即劳动力、土地和自然资源、资本、制度和创新，中国这几个要素都存在明显的供给约束和供给抑制。

因此，中国的供给侧结构性改革就是在进一步优化总量、短期调控为主的需求管理的同时，对已讨论多年的产业结构、区域结构、技术经济结构和收入分配结构等，都必须做出进一步提升水平的、理性的供给管理。

同时，特别还要针对中国经济社会的转轨来解决有效制度供给的问题。“制度供给”就是改革，其根本用意在于抓住改革这“关键一招”解放生产力，释放经济社会潜力，提高经济增长活力。

滕泰：对中国而言，人口、土地、资金、管理、技术五大要素都不缺，只是受到了太多供给抑制，包括高行政成本、高税收、高融资成本等三大供给约束，导致很多有效供给就被扼杀在摇篮出不来。

在这其中，我们很多供给抑制实际是制度形成的，一个典型案例是出租车行业。在打车软件没出来之前，很多人打不到车，其实既不是没人会开，也不是没车开，而是因为不让你开！就那么几万辆出租车牌照，有效供给产生不出来，需求难以释放，所以就没有产出。但是有了打车软件等技术创新后，新供给创造了新需求，带来新的市场。

这就是供给侧结构性改革，只要能创造新供给新需求，政府就应该支持，但对于垄断和管制行业，要彻底打碎对供给的制度抑制，打破垄断利益。

类似出租车行业还很多，只要是垄断管制行业，供给成本都非常高。所以说，哪里有垄断，哪里有管制，哪里供给成本就高，哪里供给质量就差，需求就得不到满足。因此，要改善供给体系，不是靠政府规划，而是要打破垄断，打破管制，让市场自由竞争。

市场化方式清理过剩产能

《21世纪》：过剩产能该怎么治理？它与就业等很多问题交织在一起，提了好几年但似乎进展不大，对此有何建议？

周天勇：过剩产能治理需要通过并购重组、破产清算来消化。现在关键是人往哪里去，钱从哪里来，银行贷款又怎么办。最好的办法就是财政拿钱补助，通过市场化的方式，该重组的重组，该破产的破产。

贾康：中国的过剩产能，固然有经济周期方面的原因，但最重要的问题是政府干预造成的体制性过剩。中国的体制性产能过剩之所以发生，主要是由于政府通过土地、银行信贷、自然资源、水、电等要素价格，以及财政补贴和各类税收优惠，下拉了企业投资成本的价格信号，从而使企业家面对的不再是比较纯粹的市场价格，而是经过政府干预后形成的新的价格信号进行投资决策所致。

这就要寄托于改革来化解。目前治理产能过剩仍然高度依赖以“关、停、并、转”、下指标、定时间为主的行政方式，主要使用的手法不过是当初鼓励产能扩张时的反向操作，仍然是以行政干预治理行政干预的路子，很难走出“打摆子”“越治越多”的循环怪圈。

我认为，化解体制性产能过剩的关键在于恢复正确的价格信号和提供合理制度供给。具体来说，要在行政审批制度、要素市场化改革、财税体制、干部考核体制等多方面着力实现实质性突破。

第一，有必要重新学习市场经济理论、全面认识市场功能，进一步尊重市场、敬畏市场，尊重企业家才能、鼓励企业家投入自担风险的公平竞争，真正发挥市场配置资源的决定性作用。

第二，加快推进行政审批制度改革。今后凡涉及到企业投资、生产、经营方面的审批，应当严格贯彻十八届三中全会的《决定》精神，“除关系国家安全和生态安全、涉及全国重大生产力布局、战略性资源开发和重大公共利益等项目外，一律由企业依法依规自主决策，政府不再审批”。

第三，大力推进要素市场化改革。一是要调整现在分类、分城乡的土地政策，使工业用地的价格能反映土地的市场价值；二是要大力推动各类资源型产品的价、税、财联动改革；三是要加快推进利率、汇率的市场化改革，形成灵活反映市场资金供求关系的价格信号；四要在严格执行有关环保、劳保、社保标准，力求使之贯穿于企业生产经营的全过程，通过可预期的“外部成本内部化”，使企业切实负担起应该承担的那部分社会成本。

第四，改革干部考核制度，深化财税体制改革。比如，要切实改革和完善发展成果考核评价体系，纠正单纯以经济增长速度评定政绩的、以GDP论英雄偏向。

第五，增强产业政策的科学性，打造其合理实现机制。总而言之，市场经济条件下，在涉及企业投资和经营行为方面，政府价格信号总体而言越少越好。

供给侧结构性改革新期待

《21世纪》：预测到2016年，中国供给体系改革哪些会取得成就，哪些地方可能困难比较大？

周天勇：供给侧结构性改革政策调整的关键就是减税。第一，减税很复杂，一般来说政府收钱多不愿意改革，收钱少要改革时却发现没钱了，所以这是一个非常困难的改革。不改，企业倒闭；改，财政收入有麻烦。

但是有些可以改。第一，五险实际是一种税，42%的费率占到工资额的42%—45%，应当将费率降到30%；其次，个人所得税起征点还是有点太低，可以有所调高；此外，提高中小微企业的营业额起征点，3万元有点低，可提高到10万；另外，增值税有点高，应降到15%。

第二，降低企业借贷资金成本，特别是中小企业。中国经济在2014年呈现高利贷化现象，像美欧国家都是负利率，我们利率高得没谱，一般要12%，甚至15%、18%的利润，有的一年贷款利率就是24%，全世界正常经济国家都没有这么高的利率。所以供给侧结构性改革非常重要的措施就是通过金融改革降低准备金率、降低利息，从而降低企业融资成本，而且降准扩大流动性以后让这些钱流入实体经济中。

贾康：供给侧结构性改革是一个很全面的概念，总体说是十八大后有效制度供给的问题。就这方面的进展而言，金融方面相对来说好一些，2015年有一系列值得称道的改革。第一，提了多年的存款保险制被推出，带来了一大批小的银行和金融机构，比如村镇银行和社区银行；第二，利率市场化临门一脚踢出来了，但还要跟着进一步优化，管理部门态度很积极，在探讨怎么创造条件来推进人民币资本项目下可兑换；第三，政策性金融得到正名，还有了文件的指导，所以金融改革亮色比较明显。

财税改革还在推进，但跟中央定的时间表相比，出现了明显跟不上的背离迹象。

其他的改革还有待观察。比如说2015年底要推出的公车改革，户籍改革需要一个长期过程；司法改革估计也是慢变量，现在有试点了；价格改革目前下发了关于电力改革的文件等，但具体推进如何有待观察。

总体来说供给体系改革仍然带有步履维艰的特点，怎样真正打破利益固化的藩篱，把硬骨头啃下来，这是历史性的考验。

（张梦洁）

2016年经济增长三大关键指标猜想：工业投资回落、房地产投资负增长、消费需求稳定

“过去30年，我们GDP的增速在10%左右，外贸增速在20%左右，外贸是“三驾马车”中拉动经济增长最有力的引擎。但是现在从全球范围看，外贸这个引擎‘熄火’了。”国家发改委学术委员会秘书长张燕生表示。

从目前诸多机构发布的经济增速预测报告来看，虽然各机构2016年预测增速迥异，但一个共同点是，2016年经济增速将持续探底。在进出口这一引擎“熄火”之后，经济增长将更多地倚靠投资、消费两驾“马车”。

国家统计局公布的数据显示，2015年1—10月固定资产投资增速持续回落，1—10月增速降至10.2%；消费则稳步增长，增速维持在11%左右。在投资中，工业投资和房地产投资所占比重在65%左右，权重较大。因此，二者的走势和消费增速受市场关注较多。

“投资还会持续回落，增速有可能跌破10%。”中国人民大学国家发展与战略研究院执行院长刘元春表示，“消费会相对平稳，增速会在10%左右，消费需求平稳是2016年宏观经济的一大亮点。”

工业投资回落？

工业投资是固定资产投资中的第一大权重板块。根据国家统计局相关数据计算，2014年工业投资占到固定资产投资的40%。

2015年以来，在实体经济增速下行、大宗商品价格屡屡下跌的背景下，工业投资持续下滑：由1—2月的11.5%下降至1—10月的8.0%。值得注意的是，8.0%的增速低于全社会固定资产投资增速2.2个百分点，工业投资增长相对乏力。

在过去多年中，工业投资在多年的高速增长后造成了煤炭、钢铁、水泥等行业产能严重过剩的局面。由于传统产业严重过剩，工业处于消化过剩产能阶段，投资动能明显下降。

分行业来看，采矿业、黑色金属冶炼、化学纤维制造等产能过剩行业投资负增长，计算机、通信电子制造等新兴产业增速在15%以上。但是因为新兴产业投资额占工业投资的比重尚小，其快速增长的投资额尚不足以抵消

传统产业下降的投资额，从而导致工业投资低位运行。

除产能过剩因素外，国家信息中心宏观经济形势课题组发布的报告表示，受国内外市场需求疲软、环保约束压力加大、工业品价格持续走低等因素影响，工业企业扩大投资的意愿有所减弱。

“因为整个工业企业的利润持续为负，对工业企业投资影响很大。工业增速还会进一步收缩，2016年增速大概在6%水平。”刘元春表示。

房地产投资增速负增长？

房地产投资是固定资产资产投资中的第二大权重板块，其占固定资产投资的比重在四分之一左右。国家统计局的数据显示，2015年1—10月房地产开发投资增速为2.0%，相比上年同期回落10.4个百分点。值得注意的是这一增速创下了本世纪以来的最低增速。

由于宏观经济下行压力不减，中国人民银行、住建部等监管部门在2015年陆续出台了一系列刺激政策，包括降息、公积金政策调整、下调商业贷款首付比例等。在诸多刺激政策影响下，全国商品房销售面积增幅在2015年5月份由负增长转为正增长，房地产销售出现一定回暖。

但是销售回暖并未传至投资端，房地产开发投资依然持续回落：房地产开发投资增速由1—2月的10.4%下降至1—10月的2%。

此外，房地产企业土地购置面积回落甚至大幅负增长。国家统计局的数据显示，房企土地购置面积同比增速自2014年3月以来一直处于负增长的态势，2015年1—10月房地产开发企业土地购置面积负增长33.8%。因此，有业内人士认为房地产行业的调整已进入一个深度调整的时代。

“过去十多年是房地产投资的黄金时期。在这个黄金时期内，房地产行业积累了大量的库存，形成了供给严重大于需求的态势。”张燕生表示。

数据显示，截至2015年10月末，商品房待售面积为6.86亿平方米，创历史新高。同时，在20—29岁刚需人口减少、城镇化速度减缓等因素影响下，居民对商品房的需求会进一步降低，房地产供需矛盾加剧。

在此情况下，2016年房地产投资增速可能还将继续下行。“房地产投资增速在2016年二季度有可能跌到-4%左右，步入一个负增长时代。”刘元春表示。

民生宏观的一份研报则认为，销售的火爆并没有引燃地产商投资的热情，因此房地产行业的主基调依然是消化库存。其认为，（房地产行业）2014年新开工面积负增长，2015年施工面积负增长，2016年房地产开发投资可能出现全年负增长。

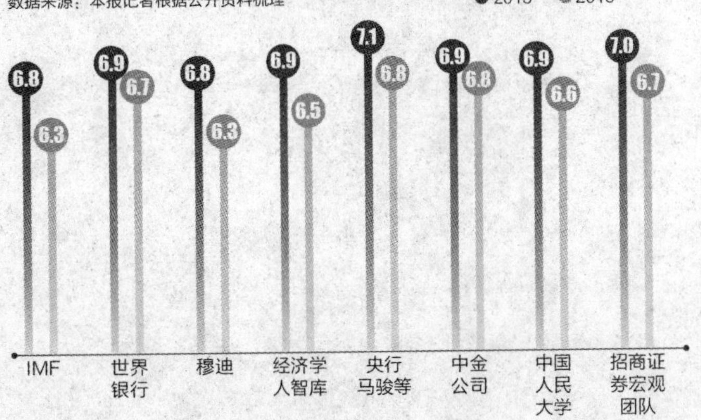

消费需求平稳?

2015年前三季度，最终消费支出对国内生产总值增长贡献58.4%。在中央相关表述中，消费在经济发展中发挥基础性作用。2014年的中央经济工作会议认为，现在模仿型排浪式消费阶段基本结束，个性化、多样化消费渐成主流。

虽然社会消费品零售并不完全等同于最终消费支出，但是社会消费品零售变化一定程度上能代表消费需求变化。国家统计局的数据显示，2015年前10个月消费品零售总额增速稳定在10%—12%之间，11月当月数据增速为11%。

分行业来看，各行业之间消费增速依然分化：石油及相关制品消费增速疲软，通信类产品消费快速上行，汽车消费增速大幅回升。国家信息中心宏观经济形势课题组认为，网络零售等新型消费模式迅猛增长，旅游、信息、文化、健康等服务消费持续升温。

在课题组看来，前述诸多消费模式将在2016年延续，并成为拉动消费增长的有力因素。但是经济降温消费者信心减弱、汽车和住房两大消费“龙头”降温等问题将抑制消费增长。课题组总结称，消费增速将维持稳定，其预计2016年社会消费品零售总额将增长10.5%左右。

值得注意的是，消费增速主要由城乡居民收入增速决定。据国家统计局数据，城乡居民人均可支配收入增速处于自2002年以来的最低水平，前三季度实际增速仅为7.7%。在经济下行、企业盈利减缓的情况下，居民收入增速还将下行。

此外，在经济增长处于新旧动能转换的情况下，僵尸企业出清等供给侧结构性改革等可能导致结构性失业的出现，进而影响居民消费水平。

“虽然我们目前也有一些新的消费增长点，中央也启动了很多消费政策，但是在经济增速回落的情况下，经济主体的消费欲望降低。” 刘元春表示，“消费需求有上行的力量，也有下行的力量，抵消后相对平稳。”他预测，2016年消费增速将维持在10%左右。

（杨志锦）

基金投资总监把脉2016：紧跟改革寻找产业

作为股市的重要参与者，基金不仅是股市资金的重要来源，同时也是投资者财富增长的重要管理者。

在经历了波澜起伏的2015年后，各家基金公司对2016年资本市场的态度几何？哪些行业或产业将受到基金经理们的格外青睐？

把脉2016年走向：牛将焉存？“慢牛说”居多

《21世纪》：在经历了2015年急剧震荡后再缓慢修复的极端市场行情之后，您对2016年预期是怎样的？

广发基金权益投资一部总经理刘晓龙：我对2016年上半年持乐观态度，下半年则谨慎一些。这几年无风险收益率不断走低，目前已经降到3.5%左右，这种下降不可能是无限的，如果下降周期结束，市场将会缺乏上涨动力。我预期2016年下半年可能就降到位了，到时候市场将不会那么友好。

国泰基金总经理助理兼投资事业部总经理黄焱：我认为2016年应该是一个破局之年，整体将面临不破不立的形势。

所谓“破”，是指目前经济中隐含的一些风险，可能会在2016年有所暴露。但如果这些风险能够得到一定程度的化解，那么对整个经济企稳，甚至股市恢复根本信心将起到至关作用，即为“立”。要实现由破到立，必须有超预期的改革，否则很难改变目前整个市场对经济增长的低预期。

博时基金股票投资部总经理李权胜：我们总体认为2016年是一个相对均衡的市场，主要表现为两个层面：一是风险与收益的均衡，即市场不会出现大幅上涨或下跌的宽幅震荡行情；一是风格上的相对均衡，新兴成长行业和传统行业的表现分化将会收缩。

南方基金总裁助理兼权益投资总监史博：当前杠杆资金已被大部分清理，市场已经回归到正常状态。而牛市的三个催化因素，包括实体经济资金需求回落、货币政策持续宽松和改革预期，并未发生根本改变，因此2016年再度走牛的可能性是存在的，而且概率还不小。

当然，企业盈利在经济底部企稳时短期很难跟上牛市节奏，因此光靠估值提升的牛市最终或会导致一定程度泡沫，而且管理层有2015年牛熊快速转换的经验之后，未来对快牛必然有所警惕和控制，因此我倾向于认为2016年是震荡慢牛行情。

景顺长城基金投资总监余广：近两年的股市繁荣大部分靠分母，即通过无风险利率的下行和改革带来的转型预期来提升估值，而分子上的企业盈利并没有明显改善。我们认为2016年的企业盈利依然不支持疯牛行情，但低利率时代大类资产配置转向股市的趋势未变，供给侧结构性改革将成为驱动内生增长的关键，将呈现百花齐放的局面。股灾后市场重建过程中机会大于风险，利于主动选股。

光大保德信权益投资部总监戴奇雷：我们认为2016年股市重演暴涨暴跌的可能性较小，我们总体判断2016年的市场可能将呈现一个慢牛的格局。

融通基金投资总监商小虎：预计2016年是慢牛行情，市场更多的是结构性机会。当然，也不排除传统产业在升级过程中顺应了产业发展方向和趋势进行转型，效率提升，业绩好转，再加传统产业上估值不高，投资者迸发改革热情，传统行业价值受到市场认同，从而出现大牛行情。

2016年股票配置布局：方向各异，紧跟改革

《21世纪》：在经济结构转型的大背景之下，2016年的投资上，您是否会着重考虑在某些行业或领域进行股票配置?

广发基金权益投资一部总经理刘晓龙：我觉得目前整个二级市场的投资都有前移的趋势。例如移动互联网行业，二级市场已经给了非常高的溢价，为了寻找可投资的标的，大家只能去寻找更早期的东西。在这种环境下，我比较看好精准医疗和干细胞，这是两个确定性很高的方向。

另外，我比较看好教育行业，体育在2016年可能有投资机会，但有被证伪的风险。

国泰基金总经理助理兼投资事业部总经理黄焱：2016年，我们会在传统行业和新兴行业两方面都进行布局。

就传统产业而言，一旦出现破旧立新的迹象，我们会尽量挖掘一些经历了调整后能够探明底部，同时又能看到未来新增长点的一些行业进行投资。比如金融领域里面还是有相当多的公司，估值非常安全。

新兴行业方面，由于普遍存在估值过高、过度预期的问题，因此我们的整体思路是找到一些未来增长十分确定，行业增长空间大，而估值又相对适中的行业。目前我们主要锁定在环保和新能源汽车两大领域，我们认为这两大行业将有很大的发展空间。此外，对于虚拟现实、人工智能等一些新的技术领域，我们也会考虑进行布局。

南方基金总裁助理兼权益投资总监史博：经济转型是服务业占比提升、创新型环保型经济占比提高。具体而言，符合转型方向的是教育、医疗、养老、体育、互联网、共享经济、环保、高端制造、智能制造和工业4.0等等。

但是转型经济板块牛市持续时间已经较长，本轮调整后再次上涨时幅度也不小，因此多少面临估值偏高的问题，我们的应对策略是进一步挖掘估值相对合理，或初次涉及转型，或转型业务取得较快进展可以消化较高估值的板块和个股，对业务突破缓慢且估值相对较高的公司也将有所减持。其次，在符合转型的方向中也要深入研究

细分行业，寻找未来能诞生大公司的领域重点跟踪和投资。

融通基金投资总监商小虎：我认为2016年最大的机会是现代服务业，具体包括消费性服务业和生产性服务业。

消费性服务业主要是新消费、新服务，这是现代服务业的新方向。具体来看，我更看好智能硬件、90后消费、小镇青年消费、休闲服务、医疗服务、共享经济等主题。这些新消费、新服务中，泛娱乐产业是我们最看好的。

生产性服务业，则包括制造业领域的各类业务外包服务化、互联网化、科技化。中国制造业正在从劳动密集型、资本密集型逐渐转型升级到知识和技术密集型。在转型升级过程中，产业的需求不断爆发，包括电商平台建设、现代物流及供应链管理服务、企业内及企业间互联网、数据流量服务、物联网及人工智能服务、大数据及云计算服务等需求都会明显增加。这些新技术和新商业模式可以帮助制造业、传统服务业升级改造，也是国家支持的方向。

博时基金股票投资部总经理李权胜：放在未来3—5年的维度，我们确实认为经济结构转型会对整个股市投资的方向产生较大的影响。具体到2016年的投资，我们会考虑经济结构转型的因素，并结合A股相应行业上市公司的具体情况（如盈利增长、估值水平）等对以下行业及方向进行重点配置。首先，行业层面，我们重点配置大消费领域，尤其是新兴消费行业，如旅游、文体娱乐等；同时我们对环保、农业、高端装备等领域也相对看好。其次，主题层面，我们认为国企改革是最核心的投资方向，金融及生产领域等制度及要素的改革也是我们重点关注的方向。

景顺长城基金投资总监余广：注册制将推行、新三板分层进一步健全市场机制。A股纳入MSCI指数也将引入大量海外资金，降低投机气氛，利好消费医药等新兴蓝筹。主题投资方面，“十三五”规划所呈现的中长期发展方向重要性非比寻常，同样也将孕育未来资本市场上的超额收益。创新发展对应方向的关键布局最值得高度重视，主要包括中国制造2025、信息经济、现代服务业等核心方向，除此之外，其他发展方向中，如低碳循环、健康中国等同样值得关注。

光大保德信权益投资部总监戴奇雷：就2016年来讲，我们继续看好两条主线：改革+创新。2015年国家出台了多项改革和鼓励支持创新创业的政策，2016年无论是国企改革，还是互联网+，都有望看到较多落地的案例，从而带来相应的投资机会。行业层面，我们一方面看好文教体卫等需求旺盛的新兴产业，另一方面也看好传统产业中有积极变化（改革/转型/供给收缩）的公司。

（李洁雪）

私募展望2016：
围绕供给侧投资，关注消费升级产业

依照往年惯例，无论是公募基金还是私募基金，此时对2016年的市场棋局都应该有了基本的预判和谋划，然而2015年似乎有些不同，据了解，有不少私募公司的投研团队目前都说“还需要再看看”，认为2016年市场走势复杂可窥一斑。

不过也有私募基金认为，即使整体市场走势不好判断，但并非没有机会，经济转型中衍生出来的机会仍是关注的重点。

难现大牛市

对2016年的市场走势，目前来看，各家私募基金分歧不小，喜忧参半。

相对来说，星石投资乐观一些。该公司的总经理、投资决策委员会副主席杨玲表示，2016年的A股市场将呈现震荡向上格局，长牛慢牛不变。

其理由主要有三个方面：一是政策面，由于经济还在探底阶段，传统产业的下行压力很大，预计2016年会继续采取“松货币+宽财政”的需求政策组合，缓冲传统经济的下行；二是资金面，在货币政策持续宽松的背景下，2016年资产配置荒的情况有望延续，大类资产配置会持续向股市转移，另外2016年养老金、保险资金等机构资金有望入市或继续入市，2016年股市的资金面仍然大概率是比较充裕的；三是基本面，目前中国经济仍处于底部区间，但是2016年硬着陆的概率很小，随着稳增长政策的加码，效果会逐步显现，预计实体经济在2016年上半年大概率迎来温和复苏。

杨玲说，基于以上分析，预判2016年市场整体仍处于牛市节奏，但由于杠杆资金的减少，2016年更应该是一个“健康”的慢牛。

上海鸿逸投资总经理张云逸对2016年A股市场的预测也是中性偏好，认为2016年市场震荡难免，不过市场波动区间可能不大。

上海明汯投资管理有限公司总经理裘慧明则明确表示，2016年应该是震荡市。他说，在经济转型的情况下，整体不会出现大牛市。上海从容投资董事长吕俊的观点类似，他说2016年基本上可以确定股票市场只有在一个局部、个股个别层面寻找机会，而不是期待全面波动。

上海鑫富越资产管理公司总裁、首席投资官王国卫认为，2016年上半年，A股投资应该轻指数，因为指数的变化可能不会太大，回到高点的可能性非常小，关注的重点应该放在公司和行业方面。

关注供给侧结构性改革

“为了稳定经济增长，促进经济转型，供给侧结构性改革有望成为2016年政府工作的重点，而由此衍生出来的投资机会也是公司关注的方向。”星石投资总经理杨玲表示。

供给侧结构性改革，是2015年10月以来，多次出现在高层讲话中的新的热门词语。其是指从供给、生产端入手，通过解放生产力，提升竞争力促进经济发展。具体而言，就是要求清理僵尸企业，淘汰落后产能，将发展方向锁定新兴领域、创新领域，创造新的经济增长点。

杨玲说，掘金供给侧结构性改革，他们梳理了三条投资主线，分别是智能制造、节能环保和消费升级，而星石最看好的是符合消费升级方向的新兴成长类消费股。

理由是从经济结构转型方向看，推进供给侧结构性改革，以消费升级引领产业升级，中国经济正从投资拉动向消费拉动转变；从数据显示看，目前消费是最大亮点，尤其是新兴消费，在中国经济中的重要地位日益凸显；再从政策支持看，2015年11月，国务院连续出台两个关于新消费和消费升级的指导意见，凸显出新消费将成为引领我们经济实现转型升级的重要动力；还从需求端看，目前中国人均GDP已经接近8000美元，根据国外经验在人均GDP突破5000美元时，消费结构和消费模式都会发生转变，以美、日、韩等为例，一旦人均GDP突破5000美元后，娱乐文化支出会大幅提升，未来中国也可能朝着这个方向发展，向文化、娱乐、体育、健康等新兴

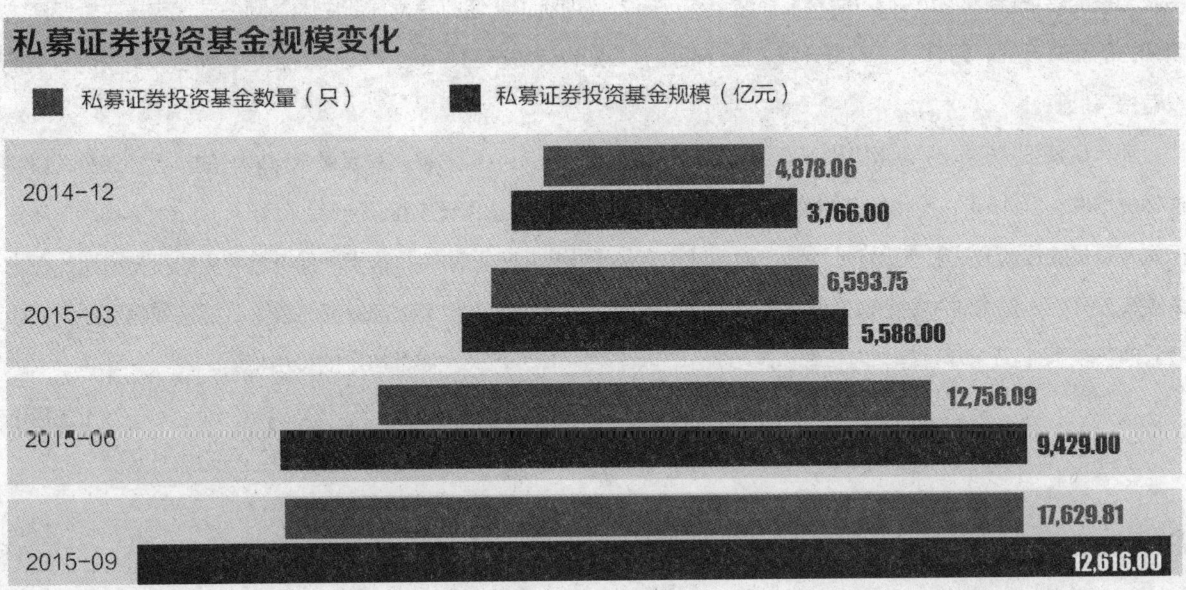

消费领域转变。“按照这条主线，有很多子行业可以选择，如跨境电商、农村电商、出境游、电影传媒、医疗健康等。”杨玲说。

从容投资董事长吕俊也强调表示，供给侧结构性改革，毫无疑问是一个正确的思路，但他指出，只有站在企业立场思考问题，才叫真正的供给侧结构性改革，未来推进比较快的供给侧结构性改革举措可能是企业之间，如中国南北车合并等，不少企业间出现兼并收购的趋势。

深圳望正资产董事长王鹏辉日前亦曾提到过，2016年应该围绕供给侧结构性改革来投资。他说，投资于最符合社会潮流的方向是正确的，供给侧结构性改革是2016年、2017年，甚至整个“十三五”期间的一个重要思路，而反映到资本市场，“最后的落脚点”还是会落在以创业板为代表的新兴行业或者文教体系，这类领域应该有比较大的投资机会。

重视仓位控制

2016年A股市场难现大牛行情，目前来看已经得到业内共识。凯石金融产品研究中心高级研究员桑柳玉分析表示，预判2016年A股市场的走势可以用“上有压力，下有支撑”八个字来形容，应该是一个结构化比较明显的牛市。

她认为，2016年股指上行的压力一方面来自中国经济短期难以复苏，另一方面来自于股市估值依然偏高。而投资的风险点则在于，估值泡沫可能引发的市场持续波动，美联储加息等可能造成的新兴市场资金外流，以及信用风险加剧可能殃及股市。

多位受访的私募基金负责人认为，2016年股市投资在操作上更为重要。鸿逸投资张云逸说，从操作理念来讲，2016年一个是坚持价格原则，另一个是保持年轻心态，即所谓的价值股与成长股都会投资，做好仓位配置。

鑫富越资产王卫国亦表示，要交易“旧中国”，持有“新中国”。所谓“旧中国”主要指那些过去构成指数中坚力量的传统产业，如银行、房产及交通运输、电力、煤炭、制造业等；“新中国”则指向代表未来中国经济新动力的新兴产业，如TMT、消费升级、医疗健康等。如果传统产业在两三年内没有起色，那么只有交易价值而没有持有价值。

还有富善投资的预判观点指出，2016年市场选股会比较困难，但对量化产品是个比较好的机会，该公司总经理林成栋说，2016年，量化投资的绝对收益类产品值得关注，比如管理期货类产品（CTA），CTA和股市涨跌无关，量化的投资方法能够更好地控制风险，加上商品期货市场的波动性，这类产品蕴藏着大的投资机遇；在相关政策放开后，量化对冲基金有望继续正常运作，这部分的市场需求和策略容量都比较大，能获取稳健的绝对收益。他还表示，2016年会是国内私募“走出去”的标志性一年，可关注海外市场的投资机会。

（王丹）

寻找下一代造富工厂

福布斯中国富豪榜榜单年年发，大佬座次年年换。仿佛每次都是那几个人，然而不经意间又冒出些新面孔。富豪的更迭背后，是中国经济结构深层次的变化，传统的老大们沉默了，后起之秀补上来，然而也有转型迅速的企业集团不断延续着公司的生命力，连带着个人也赚得盆满钵满。

榜上不断变换的富豪座次及财富数量反映了我国各行兴衰发展，而行业景气度的交替缩影也申明了是谁接掌了时代的话语权。不过，有一点没变的是，富豪们的财富的确是越来越多了。

中国富豪们的财富有多少？

备注：GDP取前一年数值，如2006年榜单对应2005年的经济数据。

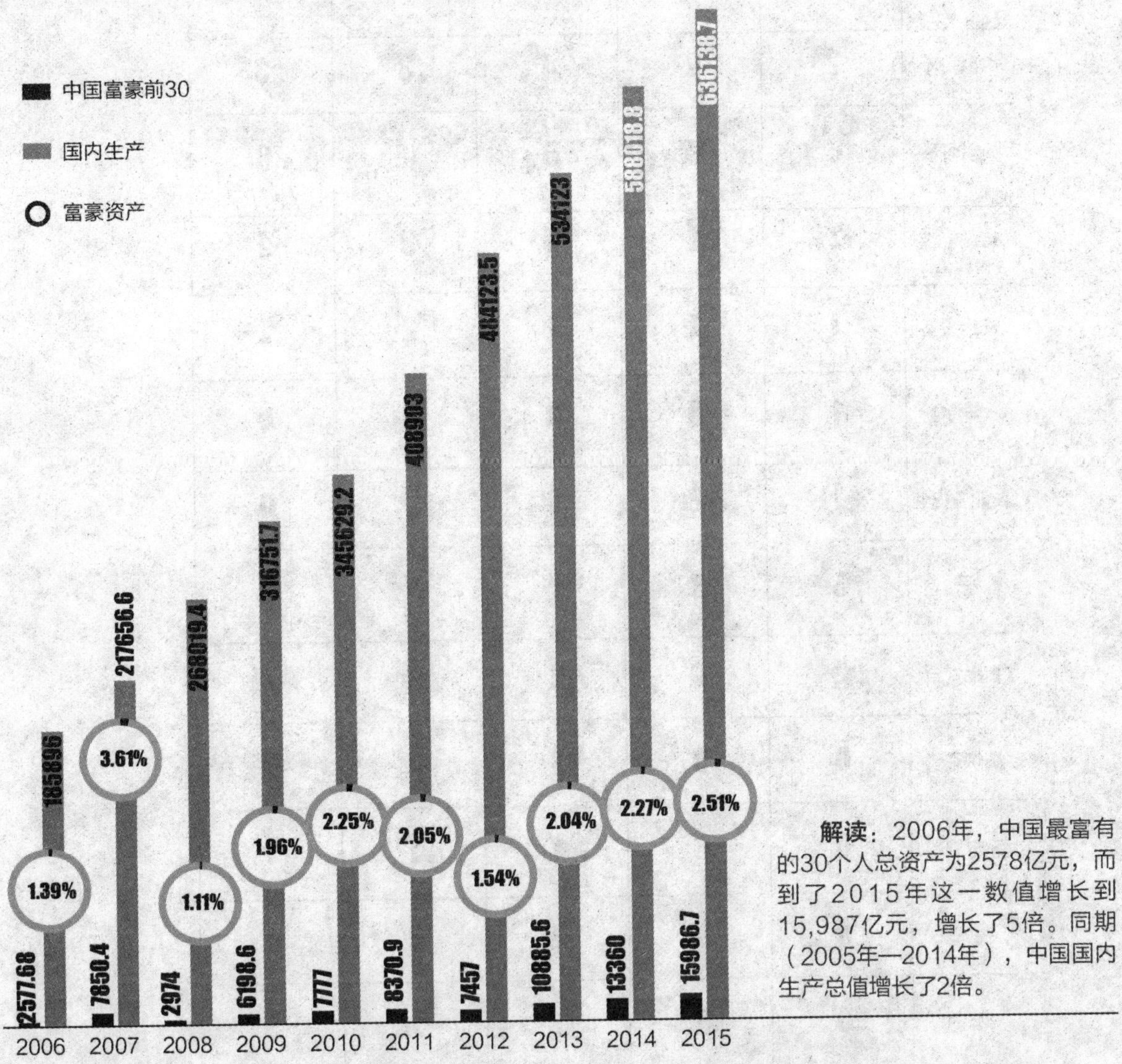

解读：2006年，中国最富有的30个人总资产为2578亿元，而到了2015年这一数值增长到15,987亿元，增长了5倍。同期（2005年—2014年），中国国内生产总值增长了2倍。

全国房地产产值与GDP的占比走势

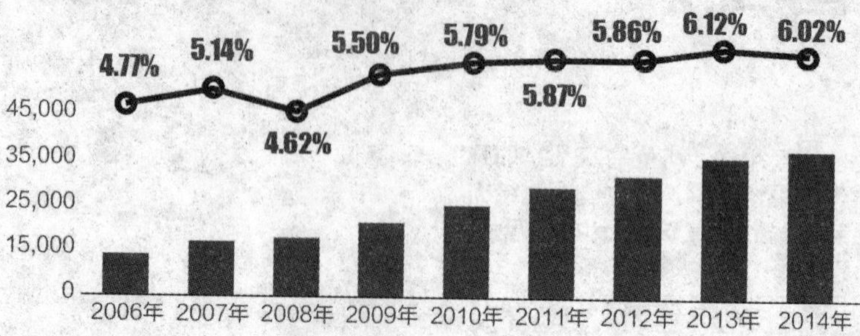

解读：在过去10年里，房地产与经济息息相关。从2011年起，我国GDP增幅形成一个稳步下行的曲线，伴随这一下行趋势，我们与楼市的黄金十年作别了。

富豪最多的三块田：多元经营、房地产、互联网

	2006	2007	2008	2009	2010
多元经营	4	3	2	4	7
互联网	2	2	4	3	3
房地产	8	12	8	10	6
传统制造	2	2	5	3	2
交运设备	1	1	2	2	2
电子	1	0	0	0	0
新能源行业	1	2	2		0
商业贸易	3	3	2	2	1
食品饮料	2	0	2	2	2
纺织服装	0	0	1	2	3
家电制造	0	0	1	1	1
物流	0	0	0	0	0
其他	6	5	1	1	3

解读：相关人士依据福布斯中国富豪榜，对榜单上前30名富豪背后的行业的统计如图所示。总体而言，房地产、互联网以及多元化经营无疑是造富能力最强的行业及经营模式。

富豪最多的三块田：多元经营、房地产、互联网

	2011	2012	2013	2014	2015
多元经营	11	8	3	6	6
互联网	3	5	6	7	8
房地产	6	8	7	5	5
传统制造	3	1	3	2	0
交运设备	0	1	3	3	3
电子	0	1	3	1	2
新能源行业	1	0	1	1	2
商业贸易	1	1	1	0	1
食品饮料	1	1	1	1	1
纺织服装	2	1	0	2	1
家电制造	1	1	1	1	1
物流	0	0	1	1	0
其他	1	2	0	0	0

近10年福布斯中国富豪公司前10榜单

2006	2007	2008	2009	2010
北京鹏润投资（国美电器）	碧桂园	东方希望集团	比亚迪	娃哈哈集团
世茂集团	世茂集团	鹏润投资	东方希望集团	百度
中信泰富集团	复星国际	碧桂园	娃哈哈集团	三一集团
合生创展、珠江投资	富力集团	新希望集团	融捷投资、比亚迪股份	苏宁电器
美国中南控、玖龙纸业	苏宁电器	美特斯邦威集团	碧桂园	海普瑞药业
富力地产集团	赛维LDK太阳能	苏宁电器	世茂集团	美的集团
尚德太阳能	SOHO中国	百度	腾讯	东方希望集团
东方希望集团	中国泛海控股集团	京华创新集团、日照钢铁	忠旺集团	龙湖地产
上海复星高科技集团	中信泰富	腾讯	苏宁电器	腾讯
浙江万向集团	鹏润投资	西洋集团	大连万达集团	比亚迪

2011	2012	2013	2014	2015
三一集团	娃哈哈集团	万达	阿里巴巴	万达
百度	百度	娃哈哈集团	百度	阿里巴巴
东方希望集团	大连万达集团	百度	腾讯	腾讯
新希望集团	腾讯	汉能控股集团	大连万达集团	小米科技
娃哈哈集团	龙湖地产	腾讯	汉能控股集团	正威国际
恒大集团	三一集团	长城汽车	娃哈哈集团	百度
龙湖地产	东方希望集团	碧桂园	正威国际	美的集团
苏宁电器	恒大集团	阿里巴巴	小米科技	恒大集团
美的集团	碧桂园	美的集团	美的集团	京东商城
森马服饰	世茂集团	东方希望集团	京东商城	网易

人物	所属行业	2006—2015年上榜次数	2006—2015年最高排名
宗庆后	食品饮料	9	1
梁稳根	传统制造	8	1

除了上述的三大板块，某些行业所处的领域富豪产量并不能与之匹敌，但每年总有那么几个人出现在榜单靠前的位置，比如传统制造、食品饮料、商业贸易、纺织服装、新能源行业等，甚至有人能在近十年的大部分年份登上前30名的榜单，这其中就有三一重工的梁稳根、娃哈哈集团的宗庆后。这与其所处行业的行业特性密切相关，也与公司掌舵人的个人能力密切相关。

时势造富

伴随中国经济的增长，中国富豪的财富也在急速膨胀。

不过2007年、2008年、2012年却是三个不按常理出牌的年份，分别走出了一个高峰和两个低谷。如果对中国经济稍有了解，就更能理解这种财富的共振效应。

但这并不妨碍，在一些行业和领域里，会在一段时期内集中出现众多企业和富豪。

房地产与互联网十年造富

2003—2007年，中国GDP始终保持着两位数的发展速度，这也是中国地产行业最风光的五年，2007年，中国富豪前30名有15个与房地产相关。而在2008年之后，受两次全球性经济危机影响的中国经济开始发生深刻调整，而此前孕育十年的中国互联网产业进入井喷期，更多、更快的造富神话开始在互联网产业诞生。

如果以1998年终结福利分房这一历史时刻为起点，中国房地产经历了17年从起步、发展到反复调控的过程。也是在这段时间里，它创造的高收入人群数量、上榜富豪数量之多以及它占整个GDP的比重之大，其他行业难出其右。

2008年是一个不平常的年份，美国的次贷危机引发了全球性的经济危机，中国亦受到冲击。支撑中国经济的房地产市场也是风云突变，全国房价的走势一路向下，当年全国商品住宅销售面积为4.46亿平方米，同比前一年减少19%。中国的股市也是经历了有史以来最大的暴跌。

2012年，全球性金融危机再现，国内经济增速放缓，房地产市场恶化，而股市已经经历了三年熊市的折磨依然低迷，加之楼市疲软、整体经济形势下行，前30名富豪资产也经历了从2008年以来的首次负增长。

接棒房地产的互联网行业，当下正在经历其最美好的时代。

“中国经济正处于结构性调整时期，从2015年的榜单上不难看出与这种转型有关的造富活动和新商业机遇的迹象。”福布斯上海分社社长范鲁贤在2015年福布斯榜单发布后表示。“互联网+”是本年度中国经济的最大风口，体现在中国富豪榜上则是，排名前10位的富豪有6位来自互联网行业，而排名前100位的富豪中有四分之一来自科技行业。

而李彦宏的百度、马云的阿里巴巴以及马化腾的腾讯，成为新时期中国经济的标杆性企业。

而互联网进入中国，到现在已满20年，伴随经济转型和结构调整，房地产、汽车、家电等传统行业纷纷“触网”，借助互联网思维突破发展瓶颈。与此同时，一大批新的商业模式，O2O概念的普及和互联网金融不断成熟，未来，互联网对传统产业的改造和颠覆将更加全面、深入。

由此，房地产与互联网，也成为在过去十年间，造就中国富豪最多的两大产业。

接棒者必须指引中国经济的转型

经济学上讲，任何行业都有其生命周期，当行业发展到一定程度和规模之后，必须寻找到新的增量空间，来拓展企业经营的广度与深度。而当把这种行业性“风口”的流动置身于中国宏观经济转型的大背景下时，会明显地感知时代赋予这些行业的机遇与挑战。

面临迫切转型问题的房地产企业自不待言，尽管其作为民生行业与高端消费品行业，还会在一段时间内占GDP重要位置，但其黄金时代已经不可逆转地成为过去。身处这个行业的精英们，或许可以清晰地调整企业航行的方向，但时代的“风口”已吹向他方。

而站在“风口”之上的互联网，似乎也进入其盛宴的下半场。

当互联网的基础设施完成铺就，移动互联网也步入普及时代，互联网的特点使得“颠覆”来得更为迅速，而互联网的触角也会更为迅速地覆盖人类生活涉及的所有领域。

由此也不难理解2015年互联网行业内几宗出人意料却又符合商业逻辑的巨额并购活动。其中，作为中国科技和互联网格局的重要一极，阿里巴巴2015年除了淘宝、天猫的传统电商业务持续增长，又不断壮大阿里原生族谱：构造了蚂蚁金服、菜鸟网络、阿里健康、阿里影业、阿里云等垂直领域生态，此外还全资收购UC、高德、优酷土豆，不断扩充业务外延。

在此趋势下，互联网巨头之外，“风口”的空间正在加速收窄。

而分析房地产与互联网何以能够培育最多富豪的原因，一个结论也会清晰呈现：那些切合了时代的需要，站上中国经济发展“风口”的行业，必然诞生做大的企业和最多的富豪。

20世纪90年代的房地产，正是赶上了中国近代以来快速城市化的需求，而成就了一批时代性的企业和富豪；而新世纪里在互联网领域诞生的企业和富豪们，更是顺应了中国乃至世界经济体系的趋势，在释放个人需求上有了长足进步，才有了当下互联网的繁华。

以此观之，富豪的诞生地，必然是时代的“风口”，是中国经济的“风口”。

（陶杏芳）

第九章 新改革红利

中国经济活力再造

即将翻开的这一页要为你展现的是2015—2016年中国实体经济的全景，一幅貌似悲观，却生机勃勃的景象。

在这个经济大图景中，许多工业行业面临着严重的产能过剩，企业的经营状况不乐观，需要找到办法化解；但与此同时，一些新兴产业和大消费领域，不仅感受不到丝毫的寒意，反而正在经历一个蒸蒸日上的黄金时代。

许多人都注意到了这种分化的现象，一些海外投行甚至将中国的新兴产业命名为“新兴中国”，这与传统中国的行业相对应。但是在传统产业的转型升级时，同样孕育着希望和机遇。而在火热的新兴产业中，也并非遍地是金，同样面临着新业态的冲击。而且，无论是传统行业，还是新兴行业，都面临着门外野蛮人的“觊觎”——互联网对传统行业的改造正在不断地上演，跨界的融合也成为经济的新常态。

在农业方面，粮食内外价差已经成为一个迫切要解决的问题，解决之道在于提升农业的生产效率，这需要改革土地制度。在服务业领域，仍然面临着许多不必要的行政管制和内部保护，需要进一步放开搞活。

因此，需要更加深入理性地把握正在发生的变革，认识原因，看清趋势。本篇的目的也正在于此。

“大进大出”难以为继

困难的行业，为什么会出现这样的困难？兴盛的产业，为什么会如此火热？对于原因的分析非常重要，因为这决定了我们要进行改进的话，会采取什么办法。

2016年是中国重新加入世贸组织的15周年，中国享受了全球化的红利，实现了十多年的高速增长，并将经济体量推至世界第二位的水平，但中国可能仍然是全球化的小学生，对全球经济的变化及对中国的影响认识仍十分不足。

中国已经习惯了外部旺盛的需求，并且自然选择了“大进大出”的发展战略。中国在进行重大经济战略布局时，仍是按照世界需求不断扩张的模式进行的，却没有及时意识到，世界市场已经发生了很大改变。

这体现在对出口增长目标的认识，前两年，虽然有各种政策支持，但中国每年设立的外贸增长目标都无法实现。2015年虽然也有类似稳外贸措施，但新的判断基本一致：世界市场已经发生了变化，内部再怎么努力也很难改变。而且，出口形势的变化是全球贸易萎缩造成，中国的实力依然强大——出口份额其实并没有降低。

正如李克强总理在中央党校的公开课上所讲：现在我们发现“大进大出”老路已难以为继。这导致了一些重大的战略布局遭遇到阻滞，过去按照高速增长不变前提下的高投资无法消化，产能过剩愈加严重。

2015年，世界经济的震荡进一步加大，石油、钢铁、有色金属等大宗商品价格连连暴跌，这与中国需求放缓有关，也反过来进一步拖累中国经济。2016年，中国的汇率市场化和资本项开放的进一步改革已箭在弦上，中国不仅在贸易层面参与全球资源配置，也在金融体系上深入参与到全球体系之中，更需要认真分析其中机遇和风险，敏锐捕捉变化的苗头，这样才能避免和减少全球经济震荡对中国经济的影响。

另一方面，为什么新兴产业会出现火热的现象？这恰恰反映了之前供给体系的不足，主要包括几个方面，一是在传统行业的高端制造和高端装备领域，一直以来存在严重的不足，而一旦技术水平提升至可以“补短板”的地步，需求就会迅速提升。比如，中国每年仅仅进口芯片就要花费超过一万亿元，如果中国能生产物美价廉的同类产品，需求不是问题。

另外一方面是公共产品的供给方面，虽然这些年在交通等基础设施领域已有很多投资，但仍然不够，尤其是城市群内部不同城市的交通。还有一些明显的短板领域，比如地下管网建设、停车场的建设，存在明显的供给不足。再就是在高端的消费品领域，中国过去一直采取抑制高端消费的政策，导致这部分需求流向了海外，但随着中产阶层的崛起，这部分供给也严重不足。这些领域的不足导致了当下的火爆。

但在这些供给不足的领域，又普遍面临着互联网的冲击，互联网已经成为工业和服务业的基础设施，对过去的生产模式、经营方式都带来极大的改变。因此，无论是制造领域的智能制造，还是服务业领域的新业态不断涌现都是新技术变革带来的结果。这种变革并未结束，甚至可以说尚处于前期，未来的变化会更为激烈。

当然，目前不同的经济学家对于原因的分析大体一致，但对于主要原因却存在不同的判断。但政策层已经发出了清晰的信号，在保持经济稳定增长的前提下，加大在供给侧的结构性改革力度，这也会给经济带来更多的后劲。

推进要素市场改革

那么，对于实体经济而言，结构性改革的重点是什么？笔者看来，根本在于提升经济增长的质量和效益。这也应是经济工作最核心的目标。

从农业领域来看，之所以出现了严重的内外价差倒挂的情况，根本原因在于农业生产效率的内外差异。虽然在免除农业税之后，农村得到了休养生息，但是农业技术和资本投入并没有增加，相反却处于停滞的状态。农业的生产经营制度也没有明显的变化。

农业生产效率的低下导致了国内主要粮食品种的价格远远高于国外，但是基于粮食安全的考虑，又不能一下打开国门，放开市场。短期内只能逐步改革，慢慢地调整部分农产品的价格形成机制，使价格反映市场的需求。但从根本上需要改革土地制度，扩大土地流转范围，甚至更进一步地对农村土地产权制度进行改革。这样才能推动土地适度的规模经营，从而增加农民对农业的资本和技术投入，提升农业生产率。这个过程同时又与城镇化、农民工市民化及目前的房地产去库存联系在一起。

在工业领域，同样最根本的是要提升资源的配置效率。目前之所以出现大规模的产能过剩就在于价格调节机制失灵，尤其是要素市场方面，包括土地、资金、原材料等方面。这些基础行业的价格调节失灵会导致市场的指挥棒出现错误，投资者决策也会出现错误。同时，过多的行政管制也是重要原因，大多数产能过剩行业都是政府审批的行业。

另外，中国经济发展中的“政策指挥棒”效应影响极为明显，一个行业被树立成标杆了，从地方政府到企业，大量资源就会一窝蜂地往上冲，这种盲目的重复投资造成宏观经济的风险不断聚集，不同地区风险也显得同质化。

这样的例子近些年越来越多。比如，在中央政府推动的城镇化的思路明确后，让包括房地产及上游的钢铁、平板玻璃等行业仍不断地加大投资规模，导致现在房地产库存过高和相关行业产能过剩尾大不掉。

而今一些新兴产业，又在重蹈覆辙，市场总体需求并不大，技术水平也没有根本突破，但在各地政府并未经过严密的判断，就极力推广发展这些产业，并给予许多财政支持，这导致低水平重复建设十分普遍，为经济埋下诸多隐患。

这一问题与中央政府仍掌握过多的经济资源有关，地方政府和企业往往简单迎合中央的方向，却难以根据本地区的资源禀赋和特点，走适合当地的发展道路。中国各地差异甚大，中央应当鼓励各地因地制宜去探索适合的发展模式。中央政府应当更好地提供经济信息的监测和分析，并向市场公开发布。

要改变这些现象，就要大力推进要素市场的改革。改革应当包括两个方面：一方面是价格改革，让市场决定价格；另一方面是垄断行业改革，让市场主体可以自由进出绝大多数行业。只有市场准入和价格同步放开，才可能形成良好的市场竞争体制。

内部改革的同时，需要进一步提升经济的开放度，尽快推进中美之间的BIT谈判，促进相关的市场制度和国际接轨。

朝向提升经济发展的质量和效益的目标，中国经济在冲过这个攻坚克难的阶段后，会迎来一个光明的未来。

（谭翊飞）

郑新立：城乡一体化改革可以盘活经济整盘棋

郑新立

2015年6月，中央政策研究室前副主任、国经中心副理事长郑新立曾发表过一篇文章《稳增长亟待货币政策的支持》，这篇文章的主要观点是希望决策层高度重视经济增速下行风险，建议采取更积极的货币政策。

根据郑新立的研究，1991—2010年的20年间，中国M2的年均增长速度为20.5%，GDP的年均增长速度为10.3%，M2的增速为GDP增速的2倍。但是2011—2014年，M2的年增速降为13.5%。2015年1—4月份M2增速只有10.1%，他认为这个增速太低了。

文章刊发后，央行多次降准降息，7月以来，M2增速有明显提高。与大多数经济学家不一样，郑新立一直在政府机关工作，为政府决策做参谋。他亲历了中国经济周期的几次波动，其中亚洲金融危机后的那轮经济低迷期，他提出发行国债的建议得到了决策层的支持，朱镕基任内中央政府连续五年每年发行1500亿元长期建设国债，用于农村电网、城市基础设施、高速公路、长江干堤加固等投资，有力扩大了总需求，稳住了经济增长。

对于当前经济状况，郑新立提出了与众不同的观点，他认为总需求不足是当前经济的主要矛盾，因此“稳增长”需要摆在更突出的位置。对于调结构，他认为“不要用短跑的方式跑长跑”。

对于如何扩大总需求，他提出了一套政策建议，其中最核心的就是大力推进城乡一体化改革，“在中部地区推广重庆经验，未来经济增长就有希望”。

“当前中国经济的主要矛盾是需求不足”

《21世纪》：您6月提出，中国应当实行更加积极的货币政策，后来M2的增速有明显提高，那么现在的货币宽松程度你认为是足够的吗?

郑新立：还不够。中国经济已连续四年增速下行，PPI前所未有的连续45个月为负，实际上中国经济目前处于严重的通货紧缩的状态，如果没有大的行动很难改变经济增速下行的惯性。经济明显偏冷，就要踩油门，货币投放的力度应当加大。

但是，现在增加M2投放，实际上却增加不上去。主要是企业看不到前景，不敢投资。优质的项目和企业并不多，所以商业银行想贷款贷不出去。

后来，国务院又采取一个补救的办法，由国开行、农发行联合向邮政储蓄发行1万亿元专项债券，在财政贴息之后以中长期低息贷款的方式，支持公用事业、战略性新兴产业等发展，这种定向调控的办法对扩大需求发挥了作用，11月工业增加值同比增速开始略有回升。

《21世纪》：我们当前正处于前期刺激政策的消化期，还要再来一次4万亿元的投资吗?

郑新立：小平同志说中国经济有什么问题解决什么问题。我们现在面临的矛盾很多很多，但当前的主要矛盾是需求不足，或者叫产能过剩。这种需求不足是长期历史积累形成的，包括4万亿元也增加了供给。

但实际上，经济学界对4万亿的评价是不公正的，如果没有4万亿元，那一年的经济增长速度可能会下到3%，如果真的到了3%，社会稳定就会出问题。而且4万亿元投资大多用于民生工程和基础建设投资等，不会产生大量的不良资产。产能过剩和需求不足是一个问题的两个方面，从供给的角度是供给过剩，但从需求角度看就是需求不足。结构改革当前最大的任务是调整供给结构，调整供给结构的重点应放在增加公共产品的供给上。

《21世纪》：有一种观点认为，实际上，我们现在很多产品的产量已接近或达到需求峰值，这与人口结构等因素有关，是无法改变的，因此经济增速必须下行。

郑新立：这个说法没有根据，他们最大的错误是没有看到中国还有47%的人口在农村，他们的收入水平、消费水平只有城市居民的1/3。世界上所有摆脱中等收入陷阱的国家，都是解决了城乡居民收入均衡之后才实现。

从一些主要的需求类别来看，现在我们住房存在过剩，但是如果2.8亿农民工加上6000万留守儿童、4300万留守妇女和4000万留守老人的话，总共有4.2亿人，他们都在城市安家将会产生多大需求?

再来看汽车的情况，我们人均汽车保有量只有美国的十分之一。但是我们有很多城市实行限行或限购，美国没有一个城市这样做，原因是政府不作为。汽车的消费应该还有很大的增长空间。

总体来看，中国的人均GDP才7500美元，美国是5万美元，我们这个时候就说需求达到峰值，显然是脱离国情。

挖掘中国的内需潜力

《21世纪》：“十二五”期间，国家就提出了扩大内需的方针，并且采取了许多政策促进消费，那么目前中国挖掘内需的潜力在哪里?

郑新立：主要潜力就在于城乡一体化，国务院提出了解决“三个一亿人”的问题，在我看来实际上就是重点抓农业现代化、新农村建设和农民工市民化三件事。

第一是农业现代化，通过土地承包权的流转，发展土地规模经营，培育农村合作社、农业公司、家庭农场等经营主体，这会给农业机械、农业水利建设带来很大的需求和投资机会。

第二个是新农村建设，并且和农民工市民化结合起来。最近中办和国办发布了农村综合改革的意见指出，完善和拓展城乡建设用地增减挂钩和地票试验。

这个事重庆一直在做，并建立了一个地票市场。这样远离城市的农村也能分享到市区的级差地租。对城市建设用地指标应该由政府审批改为到市场上去买。重庆远离市区的农村宅基地退出，一亩能卖到20万元，进城落户的农民通过这个市场退出宅基地后，可以拿到在城里买房的安家费。

重庆市通过农民有偿退出宅基地，6年多来300多万人进城落户，每个人平均拿到了10万元安家费。此外，政府又送给农民5件新衣：养老保险、医疗保险、子女上学入托、廉租房和经济适用房以及所有城市的公共服务。这些新衣需要政府一定的投入，但是像重庆这样西部财力较弱的城市都可以做，东部沿海城市更有条件来做。

农民工在城里定居了，就能变成稳定的劳动力，既有利于产业升级，也有利于拉动消费。2015年上半年重庆经济同比增速达到10.9%，领跑全国，关键在于推进了城乡一体化的改革。

现在很多地方农民用打工赚的钱在农村盖房子，但这些房子80%没人住，却在城里住地下室。有句俗话说，家里盖楼养老鼠，在城里住得像老鼠，资源浪费太厉害。农民之所以在农村盖房，就是觉得城里不是久留之地，如果他们在城市可以落户，享受同样的社保和福利，那么农村盖房就没必要。这么扭曲的事，我们为什么不加以改变呢？

《21世纪》：农民进城落户，由于之前并没有缴纳社保，享受同样的社保和福利需要地方政府巨大的投入。地方政府可能会像上一轮城镇化热潮时一样，仅仅当成发展房地产的机会。

郑新立：单讲城镇化不够，刚才说的是三位一体，三件事要联动起来，只要把这个潜力发挥出来，足以让中国经济保持7%—8%的速度到2030年。

如果我们来算算“三块地”的价值就可以看巨大的潜能，承包地有偿转让，以一亩地每年700元转让费计算，18亿亩耕地如果全部转让农民每年可坐收地租超过1万亿元。农村宅基地全国约合2.5亿亩，如果每亩20万元，总价值超过50万亿元。中部地区宅基地的价格会超过重庆一倍以上。农民有了这些财产性收入，整个城乡一体化这盘棋就活了。所以要动员沿海吸纳农民工比较多的城市，让农民工成为城市的市民，送给他们“五件新衣”，让他们自愿有偿退出宅基地。

这里不仅是财政投入，要以财政投入吸引银行贷款和社会资金投入。如果“十三五”时期能以土地杠杆撬动20万亿元各类资金投入农业现代化、新农村建设和农民工市民化，城乡结构就能出现大的变化，需求释放出来了，稳增长和全面小康就有了可靠保障。

《21世纪》：如果从投资方面来讲，在您看来还有什么新的投资空间？

郑新立：现在公共产品供给严重不足，需要加大投资力度。比如清洁的空气、干净的水、教育、医疗、社会保障、城市交通、停车场、道路、地下管廊、垃圾处理、污水处理、养老院、托儿所等等。现在雾霾这么严重，针对污染源采取措施治理，就要增加投资。十八届三中全会已经提出了很好的机制，就是谁污染谁付费，推行第三方治理。过去是谁污染谁治理，由于缺乏严格监管，结果是谁治理了谁吃亏。现在，只要有排放物就拿钱，政府招标把合格的设备装上，保证24小时运作，95%以上的排放物可以得到解决。现在的关键是不落实。

另外，要优选一批带动能力强的重大项目。比如淮河经济带的治理和发展，如能在“十三五”时期开工建设，不仅可以根治淮河流域水患，而且可以形成中国的第三条出海通道，增加两万多亩的良田。

但怎么把社会资金引导到公共产品的供给上来，这就需要改革，推行PPP模式，让民间资本投资这些领域有合理的回报。

《21世纪》：PPP的效果并不太好。

郑新立：因为一些赚钱的项目，政府舍不得放。所以关键要靠改革，如果投资体制改革到位，社会资金是愿意进来的。比如北京的停车场，满足不了一半需求，但停车场的建设并不难，甚至建筑物的下面都可以进行施工，技术很成熟，只要政府积极去推动，选定一定的位置，给予一定的方便条件，不到几年便可解决。

调结构是长跑，不是短跑

《21世纪》：对2016年的经济工作，您有什么建议?

郑新立：要把握三个方面的问题。第一件事就是采取有效措施遏制经济下行，要把发展政策、财政政策和货币政策结合起来。发展政策确定投资的重点领域和重点项目。财政政策主要给予贴息、减税。货币政策跟着财政政策走。三个形成合力，才能事半功倍。

第二是处理好稳增长和调结构的关系，保持两者之间的平衡。调结构不能以牺牲稳增长为代价，但稳增长不能以结构的恶化来实现。

第三，把重点放在推进城乡一体化的改革和发展上。把重庆的经验推广到中部地区，最终要实现习近平主席所讲的城乡居民基本权益平等化、城乡公共服务均等化、城乡居民收入均衡化、城乡要素配置合理化。

《21世纪》：产能过剩的传统行业应该怎么办?

郑新立：化解产能过剩，过去我们有几个方法，即“四个一批”政策，消化一批、转移一批、整合一批、淘汰一批。但是我们不能把短期政策和中长期政策混淆在一起，把中长期的问题拿到年度来实现。调结构、转方式是一个中长跑，不可能在三两年完成。中国的产业结构从劳动密集型、资源密集型转变为知识密集型、技术密集型，需要一个历史过程。如果用短跑的方式跑长跑，欲速则不达，本来可以跑一万米，可能跑了五百米就晕倒了，休克了。

而且化解产能过剩应主要靠市场竞争来解决，而不是靠宏观政策。短期内让企业大批死亡是不负责任的态度，如果中国经济出现持续下行，银行不良风险增加，引发金融风险，这个责任谁也承担不了。

《21世纪》：您对2016年的经济形势有什么担忧吗?

郑新立：中国经济发展从新中国成立初到现在，最容易犯的病就是急于求成，调结构也要防止急于求成。因为这些行业的体量太大，哪怕是调结构也要慢慢来。我们在20世纪90年代后期不断改善宏观调控，吸取了改革以后前二十年周期性的大起大落的教训，经济偏冷时踩踩油门，经济偏热时踩踩刹车，这个经验仍然有效。

我去重庆的时候，听黄奇帆讲，他提议以后桥梁和房屋建筑都应搞成钢结构的，尽量少用水泥，有利于消化钢铁过剩产能，废旧钢材将来还可以回收利用，这是个好主意。

在中国的工业经济中，钢铁、石化等原材料行业占的比重很大，高技术行业比重太小。像华为这样的企业太少了，华为2014年研发投入409亿元，比A股市场前200家公司研发费用的总和还要多。中国如果有十个华为，经济转型就成功了。

（谭翊飞）

117万亿，资产国企改革迎接大考

历经十年后，国企改革再出发。2015年9月13日公布的《中共中央、国务院关于深化国有企业改革的指导意见》写明了国企改革的目标：

到2020年，在国有企业改革重要领域和关键环节取得决定性成果，形成更加符合我国基本经济制度和社会主义市场经济发展要求的国有资产管理体制、现代企业制度、市场化经营机制，国有资本布局结构更趋合理，造就一大批德才兼备、善于经营、充满活力的优秀企业家，培育一大批具有创新能力和国际竞争力的国有骨干企业，国有经济活力、控制力、影响力、抗风险能力明显增强。

但是盘点国有企业，达成此目标恐不易；2015年国企利润出现金融危机以来最大跌幅，在收益率下行、负债增速高于资产增速压力下，新一轮国企改革任务艰巨。

一、国企改革动因：营收、利润已负增长

2015年国企利润出现金融危机以来最大跌幅

注：包括中央企业和36个省（区、市、计划单列市）的地方国有及国有控股企业，不含国有金融类企业；数据来源：财政部

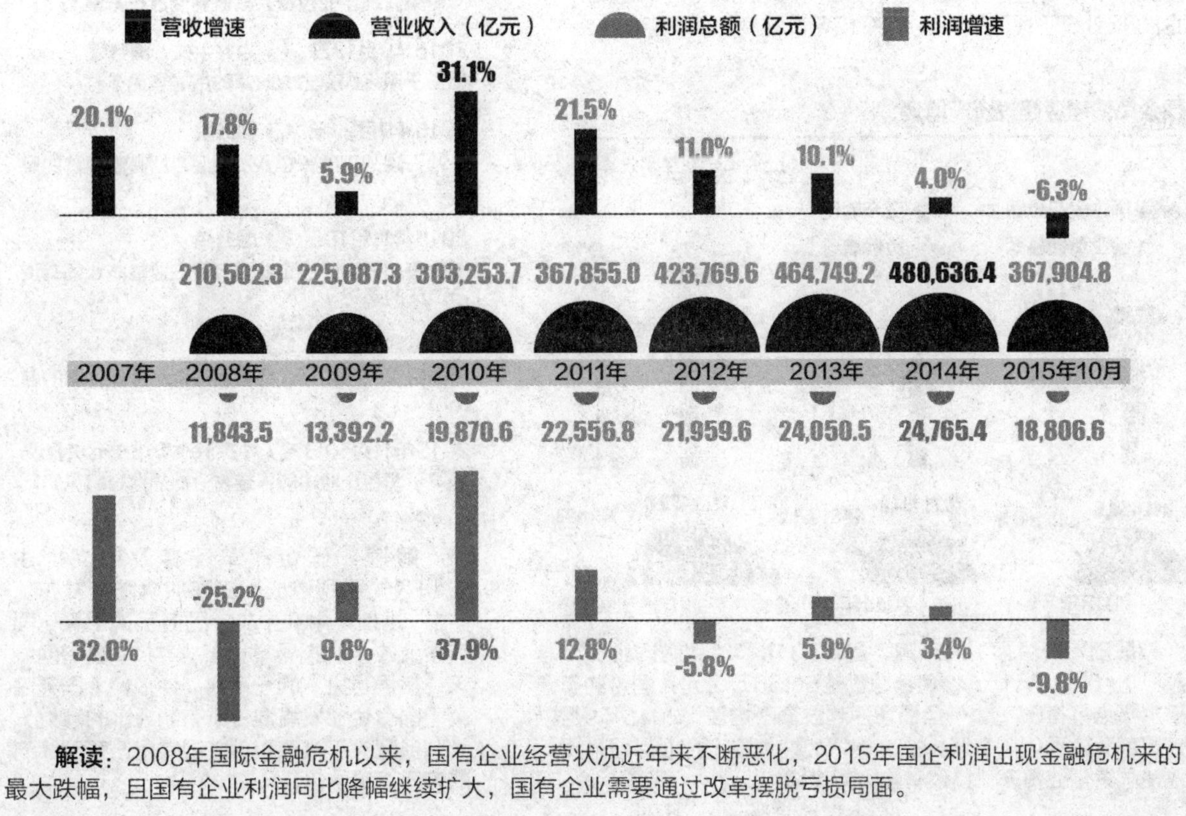

解读：2008年国际金融危机以来，国有企业经营状况近年来不断恶化，2015年国企利润出现金融危机来的最大跌幅，且国有企业利润同比降幅继续扩大，国有企业需要通过改革摆脱亏损局面。

上市国企净资产收益率处下降趋势

数据来源：Choice

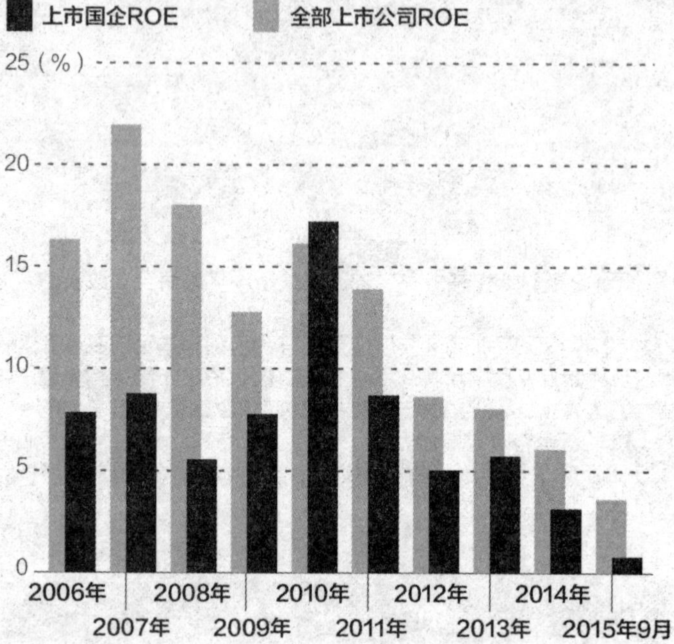

解读：以上市公司为例，判断盈利能力的核心指标——净资产收益率（ROE）作为参考指标，除2010年外，上市国有企业净资产收益率一直低于全部上市企业。2013年以来，国企ROE处于下降趋势中，至2015年三季度已低于1%。

国企负债增速超过资产增速

单位：亿元；数据来源：财政部

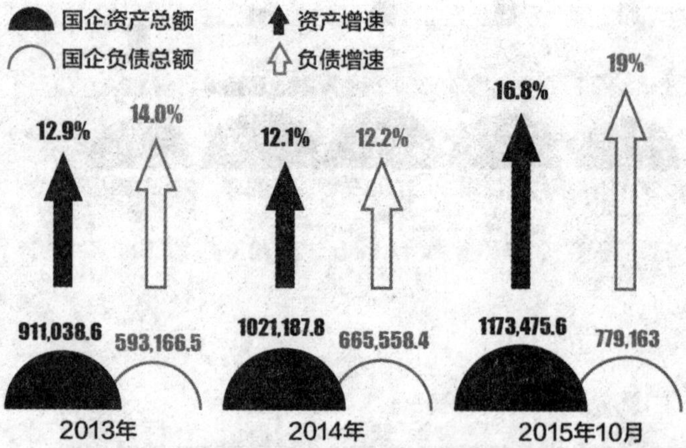

解读：受经营下滑影响，虽然2014年给金融国企资产总额已达102.11万亿元，负债总额达66.56万亿元，国企的负债率水平维持在65%，但负债增速超过资产增速。2015年9月以来，部分企业因国有股持股比例增加纳入国有企业月报范围，致使国有企业资产、负债有较大幅度增加。

二、国企改革路线图

自2013年11月的十八届三中全会提出全面深化国企改革总目标后，2015年9月，指导和推进国有企业改革的纲领性文件《中共中央、国务院关于深化国有企业改革的指导意见》对外公布。

国企改革顶层设计动态

信息来源：国家

2013年11月15日 ○ **十八届三中全会**
《中共中央关于全面深化改革若干重大问题的决定》

2014年7月15日 ○ **国务院国资委**
“四项改革”试点

2015年6月5日 ○ **中央深改组**
《关于在深化国有企业改革中坚持党的领导加强党的建设的若干意见》《关于加强和改进企业国有资产监督防止国有资产流失的意见》

2015年7月中旬 ○ **习近平总书记在东北考察**
国企改革“三个有利于”标准

2015年8月29日 ○ **中共中央政治局**
《中央管理企业负责人薪酬制度改革方案》

2015年9月13日 ○ **中共中央、国务院**
《关于深化国有企业改革的指导意见》

2015年9月24日 ○ **国务院**
《国务院关于国有企业发展混合所有制经济的意见》

2015年11月10日 ○ **国务院**
《关于加强和改进企业国有资产监督防止国有资产流失的意见》

2015年11月4日 ○ **国务院**
《国务院关于改革和完善国有资产管理体制的若干意见》

2015年11月10日 ○ **中央深改组第十七次会议**
《关于国有企业功能界定与分类的指导意见》

解读：国企改革配套改革文件由“1+N”系列组成，正在加紧陆续发布。“1”是指《中共中央、国务院关于深化国有企业改革的指导意见》，“N”是指围绕该《指导意见》的一系列文件，如《国务院关于国有企业发展混合所有制经济的意见》《国务院关于改革和完善国有资产管理体制的若干意见》等。

（一）分类推进国有企业改革

根据《指导意见》，国有企业分为商业类和公益类。通过界定功能、划分类别，实行分类改革、分类发展、分类监管、分类定责、分类考核。

国企分类改革

资料来源：国企改革方案

国企分类	改革目标	股权改革（混合所有制改革）
商业类	增强国有经济活力、放大国有资本功能、实现国有资产保值增值	●原则上都要实行公司制股份制改革 ●积极引入其他国有资本或各类非国有资本实现股权多元化 ●国有资本可以绝对控股、相对控股，也可以参股 ●着力推进整体上市
		保持国有资本控股地位，支持非国有资本参股
公益类	保障民生、服务社会、提供公共产品和服务	●可以采取国有独资形式 ●具备条件的也可以推行投资主体多元化 ●可以通过购买服务、特许经营、委托代理等方式，鼓励非国有企业参与经营

解读：分类改革是国企改革的前提，在此基础之上推进混合所有制改革等。三类国企分类主要是按照市场化和社会化改革目标划分，竞争类国企将是混合所有制的主战场，未来资产并购重组主要集中在此。

国有企业行业分布

注：截至2012年；数据来源：Wind资讯

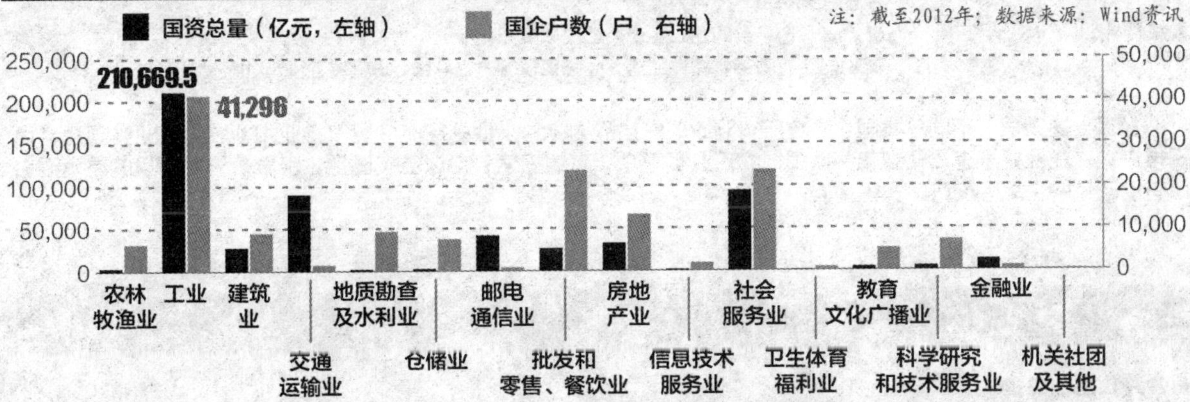

解读：国企多集中在传统工业部门。以国企户数计算，工业类占27%，社会服务业、批发零售和餐饮均分别占16%。面临产能过剩和产业转型压力。

工业类国有资产行业分布情况

注：截至2012年；数据来源：Wind资讯

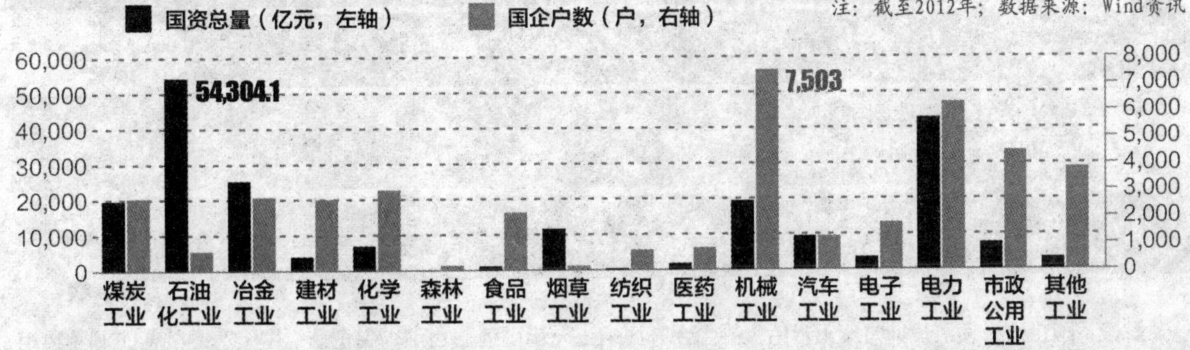

解读：工业部门中，三桶油占到26%，电力占20%，此外还有12%的国资分布在冶金、9%的国资布局在煤炭工业。

（二）混合所有制经济

发展混合所有制经济，包括推进国有企业混合所有制改革、引入非国有资本参与国有企业改革、鼓励国有资本以多种方式入股非国有企业、探索实行混合所有制企业员工持股等。

分类推进国企改革

资料来源：国务院关于国有企业发展混合所有制经济的意见

国企分类	混合所有制改革
主业处于充分竞争行业和领域的商业类国有企业	● 充分运用整体上市等方式 ● 积极引入其他国有资本或各类非国有资本实现股权多元化
	● 国有独资或控股 ● 允许符合条件的非国有企业依法通过特许经营、政府购买服务等方式参与建设和运营
	● 国有独资或绝对控股 ● 在强化环境、质量、安全监管的基础上，允许非国有资本进入 ● 网运分开、主辅分离 ● 对自然垄断环节的管网实行国有独资或绝对控股 ● 放开竞争性业务
主业处于重要行业和关键领域的商业类国有企业	● 国有独资或绝对控股 ● 支持非国有企业投资参股以及参与特许经营和政府采购
	● 国有独资或控股
	● 核心军工能力领域国有独资或绝对控股 ● 其他军工领域，分类逐步放宽市场准入，建立竞争性采购体制机制
	● 加大国有资本投资力度
公益类国企	● 推进具备条件的企业实现投资主体多元化 ● 通过购买服务、特许经营、委托代理等方式，鼓励非国有企业参与经营

解读：决策层对不同分类国企混合所有制改革的措辞为：对主业处于充分竞争行业和领域的商业类国企，稳妥推进；对主业处于重要行业和关键领域的商业类国企，有效探索；对公益类国企，引导。显而易见的是，混合所有制改革的主战场在竞争类国企。

三、不可忽略的央企合并机会

有合并预期的央企

	公司名称	上市平台
航运	中国船舶工业集团公司 中国船舶重工集团公司	中国船舶、广船国际、钢构工程、中船防务 中国重工、风帆股份
钢铁	宝钢集团、武钢集团	宝钢股份、武钢股份
货运航空	中国国际货运航空有限公司 中国货运航空有限公司 南方航空公司货运	
航运	招商局集团 中国外运长航集团	招商局国际、招商轮船、深赤湾A和B 外运发展、中国外运、中外运航运

解读：国企改革顶层设计方案出台后，央企合并重组进一步提速。目前，央企重组围绕产业结构的调整重组特征明显，通过供给端的结构调整可以提高供给水平。钢铁行业、建筑建材、水泥、煤炭、油气、有色金属等产能过剩的企业调整的步伐会加快。

四、国有资产证券化已在提速

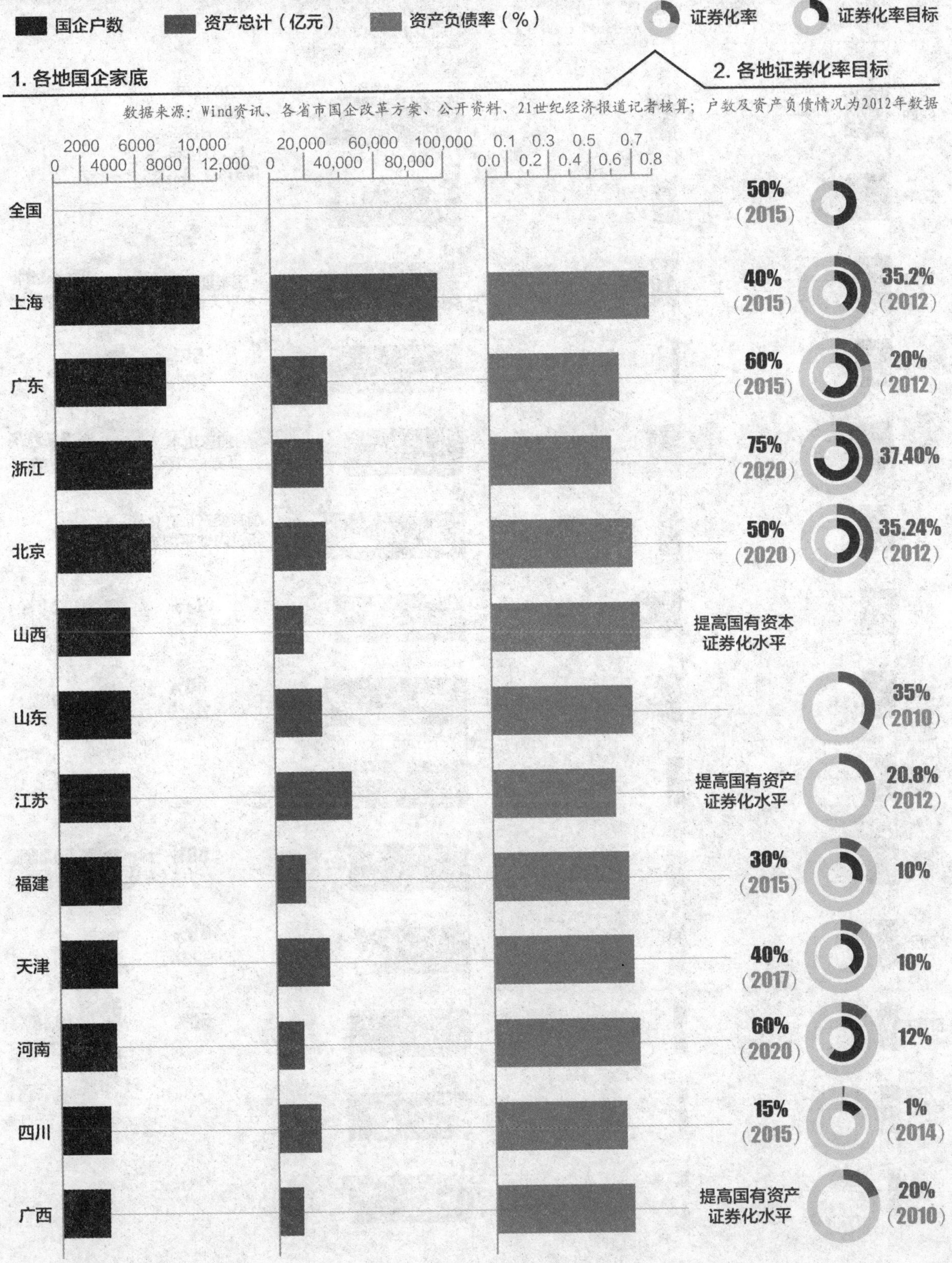

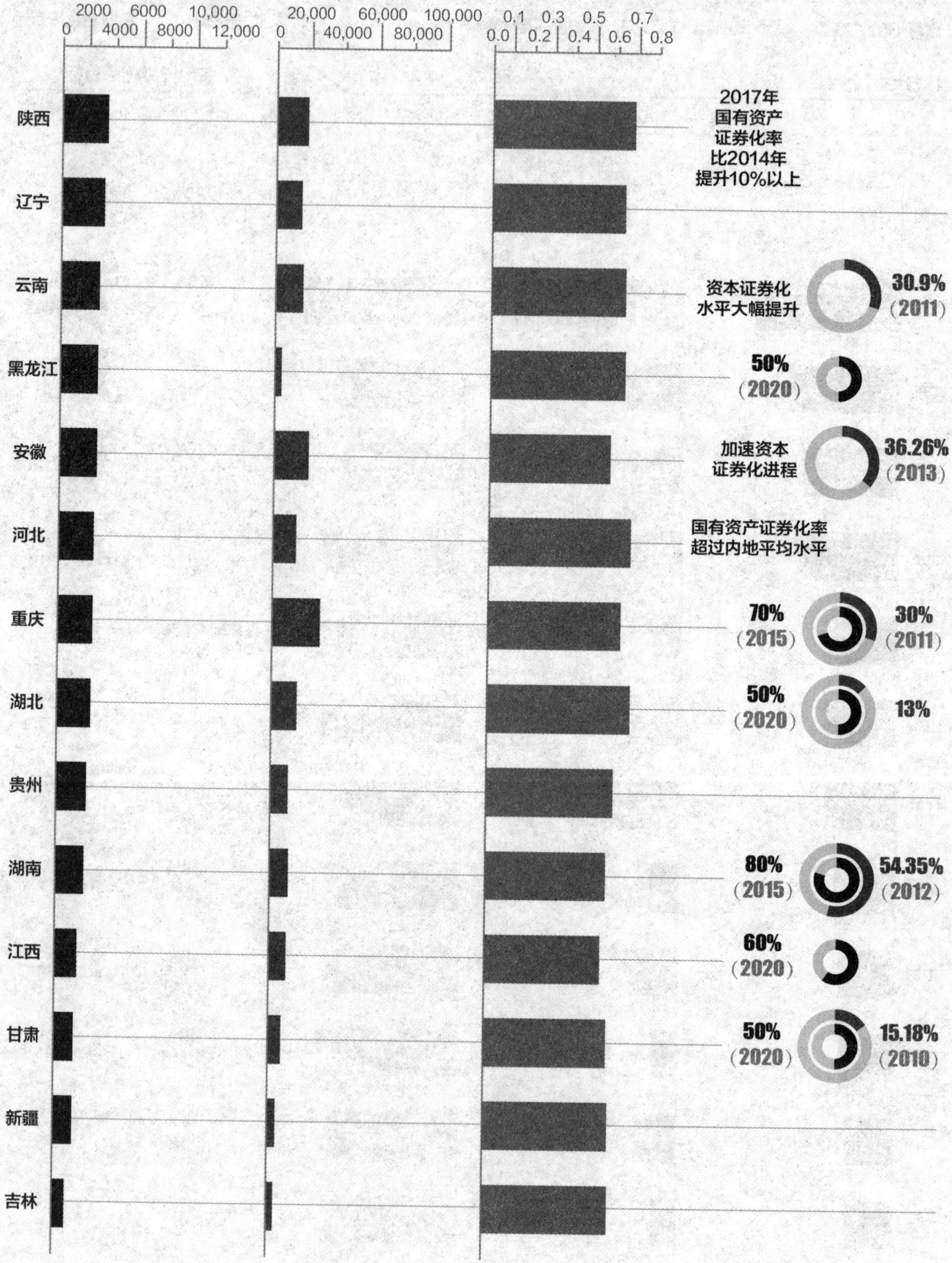

0
2000
4000
6000
8000
10,000
12,000
0
20,000
40,000
60,000
80,000
100,000
0.0
0.1
0.2
0.3
0.4
0.5
0.6
0.7
0.8
陕西
辽宁
云南
黑龙江
安徽
河北
重庆
湖北
贵州
湖南
江西
甘肃
新疆
吉林
2017年国有资产证券化率比2014年提升10%以上
资本证券化水平大幅提升
30.9%（2011）
50%（2020）
加速资本证券化进程
36.26%（2013）
国有资产证券化率超过内地平均水平
70%（2015）
30%（2011）
50%（2020）
13%
80%（2015）
54.35%（2012）
60%（2020）
50%（2020）
15.18%（2010）

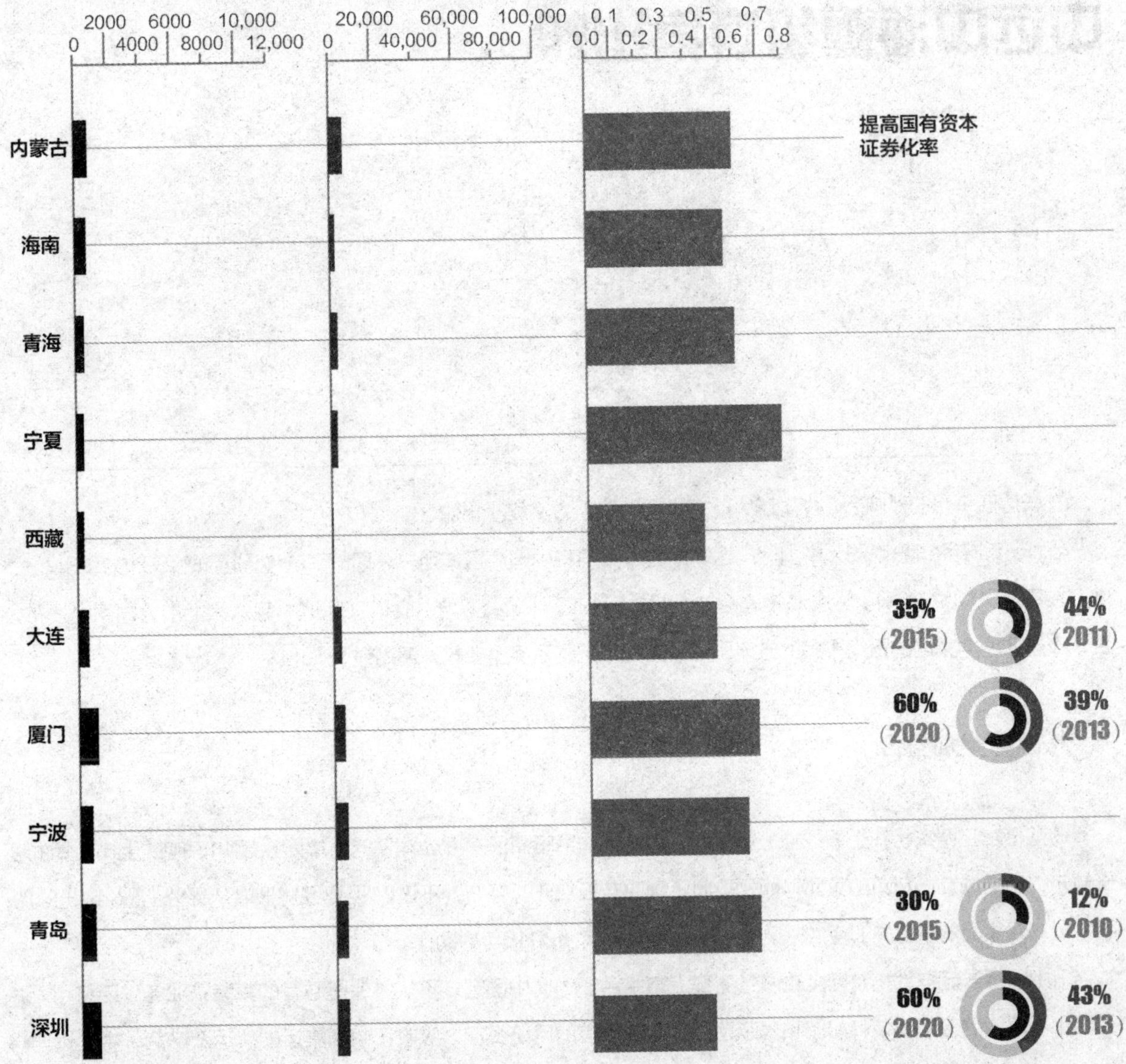

解读：据统计，已有上海、辽宁、湖南、天津等22省区市出台“深化国资国企改革意见”。地方国资改革的步伐，正从改革政策出台提速迈入实操落地阶段。国有资产证券化过程中，在国企市值占A股总市值超一半的情况下，国资改革带来的不仅是主题投资机遇。

2015年度央企整合大戏收官：中远中海重组方案出炉

在长达四个月的停牌后，中国两大航运央企的重组方案终于出炉。

2015年12月11日晚间，中国远洋运输集团总公司和中国海运集团总公司旗下的中国远洋（601919.SH）、中海发展（600026.SH）、中海集运（601886.SH）、中远太平洋（01199.HK）等八家上市公司同时发布公告，披露了两大集团的重组方案。方案已经得到国务院国资委企业改革局通过。

按业务类别整合

此前传言称两家将在上海成立一家名为“中国远洋海运集团有限公司”的新集团，但11日晚的上市公司的公告暂未提出要成立一家新的集团，而是按照不同业务板块先行整合。不过21世纪经济报道从另外的匿名消息源获悉，成立新集团的事项并非空穴来风，可能会是两大集团2016年的动作。

1.中国远洋定位为集装箱全球服务集群上市平台。为此中国远洋不仅将保留原有的集装箱业务，还将租入并经营中海集运的全部集装箱船舶和集装箱，并收购后者的网络资产。吸收了中海集运的集运资产后，中国远洋将成为全球第四大的集运公司。

2.中海发展定位于油运上市平台。这次中海发展吸收了中远集团旗下的大连远洋并剥离散货业务后，将缔造全球运力规模第一的油品运输公司。

3.中海集运定位为以租赁业务为主的综合性金融服务平台。为此中海集运将以现金购买两大集团旗下的租赁和金融资产。

4.中远太平洋定位为码头业务的专业化上市平台。为此中远太平洋将收购中海集运以及中海集团持有的码头资产，并将集装箱租赁业务出售给中海集运。吸纳中海的码头资产并退出集装箱租赁业务后，中远太平洋在全球的集装箱码头数将达到42个。

5.两大集团的干散货业务全部剥离出上市公司，由中远集团接手。中远和中海的干散货业务原本就已经亏损，而短时间内干散货需求也没有好转的迹象，此时将干散货业务剥离，有利于避免拖累上市公司的业绩，便于上市公司进行业务转型。

6.中远航运（60048.SH）、中远国际控股（00517.HK）、中远投资（COSC.SI）和中海科技（002401.SZ）不涉及此轮重组。

这一系列的资产互换和整合2016年完成后，四家上市公司的资产规模及行业领军地位均将得到长足的提升和巩固——中远集运将成为全球第四大集装箱航运公司，中远太平洋成为以吞吐量计的全球第二大码头运营商，中海发展成为全球油轮船队运力最大的公司，中海集运将成为全球第三大集装箱租赁公司。

超过5万人编制福利面临调整

这份重组方案一定程度上符合外界的分析和猜测，但也有一些改革方向和业务去向没有回答。

比如前文提到的成立国有投资运营公司，重组方案并未涉及。目前能得到的口径是，后续安排还需要根据未来发展战略择机对相关板块进行进一步调整优化，但是否会成立国有投资运营公司的考虑暂时无法确定。

人员编制和福利待遇是此次重组面临的最大难题之一，但重组方案并未详细介绍会如何调整。21世纪经济报道从涉及重组的四家上市公司2014年的年报计算，共计超过5万人将受影响。四家上市公司称，将结合国家规定、员工自身情况以及发展需求对员工编制和福利等待遇进行调整。

还有很多业务，在此次重组当中尚未涉及，停牌的8家上市公司中最终有四家并不参与，包括新加坡上市的中远投资有限公司，旗下业务涉及船舶造修和海工；香港上市的中远国际控股，其业务为船舶贸易代理、船舶保险等船舶服务；深交所上市的中远航运，其主营业务为特种船运输；上交所上市的中海科技，其业务为智能交通系统、工业自动化、交通信息化的开发、销售和服务。

被剥离出上市公司的干散货业务未来如何处置？中海集运在公告中表示，整合后将会有利于优势互补，实现资源优化配置。

此前中远和中海已经借由新增的铁矿业务成立了合营公司中国矿运，由中国远洋下属的中散集团和中海发展共同持股。中远集团吸收中国远洋和中海发展两家上市公司的干散货业务后，双方的干散货业务将要进一步整合，其中自然也包括中国矿运。

不过重组方案并未提及，未来干散货业务是否有重新上市的计划，对此中远方面也表示无法回应。

市场萎靡全球航运业大整合

2015年暑期，全球集装市场遭遇重创，运价跌入谷底，一大批集运企业盈利大降。在早已运力过剩的干散货市场，市场需求依然未见起色，经营压力之下，航运企业纷纷选择抱作一团。

一批集运企业的业绩都明显下滑。行业龙头马士基前三季度盈利同比降低六成，直接拉低了其全年预期；在中国台湾，长荣海运、阳明海运和万海航运2015年前三季度营收都在下滑；在韩国，韩进海运和现代商船延续近年的亏损势头；在中国大陆，中海集运和中国远洋盈利也大幅度下滑，前者前三季度由盈转亏，后者亏损增加了一倍。

然而正由于连年亏损，韩国政府也开始讨论韩进海运和现代商船合并的可能性。韩进海运和现代商船的运力在全球分别排至第九和第十六位，如果实现合并总运力将达到5%，届时将会排在合并后的中远中海之后。

事实上，在全球前二十大集装箱班轮运输企业中，大部分企业的运力都很接近，一旦出现新的整合，很快就会进入行业前列。

已经处于领先地位的马士基和达飞近期就都传出了洽购新加坡东方海皇的意向，后者旗下的美国总统轮船占有全球集运市场2.7%的运力。由于竞争力与规模效应息息相关，马士基将其收购后将可拉开与地中海的运力差距，而达飞将其收购后则可拉近与马士基、地中海之间的差距。

无论是中韩两国出于减亏提效的目的，还是行业龙头出于维持领先地位的考虑，在2015年运价探底后，集运行业继续整合已经成为必然。

此外，由于前二十大班轮公司中有十六家公司分属2M、O3、CKYHE和G6四大航运联盟，上述几宗企业合并一旦发生，都将对现有的联盟格局产生巨大影响。

和集运市场2015年创下新低类似，早已运力过剩的干散货市场2015年继续下探。

这增加了中远和中海整合干散货运输业务的动机。2015年上半年，中远旗下的中散与中海发展合资成立中国矿运有限公司，正式投入承运淡水河谷铁矿石的业务当中。这标志着，以新增的业务进行合作成为航运央企整合的优先路径，也为下一步扩大干散货业务的整合奠定了基础。

和中远中海相比，中外运长航和招商局两大集团的合作更早，涉及的业务更多。早在2014年，中外运长航就与招商局集团旗下的招商轮船联手成立了中国能源运输有限公司，共同经营VLCC油轮船队。

而在2015年9月，招商轮船又与中外运航运合作，后者计划参与到中国液化天然气运输公司牵头的LNG（液化天然气）船项目中，再一次增加了双方的合作领域。而这家中国液化天然气运输公司，是由中远旗下的大连远洋和招商轮船合资成立。

和中远一样，招商轮船也与淡水河谷签下了铁矿石长期运输协议。随着中外运长航与招商局开始在集团层面讨论重组事宜，下一步招商轮船也很有可能会学习中国矿运的模式，与中外运长航就铁矿石运输展开合作。

（肖夏）

一、集运市场再度整合

数据来源：alphaliner

Alphaliner全球前二十大班轮公司排名（截至2015年11月13日）

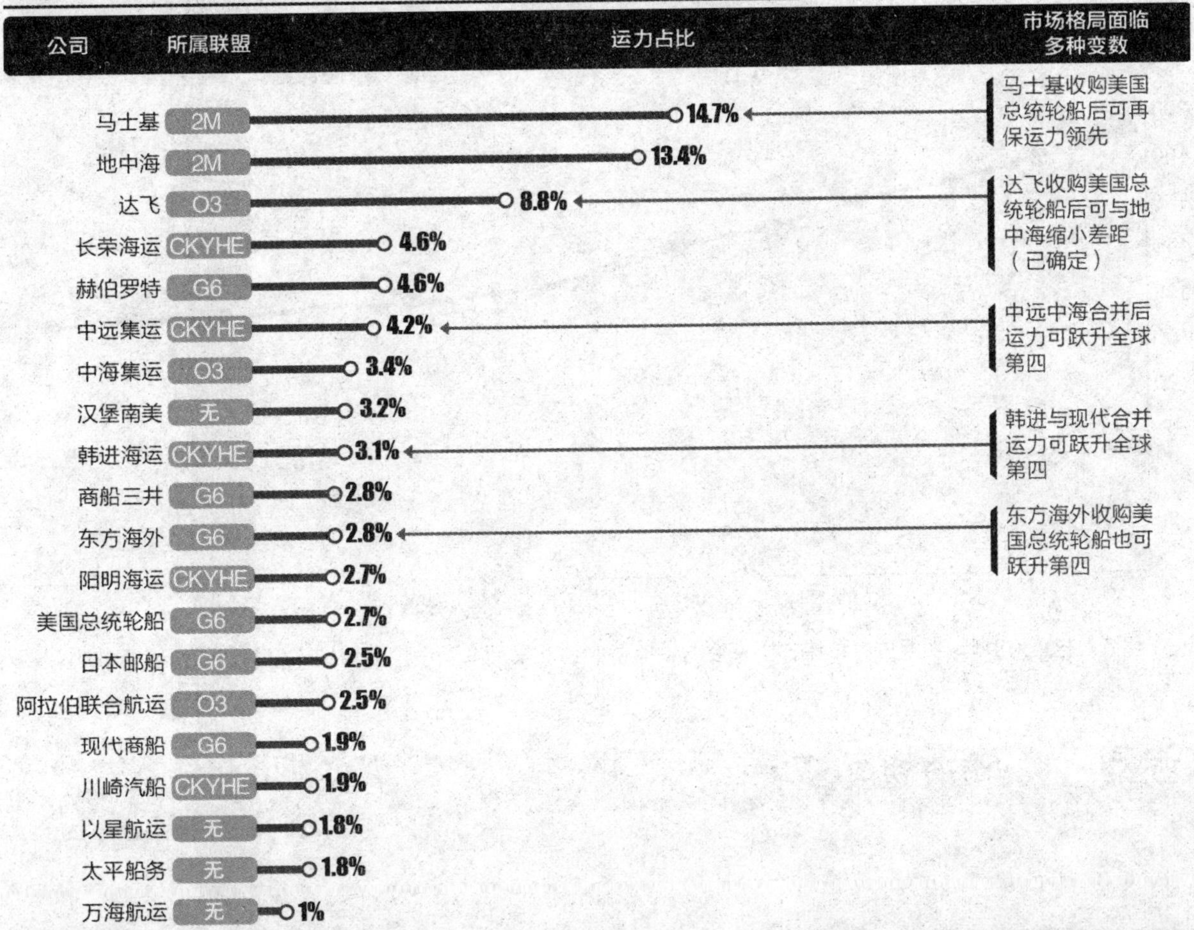

二、航运央企抱团求生存

数据来源：本报记者根据公开资料整理

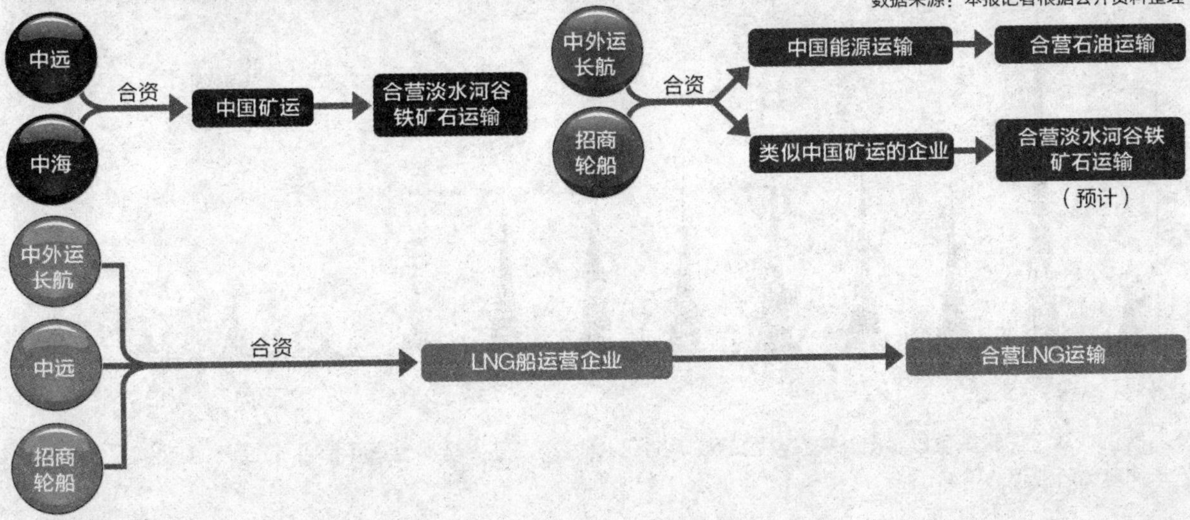

吸收合并是央企整合的主要方式

一、2003—2015年央企总数变化

数据来源：国资委官网、本报记者根据公开资料整理

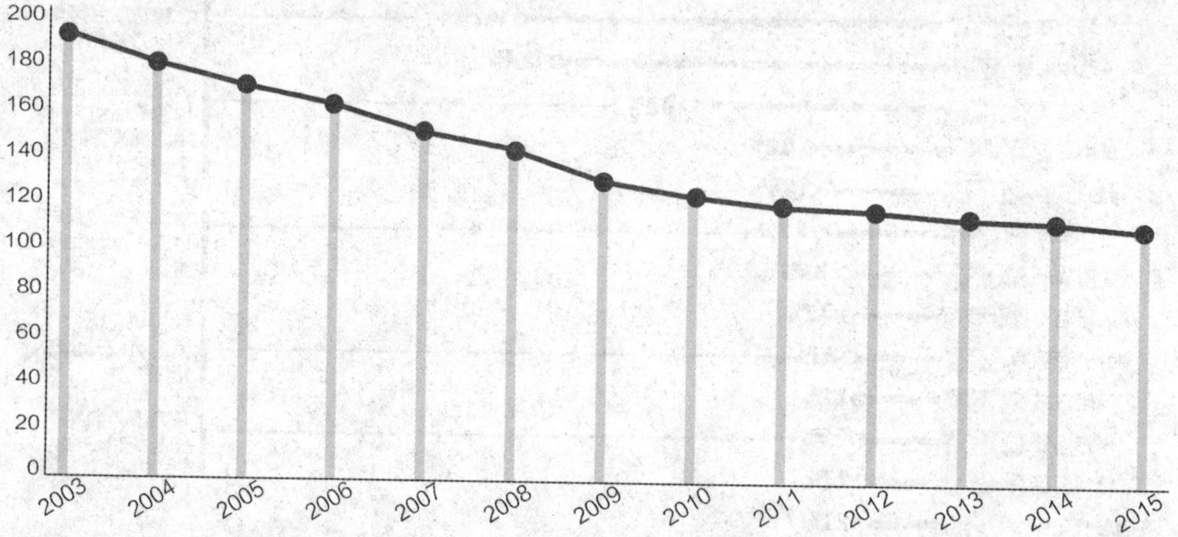

解读：自2003年国资委成立以来，国资委直接监管的企业虽然有新设企业增加，但总数一直在减少，未来还会延续这一趋势，继续减少。

二、央企整合历年进度

数据来源：国资委官网央企变更公告

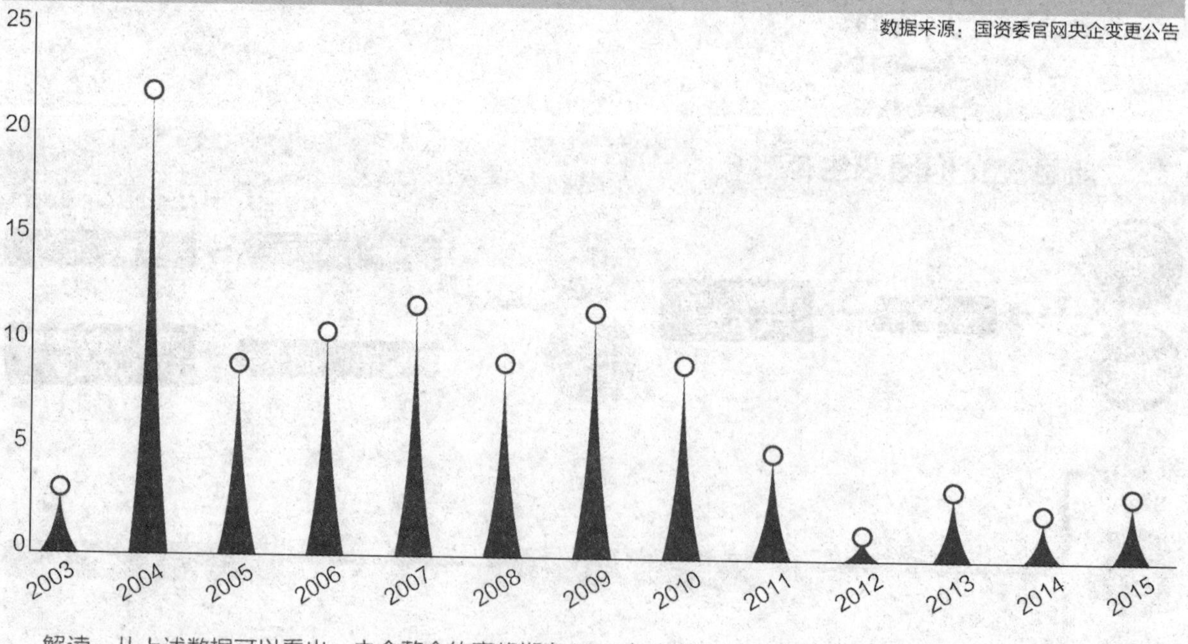

解读：从上述数据可以看出，央企整合的高峰期在2011年以前，基本上每年都会发生5—10起的整合变更，近年速度有所放缓。

三、科研院所注入情况

数据来源：国资委官网央企变更公告

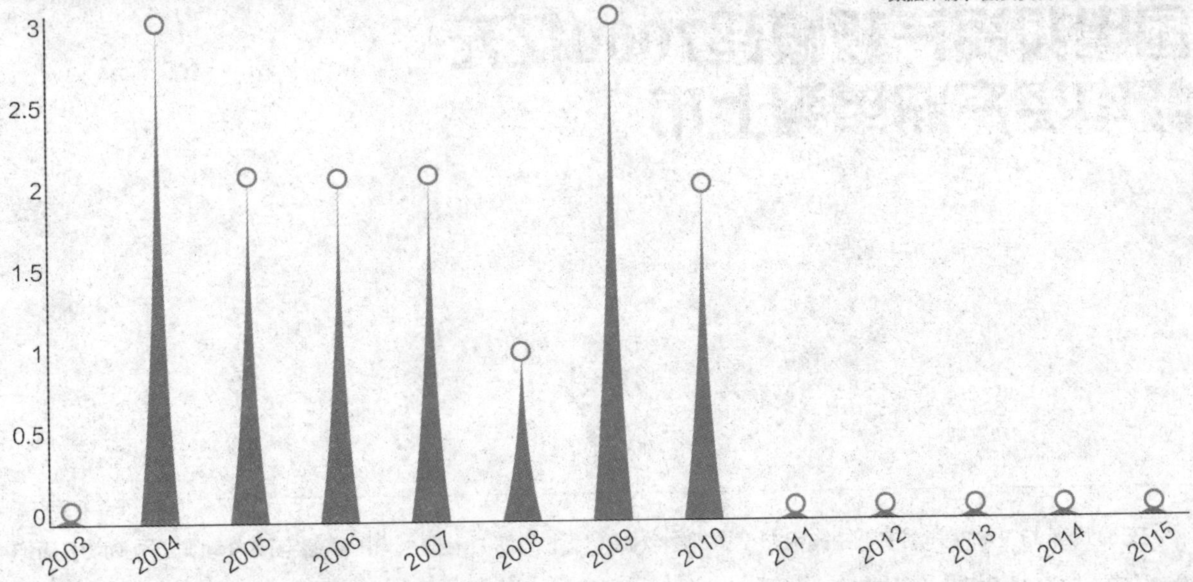

解读：科研院所注入一直是资本市场对于央企改革的一个关注热点，但从历年的情况来看，在国资委公布的央企变更的公告中，科研院所被吸收合并只在2005—2011年间发生过，每年最多不超过3起。

四、央企整合方式

数据来源：国资委官网央企变更公告

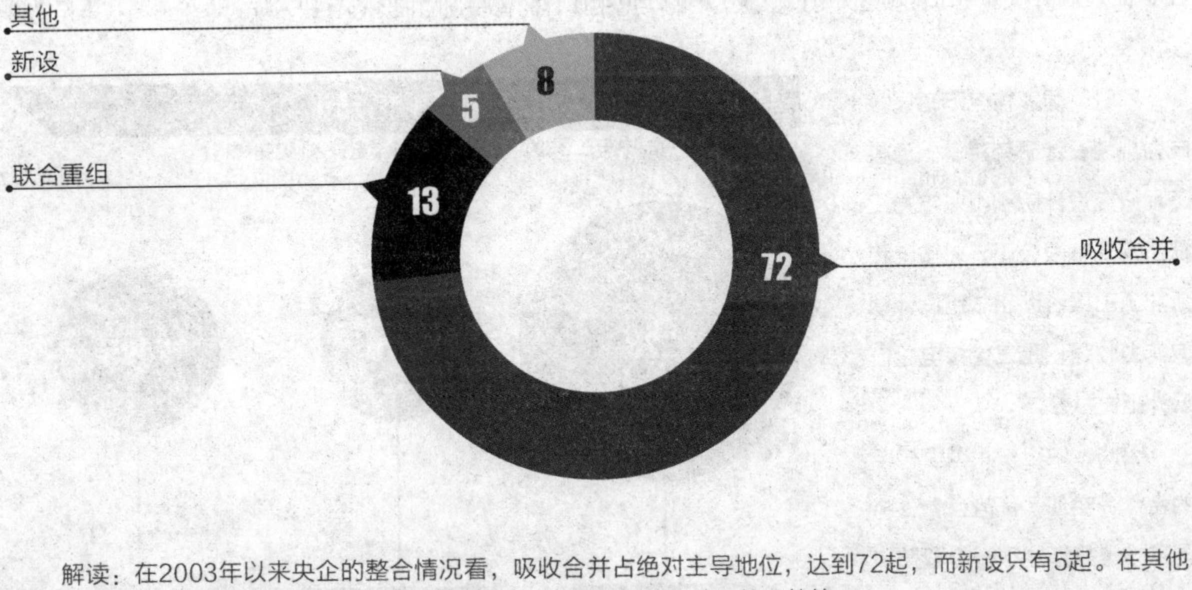

解读：在2003年以来央企的整合情况看，吸收合并占绝对主导地位，达到72起，而新设只有5起。在其他类别中，破产仅仅只有1例，撤销有1类，其他还包括股权划转、纳入管理等等。

核电三足鼎立：国电投资产规模超7000亿元 核电资产将单独上市

在2015年的央企合并潮中，中国电力投资集团公司（以下简称中电投）与国家核电技术有限公司（以下简称国家核电）的合并重组备受关注。

两家公司合并之后成立的国家电力投资集团公司（以下简称国电投），预计整体资产将超过7000亿元，年营业收入超过2000亿元。这标志着中国核电领域形成了中核、中广核和国电投三足鼎立的新格局。

实际上，国电投的成立，并不让业界感觉十分意外。早在2002年上一轮电改革时，中电投继承了原国家电力公司所有的核电资产，是五大发电集团中唯一有核电运营资质的运营商，并拥有多个内陆和沿海核电厂址资源。但中电投的核电设计力量相对薄弱，难以与中核和中广核竞争。

成立于2007年的国家核电是美国第三代核电技术AP1000的受让方，也是国产第三代核电技术CAP1400、CAP1700的牵头实施单位和重大专项示范工程的实施主体，拥有较强的核电设计研发能力，但没有核电运营资质。

中国核电三巨头资产规模（亿元）

数据来源：中国中车三季报、福布斯2015年全球2000强排行榜

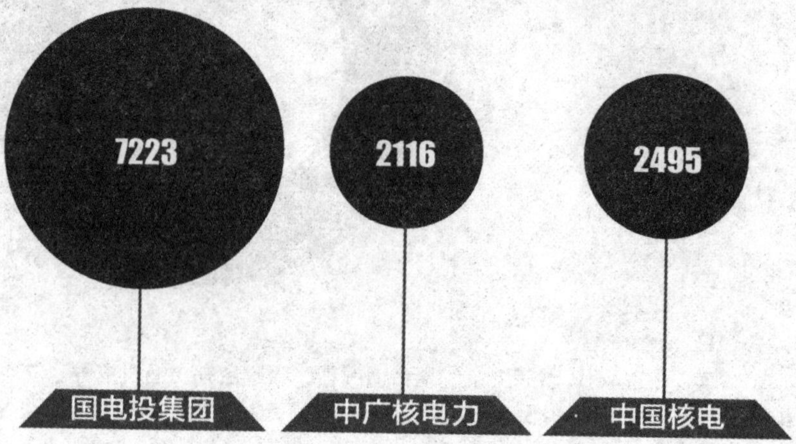

同时，国家核电下辖国核电力规划设计研究院、上海核工程研究设计院和山东电力工程咨询院有限公司，在核电和新能源工程咨询和总包设计领域实力较强，是三代核电总包设计重要力量。

因此，中电投和国家核电的合作，实现了优势互补，将国家核电打造成了一个覆盖核电站研发、设计、建设、运营

等多项业务在内的上下游一体化核电公司，成为中国核电行业中的第三极。

在合并之后，国家核电作为国电投的产业集团公司，承担我国三代核电技术引进、消化、吸收、再创新的战略任务，实现技术研发、工程管理与投资运营一体化管理，致力发展成为具有国际竞争力的核电投资运营商和能源工程技术服务商。

国电投董事长王炳华曾公开表示，国家核电将把国电投的所有核电资产整合在一起，未来将走独立上市这条路，具体上市方案还在研究当中。如果核电板块能够实现上市，这将是国电投继中国电力、中国电力新能源、上海电力、吉电股份、漳泽电力、东方能源、露天煤业、中电远达等8家上市公司之后的第9家上市公司。

目前，中国已经是世界上最大的核电在建国家，大陆地区在建核电机组24台，装机容量2636万千瓦。同时，核电已成为中国对外交往“走出去”的重要新名片。

因此，可以预计的是，国电投未来在国内和国际市场，将与中核、中广核展开激烈竞争。其中，在国际市场上，一个重要的竞争领域就是核电技术路线之间的竞争。

在“一主一辅”的三代核电技术路线下，“华龙一号”作为辅助机型有其价值，将同AP1000、CAP1400共同构成三代核电发展的主体。相信，随着“华龙一号”全球“走出去”的步伐加快，国电投也会启动新一轮大规模布局，与中核、中广核共同开拓全新的核电市场。

（王尔德）

第十章 新兴产业的力量

A股资本市场输血新兴行业

2015年12月21日，习近平在北京召开的中央经济工作小组会议上部署2016年经济工作重点，他强调，要落实“十三五”规划建议要求，推进结构性改革，推动经济持续健康发展。

资本市场与宏观经济形势息息相关。从估值反应上，A股资本市场偏好新兴行业，资金容易涌入新兴板块，同时，新兴行业企业也渴望登陆资本市场获得资金支持。通过IPO、借壳、并购等手段，资本市场实现了对新兴行业的“输血”。

从板块市值、盈利能力来看，许多细分的新兴行业企业在资本市场支持下，已经成功拥有了“造血”功能。

随着时代的发展，不光是传统企业，有了“造血”功能的新兴企业也会继续寻求转型、扩张和发展，资本市场对新兴行业的“输血”出现了较多新特征：技术更创新、商业形态更新型的企业走在登陆资本市场的路上；上市公司通过并购进入新兴领域的手段也更为丰富，并购基金纷纷涌现；在区域上，上市公司也正寻求并购海外优质标的，实现业务的全球布局和扩张。

一、资本三路输血新兴行业：IPO、借壳、并购

数据来源：东方财富choice

2015年A股IPO情况

上市地点	IPO企业数量	首发融资额统计（亿元）
沪市	65家	1054.9
深市创业板	81家	288.32
深市中小板	38家	161.8
深市主板	1家（申万宏源）	-
合计	205家	1505.01

解读：中小板定位于为主业突出、具有成长性和科技含量的中小企业提供融资渠道和发展平台，而创业板则为处于成长期的高新技术公司提供融资服务，在推动战略性新兴产业发展方面具有独特作用。尽管融资额远低于沪市，但深市创业板和中小板在2015年IPO数量上占据了近六成份额。从行业来看，新兴装备、电子、医药、信息技术等行业企业IPO较多。

2015年IPO数量前五行业

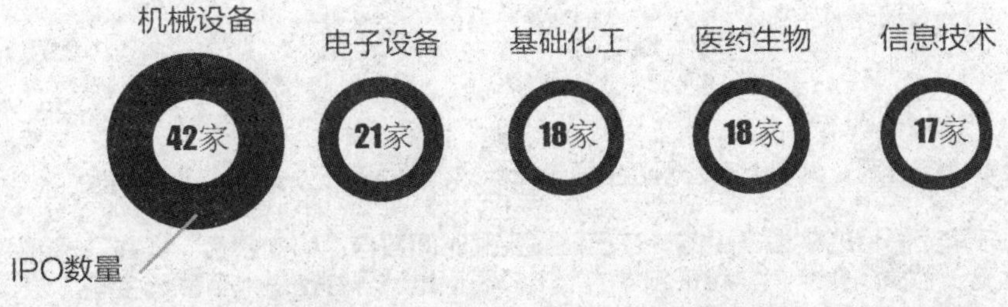

市盈率最高的十只2015年新上市股票

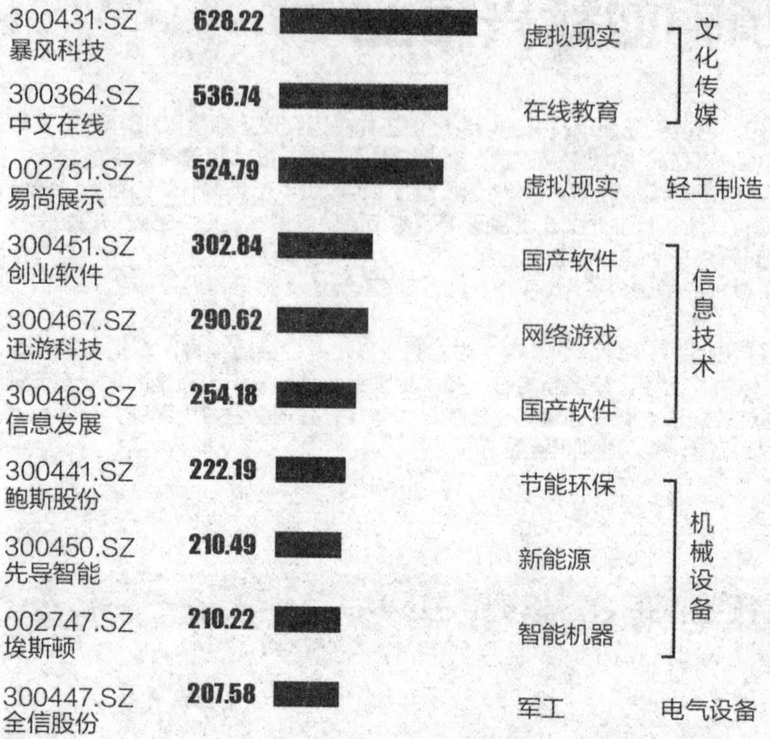

数据来源：东方财富choice

解读：次新股在A股范围内本身就是“吸金力”超强的板块。在这个板块内，最受欢迎的也仍然是一些新兴概念股票，不乏创造股票上涨“神话”的个股。这显示出新兴概念从一级市场走入二级市场被资金追捧的热度。实际上，估值的推高对上市公司进行下一步资本运作是有利的：不仅在未来存想象空间，而且更容易获得融资。

借壳、并购“输血”新兴行业

并购目的：多元化战略、横向整合最多

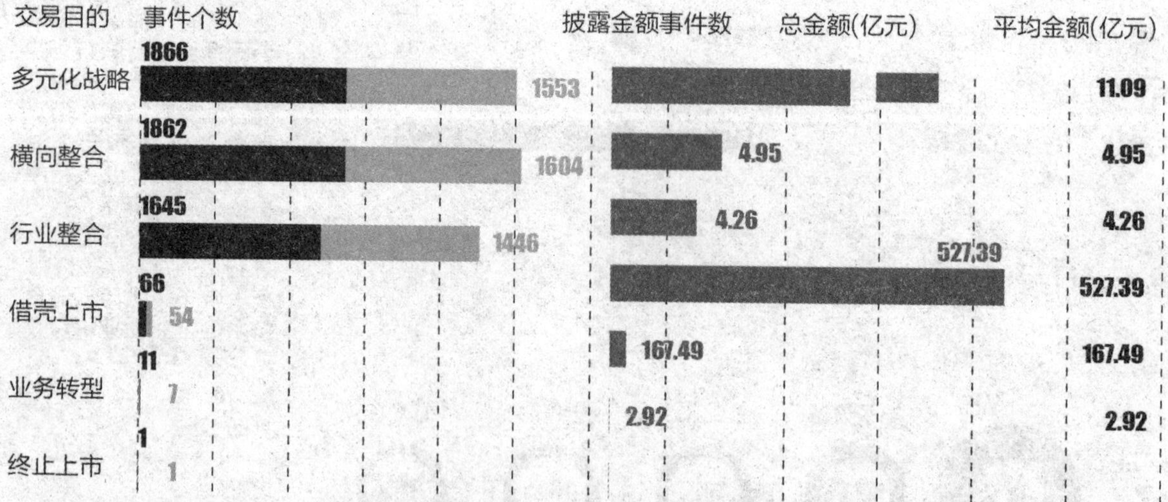

注：该表格统计范围包含上市公司及非上市公司，其中上市公司为主要统计标的，数据来源：东方财富choice

解读：多元化战略是目前公司并购交易目的中最常见的，在已披露金额时间数与“横向整合”类并购相近的情况下，每单并购的平均金额远高于“横向整合”。越来越多的上市公司通过跨界并购进入互联网金融、游戏、互联网、环保等新兴领域，“多元化战略”的外衣下，实际上是上市公司通过资本手段转型、跨界新行业、获取高估值的一种冲动。

定增+并购凸显新兴行业吸金能力

已发布“定增+并购”方案中定增折价率最高的10家上市公司概况

证券代码 证券简称	首次 公告日	实施进度	重组概况	折价率	募集金额(万元)	上市公司所属行业	标的所属行业
002558 世纪游轮	10-31	董事会预案	借壳上市	86.11	1,312,423.99	酒店、度假村与豪华游轮	互联网软件与服务
000676 智度投资	9-24	证监会受理	收购其他资产	84.37	142,187.49	信息科技咨询与其它服务	电脑硬件 互联网软件与服务
600876 洛阳玻璃	1-1	发审委通过	股东资产注入	82.55	9,000.00	电子元件	互联网软件与服务
002667 鞍重股份	11-14	董事会预案	借壳上市	80.79	312,229.49	工业机械	办公服务与用品
002027 七喜控股	9-1	发审委通过	借壳上市	79.14	3,988,979.98	广告	传媒文化
600701 工大高新	5-13	证监会受理	收购其他资产	77.68	249,999.99	综合货品商店	互联网软件与服务
600136 道博股份	7-18	发审委通过	收购其他资产	77.07	80,900.00	电影与娱乐	体育营销
600892 宝诚股份	1-12	发审委通过	收购其他资产	75.68	153,865.80	贸易公司与工业品经销商	传媒文化
300343 联创股份	3-2	完成	收购其他资产	75.21	85,600.00	基础化工	传媒文化
600745 中茵股份	4-16	发审委通过	收购其他资产	74.80	182,580.00	房地产开发	互联网设备产品研发与制造

解读：2015以来，有251家上市公司首次发布了定增+并购的融资方案，其中有可考数据的230家上市公司中有221家目前定增较收盘价（2015年12月17日）折价率为正数，折价率最高的十家公司有9家“涉猎”新兴热门领域。进行“定增+并购”的上市公司集中于传统行业，如房地产开发、机械设备、金属非金属等领域，而被并购标的则集中于信息技术、互联网软件与服务等领域。

数据来源：wind

二、资本输血见成效：新生力量获生长

新兴行业借助资本力量成长情况

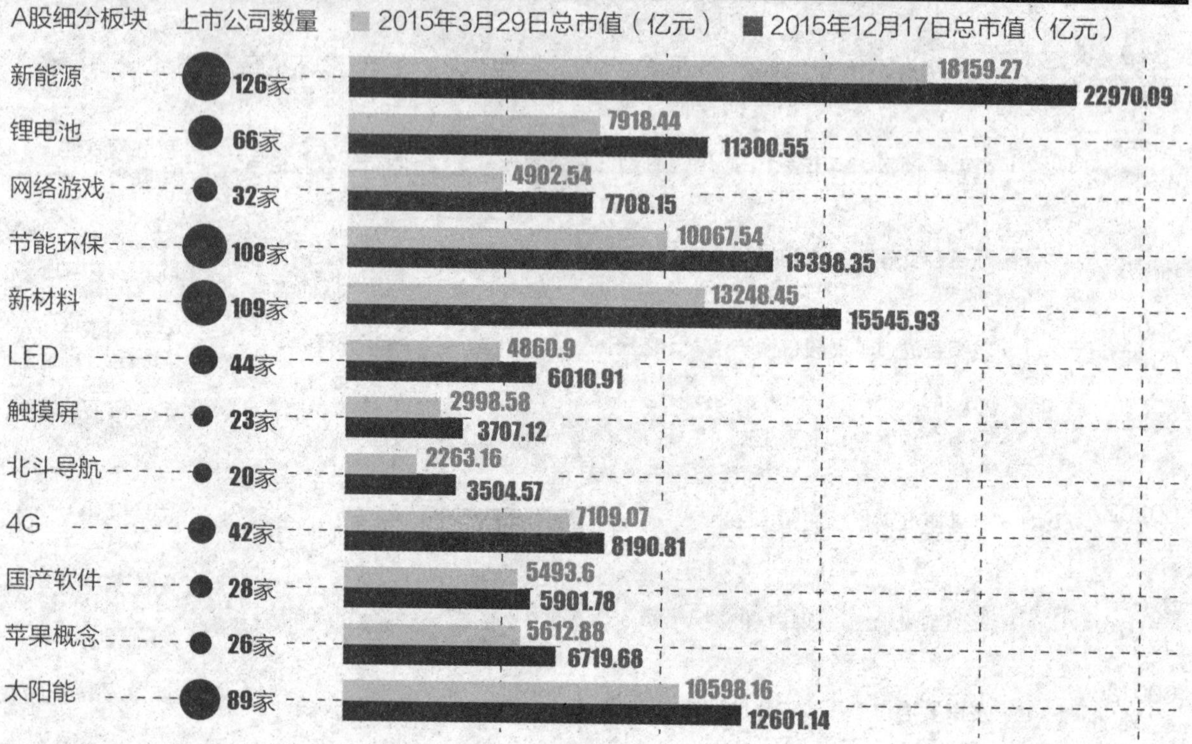

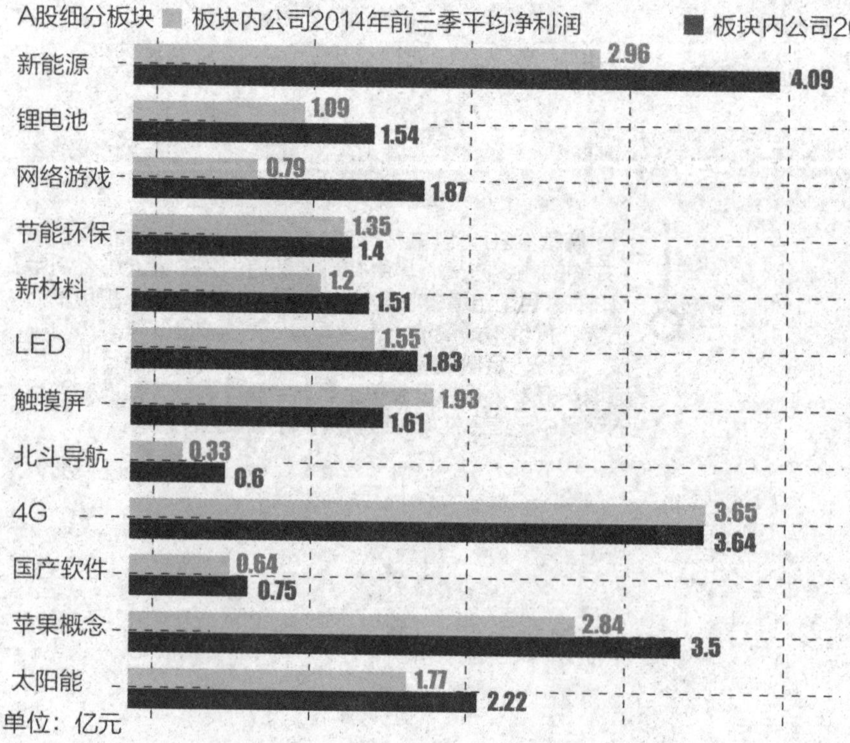

解读：资本市场到底帮助新兴产业获得哪些发展？近年来，新能源电池、环保、国产软件、北斗导航等都是A股的热门板块。从资产证券化的情况来看，这些领域的产业链上下游资产均能在A股找到对应标的，通过IPO、借壳、被并购的途径实现上市，公司数量有所增加；从市值来看，A股上的这些细分板块市值保持向上增长；从行业盈利情况来看，2015年前三季基本上都实现了较去年同期的同比增长。

注：截至12月17日，上证指数收盘点位为3580点，记者选取年内与该点位接近的日期2015年3月29日做比较；数据来源：东方财富choice。

三、资本输血新趋势：行业更“炫”、并购基金成立、资本出海

更炫 新趋势一：资本偏向更尖端、新型行业

数据来源：东方财富choice、同花顺ifind、公开信息

定增、并购输血更“炫”的行业

概念板块	2015年3月29日总市值（亿元）	2015年12月17日总市值（亿元）	典型案例
影视IP	2569.21	4995.8	7月，慈文传媒以24亿元借壳禾欣股份上市获批，该公司出品过《花千骨》《七剑下天山》等影视作品，储备40多部IP版权。
基因测序	2042.36	2426.37	12月18日，证监会披露了华大基因递交的招股申请书：华大基因拟登陆创业板，发行不低于4000万股股票，欲募集资金17.32亿元； 2015年10月13日，千山药机（300216.SZ）抛出规模为39.98亿元的定增方案，建设形成集“基因检测+远程医疗+实时监测+私人定制健康管理综合解决方案”为一体的有特色的慢病精准管理与服务平台。
互联网金融	30,146.01	33,764.38	12月18日，天晟新材（300169.SZ）公告，拟定增+现金合计4.97亿元收购第三方支付公司德丰电子100%的股权。
虚拟现实	7,106.66	9,851.2	3月24日，暴风科技（300431.SZ）上市，虚拟现实概念受到关注。
无人机	1,858.56	2,107.45	威海广泰（002111.SZ）公告拟募集不超过5.4亿元,用于收购、增资全华时代并投入无人机项目(1.5亿元)及补充流动资金，增资完成后公司将拥有全华时代69.34%的股权。全华时代是国内最早实现无人机研发、生产和销售及服务一体化的民营企业之一。
在线教育	6,075.94	7,252.62	11月6日，二六三（002467.SZ）公告拟3.4亿元收购展动科技(北京)有限公司100%股权。
机器人	10,258.37	12,829.24	2015年6月，大族激光(002008.SZ)拟募集不超过52.28亿元用于主营业务及发展机器人业务
体育	3,430.15	4,394.07	11月26日，广田股份（002482.SZ）发布对外投资公告，拟1.5亿元参股恒大淘宝。
人脸识别	2,833.34	3,543.91	10月29日，佳都科技（600728.SH）公告拟以2亿元现金收购广东华之源信息工程有限公司51%的股权，布局轨道交通人脸识别领域。

解读：2015年以来，资本市场输血新兴行业较为明显的一个新趋势是，被资本看中的行业在技术、商业形态上更为尖端和新奇，新型标的登陆A股、上市公司利用资本手段纷纷进入新型领域，补足这些领域在A股市场上的缺失。

专业化

新趋势二：并购基金纷纷成立

数据来源：同花顺ifind

· 投资领域　■ 预计募集规模（亿元）

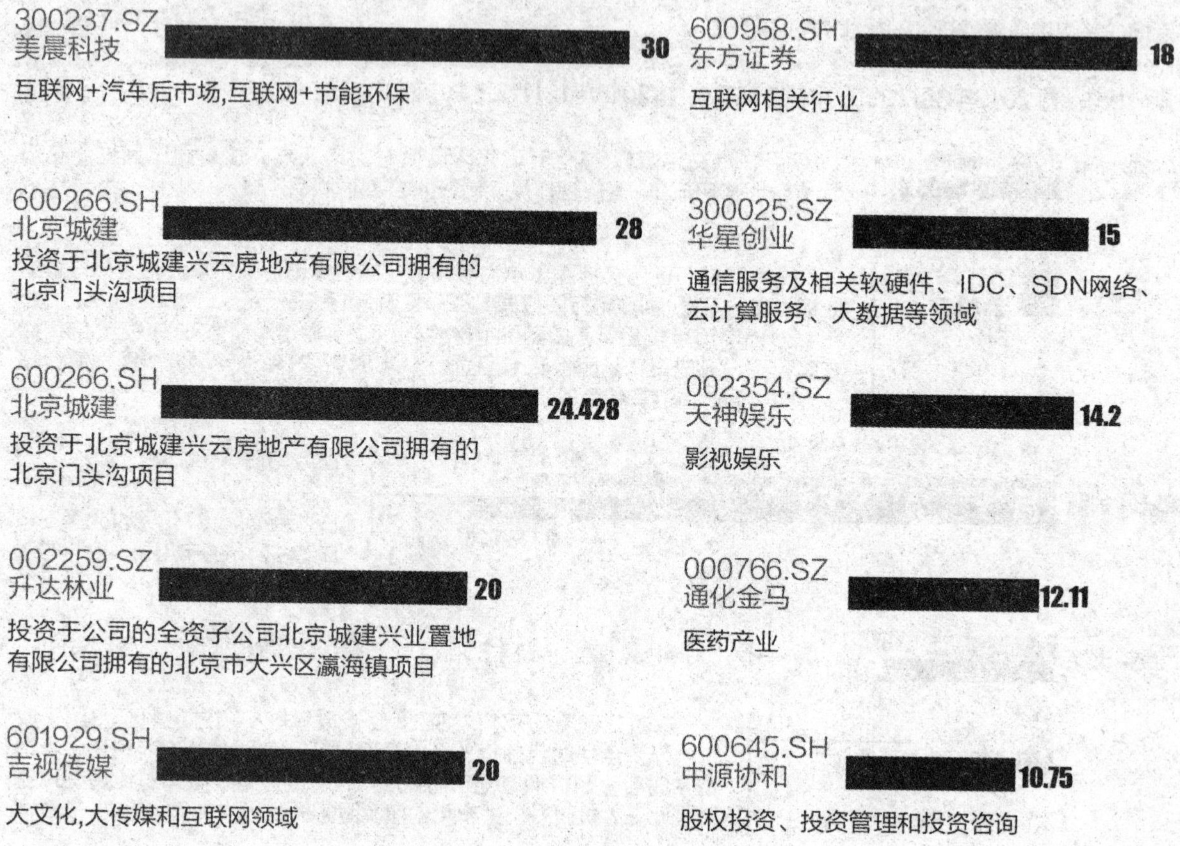

解读：据21世纪经济报道统计，2015年内，有340家上市公司发布422条设立并购基金或投资管理公司的相关公告，在投资领域，“互联网”“传媒”“信息技术”等成为高频词语。而2014年，仅有71家上市公司发布76条相关公告。这表明有越来越多的上市公司热衷通过设立产业并购基金的形式，借助PE等专业机构的力量，谋求培育早期项目，实现多元化发展或者延伸产业链，进行新兴行业股权投资。

出海

新趋势三：海外并购潮涌

2015年内部分A股公司海外并购情况

3月13日 *ST春晖 (000976.SZ)	33亿元人民币	拟定增募资33.5亿元用于购买香港通达100%股权 跨界进军高铁零部件市场、增强盈利能力
3月29日 潍柴动力 (000338.SZ)	18,693.5万欧元 （同时承担相应的交易成本）	拟通过间接全资子公司潍柴卢森堡购买Superlift Holding S. à r.l.所持有的凯傲公司4.95%股份，持股比例增至38.25% 进入全球领先的叉车和高端液压领域
3月20日 兴森科技 (002436.SZ)	2018.25万美元	子公司收购PCB贸易公司Fineline30%的股权持股比例增至60% 加码集成电路业务
4月 朗姿股份 （002612.SZ）	11.93亿港币+ 66亿韩元	全资子公司拟收购联众国际控股有限公司（6899.HK）28.9%股权成为大股东 构筑“泛时尚生态圈”战略版图的关键布局，打造三地资本上市平台
5月21日 紫光控股 （000938.SZ）	不低于23亿美元	拟定增购买惠普公司旗下“新华三”公司51%的股权 独家代理惠普服务器、存储、网络产品和硬件，与紫光芯片业务形成协同
6月25日 金利科技 (002464.SZ)	21亿元人民币	拟收购海外游戏电商平台MMOGA，收购溢价达37.7倍 实现传统制造业向互联网电子商务中介平台公司的转型
6月 兴森科技 (002436.SZ)	2300万美元	收购纳斯达克上市公司Xcerra集团的半导体测试板相关资产及业务 延伸至半导体测试材料产业链
7月10日 莱茵置业 (000558.SZ）	3000万元人民币	拟收购亚洲职业篮球管理发展有限公司55%股权 公司开始进军体育产业，布局体育市场化、国际化、证券化、网络化
7月 海普瑞 （002399.SZ）	20,568万美元+3543万加元	购买赛湾生物的全部股权；认购加拿大上市公司RVX新发行的1327万股份，持有12.69%股权 建立起生物大分子药物的开发和生产平台；向心脑血管疾病药物研发转型
9月30日 石基信息 (002153.SZ)	6826 万美元	拟收购纳斯达克上市公司eFuture245.4万股 公司的线下流水可覆盖至超市、百货、专卖店等行业

解读：普华永道发布的报告显示，2015年前三季度中国大陆企业海外并购交易数量为257宗，已超过2014年全年交易数量，创下历史新高；上市公司是中国大陆企业海外并购活动的主力军，2015年前三季度上市公司海外并购交易数量占比持续上升，达到了62%，其交易平均金额也远大于非上市公司。上市公司通过资本手段海外并购巨头的趋势越来越明显。

2016投资靶点：新兴产业七大风口

2015年，在经济增速出现下滑的大背景下，作为未来产业升级主攻方向的七大战略性新兴产业也显露出了一定的颓势，不论是营业收入还是行业利润，在本年度都出现了一定幅度的下滑，这是所谓新常态的大势使然。

但横向对比之时，我们应该发现，不论是投资增速还是行业关注度，或者是资本市场上的行业估值和增长预计，七大战略性新兴产业依然获得了相比传统行业更多的关注。尤其是如高端装备制造的大飞机，新能源的核电，生物医药的基因测序等细分领域，因为一些极有标志性意义的产品出现或者发布，引爆了这个行业的增长源动力。

我们也可以预计，未来随着投入的不断增大，七大战略性新兴产业会有更多的细分领域出现具有国际竞争能力的公司或产品，能够引领中国制造的产业升级。根据目前的数据预测，本年度完成七大战略性新兴产业总值占国民生产总值8%的比例毫无压力，到2020年，当这一数据突破15%时，中国的产业结构或许会有一个更好的面貌。

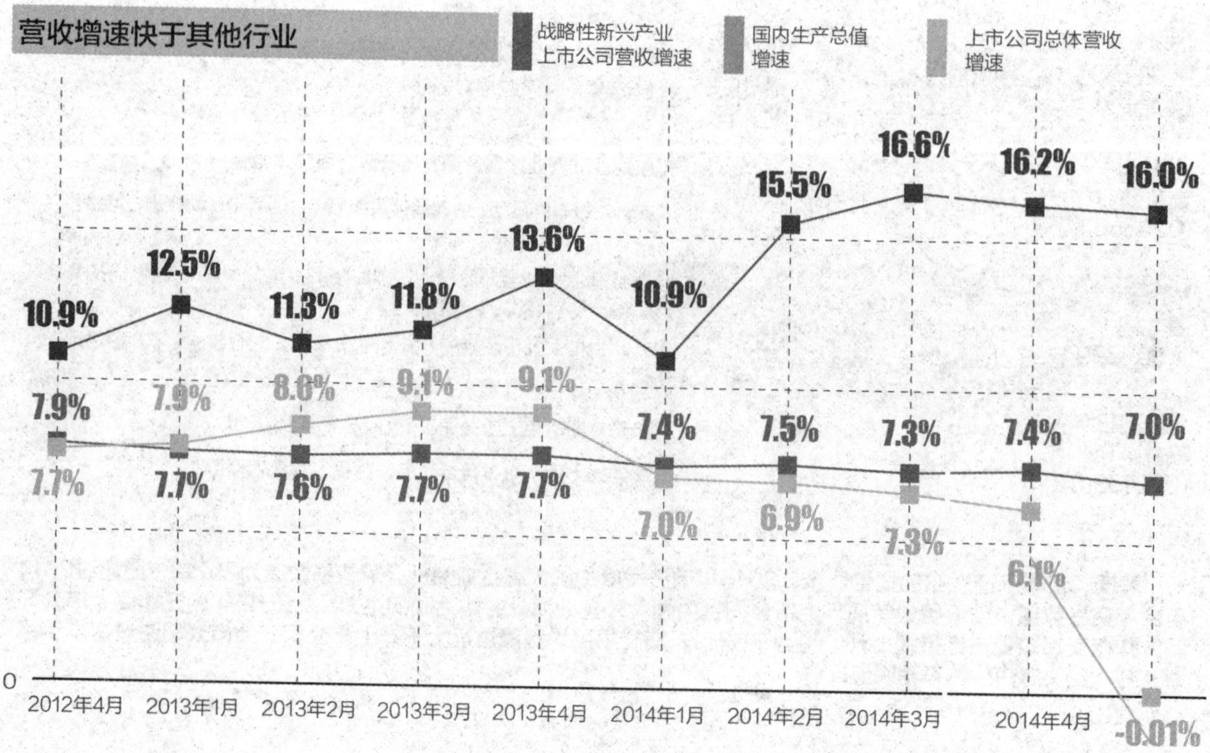

七大新兴产业增加值 / 国内生产总值

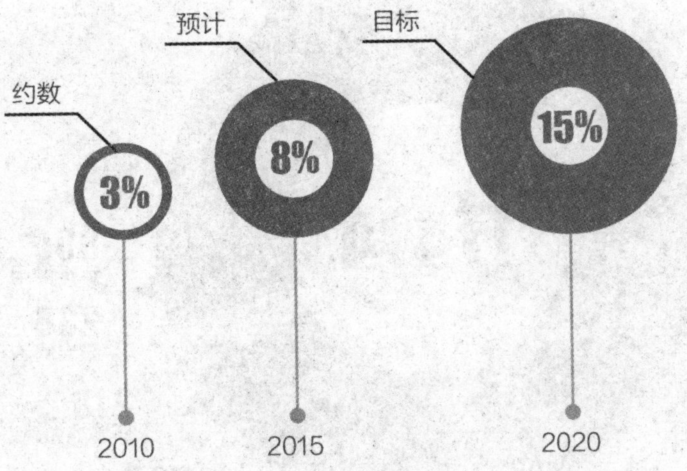

解读：根据国务院发布《“十二五”国家战略性新兴产业发展规划》，七大战略新兴产业包括节能环保、新兴信息产业、生物产业、新能源、新能源汽车、高端装备制造业和新材料。2012年以来，中国经济增速回落明显，但同期战略性新兴产业发展迅速，七大新兴产业发展规划的制定，指向中国发展方式的根本变革，代表了未来一定时期内中国经济增长的主要动力来源。

评论

在七大战略性新兴产业内部，不同领域的行业状态也是有所区别的。

以营业收入和利润指标来衡量，环保和信息技术无疑是本年度的赢家，这与过去几年全国上下对环保和互联网的疯狂投入不无关系；接下来的新材料、生物医药发展看似中规中矩，但是其利润增速可远超盈利，这应该拜研发投入不断加码的努力所赐；而新能源和新能源汽车这对孪生兄弟，发展似乎都进入到一个瓶颈阶段，尤其是新能源行业，目前整体仍未走出亏损泥潭；但情况最为糟糕的当属高端装备制造，行业增速和利润都出现了负增长，这与我们的直观感受不太一致，但也不得不承认，在这一领域，中国企业仍然还需要长久时间积蓄能力。

有趣的是，若以市场表现和行业整体估值来看，当下发展陷入困境的行业，其表现反倒要更好一些。譬如利润出现负增长的高端装备制造和新能源，其行业估值反倒更为靠前；而行业增速和利润增速最为确定的环保、生物医药，其估值水平却要更靠后。

这种实际发展状态与行业估值前景的“剪刀差”，正可作为战略性新兴产业之于中国经济的意义。在这七个领域，目前愈是落后的，愈是未来经济升级的动力所在，愈加需要更多的投入和坚持。

雾霾 大气污染防治：投入在翻倍，效果还待考证

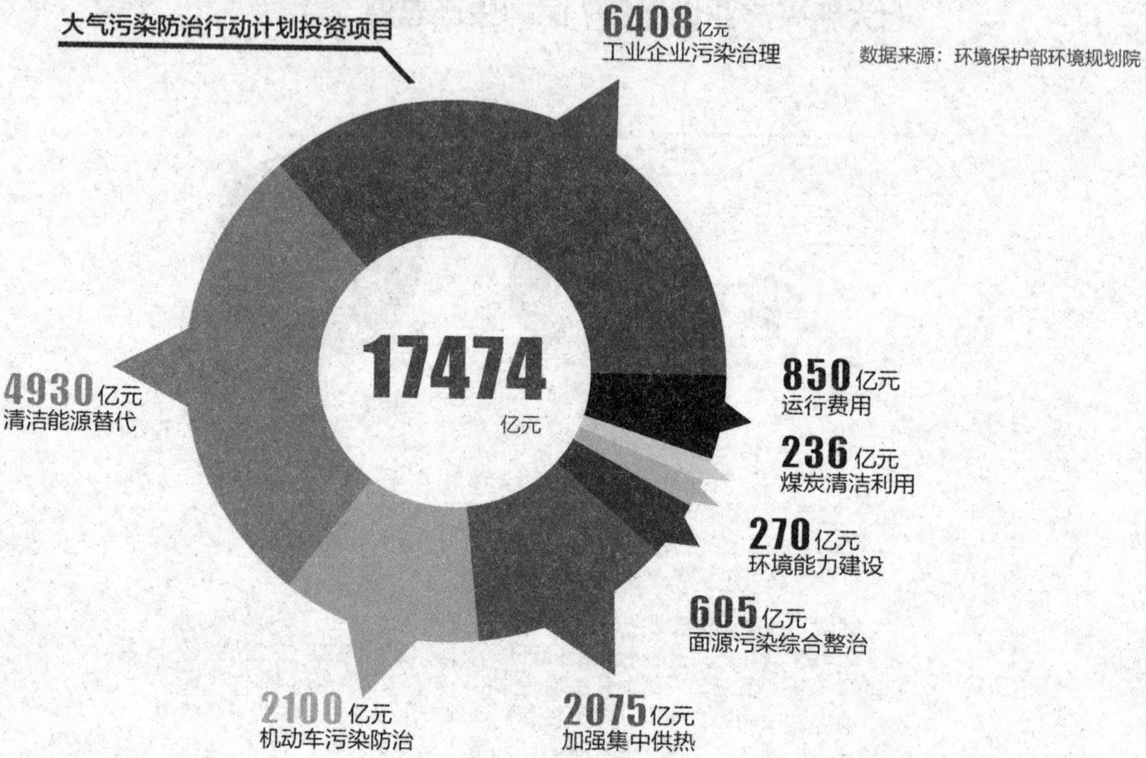

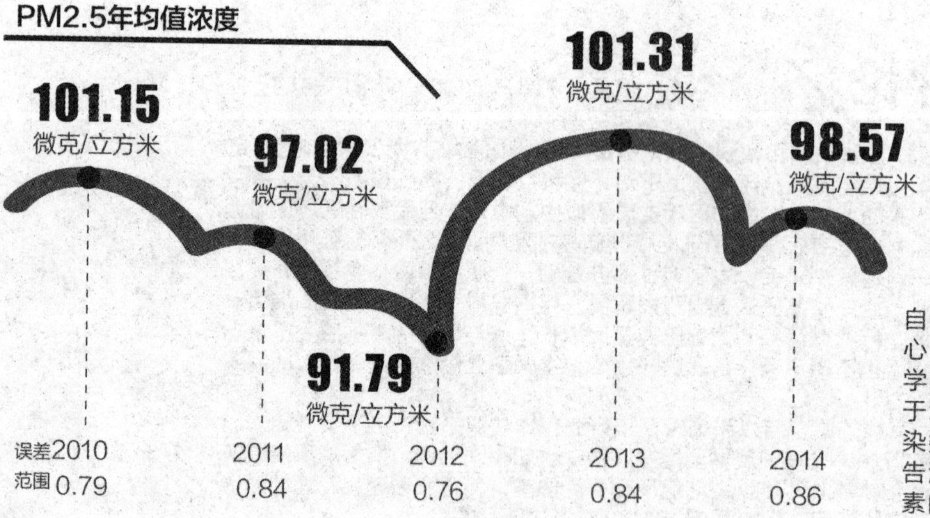

说明：该组数据来自北京大学统计科学中心、北京大学光华管理学院共同完成的一项关于北京过去五年雾霾污染数据调查报告，该报告测算数据扣除气象因素的影响，使不同年的PM2.5可以公平比较。

点评：“十二五”期间，总计将近2万亿元的投资用于治理大气污染；而根据环保部最新的官方说法，“十三五”期间，环保总投资将超过17万亿元。治理投入在翻倍，不过不知道实际效果会如何？

飞机／C919领衔高端装备制造：从“0”到“1”的突破

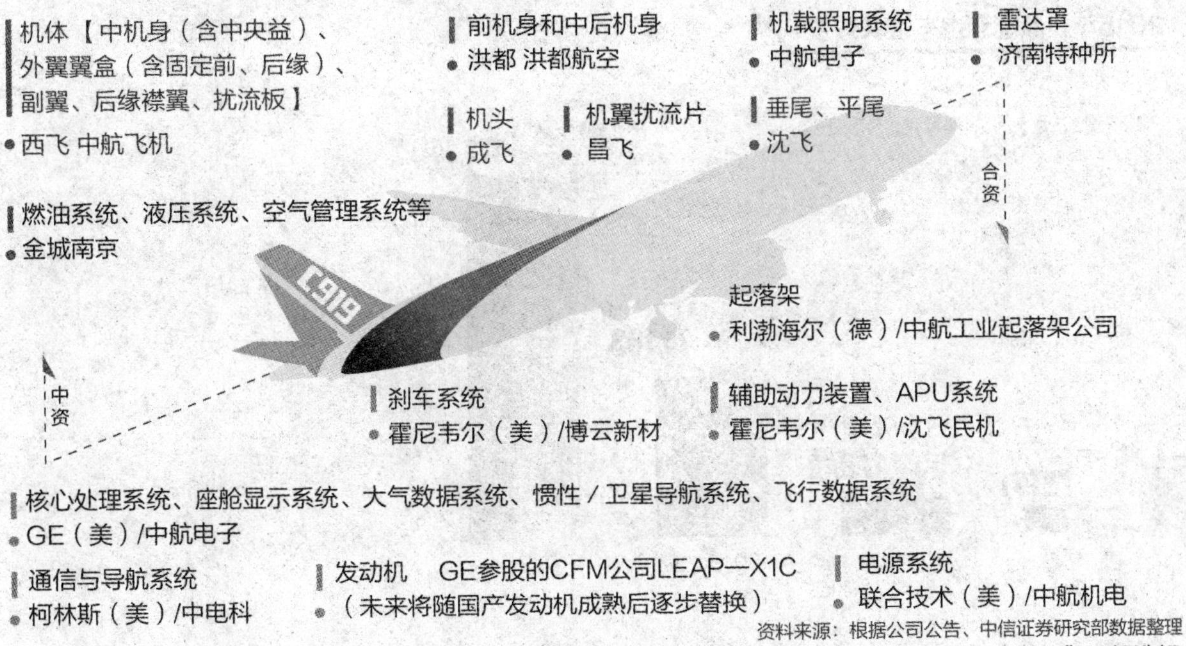

资料来源：根据公司公告、中信证券研究部数据整理

说明：2015年国产大飞机C919很火，可质疑声也不断，核心就是“中国芯”的问题。“壳子”已经造好了，可“芯”还得靠“外援”，大飞机的研制总带着股“洋味儿”。

点评：先有大飞机，才可能有航空产业。根据预测，C919成功进入市场后，总销量有望达到2000架次左右。C919是我国高端装备制造业的一个缩影，与世界先进水平相比，我国高端装备制造业创新能力有了长足进步，但要想达到世界顶级水平，依然有巨大的进步空间，即使如此，资本概念已经起航。

基因／基因测序进入资本爆发周期

数据来源：BCC Research、中国产业信息网整理

点评：2015年12月18日，深交所预披露华大基因首次公开发行股票招股说明书，点燃资本市场的基因测序行情。华大所处的基因检测行业为全球范围内的新型产业，预计未来会保持快速增长，2018年将达到117亿美元，年复合增长率21.1%。在生物医药领域，基因测序是中国为数不多的可以与美、德并驾齐驱的领域。

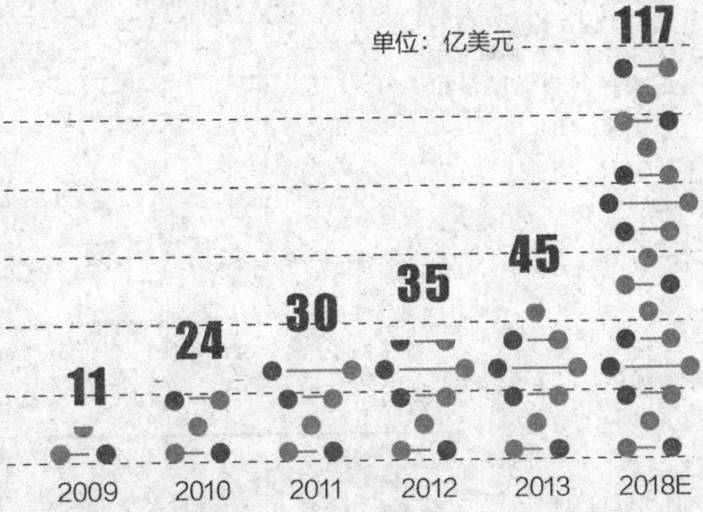

汽车 / 新能源汽车告别补贴“襁褓”

2015年，新能源汽车增长爆发

销数据来源：中汽协

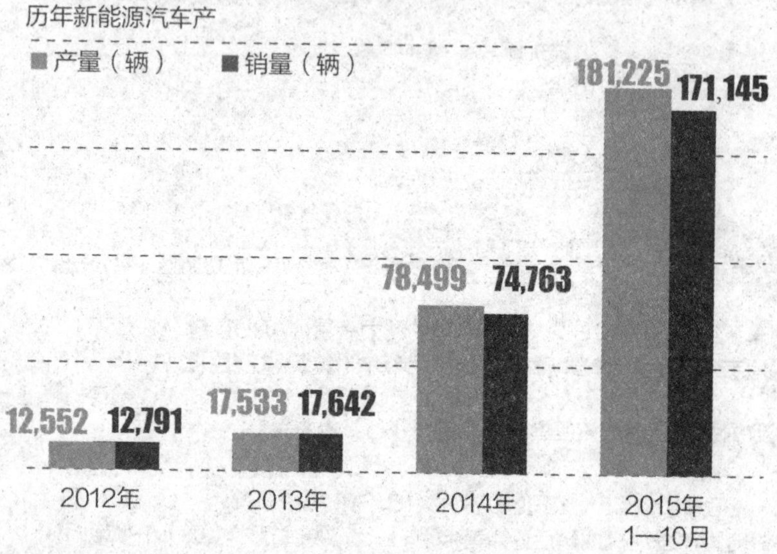

政策方向：补贴减少和市场化

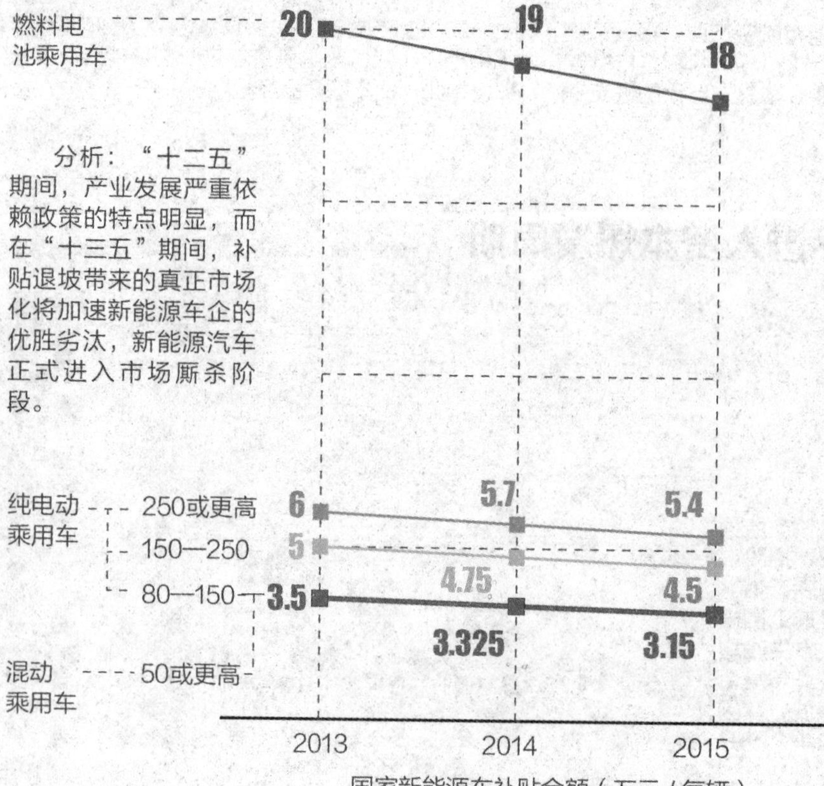

国家新能源车补贴金额（万元 / 每辆）

分析：“十二五”期间，产业发展严重依赖政策的特点明显，而在“十三五”期间，补贴退坡带来的真正市场化将加速新能源车企的优胜劣汰，新能源汽车正式进入市场厮杀阶段。

点评：说起新能源汽车，还得从2001年说起，新能源汽车研究项目首次被列入国家“十五”期间的“863”重大科技课题。十五年来，新能源汽车发展经历了从无到有、缓慢到快速的转变。尤其是2015年，在政策的春风不断沐浴的背景之下，行业开始步入高速发展的轨道。当然，机遇面前风险也是有的，在政策补贴逐渐减少、市场化愈加强烈的“十三五”期间，如何加强技术优势保持自身市场份额同样是企业遇到面临的重要挑战。

核电 迎来第二波建设潮

核电装机规模建设可期

数据来源：国家能源局

点评： 自2014年重启以来，从沿海到出海，关于核电产业的炒作一波接着一波，各省对内陆核电重启的呼声也从未间断。到2020年，中国在运与在建核电总规模将达到8,800万千瓦；到2030年，中国预计将有110座以上核电站投入运行。种种迹象表明，在保证安全建设的前提下，中国即将迎来第二波核电潮。

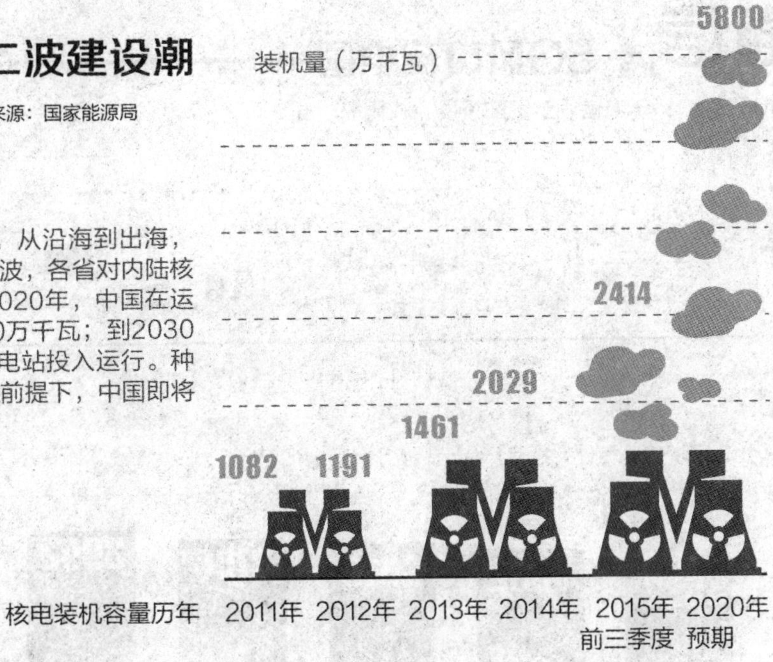

石墨烯 新材料之王还在发芽

新材料产业规模增长稳定

资料来源：BBC Research报告

2012—2015中国新材料产业市场规模，每年保持在25%左右的稳步增长

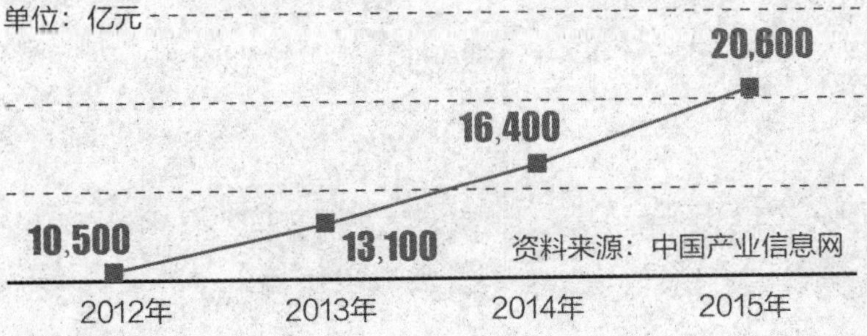

点评： 作为新材料领域的“明星选手”，石墨烯被认为是推动产业快速发展、升级换代的基础，予以厚望。各国争相加大技术及资金投入争取提前布局，抢占商业化先机。而中国作为最具发展潜力的国家，未来是否成为全球石墨烯行业“领跑者”和主导者，值得期待。毕竟，中国推动石墨烯商业化的态度和决心令石墨烯诺贝尔物理学奖得主、英国曼彻斯特大学教授安德烈·海姆都印象深刻。

石墨烯市场空前

◆ 全球石墨烯市场规模，2018年将超过**1.95**亿美元，到2023年将突破**13**亿美元。

通信/5G风口在中国

2009-2014年电信固定资产投资完成情况

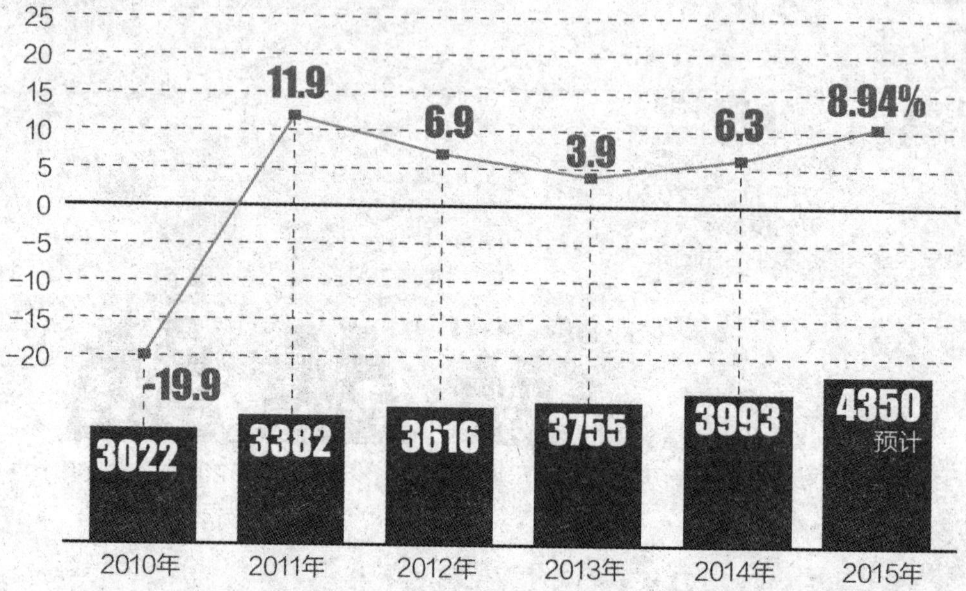

解读：2015年，尽管经济增速下滑，但电信领域的固定资产投资完成额依然有不俗的表现，这得益于4G的长足发展，以及5G的大幅投入的增加。

系统	年代	典型特征	无线技术	典型标准 欧洲	日本	美国	中国
1G	1980 S	模拟信号	FDMA	NMT，TACS，C450，RTMS	NTT	AMPS	—
2G	1990 S	数字信号，个人通信系统	TDMA为主，CDMA为辅	GSM，DECT PDC，PHS	DAMPS	CDMA ONE	—
3G	2000 S	全球标准	CDMA为主，TDMA为辅	FDD-LTE	—	CDMA2000	TD-SCDMA
4G	2010 S	高速率，移动性	OFDMA	—	—	WiMAX	TD-LTE
5G	2020 S	超高速率，超高容量，全网融合	待定	—	—	—	—

解读：如果说如今的“存储式”互联网是建立在4G、3G、2G的技术之上，那么未来人与人、人与物的更高效互联离不开5G技术。中国为了成为5G时代的主导者，已经付出了很多努力。

科技创造“隐形冠军”：上市公司研发全调查

创新，不仅体现在国家，更体现在企业。随着中国经济的提升，中国科技力量也在提升，创新研发能力加强。根据世界知识产权组织统计，在2014年，中国PCT（合作专利协定）专利申请量全球占比达到了11.95%，在2015年前8个月全球占比已经达到了13.13%。而在2000年，中国这一数字的全球占比仅为0.84%，15年增长了近15倍。目前中国已经超过了德国，稳居全球第三位，而与日本的差距也逐渐缩小。德国、日本是“隐形冠军”企业较多的国家，除了良好的环境、创新营销、完善的治理结构，其科技创新也是重要因素。目前，在中国，中小企业的创新也不断加强，研发投入不少，虽然在资金规模上不如大型企业，但是在研发投入增速以及研发投入占当年营收比例上是遥遥领先的，这说明中小企业在依靠研发和创新推动公司的发展。以A股上市企业为例，中小板和创业板企业在研发投入增速上远远高于主板上市企业，研发投入占营收比例也远远高于主板企业，特别是创业板企业。在中小板和创业板企业中，则有不少中国的“隐形冠军”企业，他们在研发投入上毫不吝啬。根据2013年和2014年相关数据，研发投入复合增长率超过20%、研发投入占营收比超过5%以及2014年营收超过10亿的企业有63家，虽然它们不能完全与“隐形冠军”画等号，但是它们具有强劲的竞争力，是中国各行各业中的隐形实力派。

一、中国力量：专利申请超德国居第三，追赶日本

PCT专利申请量全球占比（%）

资料来源：wind

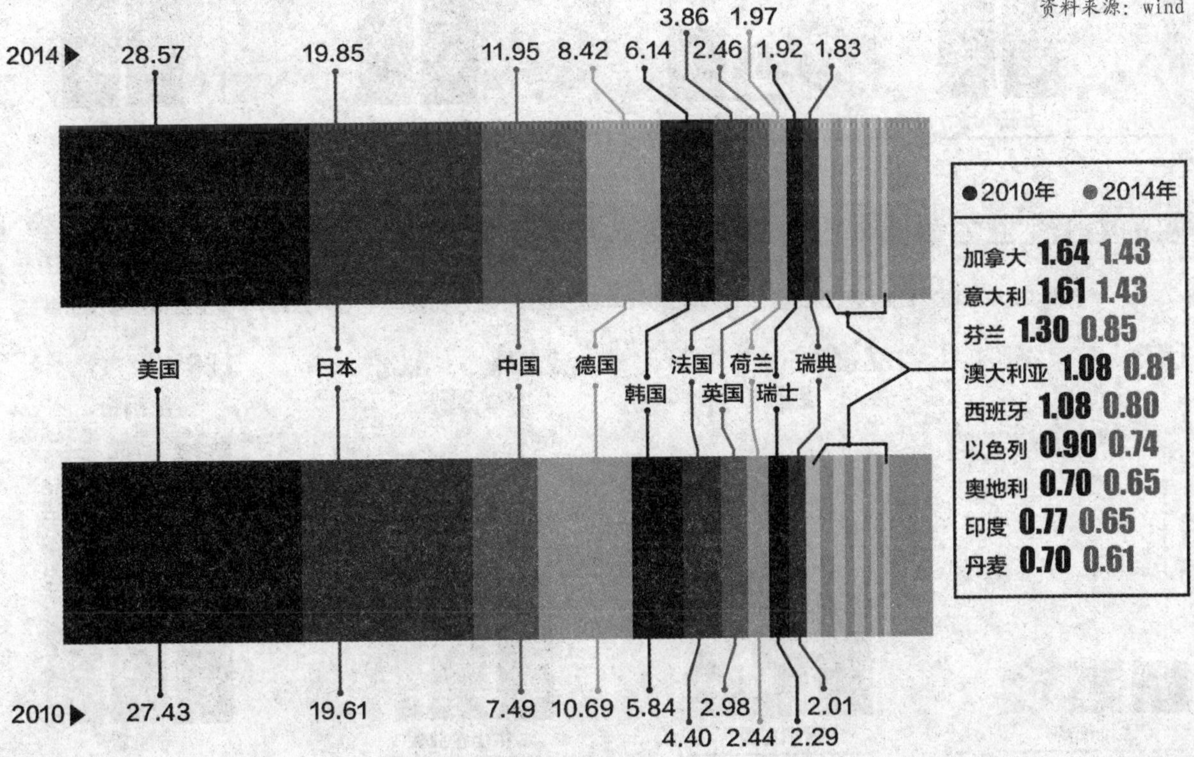

二、中国速度：专利申请占比15年翻15倍

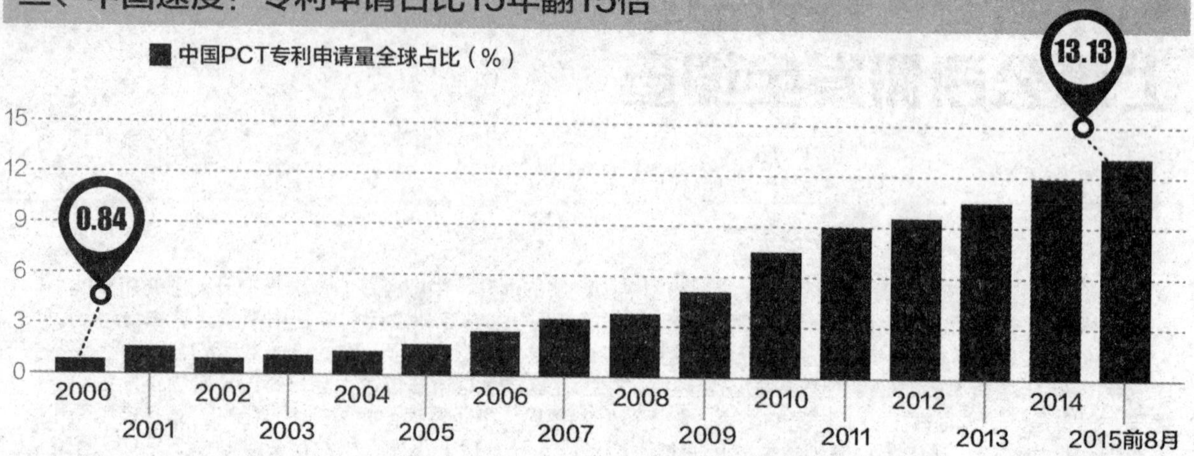

三、中小企业速度：研发创新明显超过大企业

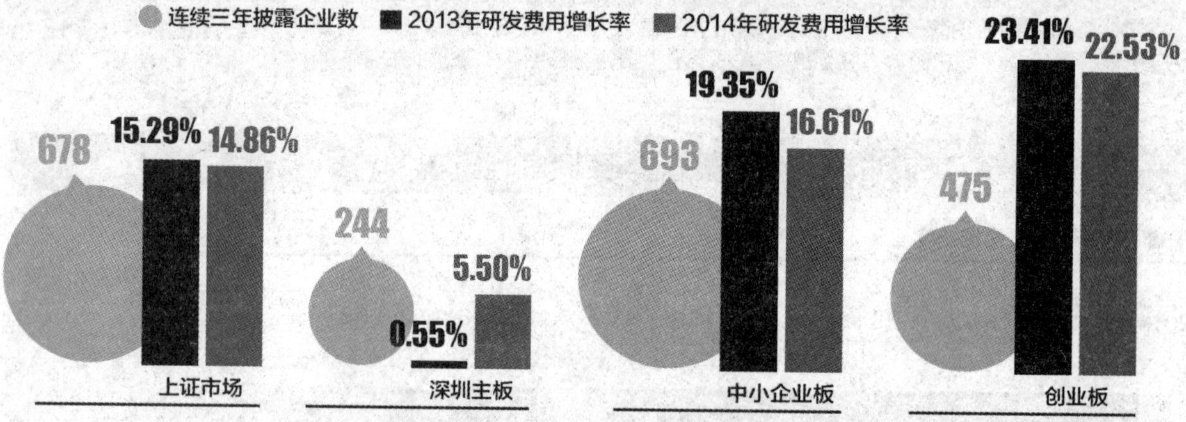

四、中小企业力量：中小企业研发投入营收比最高

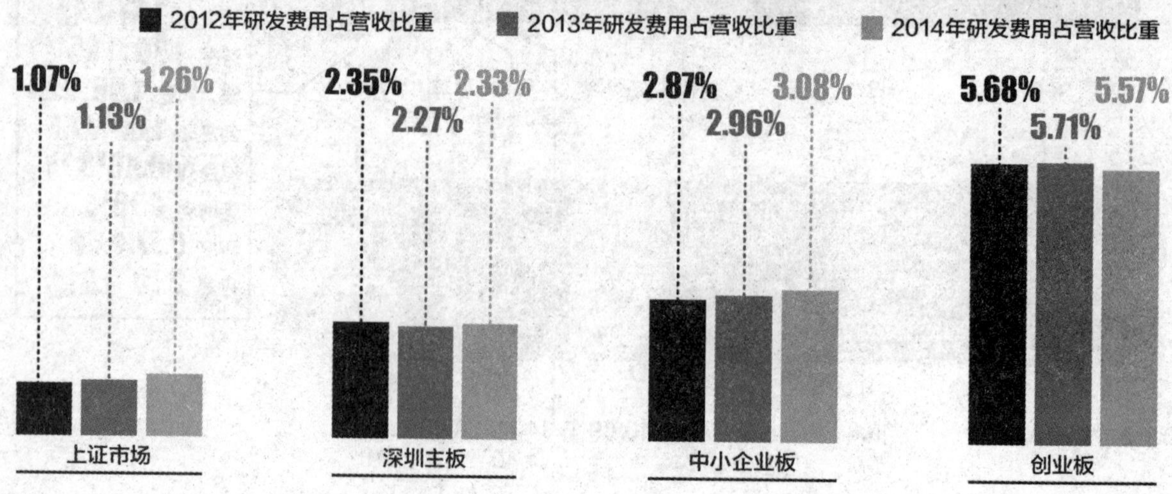

五、中国中小企业上市公司"隐形冠军"榜

公司	2014年营业总收入（亿元）	研发费用复合增长	研发投资比
海康威视	172.33	46.45%	7.55%
蓝思科技	144.97	57.92%	6.19%
歌尔声学	126.99	66.51%	6.09%
大华股份	73.32	80.55%	10.64%
立讯精密	72.96	85.33%	5.54%
乐视网	68.19	84.13%	11.81%
大族激光	55.66	28.34%	6.71%
东华软件	51.71	50.74%	9.64%
德豪润达	41.55	39.62%	7.43%
思源电气	36.71	26.05%	7.99%
中航光电	34.91	27.00%	8.44%
华天科技	33.05	50.35%	6.97%
广电运通	31.52	23.61%	7.52%
海格通信	29.54	27.68%	12.08%
软控股份	29.50	29.28%	7.61%
以岭药业	29.21	23.11%	5.76%
互动娱乐	25.18	151.71%	5.76%
奥飞动漫	24.30	58.67%	7.66%
莱宝高科	23.43	38.64%	5.88%
长盈精密	23.20	39.74%	7.30%
汇川技术	22.43	24.71%	9.70%
润邦股份	22.12	38.16%	5.84%
通富微电	20.91	37.37%	7.76%
国光电器	20.16	23.38%	5.10%
科陆电子	19.55	27.61%	7.40%
昆仑万维	19.34	20.80%	5.78%
网宿科技	19.11	114.36%	8.41%
科大讯飞	17.75	51.30%	29.18%
广联达	17.60	24.61%	19.05%
鱼跃医疗	16.82	41.22%	8.43%
兴森科技	16.74	32.53%	5.97%
乐普医疗	16.69	31.99%	8.51%
西泵股份	16.15	39.18%	5.58%
航天电器	16.04	20.21%	9.12%
同洲电子	16.02	21.87%	11.49%
易华录	15.80	33.46%	7.00%
博彦科技	15.61	61.58%	7.42%
恒宝股份	15.51	41.69%	7.58%
荣之联	14.98	78.13%	12.09%
千方科技	13.61	91.34%	8.39%
雅克科技	13.23	31.98%	5.05%
海翔药业	13.19	39.29%	6.31%

公司	2014年营业总收入（亿元）	研发费用复合增长	研发投资比
众生药业	13.09	74.88%	7.27%
新时达	13.05	32.83%	7.66%
东信和平	12.87	125.03%	7.11%
东富龙	12.59	32.98%	6.58%
全志科技	12.42	43.39%	17.47%
卫士通	12.37	55.21%	10.01%
海思科	12.11	61.52%	13.99%
亿纬锂能	12.09	63.21%	7.10%
启明星辰	11.96	26.91%	18.79%
利亚德	11.80	39.58%	5.59%
金智科技	11.79	21.38%	8.56%
美晨科技	11.49	75.56%	5.12%
聚龙股份	11.33	30.81%	6.32%
森源电气	11.25	35.72%	5.79%
同方国芯	10.87	180.18%	24.86%
达安基因	10.86	28.47%	10.16%
飞天诚信	10.80	29.08%	6.93%
万润股份	10.69	21.77%	8.23%
永太科技	10.61	45.70%	6.41%
汉得信息	10.09	26.03%	9.50%
楚天科技	10.05	21.42%	5.83%

中国经济活力样本：大消费时代的五股新生力量

对于我们正在进入的大消费时代，在投资界大概是没有什么疑问，许多投资公司都把投资的重点方向转到这个领域。但是，这并不意味着这些行业的投资者都能获得好的回报，关键在于判断每个行业内部的变化趋势。

升级也意味着成长和变革，有变革就有生死。在大消费领域，有些模式、有些企业不可避免要死亡，而新的东西则迅速成长。这个专题所选取的五大行业也正在发生激烈的变革

这些变革体现了一些共同的特点：

第一，消费需求的多元化和个性化越来越强烈。无论是旅游业中的团体游比例下降，还是消费金融领域的场景消费前景被看好都呈现了这一特征。如何满足这些个性化的需求则相应企业创新商业模式，满足细分领域更精致的市场需求。

第二，“互联网+”的影响正在深化。互联网对消费领域经营模式的改造最为激烈，前两年几乎还没有出现的模式，这两年已十分火爆，几乎所有的消费领域都在发生互联网模式的变革，电影行业的互联网思维，浸透到制造和宣传营销的全过程，旅游、医药、消费金融也都出现了类似的情况。

第三，跨行业融合和“门外的野蛮人”的进入成为常态。一些原本从未涉足这些行业的公司，尤其是互联网公司，突然进入这些大消费领域，带来了新的玩法，这对整个行业都产生了冲击。而业内的原有大佬不得不招架应对，进行变革。

未来，新模式还会层出不穷。对于投资者而言，顺应变革风向，并不断捕捉新的变化苗头，才能找到正确的方向。

健康产业：新兴机构和业态迅猛勃生

一、“互联网+”医疗、医药、医院、护理

- 随着移动信息技术的飞速发展，以及国家积极出台相关的政策，“互联网+医疗” 时代正在到来。专业机构预测，到2017年全球移动医疗市场的规模达到230亿美元。据艾媒咨询预计，由刚需产生的中国移动医疗的市场规模2015年将达23.4亿元，2017年底将突破125亿元。最新数据显示，目前我国移动医疗APP已达2000多款。
- 在互联网医药方面，中国网售药店市场销售规模从2010年的1亿元到2015年的100亿元，6年间火爆增长100倍，越来越多的医药企业已从观望阶段转为实战阶段。
- 软件、互联网公司正在为现有医院提供网络化服务的商业模式，包括挂号、检测、缴费、取药、护士站、住院、药品、物流甚至医院停车的互联网化。由于大大减少了医院及患者的精力和时间，互联网医院软件的渗透率远远高于其他应用。截至目前，有数万家医院或多或少地接入了相关软件。
- 继互联网医疗之后，互联网护理服务在2015年集中推向消费者，据统计，在国内一线城市先后诞生了四五家公司。

二、医生集团和私立医院

- 医生集团是在中国放松医疗管制背景下，近两年涌现的新兴医疗服务组织，包括体制内、体制外和互联网三种模式。医生或脱离公立医院自由执业，或利用业余时间多点执业。据业内人士不完全统计，截至目前，已成立30家左右医生集团，半数以上于2015年5月后成立。
- 自2009年开始的第二轮鼓励社会资本办医以来，各级政府政策密集发布，为民营医疗机构的发展营造了更加宽松的环境，各路资本蜂拥而至。2015年是私立医院开业、扩大规模的集中年，并出现高端化、综合化、证券化趋势。

三、新兴医疗、检测技术、养老和海外就医

基因检测从实验室走向大众的步伐加快，并开始纳入医保，国家食药监总局批准的无创产前基因检测用户数暴增。近3年来中国共有20万孕妇接受产前基因检测，市场规模约为10亿元，粗略估计基因检测的中国市场规模未来将超过1000亿元，而整个基因产业的规模据称可达到万亿之巨。从2014年至今，中国几乎每隔几天就会诞生一家全新的基因公司。

癌症免疫疗法陆续纳入医保，与基因检测类似，新公司的成立速度加快，但存在滥用现象。中国的癌症免疫疗法从今年开始，由较为落后的CDK等技术，过渡至国际领先的CART技术，但质量仍存差距。由于纳入医保，癌症免疫疗法的市场空间极为广阔。

中国自2010年进入老龄社会，并将至少持续40年之久，加之中国长期计划生育政策的实施，养老问题日益突出，进而催生了养老产业。

相关机构预计，2016-2020年（即“十三五”期间），整个中国养老市场消费将超过10万亿元，年均增长幅度将达17%。

为了寻求更高质量的治疗、现金技术、创新药物等，富裕人士开始到海外就医。中国目前存在10多家以治疗疾病为业务的海外就医机构，每年就医人数在4000人左右（不包括非严肃医疗）。

健康产业未来发展趋势

	现在	未来	代表性企业
互联网医疗	2000多个应用	加速分化，保持稳定数量	春雨医生、丁香园、微问诊、微医、糖护士、平安好医生、百度医生等
互联网药品	平台、药店、制药厂商多数加入	形成线上、线下并驾齐驱的销售渠道	天猫医药馆、壹药网、叮当快药、阿里健康、药给力以及几乎所有制药厂商
互联网医院	数万家医院使用	全部医院使用	金蝶医疗、阿里健康、挂号网、九州通等，一些医院内部开发了适用于自身的软件
互联网护理	成立四五家	一、二线城市基本覆盖	V护到家、U护、护联网、E陪诊等
医生集团	30多家	继续扩大，但也将迎来重组、倒闭潮	张强医生集团、大家医联、名医主刀等
私立医院	专科、综合、中高端为主	专科向综合发展，医保覆盖加大，从中高端过渡至中端	美中宜和综合门诊、北京怡德医院
基因检测	批准无创产前检测，进入临床医疗机构	成为大众消费品，纳入医保，成本急剧下降或赠送	华大基因、博奥生物、贝瑞和康等
癌症免疫疗法	18个省份纳入医保，费用降低	使用更加规范和谨慎	冠昊生物、康恩贝、美康优娃等
养老	私立高端潮	社区、居家、高端分层次市场	远洋地产、泰康之家等
海外就医	人数显著增长，2015年达到4000人	未来几年，预计数百亿美元的市场	盛诺一家、厚朴方舟等

消费金融：从诸侯割据到巨头隐现

大概5年前，国内出现第一批试点的消费金融公司，零散竞争。2015年以来，国务院先后数次出台有关消费金融的文件。

政策红利下，P2P、征信公司、各行业上市公司，加上已入场的银行、电商巨头、消费金融公司等，共同将消费金融市场推向火爆。

在消费金融的生态圈中，用户征信、第三方支付、资金通道、资金方、催收等，精细分工的角色逐渐齐全。

艾瑞咨询的一组数据显示，2014—2017年，中国消费信贷规模依然将维持20%以上的复合增长率，预计2017年将超过27万亿元。

2015年7月，平安集团宣布，旗下“平安普惠金融”业务集群已整合完毕。这个业务集群合并了平安直通贷款业务、陆金所辖下的P2P小额信用贷款以及平安信用保证保险事业部的业务管理团队。

目前，平安普惠贷款规模达800亿元。其野心是，未来2—3年，客户数量达到1000万，贷款规模数千亿元，成为名副其实的规模最大的消费金融公司。

电商巨头也是正在崛起的强大势力。2015年“双11”当天，京东白条用户同比增长800%，蚂蚁金服旗下的花呗支付6048万笔，占支付宝交易总量的8.5%。

案例

在消费金融版图上，目前依然是诸侯割据局面。不过，江湖中的巨头身影已隐现。

不同于消费金融公司的整合路径，电商巨头借助自身的庞大用户、消费场景和门店，追踪消费数据来开展业务，形成闭环。

描述

巨头浮现

阿里巴巴旗下的芝麻信用，推出芝麻信用分数，从信用历史、行为偏好、履约能力、身份特质和人脉关系五个维度，对个人信用予以评价。在此基础上，芝麻信用旗下蚂蚁花呗、蚂蚁借呗等信用产品，与招联金融旗下的“好期贷”联手放贷。

同批进军大数据征信的，还有腾讯征信、平安前海征信、鹏元征信、中诚信征信等公司。

案例

目前，国内征信系统不完善，数亿人游离在央行的征信体系之外，这成为消费金融的一大障碍。2015年1月，央行下发征信牌照，数家机构争相布局。

描述

寻求
大数据征信

目前，美利金融在资产端，以上海力蕴二手车金融和深圳有用分期为运营公司，对接有消费需求的用户，为用户购买二手车、3C电子产品提供消费分期服务；在资金端，以美利金融官网平台为理财平台，提供相应的理财产品。换言之，美利金融给借款用户直接提供的不是现金，而是合作商户的二手车、3C电子产品。

案例

借助消费场景的搭建，可提高交易真实性，进而降低风险。其弊端在于，运营成本高、需要对资产端布局等。

未来，教育、旅游、医疗以及汽车配套等消费领域，将成为各家机构探路重点。

描述

依托
场景消费

消费金融行业2016年发展趋势

暖风频吹的产业红海：人工智能与机器人制造显露中国路径

“通过穿刺静脉插入导管直至患者心脏，导管尖端到达患处后，通过射频电流消融掉引起房颤发作的异常心肌组织。”这一幕精准的手术，并非是哪位名医操刀，而是名为“Sensei”的机器人进行的操刀手术。如今类似机器人做手术这样的人工智能技术正越来越多地运用在社会生活的各个领域。曾经只停留在科幻作品中的机器人，已经逐渐从实验室走入现实中。

在2015中国人工智能大会上，中国科学院院士、中国人工智能学会副理事长谭铁表示：“人工智能技术的发展将对传统行业产生重大颠覆性影响，‘智能+X’将成为创新时尚。人工智能将在国防、医疗、工业、农业、金融、商业、教育、公共安全等领域取得广泛应用，引发产业结构的深刻变革。”事实上，人工智能产业已经受到前所未有的重视。2015年3月，政府工作报告中提出“中国制造2025”战略规划；5月19日，国务院正式印发《中国制造2025》，明确智能制造为主攻方向；7月1日，国务院印发《关于积极推进“互联网+”行动的指导意见》，将“互联网+人工智能”列为11项重点行动之一；而时至11月，《机器人产业“十三五”发展规划》草案已基本制定完成，“中国制造2025”重点领域技术路线图一起构成了中国机器人产业的发展蓝图。“中国制造”正在催生海量需求，如今中国工业机器人行业快速发展，已成为全球工业机器人最重要的市场，占据了全球需求量的20%以上。国际机器人协会预测，2017年中国工业机器人销售量将达到10万台左右，约占全球市场份额的35%。

尽管我国有着巨大的市场需求，但较之国外市场，我国人工智能技术攻关和产业应用仍处在发展初期。民生证券研究人员从应用领域分析指出，国外企业主要生产价值量较高的机器人且应用领域比较集中（汽车占50%），而国内机器人则主要应用于对性能要求较低的领域，价值量普遍偏低。“中国机器人产业链尚不完善，国内没有能够提供规模化且性能可靠的减速机等核心部件企业，本体核心技术被外资垄断。”

政策加码布局人工智能

人工智能概念从1956年提出，至今历经了近60年的演进，已从单一功能设备向通用设备、单一场景到复杂场景、简单行为到复杂行为的逐渐发展。

现阶段人工智能产品仍仅仅是辅助人类工作的工具，多表现为传统设备的升级版本，如智能/无人驾驶汽车、扫地机器人、医疗机器人等。未来随着科技等技术的发展，或将会出现在各类环境中模拟人类思维模式去执行各类任务的真正意义的智能机器人。

据了解，目前我国自主知识产权的文字识别、语音识别、中文信息处理、智能监控、生物特征识别、工业机器人、服务机器人、无人驾驶汽车等智能科技成果已进入广泛的实际应用。也正基于此，我国出台了大量支持人工智能发展的政策。一系列政策描绘出了我国机器人产业的发展路线图——2020年，我国工业机器人年销量将达到15万台，保有量达到80万台，将较“十二五”末新增40万台；到2025年，工业机器人年销量将达到26万台，保有量达到180万台，较“十二五”末增加140万台。

在“2015世界机器人大会”上，工信部副部长毛伟明指出，“中国制造2025”目标是实现由制造大国向制造强国迈进，其核心就是要抢占新一轮国际制造业的竞争制高点，其主要措施是深入推进工业化和信息化深度融合，主攻方向就是智能制造，而机器人、3D打印、智能工厂则是其重要支撑和依托。

据了解，工信部2015年就机器人产业开展三项重要工作：一是制定机器人产业“十三五”规划，引导行业发展；二是积极争取相关政策，支持机器人研发、应用；三是在重点制造领域推广机器人应用。根据工信部此前发布的工业机器人发展目标，到2020年，中国将形成较为完善的工业机器人产业体系，培育3—5家具有国际竞争力的龙头企业和8—10个配套产业集群，高端产品市场占有率提高到45%以上。

中国机器人“钱途”广阔

“‘中国制造2025’‘互联网+’行动等对人工智能技术提出了重大需求，发展智能产业和智慧经济需要人工智能技术的持续创新。”中国人工智能学会理事长李德毅表示。

中国制造业企业多数仍处于自动化的早期阶段，随着未来人们对产品质量要求的提升，中国工业制造业也将朝着集约化、智能化的方向进行产业升级，对以工业机器人为代表的自动化设备的需求将会大幅度释放。

对此，各大机构基本也都看好机器人的需求，提出了较高期值的预估。

根据IFR调查，2004—2014年全球工业机器人需求年复合增长率达10%，国元证券也预计2015—2020年相关增长率将升至16%，且2015-2020年在全球各区域中，以中国的增长潜力最高，预估年复合增长率将达20%。广发证券研报预测，未来国内将形成千亿级工业机器人市场与百亿级公司。预计到2020年，中国的机器人市场规模将达到2000亿元，大部分需求将来自汽车以外的一般制造业。银河证券也表达了类似的观点，认为在服务机器人行业将有望出现巨头级龙头。

随着将来广大中小型制造企业逐步规模化使用机器人，届时国内工业机器人市场将走向成熟，且有望出现百亿级的龙头企业。据了解，目前已有不少大型企业在积极布局，如百度、阿里巴巴、腾讯、科大讯飞等，传统制造企业如京东方（000725.SZ）、机器人（300024.SZ）、沈阳机床（000410.SZ）等也都在进行相关布局。

如机器人打通了产业链上下游，工业机器人产品线较丰富，有望在优势的汽车领域和潜在的低端产能领域能够紧抓需求的快速释放，特种机器人、激光装备及洁净机器人正成为新的增长点。对于机器人自身发展的优势，沈阳新松机器人智能移动事业部副总经理王玉鹏透露：“依靠技术、价格和本土服务优势，新松占领中国汽车总装大约95%的市场。”目前，新松以市值510余亿人民币跻身国际同行业前三甲。据悉，新松三分之二的产品在外资外企中使用，出口国家达23个，改变了中国产品在低端应用、难走出国门的局面。

而在医疗机器人领域，博实股份（002698.SZ）则走在较前列。博实股份与哈尔滨思哲睿、苏州康多机器人等合作，投资了微创外科手术机器人及智能器械完整的项目。思哲睿医疗长期从事微创外科手术机器人（国产达芬奇机器人）、系列化机器人手术器械等高端外科手术设备和智能医疗器械的研发，处于国内领先的技术水平。安信证券指出，若思哲睿医疗研发项目开发的微创外科手术机器人能顺利按计划取得成功，能够覆盖普通外科、胸外科、泌尿外科、妇科等十余个外科手术科类，设备应用前景广阔。

人工智能、机器人也成为资本市场热捧的概念，例如机器人的动态市盈率稳定在160倍以上，自动化设备生产商智云股份（300097.SZ）动态市盈率则超过700倍。在VC、PE活跃的新三板市场，11月刚刚挂牌的天智航（834360）估值在一周之内就达到30亿元。

产业前路尚待追赶

不过，尽管中国已成为全球最大工业机器人市场，但距离世界发达国家依然还有很大差距。2014年世界前五大机器人供应国中，中国的机器人密度显著低于韩国、日本、德国、美国等国家，机器人的渗透率还处于较低水平。国际机器人及智能装备产业联盟首席执行官罗军指出：“2013年，我国就成为全球机器人的最大市场，并至少在未来30年继续保持这一地位，但是我国500多家机器人企业并不占有任何优势，与国外机器人企业的差距不是在缩小而是在继续拉大。”

中国社会科学院工业经济研究所工业发展研究室主任吕铁也曾以工业机器人为例分析指出，目前我国精密减速机、控制器、伺服系统以及高性能驱动器等机器人核心零部件大部分依赖进口，而这些零部件占到整体生产成本70%以上。

据了解，前述领域中，精密减速器75%的份额被日本垄断，国内高价购买占到生产成本的45%，而在日本仅为25%，我国采购核心零部件的成本就已经高于国外同款机器人的整体售价，在高端机器人市场上根本无法与国外品牌竞争。

在罗军看来，本身在传统机器人领域不可能“弯道超车”，而且我国机器人产业正陷入误区——“一是沿海城市纷纷推进的‘机器换人’计划没有将机器人的市场需求与产业培育有效结合；二是各地的招商引资只顾眼前利益，虽然机器人暂时提升了传统制造业，却又诞生了一大批新的传统机器人企业，三五年之后将再次面临新的产业转型升级压力；三是机器人发展思路整体上缺乏战略性与前瞻性，过度强调核心零部件的自主研发和生产，却忽视了机器人产业2.0时代背景下，传统的伺服电机、控制器、减速器可能已不再是核心，将被新的核心零部件所取代。”罗军认为，如果机器人没有人工智能的功能，就不是真正意义上的机器人。

（朱萍）

中国人工智能翻新篇

中国工业机器人销量预测（万台）

资料来源：中国机器人产业联盟、信达证券研发中心

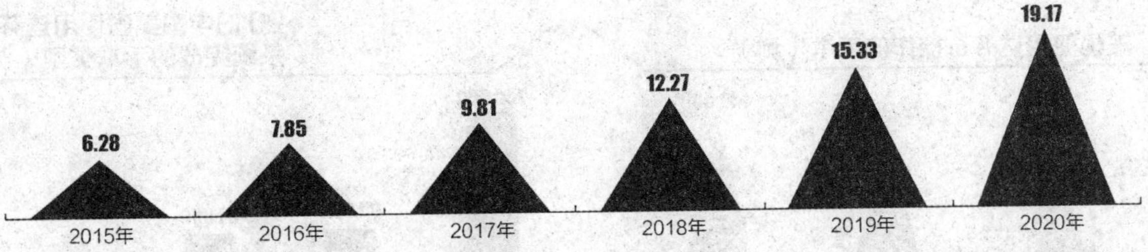

中国机器人存量迎来高速增长（万台）

资料来源：IFR、信达证券研发中心

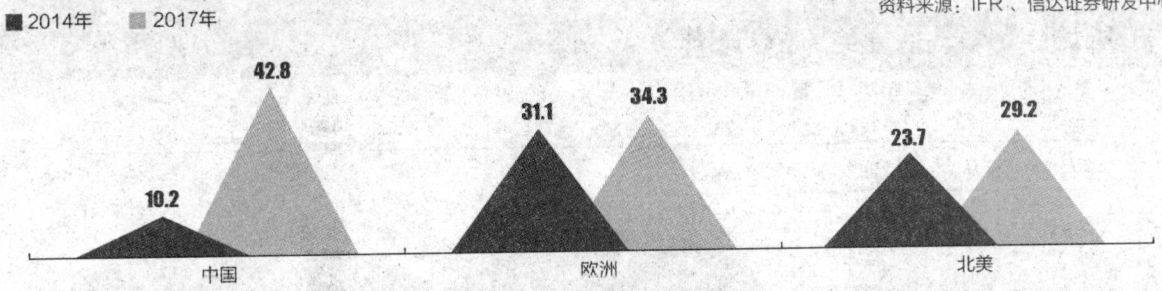

近年来我国推进机械制造产业升级相关政策

- **2006年2月** 国务院发布《国家中长期科学和技术发展规划纲要（2006-2020年）》
- **2006年2月** 国务院发布《关于加快振兴装备制造业的若干意见》
- **2009年5月** 国务院常务会议通过《装备制造业调整和振兴规划》
- **2010年10月** 工信部印发《机械基础零部件产业振兴实施方案》
- **2011年3月** 国家发展改革委发布《产业结构调整指导目录（2011年）》
- **2011年11月** 工信部发布《“十二五”产业技术创新规则》
- **2011年12月** 工业和信息化部发布《工业转型升级投资指南》
- **2012年5月** 工信部发布《高端制造业发展规划》
- **2012年12月** 工信部、科技部、财政部、国资委联合发布《重大技术装备自主创新指导目录》
- **2013年2月** 发改委发布《战略性新兴产业重点产品和服务指导目录》
- **2014年2月** 科技部发布《智能制造科技发展“十二五”专项规划》
- **2015年5月** 国务院发布《中国制造2025》规划
- **2015年6月** 国家制造强国建设领导小组成立
- **2015年7月** 国务院印发《关于积极推进“互联网+”行动的指导意见》，将“互联网+人工智能”列为11项重点行动之一
- **2015年11月** 《机器人产业“十三五”发展规划》草案已基本制定完成

21世纪经济报道整理

中美医院使用达芬奇系统的手术

生产达芬奇手术机器人系统的外科公司，达芬奇在美国已实现了2254台的销量。2012年美国使用达芬奇手术机器人操作的手术367,000例，2013年达到422,000例，2014年达到449,000例。其中2013年，美国医院使用达芬奇系统完成妇科手术240,000例，完成泌尿外科手术85,000例，普通外科手术81,000例，其他手术16,000例。2013年，拥有达芬奇系统18台，中国医院完成妇科手术393例，泌尿外科手术1123例，普外手术1061例，其他手术396例。

美国使用达芬奇操作的手术（例）

2013中国美国使用达芬奇系统完成的手术类型（例）

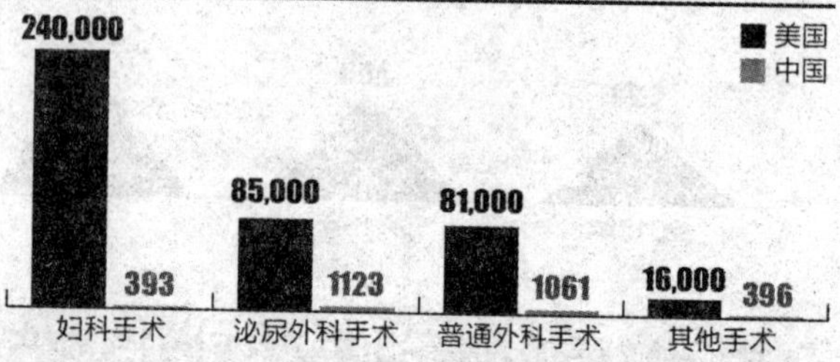

数据来源广发证券、中国残联

内资机器人产品分类（2013年）

内资机器人（单位：台；销量占比%） 销量

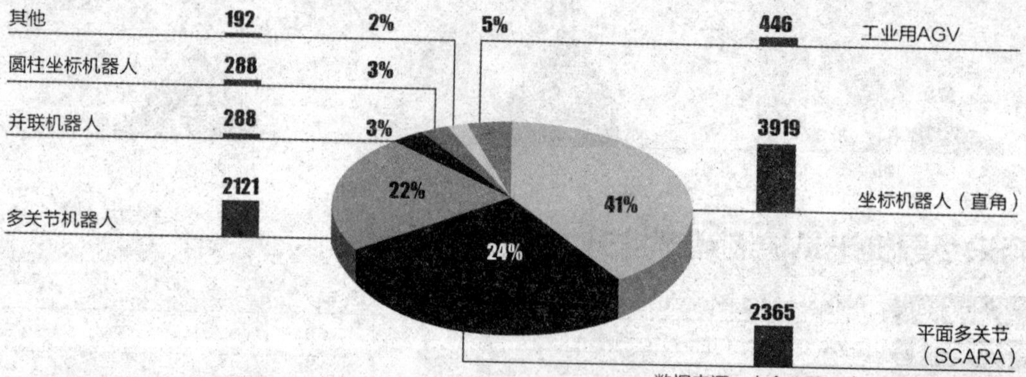

数据来源：中金公司、《中国机床工具工业年鉴2013》

外资机器人产品分类（2013年）

外资机器人（单位：台；销量占比%）

销量

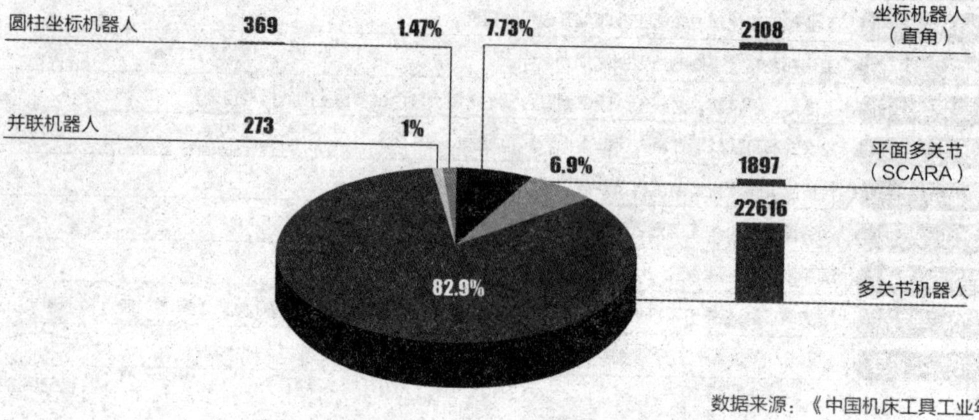

数据来源：《中国机床工具工业年鉴2013》

云计算大势所趋：巨头混战阿里云势头猛

IDC数据显示，2014年，阿里云在中国公有云市场的占有率达29.7%，超过亚马逊、微软和IBM在中国市场的份额总和，稳居中国公有云市场的领导地位。根据IDC预测，中国公有云市场未来几年将保持高速增长，预计到2018年，中国云计算市场将达到20亿美元，而SunTrust分析师则认为，到2018年，阿里云业务的收入将达到12亿美元，占据国内60%以上的市场份额。再看国内的云计算巨头公司的混战局面，阿里云、天翼云、腾讯云是过去一年市场上最受关注的三个“巨无霸”服务商。

全球云计算市场规模

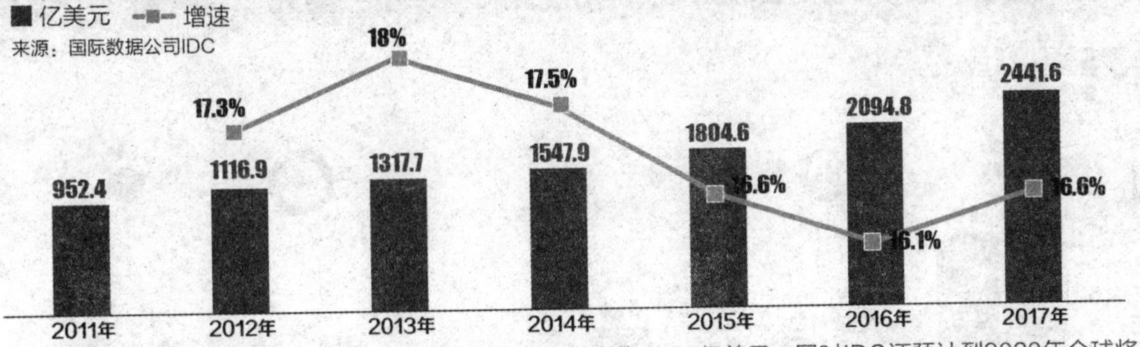

解读： 根据IDC的数据，2014年全球云计算市场规模大约1520亿美元，同时IDC还预计到2020年全球将有3万亿美元通信技术增量由云计算产生。微软称云计算在2011—2015年创造了1400万就业机会，云计算市场在2015年带来1.1万亿美元的收入。

中国公有云市场：年均增速超40%

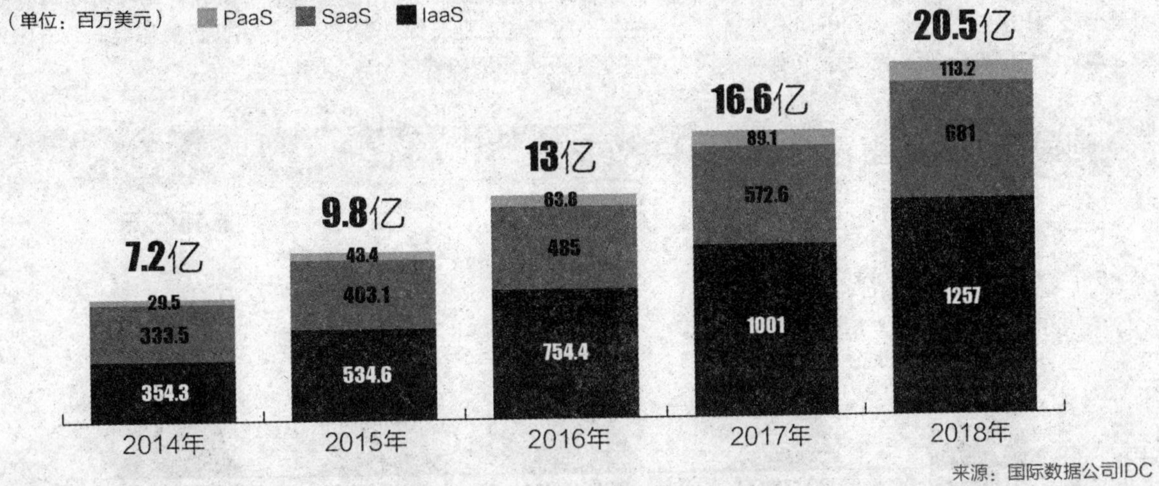

解读： 目前中国云计算总体市场规模约为36亿美元，只占全球不到3%的份额，但发展速度惊人，每年以超过40%的速度增长，主要增长力来源于阿里、百度、腾讯、京东等互联网公司。但与美国等云计算普及率较高的市场差距则仍明显。

国内外主要云计算服务提供商

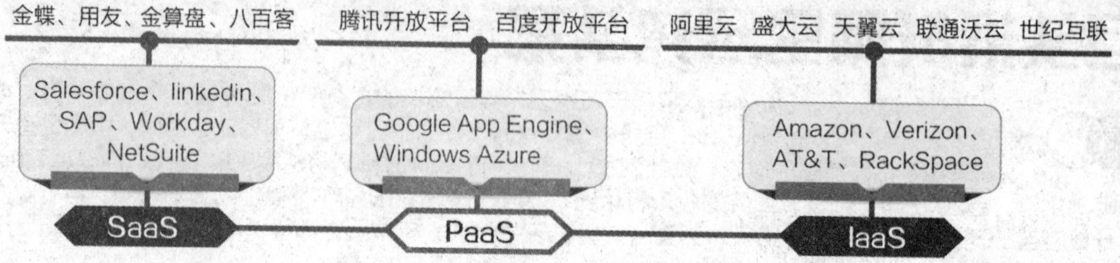

来源：信达证券研发中心

国内企业同国际巨头云收入差距依然很大（单位：美元）

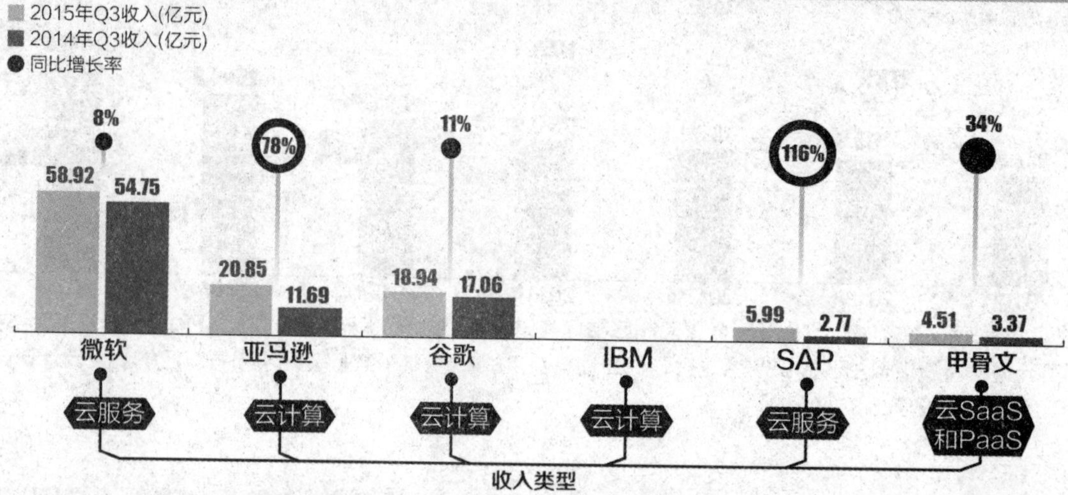

来源：各公司季报

解读：国内企业的云收入虽然发展快速，但从体量上仍与巨头相差甚远。亚马逊、谷歌、微软与IBM四个巨头地位稳固，亚马逊云计算基础稳固，谷歌有搜索引擎与部分SaaS应用优势明显，微软优势在协同与社交和“混合云”市场的主导性。而IBM没有其他新生的生态应用与商业支撑，不过IBM已将云计算和数据分析作为重中之重。2015年初，IBM公司宣布计划投入超过12亿美元大规模拓展其全球云的部署。

阿里云成为阿里巴巴收入最快的部分

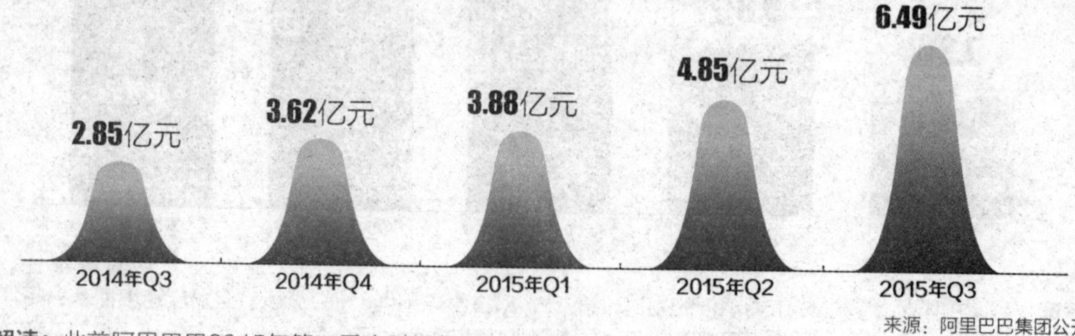

来源：阿里巴巴集团公开财报

解读：此前阿里巴巴2015年第二季度财报显示，旗下云计算子公司阿里云第二季度收入4.85亿元，比2014年同期大幅增长106%，成为阿里巴巴收入增速最快业务。

阿里云服务中心坐标

来源：阿里巴巴官网

解读：2015年11月17日，阿里云宣布完成香港数据中心的规模扩大，正式启用该数据中心第二个可用区。目前，阿里云在杭州、北京、青岛、深圳、上海、千岛湖、香港、新加坡、美西9个地域设有数据中心(Region)，未来还将在日本、欧洲、中东等地设立新的数据中心。

AWS收入增速：阿里云快于亚马逊

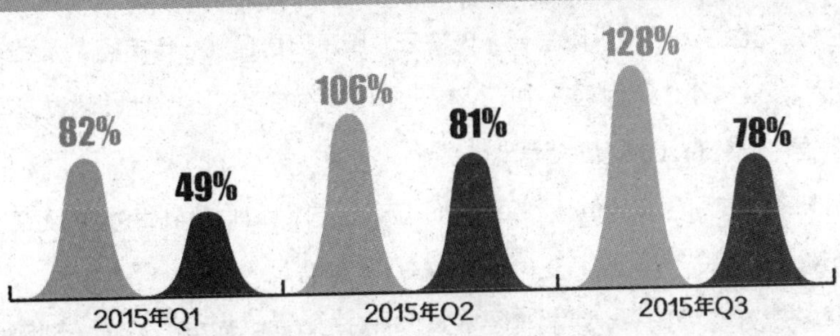

解读：亚马逊第三季度财报出现盈利，其部门将盈利部分归功于增长迅速的云计算业务。该公司当季利润7900万美元，销售额增23%，达254亿美元。云计算部门AWS的销售额由11.70亿美元增至20.90亿美元，营运利润达5.21亿美元。

数据来源：亚马逊、阿里巴巴公开财报

阿里技术5层架构云基础最关键

解读：阿里的系统自上而下分为5层，分别是业务逻辑展现层、业务能力运营层、云化业务能力层、企业级互联网架构能力层和阿里云基础设施。其中最为关键的是云化业务能力层的积累。

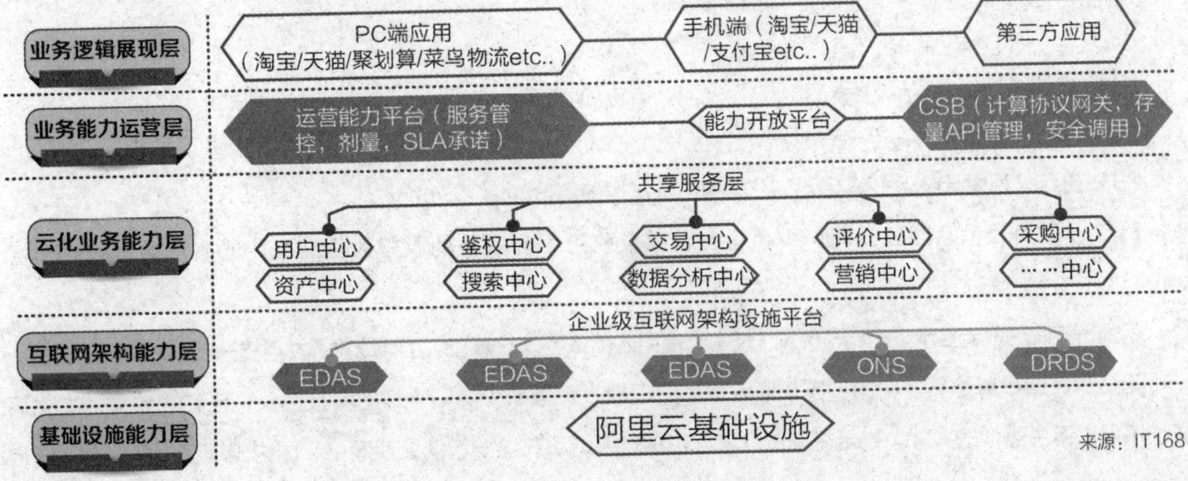

来源：IT168

云计算混战“拿来主义”失效：阿里云圈地传统行业及政府服务

IDC公布的调查报告显示，2014年中国公有云服务市场整体规模达到9.028亿美元，同比2013年增长61.9%。伴随着微软、IBM等国际公有云在中国市场的介入，国内云服务领域竞争格局已开启。

除了外来者的进入，国内的云计算巨头公司也进入混战，阿里云、天翼云、腾讯云是过去一年市场上最受关注的三个“巨无霸”服务商。IDC数据显示，2014年，阿里云在中国公有云市场的占有率达29.7%，超过亚马逊、微软和IBM在中国市场的份额总和，稳居中国公有云市场的领导地位。

2015年“双十一”，阿里巴巴公布当天系统交易创建峰值达到每秒钟14万笔，支付峰值达到每秒钟8.59万笔。相比2009年首届“双十一”，订单创建峰值增长了350倍，支付峰值增长了430倍。

阿里云之上，阿里巴巴得以最少的成本搭建起支撑这一纪录的系统架构，而且承载包括淘宝、天猫、万网等核心业务。在集团收入占比只有3%的阿里云从技术上实现了“没有难做的生意”，也一定程度上决定了阿里巴巴的技术能力与边界。

近几年的发展中，阿里云的价值逐渐从企业内部转向为面向社会的“公共基础设施”“给社会赋能的普惠技术”，阿里云的身上也映射了中国社会创新成长与局限。

创新基础设施

2015财年，阿里云收入12.7亿元，在国内市场占据最高份额。

目前，阿里云包括创业公司、中小企业，以及政府、金融、能源等大企业在内的客户数已经超过了140万。

阿里研究院的报告显示，相比于传统IT技术，使用云计算可以节省70%的IT成本，并且提升300%的创业效率。

无形中，云计算弥补了中国“匮乏IT人才”的短板。中国缺少美国一样的科技巨头，当前的教育、文化环境也不足以诞生类似的人才，甚至基础的IT人才也相对匮乏。在这一波创业浪潮中，国内出现了太多拥有一定资源、行业积累、创意，但“只差一个程序员”的创业者。

云计算虽然无法替代程序员，但云计算却大幅降低了创业给程序员带来的负担，因为基础IT设施的部署、维护都可以由阿里云实现，同时，诸如电商流量、垂直行业能力KPI等各种资源、数据的调度也均由云计算完成，相当于阿里云1000多名工程师的技术智慧共享给全国创业者使用。

也正是因此，在中国提出万众创新之后，部分地方政府均把云计算视为吸引创业者必不可少的环境要素，其重视度丝毫不弱于减税优惠、办公场所、创投资源。也正是因此，马云说“云计算已经取代过去的‘三通一平’”，成为地方政府最需建设的工程。

阿里云资深总监李津表示：“云计算的产值并不大，但这是一种支点型技术，有这个支点在，周围可以有无数的人、企业去跑杠杆，撬动企业、行业、经济的巨大变革。”

政策配套制约

目前，阿里云除了支撑创业，还想延续到金融、医疗、能源等传统行业，以及政府服务。但是，这两者的进展却远远落后于前者。

“什么时候云计算可以纳入国家政府采购目录？”李津说，阿里云花了巨大的努力和代价去推动这一政策改革，“但是，我们没想到观念的转变会有这么难。”

2013年起，工信部曾推动政府采购云服务，当时测算，中国政府每年信息化采购规模500亿元，是公有云市场规模的10多倍。而且，政府采购云服务对于节约成本、政务透明、政府数据开放、政府职能转型有莫大的推动作用。

2014年，工信部牵头起草了《政府采购云服务指导意见》，财政部当时也发布《关于推进和完善服务项目政府采购有关问题的通知》。但万事俱备之时，政府采购云服务被相关主管部门叫停。

“因为工作都被工信部、财政部做了，很难算成有关部门的政绩。该部门‘只好’砍掉现有成果，然后自己出一套新的流程标准。”工信部一位牵头人曾向记者透露，“在地方政府调研中，不少部门就等着这个政策发布，一经发布，他们就会采购云服务，现在只能搁置了。”

而今，国务院虽然数次出台文件要求“加大政府部门采购云计算服务的力度，探索基于云计算的政务信息化建设运营新机制”，但云服务纳入振幅采购目录依旧遥遥无期。

2014年6月，阿里巴巴集团与河南省政府签署《云计算和大数据战略合作框架协议》，协议第一条就是把阿里云计算纳入河南省政府的采购目录中。2015年，阿里巴巴在与其他省政府的战略合作中，很重要的一条就是“把云计算纳入当地政府目录”。而在此之前，阿里云还要跑遍全国各省的管局去落实“备案制度”。

当然，不只是政府。银行、保险等金融类企业在云计算应用上也遭遇诸多限制，在银监会、保监会的监管要求中，两类公司大部分业务都不允许使用云服务，而这主要是出于安全考虑。但事实上真正限制云计算应用的并非安全问题，而是安全背后的责任体系。

拿来主义失效

不过，在李津看来，中国云计算真正缺少的是“自信心”。

中国是互联网的纯技术输入国，过去多年的中国互联网也习惯了拿来主义。“在中国做技术很难有信心，往往都需要去美国找信心，用别人认可的技术。”李津表示，20世纪，华为、海尔支撑着中国的自信，但互联网领域还没有这样的公司出现。

在云计算领域，拿来主义绝对是行不通的，完全用别人的技术构建的社会基础设施，很难支撑整个社会的变革。

但是，人才太少了。李津介绍：“美国，一个AWS就有6000人去做云计算底层技术，比中国所有云计算开发的人还多。”而同时，中国的IT人才都在流向前端应用，底层架构人才几乎为零。

阿里云首次建立自信靠的是飞天的5K项目。2013年8月，阿里云代号为“飞天”的大规模分布式计算系统成为了单集群规模达到五千台服务器的通用计算平台。这一能力与Google、Facebook并驾齐驱，而该项目所有的技术都是阿里云自己完成的。

“但飞天并不是独一无二、伟大的项目。”李津称。

2015年7月，阿里云与中科院成立联合实验室，开展在量子信息科学领域的前瞻性研究，研制量子计算机，阿里巴巴集团首席技术官王坚表示：“如果要在如今的前瞻技术中选择，我一定选择量子计算，从追随者成为引领者，这是每一个科技公司的伟大机遇。”

李津表示，阿里云今后会与科研机构合作在更多的前瞻领域布局：“我们希望，有一天中国能崛起伟大的互联网公司，而且不只一个。也许，这个改变需要30—50年。”

（陈宝亮）

电商联盟逻辑
苏宁+阿里：让弱者更弱

根据中国电子商务市场数据监测，2015年上半年，中国B2C 网络零售市场中（包括开放平台式与自营销售式，不含品牌电商），天猫排名第一，占57.7%份额；京东名列第二，占据25.1%份额；苏宁易购位于第三，占3.4%份额。苏宁易购正以O2O的形式挤压着市场份额。苏宁的转型路上，“两翼”扮演着十分重要的角色，这是苏宁线上线下打通的一大动作。苏宁与阿里的联姻背后，是抱团打压其他竞争者的核心目的。这场利益婚姻背后，苏宁得到了阿里的流量、大数据营销、资本支持。阿里则得到了苏宁的供应链、仓储物流、门店资源。而电商大战还在继续。

B2C购物网站交易规模市场份额：苏宁易购稳增

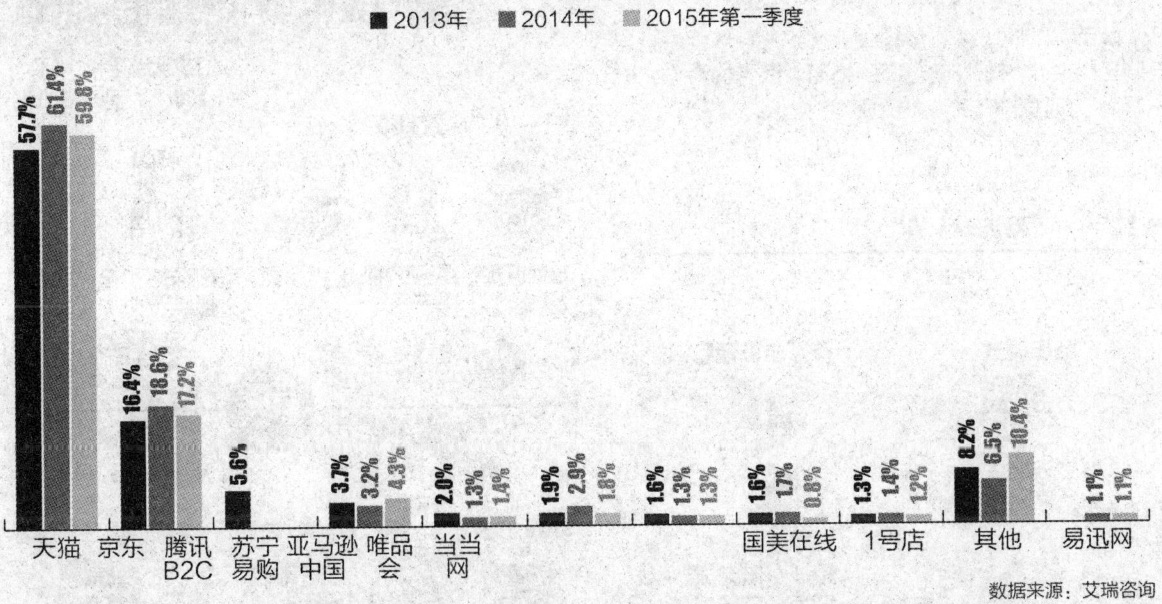

数据来源：艾瑞咨询

解读：天猫、京东、苏宁易购在B2C 市场上各有千秋：天猫的优势在于全品类（标品+非标品充足），京东的优势在消费类的3C产品，苏宁易购则是在“大家电”市场拥有优势。

苏宁5年8字转型路

苏宁的“两翼”

★线上：“阿里+苏宁”，钱都用在哪了？

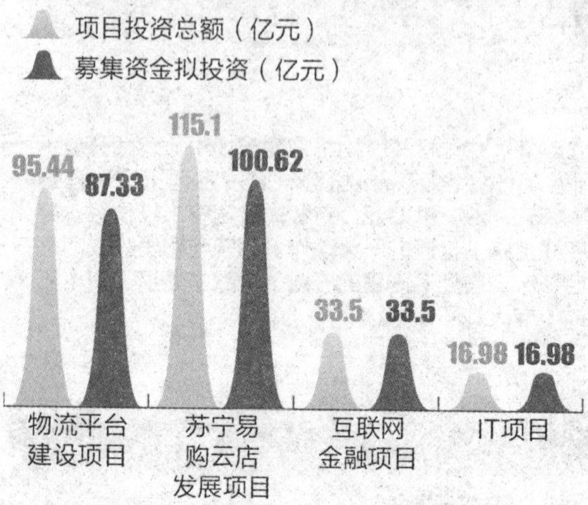

解读：苏宁正在转型，线上线下从互博到融合，与阿里的合作也正打破电商的格局。两者的合作，苏宁得到了阿里的流量、大数据营销、资本支持。阿里则得到了苏宁的供应链、仓储物流、门店资源。

★线下：“万达+苏宁”

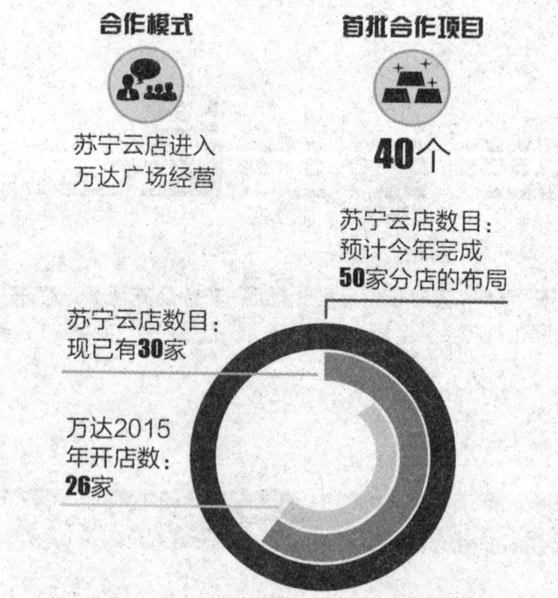

解读：苏宁云店比万达百货更具有互联网元素，万达与苏宁的联合，促使万达业态偏向“互联网+”，这与万达的电商布局相呼应，同时也是苏宁稳固线下的利器。

苏宁的优势在于“大家电”

三大家电电商平台主要大家电品类SKU对比

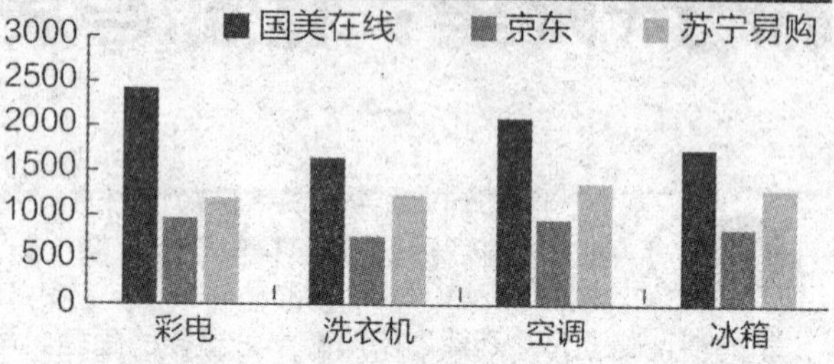

数据来源：易观智库 国美在线、京东、苏宁易购官网整理

解读：苏宁的优势在于“大家电”和通讯3C业务，入驻天猫将加强天猫与京东的对抗能力。目前，在大家电品类中，苏宁仍然力压京东。

“京东+永辉’PK“阿里+苏宁”

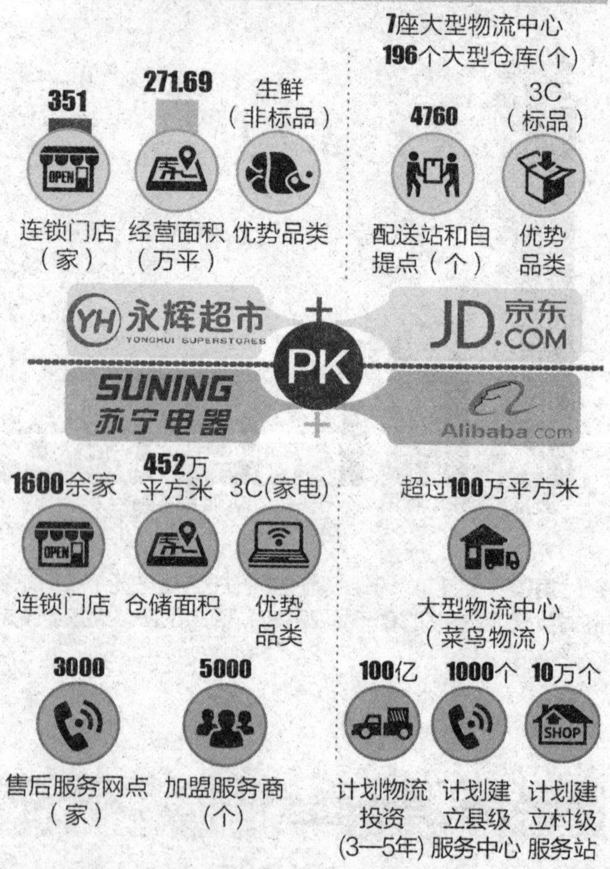

解读：苏宁和阿里牵手，冲击的并不是京东或腾讯，而是百度、国美以及当当等规模更小的电商。线下方面，苏宁有强大的门店和物流体系。与此同时，阿里也构建自有的菜鸟网络物流。这都给了“京东+永辉”组合重重一击。

苏宁云商转型：强化阵营战略合作

2015年上半年中国B2C网络零售市场中（包括开放平台式与自营销售式），天猫排名第一，占57.7%份额；京东名列第二，占据25.1%份额；苏宁易购位于第三，占3.4%份额。眼下，第一名与第三名的强强联合，京东与腾讯的相互支持，合纵连横，行业整合加速。

2015年，苏宁云商董事长张近东宣布，苏宁转型成功，互联网零售模式已经成熟。苏宁的征战从线下跨至线上，对手列表中增加了京东等电商企业。继牵手阿里巴巴，构筑了新的生态圈之后，张近东表示苏宁将进军文化、体育、创投领域。

苏宁云商副董事长孙为民说："现在苏宁实现了第一个阶段的目标，建立了线上线下融合的商业模式。转型之后如何构建新的盈利方式是即将面临的挑战。"

互联网急转弯

2009年，苏宁意气风发，全年营收为583亿元，净利润同比增长33.17%至28.9亿元。彼时，苏宁的国内连锁大局落定。从上市公司的各项指标来看，苏宁的体量已经超越国美，叱咤国内的家电零售市场。

同一年，电商的攻势越发凶猛。阿里巴巴、京东等互联网公司已经成为了新的对手。2010年，B2C电商平台苏宁易购正式发布上线，杀入电商领域。在孙为民看来，"如果电商没有出来，我们的连锁会做得更好；如果没有互联网转型，早已经往东南亚布局了"。面对新的市场格局，苏宁进入转型探索期，国际化放缓脚步，"原因就是国内发展的重心和节奏转了。但是没办法，你不转，可能连大本营都没了"。

国内传统零售的转型拉开了序幕，苏宁和国美路径有所不同。国美一开始更看重线下运营，对于电商则主要在搭建后台方面发力。2014年开始加快线上布局。2015年，国美在线规划了包括物流、大数据、互联网金融在内的五大战略，在营销推广、各类电商大战中颇为活跃。

苏宁转型伊始就猛攻线上业务，尽管带来业绩的阵痛，在2013年净利润下滑，但其对苏宁易购的投入并未减少。近5年来，苏宁多次跨界投资，版图涉及电商、视频、金融等多个领域。2015年前三季度，苏宁线上平台实体商品交易总规模为 313.40 亿元（含税），同比增长 80.63%，按照前三季度总营收935亿元计算，线上业务占据的比例约为30%。

孙为民表示，未来苏宁易购的盈利点集中于物流和大数据两方面。一方面，未来仍旧面临规模化生产和规模化渠道的问题，其中流通渠道的价值依然存在，“物流和资金形成新的供应链，对未来的供应商很有价值”；另一方面，通过数据分析对用户了解更深，对上游厂商有更多的话语权。同时，结合不同产业的特点会衍生出新的营销模式。

苏宁原本在家电销售行业中属于“破坏者”的角色，它减少了销售成本，优化了销售体验。而因为同样的原因，被销售环节更少、交易成本更低、用户体验更好的电商所威胁。尽管当下电商增速放缓，阿里巴巴和京东仍占据了国内B2C网上销售的大部分市场份额。苏宁牵手阿里巴巴，正在逐步打破电商格局。阿里巴巴入股苏宁，腾讯入股京东，都是强化阵营的战略合作，苏宁的心态变得更为开放，毕竟两者在一年前还在针锋相对。据孙为民透露，合作前张近东和马云曾会面两次，用了半年左右的时间最终敲定。“和阿里的发展，是先结婚后恋爱。首先是互补的，苏宁最强的还是线下资源。”孙为民如是说。

线下新战场

在电商业务高速增长的同时，线下的零售行业均受到互联网的冲击。对于线下的传统门店的未来，外界亦有颇多质疑。而从苏宁营收的体量上来看，其线下仍是主体，而整体的营收每年仍在上涨。

事实上，线下正在演变成新的战场。苏宁和万达在2015年9月进行了联盟，苏宁易购云店等品牌将入驻万达广场。孙为民表示：“未来的实体商业不是没有价值，新的商业载体一定会出现，浸入式场景的体验店是一个重要的方向。不是不开店，也不是开过去的店，而是有迁徙。例如万达的很多店，未来配备了停车资源等多种业态的组合，可能是未来商业的载体。”

线下门店虽然普遍萎缩，但是有其不可替代的价值。2015年8月，京东斥资43亿元收购永辉10%的股份，拓展实体店资源以及物流环节。在农村市场，京东正在建立县级服务中心。另一边，阿里巴巴在2014年就入股了银泰商业，进军实体商场。此外，还开设了淘宝体验店，试水线下门店新模式。对于商家必争的农村市场，阿里也是重金布局，欲建立1000个县级运营中心和10万个村级服务站。

线上线下整合加速

面对宏观经济增速放缓、需求不足、电商冲击等现状，传统零售行业持续低迷，根据《中国零售力量2015》的数据，2014年连锁百强销售增幅下滑至5.1%，净利润同比下跌0.03%—2.08%。各企业在纷纷建立网上零售模式。同时，纯电商企业也在寻找与实体店连接的可能性。

布局线上还是加码线下，都是为O2O转型打下基础，线上线下融合越发加速。目前阿里、京东、苏宁均已进入商超O2O领域，京东发力京东到家业务，京东CEO刘强东称："对京东到家的期望，就像腾讯对于微信。"阿里在投资银泰之后，更是加快了与实体店的合作，与苏宁的牵手，也是尝试了线上线下整合的新模式。

那么，倾力发展电商的苏宁将如何整合线上与线下的关系？在孙为民看来，电商和实体并没有第次，在这个过程中，重要的是在内部打造互联网架构，整合企业的内部资源，把存货、支付体系、营销工具进行共享。

对于苏宁来说，庞大的航母转身不易，随着行业的利润率越来越薄，线上仍在持续投入之中，由线上带动业绩增长仍是长期的打算。国外公司亦面临相同处境，百思买相比苏宁更早地开始往互联网转型，电商和线下两者共同运营；沃尔玛在2015年全资收购了一号店，拓展中国的网上零售市场，亦是对电商的加码。

在新的消费习惯之下，电商和线下的融合越发成为趋势。互博还是融合，还需要时间进行磨合和检验。

（倪雨晴）

曲道奎：服务机器人爆点仍不可知

曲道奎

曲道奎常常会有紧迫感。他清楚，即使新松已是全球市值排名第三的机器人企业，却离真正的世界第三还有距离；他也很清楚，随时被超越几乎是高科技企业的宿命。

但他不会恐惧。作为新松机器人自动化股份有限公司（以下简称新松）总裁，曲道奎对机器人产业所处的阶段、发展方向以及新松该往何处去，有清晰看法。"我只看未来，不看过去。"

成立于2000年、上市于2009年，如今的新松产品线涵盖工业机器人、洁净（真空）机器人、移动机器人、特种机器人及智能服务机器人等多种系列，市值已达350亿元。其中，工业机械手新松是国内龙头，AGV（即自动引导车）全球领先。

2014年开始，新松加大对服务型机器人投入，并向市场推出智能送餐机器人。"大力发展服务机器人时机已到，接下来我们会加大投入。"曲道奎说。

服务机器人爆发后网络安全问题

《21世纪》：您如何评价现阶段机器人的智能化程度？在智能机器人领域，全球的基础都不算强，国内机器人企业面临的环境是怎样的?

曲道奎：虽然技术不成熟的方面有很多，但是现在对于机器人产业来说，是一个很好的起点。实际上，机器人现在处在一个山底。

大数据、云、智能传感等技术虽然不成熟，但相比于过去已经有了翻天覆地的变化。虽然现在的产品不能和人类一样，但是智能化程度在提高，市场需求也在增长。

此前市场偏向于大批量生产，但现在不是了。每种技术的发展都与时代有关。对于国内市场来说，现在是趋势方向有了，节点也到了，技术需要大的创新突破，模式也需要变化。

我认为中国从来没有面临过这么重大的机遇，但反过来说也是潜在危险。在之前的环境下，依靠制造可以在全球市场分得一杯羹，但以后的时代是网络经济，全世界都几乎是透明的，单单依靠老的思路是无法继续分羹的。国内企业没有选择，只能创新。如果技术没有创新突破，产品就会没有竞争力，面临卖不出去的局面。

《21世纪》：在这样的环境下，新松的发展规划是怎样的？下一步的计划是怎样的？

曲道奎：我们现在不考虑为什么要做，只考虑怎么做，以及做的速度是不是和别人一样快。

机器人所处的领域属于高科技行业，在这样的行业里，没有什么是值得炫耀的，今天是冠军，明天就有可能被超越了。比的也不再是绝对速度，而是相对速度。索尼、诺基亚都经历了这样的变革。

机器人行业的整体发展趋势就像波浪，如果离开了潮流就会赶不上，我们必须要在潮流的前端，不能让自己下来，要当一个弄潮儿。对我而言，我知道未来的趋势是什么，方向是怎样的，而怎么走、用什么方式走，是新松的团队一起决定的。

作为管理者，我最大的优势是用人，并相信团队。新松有2000多人的技术团队，技术强大是国外企业对新松惧怕的原因。

对于工业机器人，我们会继续大力投入，积极升级产品和技术。现在工业机器人的抓取、定位、识别都是新兴技术，控制系统也需要继续研发。服务机器人的投入虽然目前不如工业机器人大，但是已经有了很好的开端，接下来要加大力度发展，全面走向世界。

另外，我们还要重视服务机器人需求爆发后的网络安全问题。服务机器人是处在物联网环境下的，链接的是整个环境，和人紧密接触。互联网产生的安全问题是数据和信息丢失，而物联网环境下的犯罪是可能导致财产环境乃至生命危险的。

这不是哪个国家、哪个公司的问题，需要全球制定新法规，包括无人驾驶都可能产生这样的问题，而机器人首当其冲。

机器人要进入“软时代”

《21世纪》：业界对于服务机器人的呼声越来越高，新松最近也展出了一款送餐机器人。对于服务机器人，新松是不是在加大投入？

曲道奎：是的。服务机器人我们已经研发七八年了，但此前一直关注的是基本技术，比如人机交互、导航等。经过长时间的积累，我们突破了一项核心技术SLAM（即时定位与地图构建），它可以让机器不需要指引，自我识别周围的环境。在这项技术之前，服务机器人还基本相当于“盲人”。

在此基础上，我们从2014年开始把产品推向市场。产品什么时候进入市场，这个很关键。太早市场可能不接受，太晚又会滞后。我们注意到服务行业的人口结构在变化，招工遇到很多问题，很多人不愿意干这一行，用人需求在扩大。在需求和技术成熟的两个前提下，我们推出了服务机器人产品，市场反响也很好。

《21世纪》：您怎么看待服务型机器人这个领域？新松对这块的发展规划是怎样的？

曲道奎：在技术成熟和市场需求的基础上，我认为大力发展服务机器人的机会已经到了，我们也会加大投入。

从宏观来看，服务机器人比工业机器人的市场大太多倍，但它的爆发不是线性的，在某一个点都可能爆发。这与工业机器人不同，工业机器人和国民经济体量有关，需求是固定的。而服务机器人是不可预测的，可能2015年只卖200台，2016年就能卖2万台。

服务机器人的前景是绝对被看好的，但是路径还不清晰。哪一块会成为那个大的市场，大家都还在探索。到目前为止，大家都还看不清在哪个细分领域爆发，只知道养老机器人、康复机器人等这些种类的需求可能会很大，但市场什么时候启动，盈利模式是怎样的，这些都需要探索。

我们现在需要做的就是在市场爆点来临之前，把技术基础打牢。现在技术基础还是很薄弱，计算能力不够，传感能力不行，云技术和大数据都不成熟，而没有这些技术，服务机器人是不可能真的发展起来的。

《21世纪》：对于机器人的概念现在依然有争议，有很多产品依旧属于机器或机械类，并不是真正的机器人。您如何看待这种现象?

曲道奎：是的。实际上机器人和人一样，有一个成长过程，前期可能的形态是机器人系统，在整个体量中，可能10%是机器人设备，90%都偏向于系统。以后这个比例会变化，变成一半一半或更多。

现在这个时代，已经到了一个机器人向人转变的时期，机器人要进入“软”时代。这个“软”不是硬件、软件的意思，而是智能化、云技术等。机器人的智能化需要被实现，而不单单是一个设备机械而已。

另外，达到向人转变，需要技术的支撑，相关配套的技术都需要成长。很多人问我，机器人发展几十年了，为什么还是机械手臂。我的回答是，现在不可能做得跟人一样，因为我们现在什么技术都没有，没有材料、没有传感、没有云等等。只有这些技术都一起发展了，才会有一个这样的形象出现。

《21世纪》：资本市场对于机器人向来是比较热情的，从投资角度看，您的建议是?

曲道奎：资本市场的追逐我认为是合理的，它追逐的是未来。而我们认为机器人必将改变制造模式、战争模式，重塑生活习惯。现在的机器人产业和比尔·盖茨进入计算机系统所处的时代太像了，未来的市场一定是巨大的。

（吴燕雨）

新松国产移动机器人成长全记录

通用雪弗兰Camaro作为“大黄蜂”的原型车，在科幻电影《变形金刚》上映后获得超高人气。但鲜有人知的是，通用总装车间中，是中国新松机器人公司的AGV机器人帮其完成最后组装。

更令新松人自豪的是，国内国外，汽车总装只要用AGV模式的，几乎都是新松的产品。新松机器人公司总裁曲道奎说，新松的工业机械手是国内龙头，但AGV做到了全球领先。

据了解，新松从成立到如今，AGV相关知识产权种类数量达到80多项，已完成几百个AGV工程数量，在这个领域已经保持了十多年的垄断优势。（见图一）

可以说，新松AGV机器人像一柄尖刀，刺破了国际机器人巨头企业的垄断大幕。数据显示，2014年，国内机器人市场上，唯有AGV机器人的国产化达到了78.13%，而广泛应用的平面关节型机器人和多关节型机器人的国产品牌占有率仅为10%左右（见图二）。

· 图一 ·

2014年中国国产移动机器人（AGV）市场份额构成（%）

资料来源：高工产研机器人研究所(GGII)

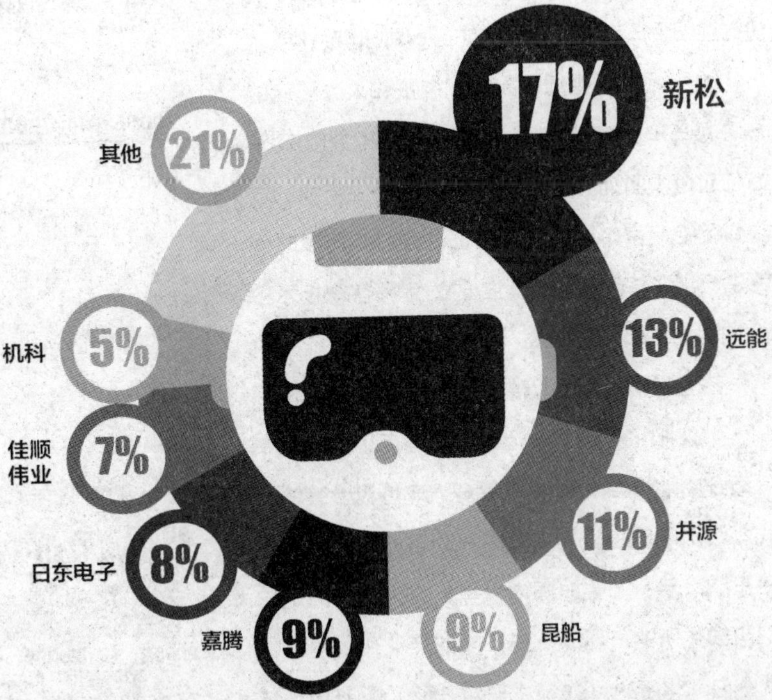

解读：GGII调研显示，近年来沈阳新松的AGV市场份额牢据行业第一，公司AGV产品主要应用于汽车及军工两大领域，汽车领域的AGV市场份额位居行业第一。

与此相对应的是，中国移动机器人（AGV）专利申请在过去十年逐年走高（见图三）。据高工产研机器人研究所（GGII）的预计，中国AGV机器人未来三年的年均增速将陡增至50%左右，这给以新松为代表的中国AGV机器人企业提供了巨大想象空间（见图四）。

新松的崛起，有偶发因素，也是我国对前沿技术提前布局的结果。事实上，新松AGV生产线的历史要比新松机器人这家成立于2000年的公司早二十多年。

早在20世纪80年代，中国科学院沈阳自动化研究所在“863计划”支持下开始布局计算机集成制造系统和智能机器人研究。

但让这些技术积累走出实验室的是1991年7月成立的中外合资沈阳金杯客车公司。当时，其生产线其他部分安装完毕后，提供组装设备的外国公司却违约，导致整个生产线无法投入生产。处于绝境的沈阳金杯想到了同城好友——沈阳自动化所。

沈阳金杯希望用简易机械装置和人力配合的方法为汽车安装发动机，但缺少智能化的自动跟踪和起落设备而无法实现。“我们将生产线的要求介绍给专家。他们反复验证，经过半年多时间就生产出了移动机器人。”时为金杯客车技术主管的曲刚对媒体回忆说。

这就是新松最早的激光自动引导的AGV车。

“沈阳金杯总装线运行成功之后，国内汽车厂商开始陆续尝试用AGV完成汽车地盘合装的模式。”沈阳新松机器人智能移动事业部副总经理王玉鹏表示：“当时国内汽车厂家大多用的是沈阳自动化所的产品。”在不断的产业化过程中，沈阳自动化所的AGV技术日益升级。1995年，其设计的AGV产品出口到韩国三星航空株式会社。

得益于为沈阳金杯成功设计AGV组装线和对

·图二·

2014年中国市场国产机器人占比情况（%）

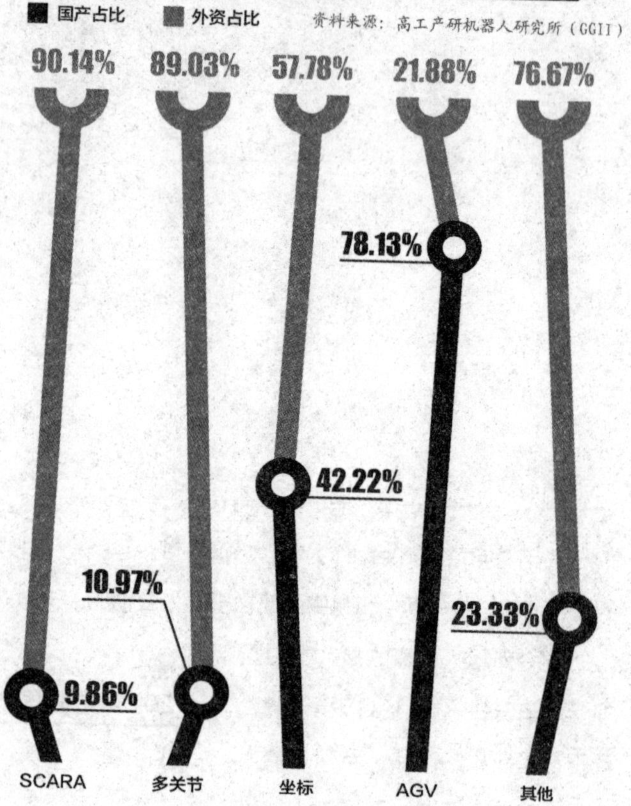

·图三·

2005-2014年中国移动机器人（AGV）专利申请情况（件）

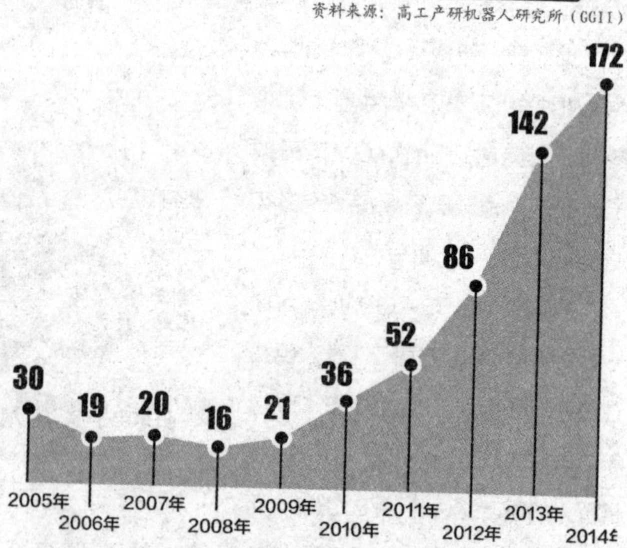

解读：截至2014年底，中国移动机器人（AGV）相关企业机构共计申请专利总数719件，其中发明专利350件，实用新型224件，外观设计24件，发明授权专利93 件，中国台湾专利69件，香港特区52件。

三星的技术出口，新松公司刚刚成立就在AGV业界颇有名气。然而，彼时的新松AGV还谈不上行业冠军。“因为AGV在汽车领域应用的规模很有限。很多小的汽车厂家甚至没有充足资金建立AGV生产线。”王玉鹏说。

转机在2006年来临。中国汽车工业协会公布数据显示，2006年我国汽车销量超过720万辆，同比增长超过25%，第一次超越日本成为仅次于美国的第二大汽车消费国。当年中国汽车行业利润也取得强劲增长，较2005年增加46%至768亿元人民币，新松AGV生产线随即大规模进入国内汽车行业。

“国外企业也想进入这个市场，但新松AGV更有优势。”王玉鹏信心十足。由于中国汽车企业常常根据市场销售调整车型生产，外国公司提供的AGV总装线难以适应这种变化。“我们可以根据客户需求对产品进行改造并提供售后服务。此外，产品的价格也相差40%左右。”依靠技术、价格和本土服务优势，新松占领中国汽车总装大约95%的市场。

·图四·

2011-2018年中国移动机器人（AGV）市场新增量及预计增长情况（台，%）

资料来源：高工产研机器人研究所（GGII）

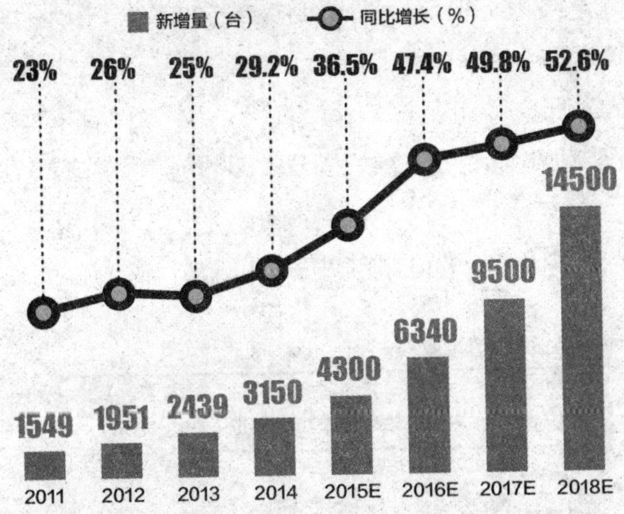

·图五·

中国移动机器人（AGV）应用领域分布情况（%）

资料来源：高工产研机器人研究所（GGII）

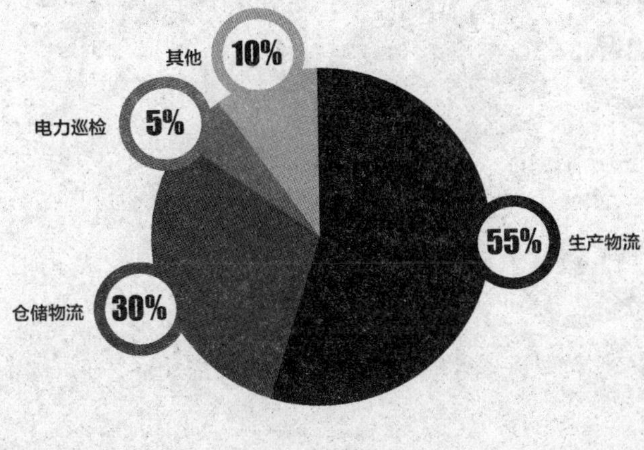

2007年，新松AGV赢得登上世界舞台的机会。时值美国经济危机爆发前夕，通用汽车的日子也不好过。通用汽车全球设备采购部门在上海通用和柳州五菱的工厂发现，新松AGV运行记录平均水平大大超出了国外同行，而价格相对便宜。通用汽车此后向全球AGV公司发出标书，新松最终赢得胜利，获得70余台总价值在7000多万元人民币的采购订单。此后，拥有自主知识产权的新松AGV陆续出口到美国、加拿大、俄罗斯、韩国、印度等市场。

据了解，目前新松AGV研发人员达到150人左右，每年投入的研发费用是销售额的8%左右。

2014年3月1日，由新松机器人公司制定的GB/T30029-2013自动导引车（AGV）设计通则以及GB/T30030-2013（AGV）自动导引车，已作为国家标准正式实施。

（徐然）

蓝思科技：受益国产手机崛起 49亿元定增获批能否提升“安全感”

2015年12月8日，蓝思科技发布公告称，证监会批准了公司49亿元、大部分用于蓝宝石生产的定增计划。

这意味着，蓝思科技在电子设备视窗防护玻璃领域的“隐形冠军”气质将更浓。2015年3月蓝思科技挂牌创业板，其女老板周群飞一跃成为2015胡润女富豪榜榜首，引发资本市场关注。从2003年，周群飞接到摩托罗拉的电话为其生产玻璃手机防护屏算起，已过去十余年，这期间，全世界的智能手机消费者几乎从未听说过这家中国公司。

而在蓝宝石时代，苹果公司目前所使用的蓝宝石产品，几乎有一半是周群飞供应的。

这位20多年前来自湖南乡村的打工妹，用近乎极致的细节把控能力，打造了手机防护玻璃领域的领导企业；同时，也时刻警醒着，以防跟不上这些大客户产品迭代的脚步。

作为中国高端精密制造业代表，蓝思科技能否在大的市场占有率形成之后，持续研发，不断构筑竞争壁垒，从而提升对苹果等占据国际产业链高端公司话语权，还有待观察。

国际手机巨头贡献近九成收入

数据来源：蓝思科技招股说明书

2014年蓝思科技主要客户贡献销售收入情况（单位：亿元）

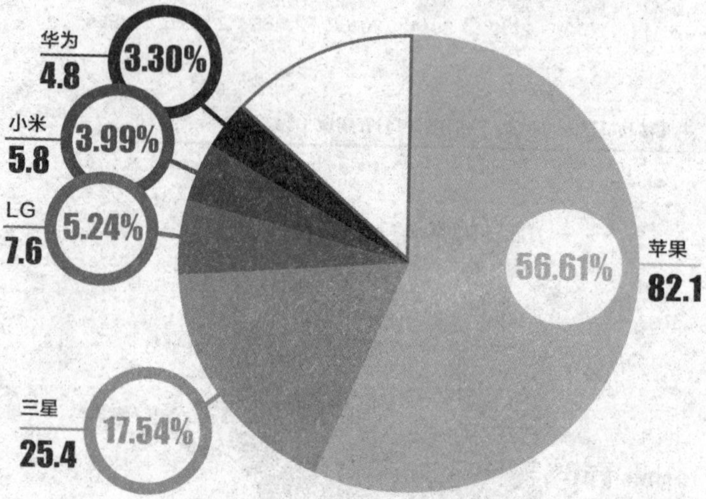

解读：对比前两年的情况来看，蓝思科技加强了与国产手机小米和华为的合作。

精准铸就隐形冠军

2015年5月，福布斯全球企业2000强榜发布，刚刚上市的蓝思科技挤入其中。

这一家并不十分为人所知的公司，其主要客户却是显赫的全明星阵容。据招股说明书披露，2012—2014年，前三大客户对蓝思科技的销售额贡献率分别达到96.25%、93.10%、86.69%。其中，苹果和三星一直位列第一、第二，其他则包括LG、小米、华为、诺基亚、亚马逊和摩托罗拉。

2003年，蓝思科技接到摩托罗拉的订单，为其新手机Razr V3开发一种玻璃屏。由此，蓝思科技由一家制造表镜的公司进入手机防护屏领域，凭借着玻璃面板加丝印技术打开市场局面。HTC、诺基亚的订单也陆续而来；2007年，蓝思科技成为苹果的供应商，此后一路成长为视窗防护玻璃领域的主导者。

对细节的重视和专注是蓝思科技的重要制胜筹码。纽约时报记者观察到，打工妹出身的董事长周群飞亲自参与设计和安排制作玻璃防护屏工艺的每一步，切割、打磨、钻孔和抛光玻璃，让每一块面板拥有透明表面；玻璃面板在锂盐浴里强化、涂布和烘干；最后，经过清洁的面板再涂上抗污渍和抗反射膜，几乎每一步周群飞都能亲自操作。

在防护玻璃行业，周群飞待了20多年。早在1993年，她就在自学复杂的丝网印刷工艺和有难度的技术，以改善表镜出面玻璃上的印刷效果。她曾对媒体表示："我爸爸眼睛看不见，所以如果我们把某个东西放在某个地方，必须放在非常精确的位置，否则就会有问题。我要求工作时要有这种关注细节的态度。"

如今，她带领的蓝思科技又在经历新一轮的视窗防护玻璃行业的材料变革。自iPhone 5起，苹果后续手机产品的摄像头外盖和Home键均使用了蓝宝石，可穿戴设备iWatch亦将蓝宝石用作其屏幕材料。而早在2011年，周群飞即投入了蓝宝石的相关研发。据其招股说

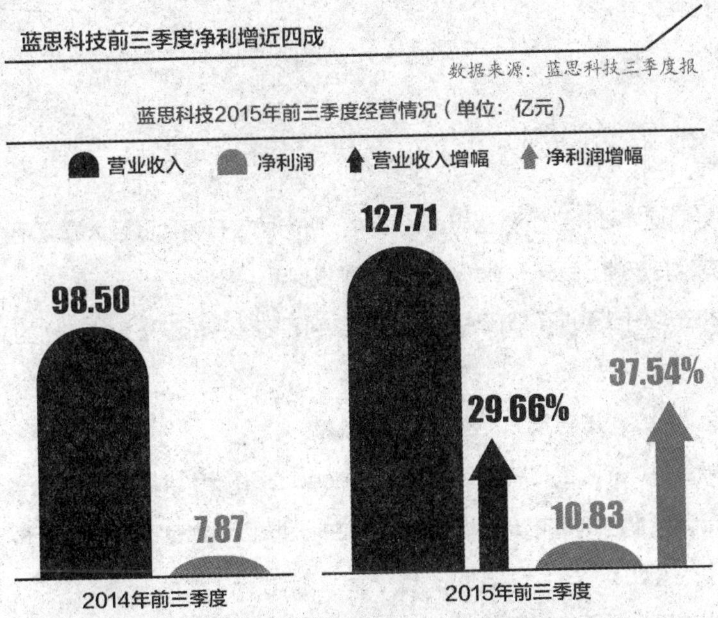

解读：蓝思科技2015年前三季度的营业收入和净利润同比均出现了较大幅度的增长，这显示其新品已经释放出更强的盈利能力。

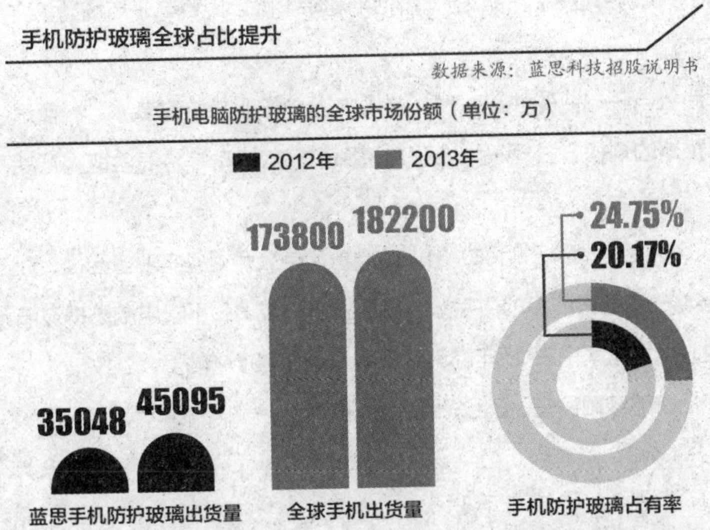

解读：该数据根据蓝思科技的产能和全球手机和平板电脑出货量的比例测算所得。目前，手机和平板电脑防护玻璃是其主要产品。

明书披露，2014年公司研发支出8.97亿元，占营业收入的比例达到6.19%。

蓝宝石产业链分为生产和后段加工两部分，其中，生产蓝宝石原料，关键靠“长晶技术”——通过长晶炉人工合成蓝宝石。蓝思科技董秘彭孟武表示，公司的长晶技术，能耗水平、单机产出水平、良率和利用率，都达到或超过国际领先水平，晶球生产能力已经达到160千克，后来者并不容易追赶。

定增则将为其扩大规模。方案显示，蓝思科技拟募集资金的2/3将用于蓝宝石生产及智能终端应用项目，项目建成达产后，具备年产3亿片蓝宝石摄像头保护镜片、2.4亿片指纹识别保护镜片和3000万片智能穿戴设备防护屏的能力。

破除大客户依赖，提升话语权

在蓝宝石领域表现突出的蓝思科技，受到券商追捧。长江证券指出，蓝思科技所产蓝宝石镜片已经大量运用到智能穿戴设备，公司募投的相关项目也在扩充现有产能，为未来业绩快速增长提供保证。

应该说，眼下，蓝思科技仍在享受智能手机产业升级和拥有国际主流客户的红利，随着人机交互智能产业的发展，触控屏幕还将运用到更多领域。

但这其中并非没有“寒意”，公司尤其要面对的是对于苹果等大客户的过度依赖。

一个并不遥远的例子是，一度被苹果推到舞台中心的蓝宝石制造商GT Advanced公司在2014年宣布破产，iPhone 6也未能如预期中使用蓝宝石屏幕。对于这一事件，业内分析既有技术不达标的原因，也有客户一方过于强势而造成的合作不对等。

蓝思科技曾在招股说明书中坦承：如果个别或部分主要客户因行业洗牌、意外事件等原因出现停产、经营困难、财务状况恶化等情形，将会影响公司的正常经营和盈利能力。

此外，在三季报中，蓝思科技再度强调了招股说明书提及过的风险，包括毛利率下降、消费电子市场需求变化较快、研发支出不断增加以及新材料的投资风险。

几大风险几乎都对应着产品的更新迭代。消费电子行业的快速发展，使得其上游行业“如履薄冰”。蓝思科技三季报称，如果蓝宝石行业最终未能实现预期的规模，公司投入的研发资源、厂房设备等将无法取得预期回报。

在2015年5月蓝思科技上市以来的首次股东大会上，周群飞明确提出，她准备促使公司业务实现多元化，让生产朝着高端玻璃以及蓝宝石和陶瓷的方向发展。一个值得注意的数字是，在手机防护玻璃和平板电脑防护玻璃之外，其他产品的收入对蓝思科技主营业务总收入的贡献率由2012年的8.22%提升到了2014年的18.70%。

蓝思科技相关人士解释，其他产品中，既包括智能穿戴设备，还包括智能家居产品、汽车、相机等。

（王帆）

第十一章 场景的力量

中美新经济对弈：不只是滴滴VS Uber

一、中美新经济对弈

中美新经济对比 估值（单位：亿美元）

数据来源：根据公开资料整理

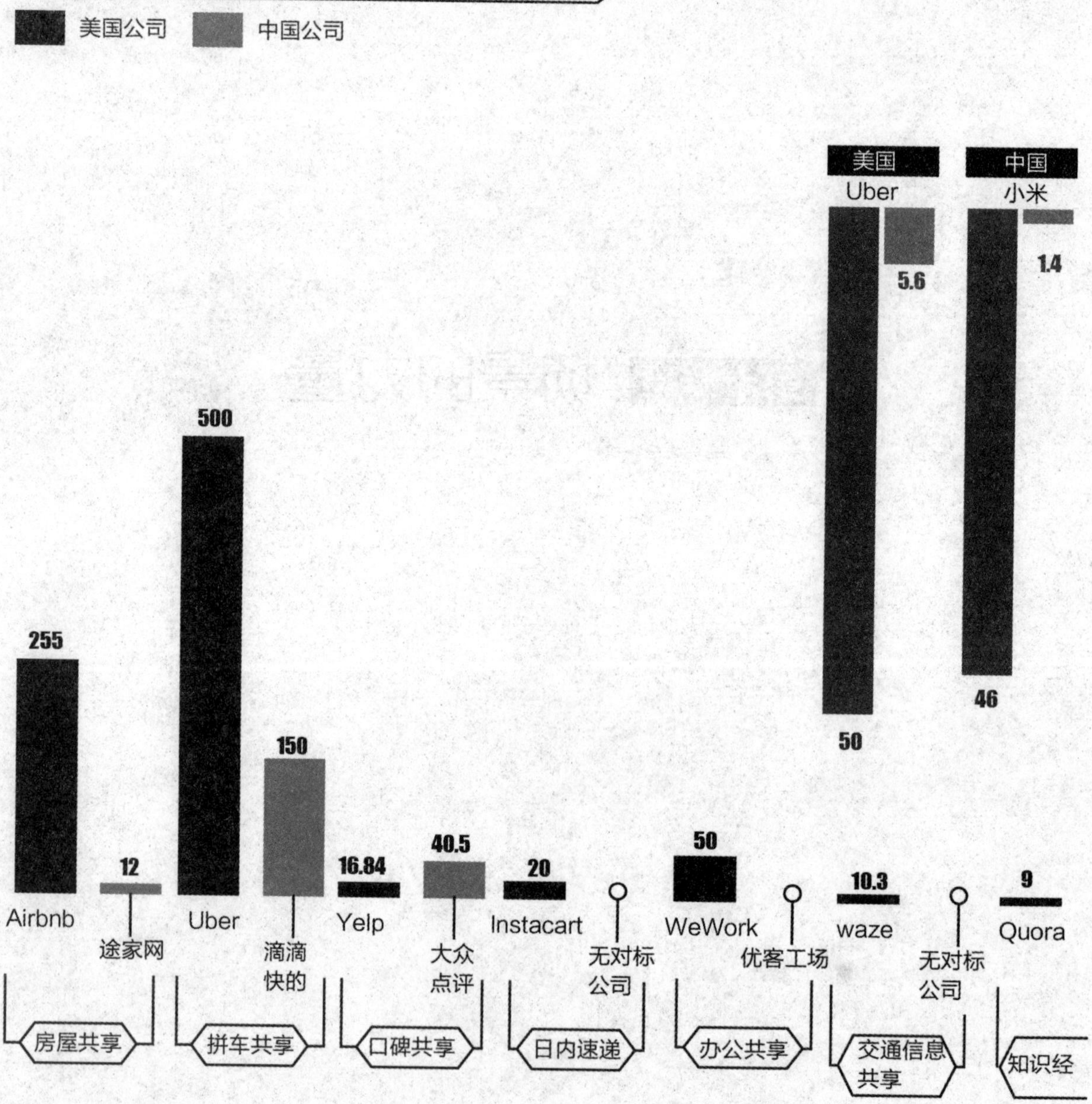

解读：在2015年，共享经济喷薄而出，当之无愧当选为年度关键词。我们正处于一个由“拥有”转变为“使用”的时代当中，一边是“断舍离”的呐喊，一边则是共享的兴起。共享经济全球市场规模几乎每年都以接近90%的速度增长。

一、中美新经济对弈（接）

全球估值最高的十家创业公司（单位：亿美元）

■ 估值 ■ 总融资额度

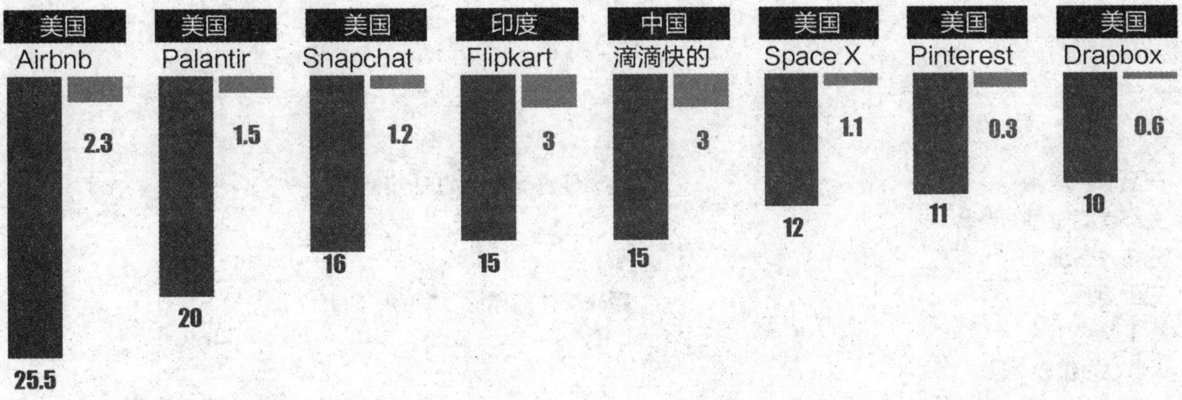

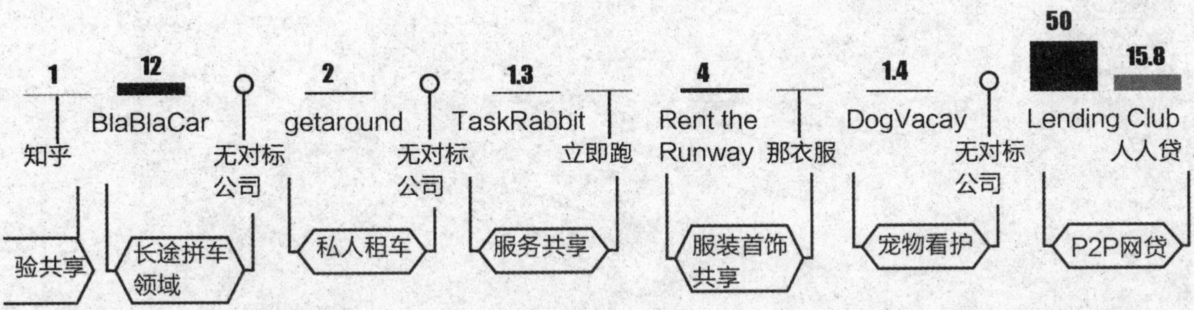

解读：到2025年，全球共享经济市场规模将增加至3350亿美元。在这场变革中，以滴滴叫板Uber为首的一群中国公司有可能实现弯道超车，比如大众点评估值已超过美国Yelp。

新商业模式2.0：“半中心化”结构状态　　（数据来源：兴业证券研究所）

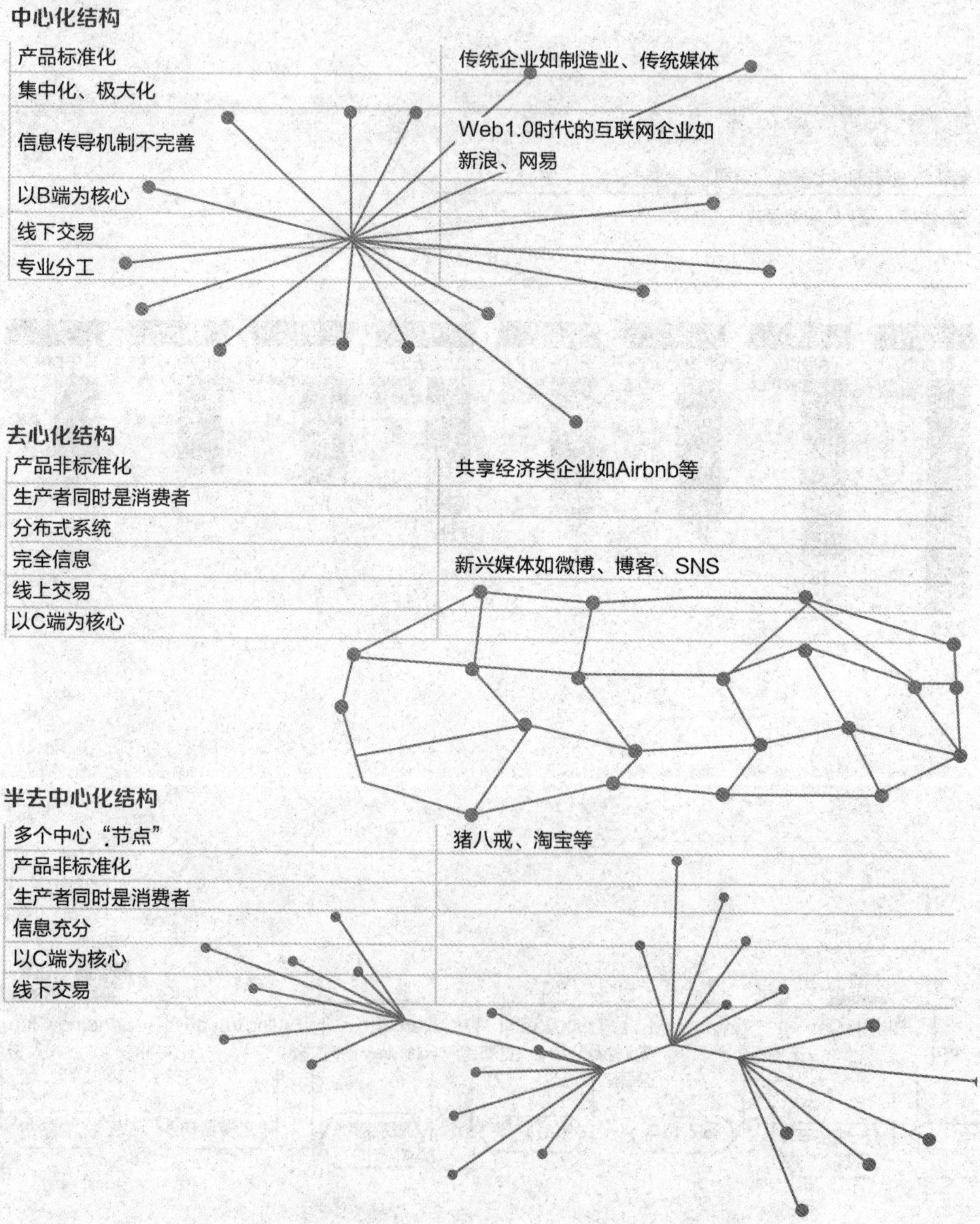

解读：互联网平台上所有用户都是平等的，用户会根据产品或者服务的体验好坏用脚投票，最终留下来的是“优质节点”，当“优质节点”达到一定临界点时，平台就会呈现半中心化结构。

二、新生活方式产业链

数据来源：公开资料整理，兴业证券研究所

数字领域

知识经验
典型代表：
Quora，维基百科

WiFi
典型代表：Fon
国内类似应用：
Wi-Fi万能钥匙，平安WiFi合伙人

口碑分享
典型代表：Yelp
国内类似应用：大众点评，豆瓣

交通信息
典型代表：Waze

实物共享

短期房屋出租
典型代表：
Airbnb，Homeaway
国内类似应用：途家网（中高端度假旅游）
度假客　（台湾出境旅游），
小猪短租（专注国内），
蚂蚁短租（赶集网旗下家庭公寓预订网站）

汽车共享

长途拼车
典型代表：BlaBlaCar
国内类似应用：巧拼车

货运拼车
典型代表：GoShare

租车
第一种模式（自己购车发展会员）
典型代表：ZipCar，Car2go
国内类似应用：易到用车，一嗨拼车
第二种模式（撮合车主和租车人的中介平台）
典型代表：RealyRides，Getaround

打车/拼车软件
典型代表：
Uber，Lyft，SideCar
国内类似应用：滴滴快的

服务共享
产品定制
典型代表：CustomMade
服务
典型代表：TaskRabbit，Zaarly
国内类似应用：
猪八戒，跑腿，立即跑，我去办，任务中国，街区
餐饮
典型代表：Feastly，Eatwith，Mealsharing
国内类似应用：吃吃饭，我有饭，吖咪
日内速递
典型代表：Instacart，Deliv
服装首饰共享
典型代表：RenttheRunway
国内类似应用：那衣服
宠物看护
典型代表 DogVacay
金融
P2P网贷
典型代表：Lending Club，OnDeck
国内类似应用：拍拍贷，人人贷
众筹
典型代表：Kickstarter
国内类似公司：点名时间，众筹网，淘梦网，大家投
B2B领域
企业采购
典型代表：绿城电商
金融
典型代表：陆金所
企业IT资源和渠道共享
典型代表：银银平台
国内类似公司：
亚洲金融合作联盟
办公室
典型代表：WeWork
国内类似公司：ServOffice，优客工场，SOHO3Q，Mo.ffice

当冲浪者顺利冲上浪尖，并能停留很长一段时间，他就能一直继续冲；但如果没冲上去，就会被海浪吞没。

互联网创业就是这样一种浪潮。浪潮来了，创业者纷纷赶着去冲浪，但是总有人会被大浪吞没，只有少数人能借势继续往前冲。

未来学家杰里米·里夫金就认为，通信、能源、物流共同决定了一个社会的经济模式，不远的未来，我们将进入一个传统市场经济与基于互联网、物联网的协同共享并存的新时代。

吴声在《场景革命》中描述，共享经济是场景商业的典型演绎，场景革命带有的是共享经济的DNA，共享经济商业模型隐含了对真实场景的全新定义。

一时间，共享经济、场景革命等概念，带动了改变传统行业的创业冲浪。

零边际成本社会的前夜

短短几年，Uber和Airbnb已经成长为市值前三的非上市公司，共享经济风暴正以摧枯拉朽之势席卷全球，引发新一轮商业模式革命。

移动互联网的出现，改变了传统的商品交易模式。传统模式下，信息流、资金流和物流是三个重要元素。互联网则让资金流和信息流合并，一些重要的交易节点的信息传递更深入地介入了交易和资金流。在这种情况下，大量原来跟互联网无关的产业都被接入了互联网。完成这个闭环的方式更简单高效，是为第三次工业革命。

产品即场景。移动互联网时代，微信、知乎、大姨吗、易到用车，每一个APP就像定位清晰的黑洞，吸附着数量巨大的族群。场景成了虚实交互融合的核心，产品变成了场景的解决方案，手机也作为社交器官重新定义了用户的生活状态。体验、链接、社群、数据成为塑造场景化的四个核心要素，而构建商业模式的最重要方式就是场景化。

眼下，共享经济商业模型隐含了对真实场景的全新定义。零边际成本、商业化信任和社会化互联是共享经济的三大驱动要素。杰里米·里夫金说，当边际成本降到几乎为零的时候，共享经济出现，每个人不再是单纯的生产者或者消费者，而是产销者。

这两年来，创业浪潮以共享之名，锁定用户群，在规模上可以实现“没有边界”的扩张，从生活走向生产领域。而在闲置资源多，供给稀缺的领域共享经济更易成功。模式主要为租赁、二手交易和UGC。

在国内创业者中，伴随着共享经济概念出现的创业，以O2O为众。一般来说，创业者都是先建立互联网化平台，通过互联网化平台培养用户习惯从而逐步建立起共享经济是国内主流路径。

传统场景和新技术的连接

O2O创业者们，许多都是共享经济的践行者。包括餐饮O2O、打车软件、社区服务、拼车出行等，很多领域都在践行零边际成本理论下的平台与“产销者”连接的模式。

互联网数据服务商Talking Data发布了《2015上门O2O移动应用行业发展报告》，2015年资本市场在上门

O2O领域投了近300亿元，主要流向出行和餐饮领域。

除了大众点评、美团等用户耳熟能详的平台，更贴合共享经济的餐饮类创业建立平台，提供厨师上门做饭服务，让消费者可以根据自己的口味，定制消费者所爱的美食，如爱大厨等。

河狸家等公司，则是打着“解放手艺人”的旗号做共享经济。河狸家“一手托两端”：一端是手艺人，解放更多手艺人，使他们实现财务、时间和心灵自由；另一端是消费者，一站式满足他们对美的所有需求，定义未来中产阶级的生活方式。

杰里米·里夫金提到，数以百万计的年轻人已经开始从旧秩序中脱离出来，人们更愿意把自己看作积极的参与者，而非工人；更倾向于把个人属性看作才华，而非技能；更愿意在社交网络上展现自己的创意，而不是在市场经济中从事刻板的工作。

包括Uber、滴滴出行、爱大厨以及e袋洗所布局的社区共享经济，都在将各种人力资源以共享的方式进行释放。

除了人力资源，技术就是帮助用户找到更好、更便宜的场景。像Uber、大众点评等，是通过寻觅到一个传统场景和新技术的连接，从而降低了传统的场景中所提供的商业服务的成本，或者说增加了另一种获得社会问题解决的可能性，并且这个可能性要比之前的解决方案成本更低。

泡沫还是未来？

根据《2015上门O2O移动应用行业发展报告》，2015年融资的上门O2O企业中，其中早期的融资比较多，天使/pre-A轮超过四成，A轮超三成。在共享经济的“死亡笔记”中，包含的领域主要有洗车、推拿、美甲等各种单品类的O2O。这其实让这些企图通过共享经济改变传统行业的创业者开始了思考。

许多发达国家已经建立起了高效的线下渠道，城市的商业承载量也都非常大。这种情况下，在发达国家发展电商、共享经济、O2O等概念，其必要性并不如中国。反观中国，人口众多，地区差异性大，线下渠道体系相对落后，共享经济、场景革命等概念的发展更有足够的土壤来支撑。

实际上，大数据、云计算等新兴技术的作用在新的领域尤为重要，包括生产流程的优化，用户参与度等方面都急需新技术来支撑，这在许多目前的共享经济、场景革命的创业项目中并没有看见。

眼下许多企业也开始意识到这些问题。许多单品类共享经济的平台都在切入多品类。这个逻辑上，单个APP收集到的关于某用户的数据是数据孤岛，而多个产品收集到的数据，一旦打通并挖掘，可以降低现实中人与人、人与物之间建立连接的成本。

除此之外，商业性的信任、法律监管、恶性补贴等因素，正在困扰着新的商业模式兴起。达到真正的共享和场景革命，还任重道远。

（纪佳鹏）

带你追逐带你飞：无人机行业全景扫描图

一、无人机“制空权”争夺战

世界知名机构、公司无人机进展

资料来源：公开信息

机构、公司	关键词	进展
NASA	科研、空中交通	开发无人机“低空交通管理系统”
亚马逊	物流	Prime Air 人机物流计划已进入第九代研发
Google	地图、物流、网络	▶收购Titan Aerospace太阳能动力无人机，提供低成本互联网接入 ▶2015年5月展示两款无人机，用于Google Maps地图、快递
Facebook	网络	▶收购英国无人机公司Ascenta ▶Internet.org飞行器在英测试成功，主做互联网接入
高通	芯片	投资3D Robotics 无人机 为消费级无人机推出Snapdragon Flight参考设计平台
英特尔	制造、芯片	投资三家无人机公司Airware、PrecisionHawk、Yuneec
伊立浦	全产业链	收购瑞士Mistral Engines SA，进军无人机发动机市场； 收购德国SkyTRAC/SkyRIDER，成为民用共轴双旋翼直升机制造商； 提供和燃油航拍无人机零配件及特殊用途改装等服务
Matternet	物流	建造无人机网络向全球偏远地区运送食品和医疗用品
GoPro	航拍	为多款无人机推出了视频摄像设备，预计2015年推出第一款多马达驱动无人机
Maxell	电池	无人机用锂离子电池
索尼	航拍、视觉数据	研发Aerosense无人机，计划2016年提供无人机飞行和视觉数据云处理服务
三星	航拍	研发“无人机自拍相机项目”，实现跟踪拍摄
诺基亚	通信	研发专用无人机，用于通信设备和移动基站检测
腾讯	航拍、视频分享	传秘密研发巴掌大小无人机产品，用于自拍
小米	生态	传投资“飞米”的无人机团队
顺丰	物流	▶2013年开始无人机送快递测试 ▶投资深圳智航无人机有限公司

解读：美国蒂尔集团及多个国内券商研报显示，2014全球无人机市场规模约64亿美元，在2024年这一数字有望达到1000亿元人民币以上；预计未来十年，无人机仍将继续成为世界航空航天工业最具增长活力的市场。

二、国内无人机：市场规模占全球一成以上

国内商业无人机三巨头

资料来源：公司官网、公开报道、36氪研究院、记者采访

	大疆创新	极飞科技	亿航
特点	消费级无人机霸主	农业无人机领军者，布局物流	消费级无人机“去遥控器”，布局商业、工业无人机
公司CEO	汪滔	彭斌	熊逸放
融资	▶ A轮：红杉资本**数千万**美元 ▶ B轮：红杉资本、麦星投资**数千万**美元 ▶ C轮：Accel**7500**万美元	A轮： 长青基金 **2000**万美元	▶ A 轮：**1000**万美元 ▶ B 轮：**4200**万美元融资
估值	**508.9**亿人民币	**12.7**亿人民币	**10.7**亿人民币
收入	2015年有望突破10亿美元	2015年服务收费两千多万元	
主打产品	PHANTOM系列、“悟”INSPIRE、如影RONIN、开发者套件、筋斗云系列、机载云台、灵眸osmo手持云台相机、多旋翼动力系统等	极飞农业P20无人机系统、XMisson极侠	六轴无人机Ehang hexacopter、Ghost无人机

解读：高工产研机器人研究所（GGII）统计，截至2014年年底，中国共有400多家无人机单位，其中民用无人机生产企业150家。国内无人机市场规模占全球10%以上，国内军用和出口、民用无人机市场规模比例为90%、10%。

三、拆解民用无人机产业链

资料来源：艾瑞咨询

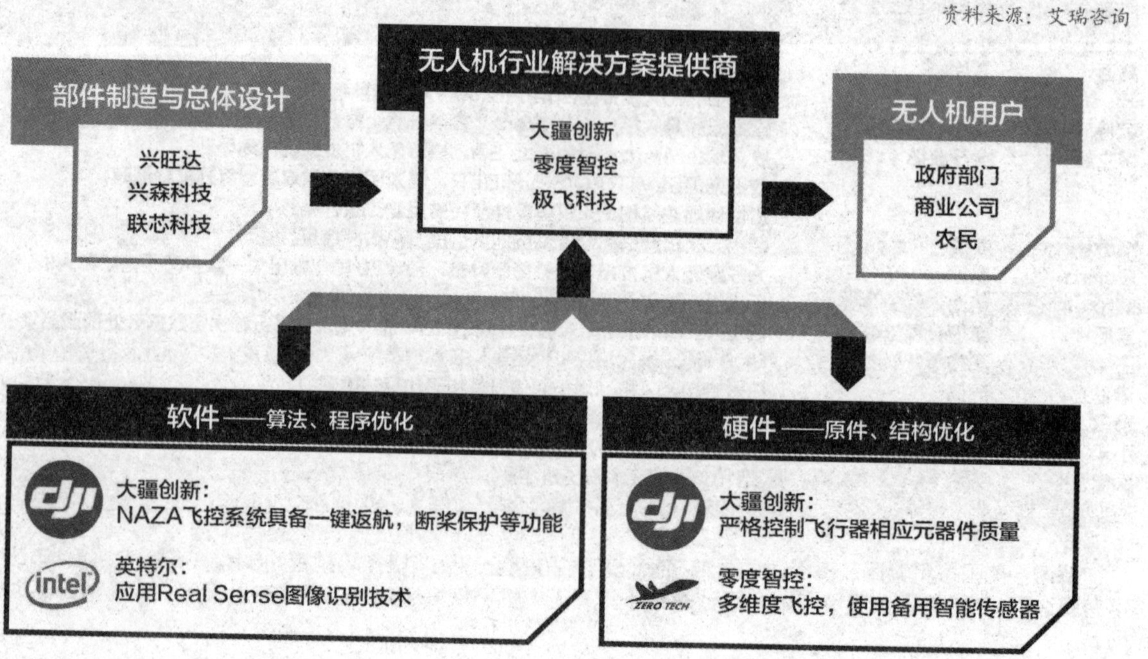

四、农业植保应用潜力巨大

民用无人机应用场景

资料来源：中信证券、招商证券研究所

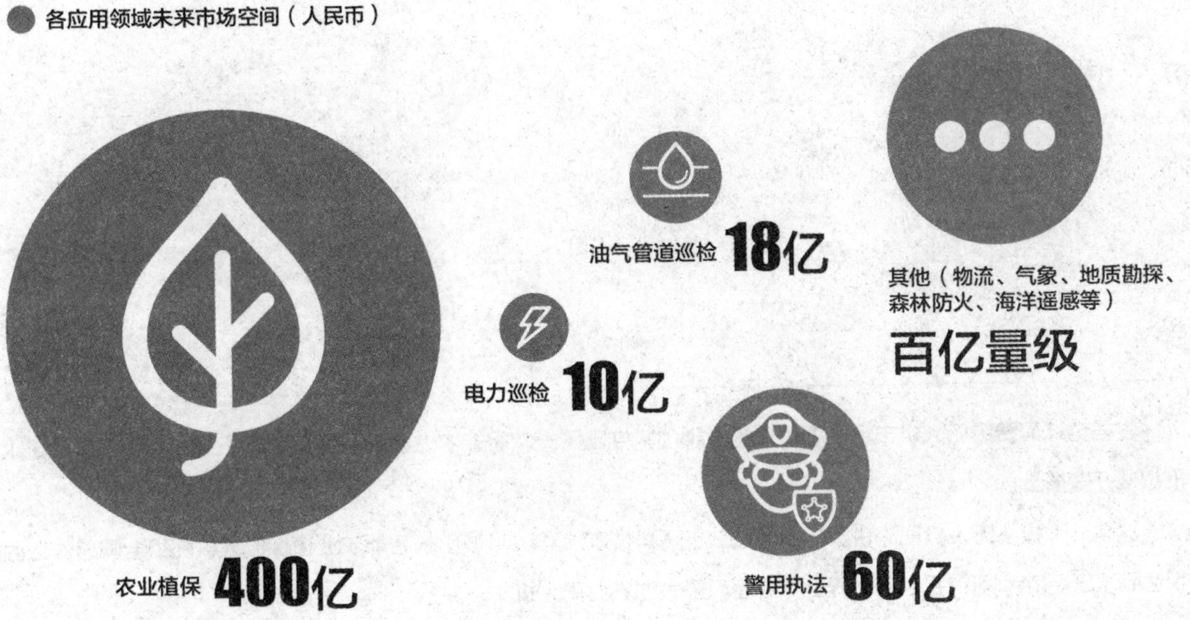

五、A股上市公司扎堆掘金无人机

上市公司布局无人机现状

公司	领域	布局情况
振芯科技（300101.SZ）	军工无人机视频图像	北斗全系列终端供应商，相关视频图像类产品已应用到无人机领域
宗申动力（001696.SZ）	军用无人机整机制造业务	向军工用无人机龙头神舟飞行器公司增资1.4亿元占股16.67%
赛为智能（300044.SZ）	无人机整机飞控系统	子公司自主研发的SF10-A01固定翼无人机试飞成功
中国卫星（600118.SZ）	无人机系统集成及应用	为无人机提供信息链系统
中海达(300177)	军民两用无人机技术产品研发	控股天津腾云智航科技有限公司
风范股份（601700.SH）	巡逻机	参股江苏翔翼航空科技有限公司，为常熟市公安局研制出首款巡逻机
山东矿机（002526.SZ）	无人机零部件	定增4.6亿元主要用于“无人机及航空发动机关键零部件项目”
德奥通航（002260.SZ）	民用直升机、无人机制造	收购德国资产成为民用共轴双旋翼直升机、无人机领域全球制造商；定增募资用于补充民用共轴双旋翼直升机、无人机及航空发动机研发
山河智能（002097.SZ）	无人机飞机系统、发动机、设备等	参股企业山河科技获首批无人机民用牌照，海外并购加拿大AVMAX
中航机电（002013）	无人机发射系统；孙公司研发除霾无人机	子公司有无人机发射系统的研制生产业务；孙公司航宇公司研发的柔翼除霾无人机取得进展
贵航股份（600523.SH）	研发	实控人贵航集团将建成中国最大的高级教练机和无人机的科研生产基地

彭斌："无人机热"需要"冷思考"

占据全球消费级无人机市场主要份额的大疆创新推出了一款智能农业喷洒防治无人机，正式宣告在农业无人机领域开疆拓土。

这是一个极飞无人机已深耕数年的领域。极飞科技2015年4月推出的智能农业植保无人机P20全国总作业面积达到了56万亩，可谓是目前世界上作业面积最大的农业无人机。

近年，国际巨头纷纷布局无人机，国内也有形形色色的无人机创业公司。这其中，多少有些"虚火"：多份研报显示，2014年全球无人机市场规模约64亿美元，2024年这一数字有望达到1000 亿元人民币以上，考虑到其中90%是军用无人机，民用市场无人机市场的规模，其实没有想象中的大。

但这其中，农用无人机的空间确实巨大。中信证券、招商证券研究所研究显示，未来农用无人机的市场空间达到400亿元。

鉴于此，极飞科技CEO彭斌面对大疆这一强势追兵，依旧淡定。"没有一款设备的推出，就能改变哪一个行业。"彭斌在接受21世纪经济报道记者的独家专访中表示，"非常高兴有更多的优质厂家提供这样的工具来改变这个行业，但效果如何还需要市场来验证。"

同时，他也对近年的"无人机热"进行了"冷思考"。他认为，行业应用级无人机的推广速度远慢于消费级无人机，热钱的涌入对行业或许并非一件好事。

从卖飞机转向卖服务称霸农业无人机应用

2015年可谓是"消费级无人机"元年，酷炫、娱乐、航拍是它的标签。2015年2月，歌手汪峰用无人机传送婚戒求婚成功的新闻一度引爆头条。

与消费级无人机的"玩家"带着前沿、时尚的味道不同，农业无人机在远离城市的麦田、稻田上空进行喷洒作业，使用者是普通农民。

总部位于广州的极飞科技将自身定位为无人机服务提供商，应用于农业植保、医疗救援、低空物流、安防监控、森林防火等多个行业。农业植保是极飞无人机应用最广的行业，而新疆是极飞科技农业无人机作业的大本营。

实际上，极飞科技也并非创业之初就进入无人机行业应用领域。彭斌介绍，从2007年开始创业，极飞一直都在做消费级无人机。“在消费机市场上获得了一定的成功后，我们公司包括我个人层面，都觉得这项技术不仅仅停留在玩乐层面，而能够转成一些特别有意义的东西。”彭斌说。

在这个前提下，2012年极飞科技开始逐渐转向应用行业，布局物流、农业、安防等。在不断贴近使用者的过程中，极飞领悟到，应该从卖飞机转为卖服务。

“农业领域其实就是一个to C市场，无人机并不是直接卖给农民，而是给农民提供这项技术服务，产生服务收费。比如说，田地有病虫害，或者需要喷洒化肥，我们就派出无人机，农民支付给我们服务费。”彭斌介绍。

2015年4月，极飞科技高调推出智能农业植保无人机产品“农飞P20植保无人机系统（XPlanet）”。P20，意为飞行一次最大的作业面积是20亩，工作效率大概是人工作业的五到八倍，是传统机械喷洒的三倍。

据了解，极飞科技每喷洒一次化肥或农药按6—8元向农民收费，除了演示，极飞作业的农田都是按作业次数、面积收费。不同的作物一年喷洒的次数不一样，譬如在新疆地区棉花地作业，大概一年每亩收费50元。按此测算，截至11月初，极飞科技合计服务收费或已经达到2500万元以上。

彭斌告诉记者，2015年以来，P20在全国总作业面积达到了56万亩，成为世界上作业面积最大的农业无人机。

植保市场一年近500亿元

彭斌曾感慨错失无人机消费级市场的爆发，但农业植保市场也让极飞科技看到机遇。浸淫三年后，极飞科技将继续加码农业无人机投资。

彭斌告诉记者，目前，极飞在农业领域的投入占据了80%以上。“消费和行业应用市场的无人机都有巨大的市场空间。但是被人关注的往往是消费的，因为可以被消费者触摸和感知到。”彭斌表示，“从市场业务角度和运营角度，我们要专注在已开发、已经站稳或我们认为会有巨大市场空间的领域。”

农业无人机植保服务市场空间令人遐想。根据海通证券机械行业分析师龙华的测算，截至2013年底，全国共有20.27亿亩耕地，2013年农作物病虫草鼠发生面积73亿亩次，按全国农作物虫害面积33%渗透率、每亩15-20元收费计算，农业无人机年植保服务费为361亿—482亿元。

“2016年极飞会有更大的投入，90%甚至95%以上的投入会集中于农业领域，包括运营队伍的建设、产品的产出以及无人机作业的区域拓展，作业面积的目标是较2015年增长几十倍。”彭斌说。

截至2015年10月底，极飞在新疆有五百人左右的直营服务团队。“运营团队2016年可能会达到1000—2000人。”彭斌说，短期看，无人机比较适合平原作业，包括华北平原、江汉平原、新疆地区，以及东北三省这种规模化种植比较集中的区域。“我们会去占领江汉平原、华北平原和东北地区这些最适合无人机作业的地区，另外会寻找一些合作伙伴，比如农业合作社，他们有购买农业无人机的需求，或者有与我们分工协作的需求，我们负责喷洒，他们负责收割，他们帮助我们落地，我们与他们分享利润。”彭斌说。

彭斌表示，目前农民对于农业无人机的需求主要是喷洒化肥和农药，长远来说无人机更多的应用会涉及农作物的长势分析、病虫害的分析、农田收成的评估等。“作为一个技术出身的人，我当然希望采集到农业方面的大数据，但这必须建立在数据量足够大的基础上。”彭斌说。

对于备受关注的农业无人机电池续航和载重问题，彭斌谈到他的考虑：特种作业比如军用侦察，作战半径非常远，需要航时很长，但农业无人机一次飞20分钟对满足现在的需求是足够的；载重方面，一般载重越大飞机越大，但应用于农业时要充分考虑农田环境和人工搬运能力，载重并不是越大越好，极飞设计的P20适合一个人搬运的同时能清晰看清步行路线。

警惕行业热钱过度涌入

面对数百亿级甚至千亿级市场，极飞不可能没有追兵。

2015年11月27日，大疆创新智能农业喷洒防治无人机MG-1的推出，间接宣告了对耕耘农业无人机市场已经三年的极飞科技的挑战。

对此，彭斌对记者回应称：“个人并不认同一款设备能改变一个行业这样的思路，一款设备之所以能变成一个行业的工具，是与行业的实际运转有关的，这也是极飞花这么大精力给农户提供服务的原因，希望行业里所有的设备提供商都能够清醒地知道自己能够给客户提供什么。”

至于大疆创新的最新产品，他表示，具体效果还需待市场的验证。

在无人机逐渐受到市场和资本关注的当下，这一行业经历着巨大变化，有大疆这样的成功者，也如Zano辉煌一时后倒闭的出局者。行业内，从消费级无人机转向行业应用级的企业也不止大疆一家。

“2014年我说无人机才15岁，2015年撑死17岁，这个行业还有很大空间。我觉得至少三十而立才能成长得更平稳。以后会有更多的公司发展起来，市场会越来越细分，未来会有巨大的商业价值链。”彭斌说。

同时，他也指出，无人机并不是神话，消费级的产品跟消费者很近，有些通过营销手段博取大众的眼球的公司实际上技术根本就不过关，最终无法被市场接受，Zano的倒闭顺理成章，行业应用级的无人机更是如此，由不得半点浮夸。

行业盛宴一旦开启，无人机“爆款”产品的发布、企业估值的变化就躲不开市场的关注度。

2015年7月，汪滔在接受国内媒体专访时曾对市场传言的大疆创新“100亿美金估值”表达了“实在”“值这么多钱”的看法，间接认可这一估值。极飞科技在2014年9月曾宣布获得成为资本（Chengwei Capital）2000万美元A轮融资，对于最新的估值，彭斌表示不便透露。

“估值是一种社会平衡的产物，资本给无人机企业估值主要是看企业在所处市场的位置、占有率，企业的品牌、营收，市场本身具有的规模等多种因素，不是凭一款无人机就能估值的。”

他还指出，目前国内外巨头涉足无人机领域，聚焦的点都不一样，因此并不担心竞争。但鉴于行业应用级的无人机的推广速度要慢于消费级无人机，热钱的涌入对行业或许并非一件好事。

（陈静　周秀　杨悦祺）

O2O爆发之年：5万亿元“她经济”风口吹来

2015年，O2O以不可阻挡之势激荡在整个餐饮行业。这一年，BAT巨头们在外卖平台展开搏杀，或是自己下场，或是由代理人出面，以烧钱铸起高高的壁垒。团购模式走向末路，线下实体餐饮门店互联网化升级。互联网正在作为升级工具，服务于传统餐饮的模式改造和效能提升。而在服装领域，目前国内女性消费群体已达4.8亿人，“她经济”相关的消费产业涉及面很广，市场容量至少在5万亿以上，有望成为未来消费行业持续增长的风口。

一、资本加速涌入，模式频繁更迭

（数据来源：国家统计局，艾瑞咨询）

2010—2017年中国餐饮O2O市场规模

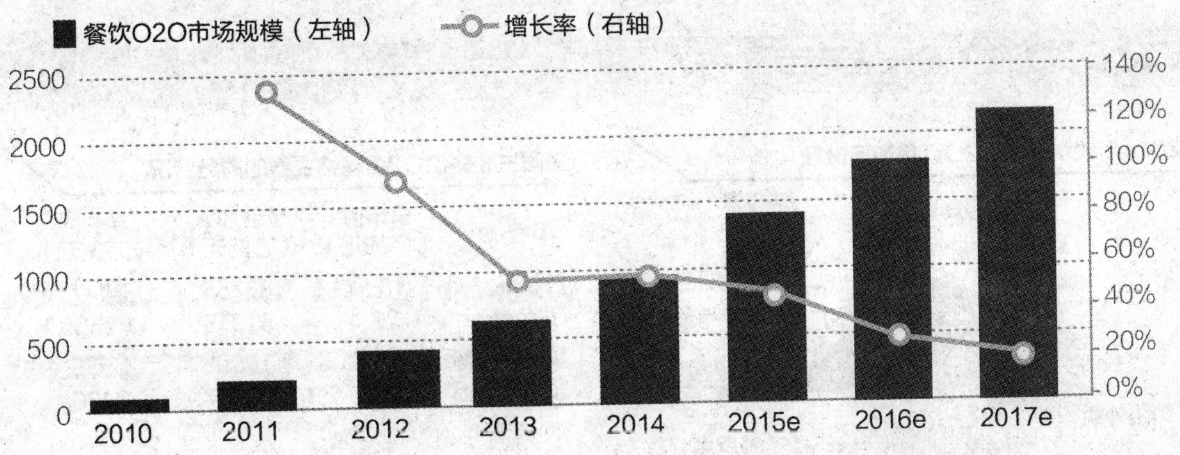

2010—2017年中国餐饮O2O市场规模

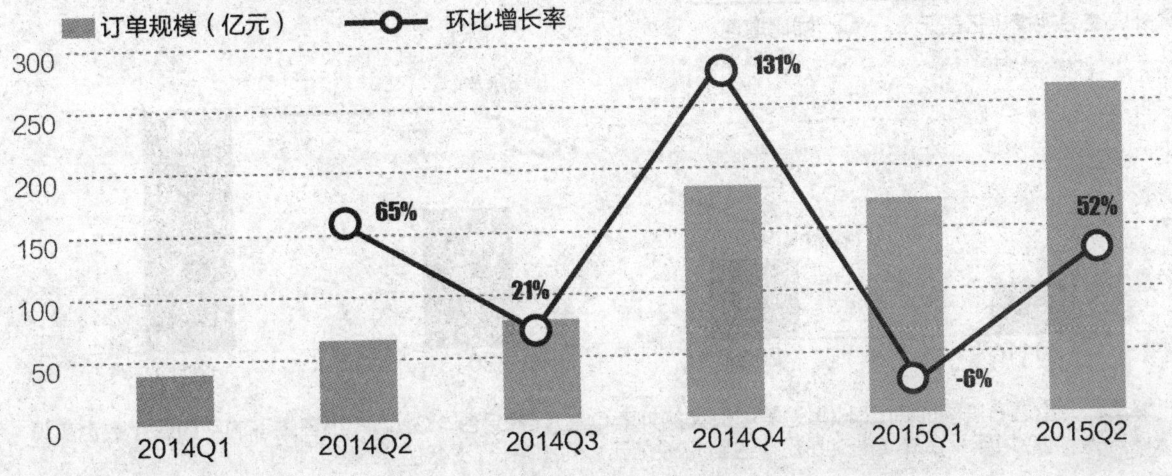

餐饮O2O模式发展历程

解读：餐饮行业市场规模足够大，预计未来3—5年餐饮O2O市场规模有望维持30%以上的年增长；从点评到团购再到外卖，利用互联网辅助餐饮消费的习惯正在被大多数消费者所接受。从外卖O2O订单情况来看，2015年2季度订单同比增长298.5%，环比增长52%，外卖O2O 热度可见一斑。

二、O2O的“下一站天后”

2014年餐饮外卖O2O订单市场份额

数据来源：易观智库

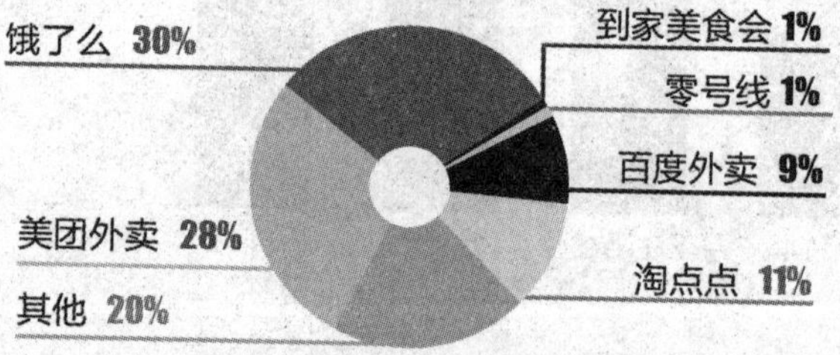

美国主要餐饮O2O网站主要的财务状况

	总市值（亿美元）	营业收入（万美元）	净利润（万美元）
Yelp	18.8	37754	3647
Groupon	27.4	319169	（7309）
Open Table	24.1	19005	3339
GrunHub	23.6	25387	2426

资料来源：Bloomberg、wind

（注：由于Open Table在2014年退市，因此表中总市值为退市前市值，财务数据为2013年的数据）

2011—2014年GrubHub交易规模及增速

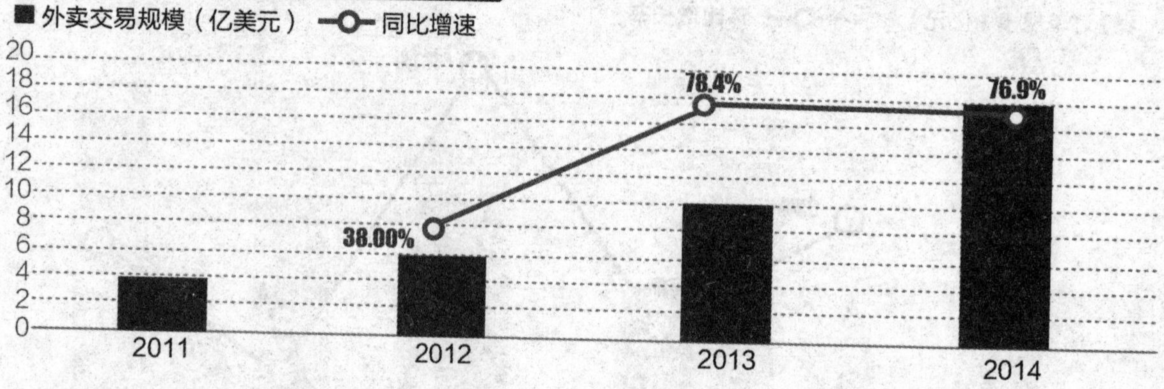

解读：他山之石美国的GrubHub是美国最大的外卖O2O订餐平台，GrubHub在线下的签约餐厅数也实现了快速扩张，2014年平台外卖的交易规模达到17.9亿元，同比增长78.4%。

三、5万亿元"她经济"风口吹来，许我一件"锦斓袈裟"

2010—2017年中国垂直女性时尚电商行业销售规模

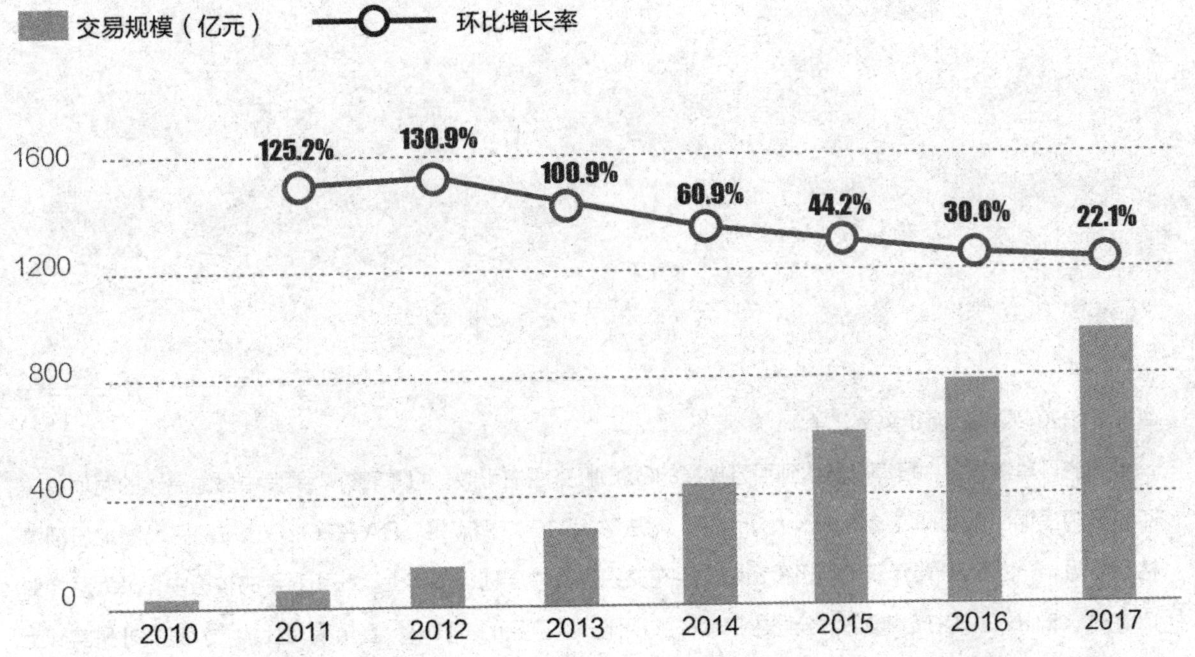

服装行业网购购物交易规模及其增速

数据来源：艾瑞咨询、前瞻研究院

解读：根据国家统计局数据，我国国内服装类商品零售额在2008年至2014年间增加了约6280亿，2009—2013年年度增长率均保持在10%以上。在电子商务领域，服装品类占据重要地位。目前国内女性消费群体已达4.8亿人，"她经济"相关的消费产业涉及面很广，市场容量至少在5万亿元以上，有望成为未来消费行业持续增长的风口。

O2O的拐点：BAT格局渐显，市场“变量”饿了么

2015年的O2O战场属于寡头之争。

从公布的订单量来看，日订单量达到百万规模的O2O服务屈指可数：打车和外卖是其中最为高频的两项。

不管是阿里退出美团抑或腾讯进入大众点评，无法忽视的一个拐点是，BAT在O2O领域的跑马圈地日渐清晰，格局渐明。一位在2015年获得腾讯投资的二手车交易平台中层称，事实上，在和对手的较量中，颇为忌惮对手所依仗的“靠山”。这在O2O创业公司内部首先被视作一种巨头的“背书”甚至是“壮胆”，其次才是实际上带来的资金、流量方面的合作优势。

与腾讯“挨得近”的饿了么却刻意与前者保持距离，个性强硬的张旭豪怀有独立上市的“情结”。

通过提供一项高频服务，来打造一个庞大的物流配送体系，再以开放的形式将这一能力提供给其他平台接入，是饿了么在当下讲述的核心故事。

饿了么会成功吗？如果以打败竞争对手为标志，恐怕市场竞争还远未到尘埃落定之时。但在2015年，这家公司经历了成立六年来变化最大、挑战最多的一年。

“高频”+“刚需”

创立六年来，关于饿了么的资本传言在2015年下半年达到了顶峰。当下饿了么面临的最大变数，是选择和目前中国互联网阵营中的哪一方“结盟”。 在11月底，传言中距离饿了么更近的是退出美团的阿里巴巴，而饿了么发生的一系列投资并购活动却均属于腾讯系。

移动互联网注定要改造传统的订餐方式，但对这一市场的争夺，近两年达到了空前激烈的程度。

“O2O的困境在于门槛过低。”一位投资多家上门服务创业团队的投资人告诉21世纪经济报道记者，以外卖为例，核心的竞争力本应是外卖本身口味，但这一能力并不掌握在互联网公司手中，最终导致的结果就是通过补贴和烧钱进行市场竞争。

智能手机的普及释放的不止消费者，也降低了商户的接入门槛。在盈利方面，张旭豪对接受21世纪经济报道记者表示，为商户提供SaaS服务被饿了么视为未来的盈利点之一，此外饿了么设想的盈利点还包括平台内的广告展示、竞价排名和物流使用收入。

从2015年整体市场格局来看，主要由饿了么和美团外卖两家领跑。

外卖配送平台的自建物流成本规模化后形成下降，低于商户自己进行配送的成本，则会加强对于外卖配送平台物流体系的依赖。

打造即时配送平台，提供目前BAT触手之外的一项基础服务，这是目前多个上门服务平台讲给投资者的故事。无论是外卖配送还是上门家政、美甲，单个或多个类型服务均无法支持企业的高估值。换言之，通过提供一项高频服务，来打造一个庞大的物流配送体系，再以开放的形式将这一能力提供给其他平台接入，是饿了么在当下讲述的核心故事。张旭豪有一项待验证的核心判断，即上门服务物流需求将在五年后达到目前的电商包裹数量：达到每日5000万次。在物流配送团队方面，截至2015年9月，双方提供的数据是，饿了么的自营物流配送队伍拥有4500人，美团自营加上代理商接近一万人。

目前在各家配送体系中，大体可分为三类：自营配送团队、合作代理商和众包物流的形式。众包的形式意味着，很多兼职的配送人员会加入整个物流体系中，需要额外给他们提供路线指导等方面的支持，同时对他的配送效率进行监督和反馈。这是包括饿了么在内的诸多物流配送平台当下需要解决的问题。

市场变量

对于在下半年以来订单量缩水，但仍在提供服务的一些垂直细分O2O创业公司来说，没死掉并不意味着日子好过。

一家已完成B轮融资，提供上门洗涤服务的公司内部人士称，其所服务的用户群体正在发生变化：在撤销补贴后，原先的用户群体流失率极高。通过补贴培养用户习惯更像是O2O企业“忽悠”投资人的台词。

2015年下半年以来，张旭豪开始对外表示，将有较为明显的下调补贴。张旭豪说，在培养用户和开拓市场之后，重复的补贴无疑是低效甚至是浪费的。为了提升补贴效率，饿了么对不同人群进行划分：例如逐渐减少对于价格不敏感人群的补贴。

但在外卖市场仍旧胶着的当下，减少甚至是拿掉补贴，均会对主动的一方产生订单下滑的不利影响。

“对创业者而言，是否能融到钱并不是判断时代好坏的标准。”张旭豪说，创业者的好时代，是能够找到用户痛点，通过自己的方式来解决它。但置身烧钱如流水的外卖平台行业竞争，粮草是决定能支撑下去的核心要素。

近日在接受媒体采访时，对于饿了么与美团、阿里巴巴的可能关系，张旭豪不愿意回应。毫无疑问，主动或者被动，饿了么正在接洽潜在的合作对象。从饿了么方面公布的订单量，2015年1月饿了么公布2014年的日订单量突破100万，2015年7月份这一数字达到了200万，日交易额攀升至6000万元人民币：外卖依旧是个在狂奔的市场。外卖、打车等服务因为高频，在投资者眼中被视为尤具战略价值。金沙江朱啸虎将阿里和腾讯比作当下中国互联网的两艘航空母舰，“在中国BAT以及它们投资的公司占据了中国互联网市值90%以上”。朱啸虎称，中国市场留给独立互联网企业的空间并不多。

对于“饿了么是当下O2O市场的变量”类似表述，张旭豪沉默片刻，说：“可能是我们现在比较独立吧。”

曾拿到腾讯、京东投资的饿了么会拿到阿里巴巴的投资吗？抑或是和美团走向合并？类似的传言在下半年达到了顶峰，作为目前O2O市场的最大“变量”之一，饿了么将这一问题留在了2015年的岁末。

（汪传鸿）

出行O2O “极速”步入寡头期

出行O2O正改变人们的出行方式，从而改变生活方式。国内打车应用在2013年进入激战期，行业加速洗牌。打车O2O企业先是通过烧钱补贴的形式谋求市场份额的突破，其中Uber一度以疯狂补贴的形式占到上风。烧钱大战过后，融资战和软件升级战又开始打响。滴滴打车在同快的打车合并后，又在2015年更名“滴滴出行”，重新定位为“一站式移动出行平台”。至此，国内打车平台在你追我赶的惨烈竞争后，逐步进入寡头期。

国内移动打车应用正步入寡头期

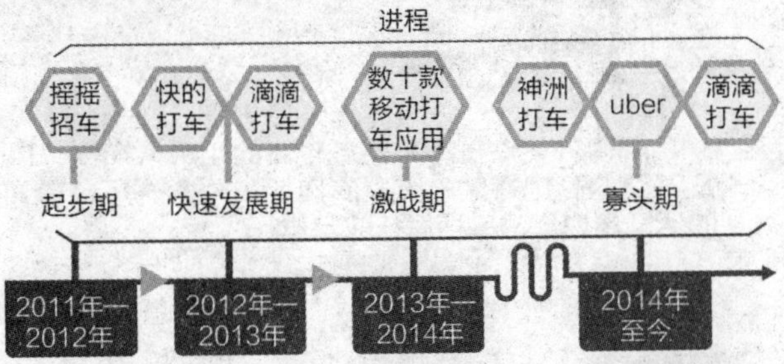

解读：2011年，国内首款移动打车应用摇摇招车上线。其后，快递打车、滴滴打车、大黄蜂、打车小秘纷至沓来。2013年，国内移动打车市场经历了激战期。而在技术、资金、用户和营销的激战过后，滴滴、神州、uber最终走向前列。其中，滴滴与快滴合并更是稳固了滴滴出行的市场份额。

解读：从目前各个移动出行方式来看，滴滴出行覆盖了大部分的出行方式。2015年9月9日，滴滴打车更名滴滴出行后，其战略目标和定位更为清晰：成为全球最大的一站式移动出行平台。滴滴已经从单一的出租车软件，成为了涵盖出租车、专车、快车、顺风车、代驾及巴士在内的一站式出行平台。

出行O2O移动应用五个细分行业

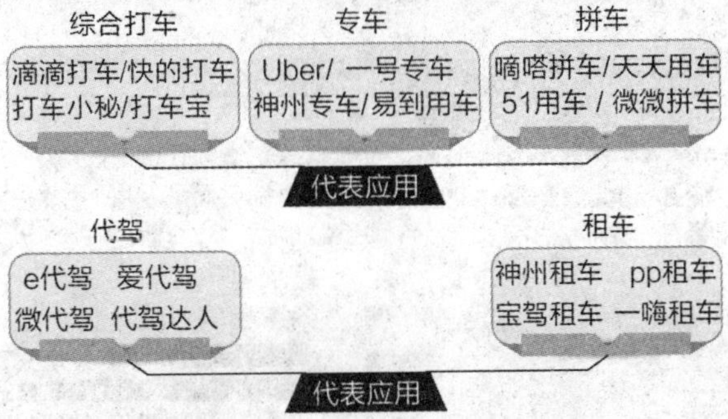

打车方式覆盖率最高，滴滴出行一站式平台范围最广

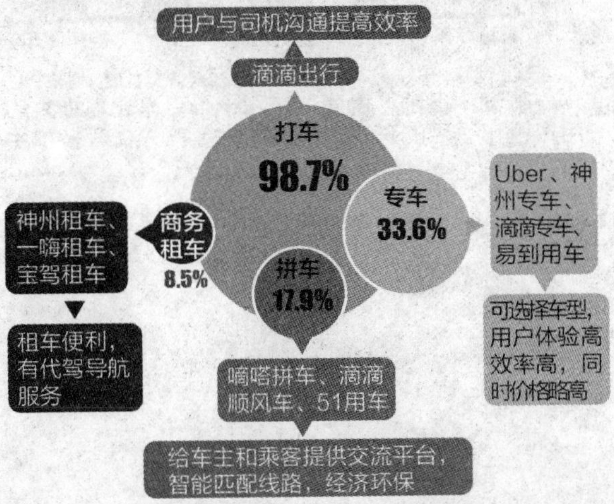

覆盖率滴滴打车居首，Uber增长最迅速

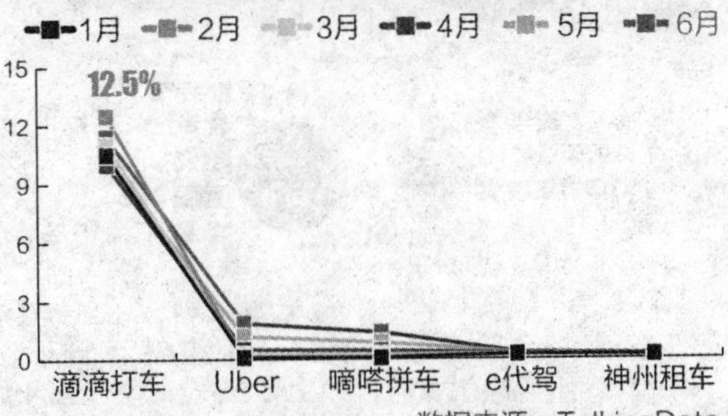

数据来源：TalkingData

解读：滴滴快的合并后，流量并没有强势提高，反而给了Uber和嘀嗒拼车等机会，对比年初，Uber、嘀嗒拼车、天天用车和21用车等都有覆盖率大幅提升。其中，Uber增长最为迅速，增幅达到1750%。

专车、嘀嗒拼车和e代驾活跃次数不断增加

2015年1—5月典型出行O2O应用用户活跃次数占比变化趋势

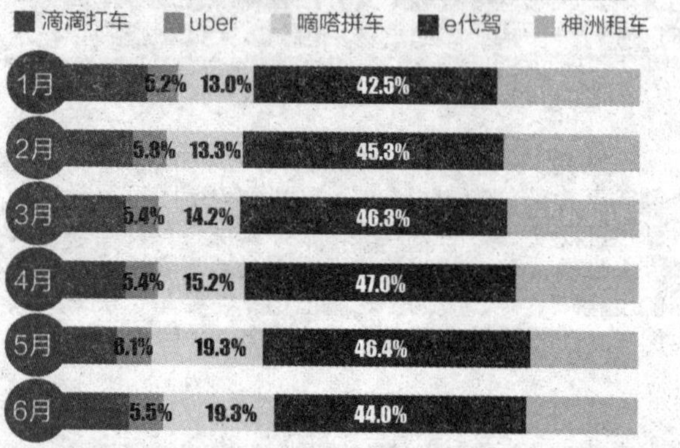

数据来源：TalkingData

解读：滴滴打车和快的打车合并以后，稳居出行O2O的龙头位置，但是两款应用的活跃率均有所下降。

出行O2O巨头跑马圈地资本热潮持续

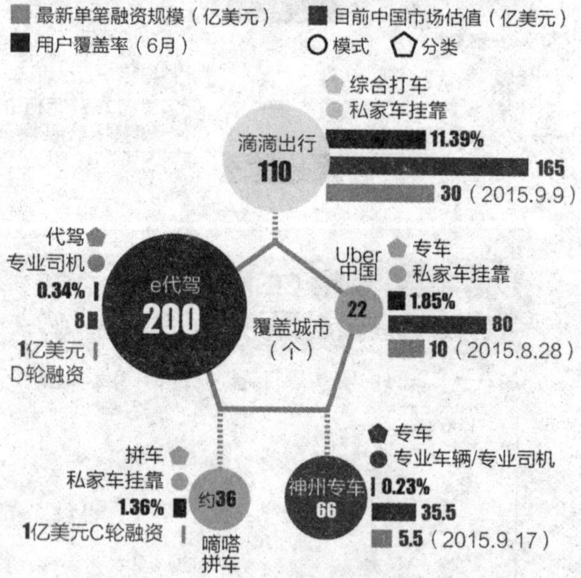

数据来源：公开数据整理

解读：目前重量级玩家分别是滴滴出行、Uber、神州。神州专车作为上市公司，有一定的优势，Uber中国有母公司作为后盾。以融资规模而言，滴滴出行的单笔融资已经超过Uber。Uber在2014年入华，在合作方百度以及自身规划下，Uber中国发展迅速，Uber中国目前估值80亿美元。新一轮洗牌来袭，专车市场开始着手准备融资。

滴滴专车下载量2亿大幅领先

专车安卓应用下载量分布（截至2015年6月/单位：万次）

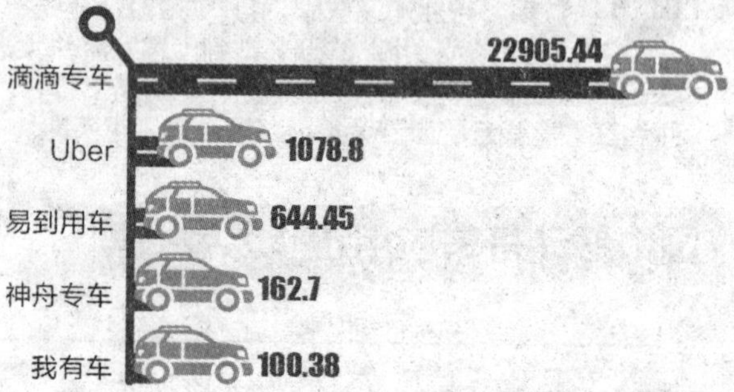

数据来源：比达数据中心

解读：凭借在打车领域较高的用户认知度，以及不断的高额补贴政策，滴滴专车（含一号专车）的活跃用户渗透率稳居行业首位。

专车服务用户订单成功率相差不大

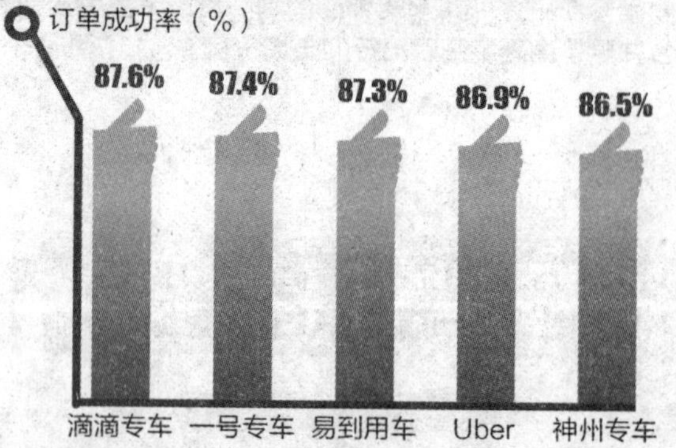

数据来源：比达数据中心

解读：目前，滴滴专车和一号专车凭借强大的用户量和客观的车辆数，通过大数据分析等技术手段，订单成功率领先。

新秩序前夜补贴战降温：滴滴出行圈地全产业链

2015年12月8日，滴滴位于北京东北旺中路的滴滴大厦总部被上百辆出租车围堵，大量人员聚集在一层入口处。

据了解，为了改变出租车“挑活儿”，滴滴采取了“滴米制度”，行驶里程多、道路状况好的优质单会扣除滴米，而行驶里程较少、道路状况拥堵的“劣质单”的司机则会奖励滴米。而不少司机选择通过刷单来凑滴米数，导致被滴滴封停账号。因此，出租车司机此次主要在向滴滴抗议滴米制度。

这并不是滴滴头一回遭遇此等事件，此前专车和快车也同样围堵过滴滴总部。

不可否认，滴滴和其同行们建立起了出行的新消费习惯，但同时对传统的出行领域原有的状态进行冲击。

2015年10月，上海市交通委员会向滴滴快的专车平台颁发“网络约租车平台经营资格许可”，这是国内首张专车平台的资质许可证。这似乎是一道曙光。但是，整个出行新秩序的建立，仍然存在诸多未知因素。新秩序，能否在滴滴和它的同行们的努力下建立？

摧毁出行的旧秩序

“从出租车最早出现到后期，这个领域并没有变好，而是逐渐变坏。”滴滴出行战略副总裁朱景士接受21世纪经济报道记者专访时说。

在滴滴等打车软件出现之前，出租车领域的旧秩序，是用户觉得体验不好，司机觉得压力很大，出租车公司觉得生存也不容易。这是当时乃至现在整个出租车行业的一个主要病症。

从出租车做起，滴滴出行目前已经覆盖了出租车、专车、企业用车、顺风车、代驾、试驾等业务线。“我们觉得出行这个事情，一个APP就够了，业务线的开拓主要是通过不同用户需求、不同的消费场景来考虑。”朱景士说。

除了基于对出租车行业旧秩序的改变，对于滴滴现阶段出现的整个商业模型逻辑来说，出租车虽然已经成熟，但仍然是基石。朱景士表示，一站式的出行平台的基石是大数据，如果不知道一个城市的出行习惯，人口流动的来往以及运力背后的动态，无法建立一个高效的平台。从这个角度来说，专车快车等用户习惯没有建立之前，出租车无疑是最顺其自然的切入口。“在美国和在中国，几乎没有专车司机这个职业，也无法让用户迅速产生用手机打车的使用习惯，产生大量的流量，因此很顺畅地从出租车切入。”

朱景士说，滴滴出来之后，出租车司机的效率可以提高，未来还可以让司机知道在空车驾驶的时候应该做出什么样的选择，再通过拼车的模式让空驶率降低；此前出租车只需要在路边接受乘客的召唤，并不需要服务质量的提升，而乘客端没有一个有效的机制来反馈司机的服务质量，滴滴让服务质量高低的司机在这个平台上区隔开来。

据了解，未来滴滴还会做一个新的出租车产品，线下会出现一些出租车，从外观、内饰到司机的着装都有不同，司机的服务每一单都会被跟踪。

专车之争

在完成出租车领域的布局之后，2014年8月滴滴推出专车服务，与Uber、易到用车、神州租车等开始了专车领域的“拉锯战”。这也是打车软件兴起之后，各家公司在同一个品类中首次掀起的群雄逐鹿。2015年5月，滴滴上线了快车业务，再一次助燃了低端专车领域的战火。

随即而来的是各种补贴战，但也随着竞争格局的不断演变，各家平台的补贴力度不断调整。伴随着补贴战的不断持续，各家公司获得巨额融资的信息也铺天盖地。

最新一轮的融资信息是，2015年9月滴滴完成一轮最新融资，融资额达30亿美元，投资方包含中投和平安等，通过本轮融资，滴滴快的估值或达到165亿美元。在此之前的7月8日，滴滴快的总裁柳青宣布的一轮融资其融资额高达20亿美元。

12月7日，有消息称美国打车应用Uber正准备新一轮融资，或筹集最多21亿美元资金。融资后，Uber估值为625亿美元。距离上一回Uber拿到百度领投的12亿美元，刚过去3个月。11月25日，Uber中国战略负责人柳甄表示，目前Uber中国的B轮融资已经顺利完成。而近期，神州专车宣布完成B轮5.5亿美元融资，易到用车则分别拿到乐视和携程的投资。

不过，这几家专车平台的公司一大困扰，莫过于法律标准。虽然2015年10月，上海市交通委员会向滴滴颁发“网络约租车平台经营资格许可”，但近期交通部对外发布了《关于深化改革进一步推进出租汽车行业健康发展的指导意见（征求意见稿）》和《网络预约出租汽车经营服务管理暂行办法（征求意见稿）》，为期一个月的公开征求意见已经结束，但对于专车的监管意见却依然争论不休。政府部门确定的相关审核标准并没有明确，对于开私家车的专车司机上路依然有被查处的危险。

专车目前是支撑滴滴的主要收入来源的业务模式。不过，朱景士认为并不存在专车分流出租车用户需求的迹象。“出租车司机专业能力非常突出，服务质量稳定，也有特定的人群去服务。现在只是打不到车的人抱怨少了，我们计算过，之前路边等5—10分钟能打到车的成功率不到60%，供不应求的情况突出，现在我们把这个供需比例调节得更加合理。”朱景士对21世纪经济报道记者表示。

新秩序的前夜

专车领域烧钱补贴似乎已不如在早期那么热烈。对司机的补贴，滴滴方面似乎也在相对减少。近期记者多次遇到从滴滴专车转向Uber的司机，其反映也正是如此。

对此，朱景士表示并不担忧部分司机的流向问题，他认为靠补贴吸引不是一个长期并健康的模式。“竞争对手用户体量小，司机端用大量的补贴在拉司机，所以滴滴平均下来的成本是对手的1/4，有些司机流入竞争对手这边是可以理解的。”朱景士对21世纪经济报道记者表示，最终这个行业需要看的是规模和微利，主要营收应该在交易环节中获得。

不过，近期滴滴和Uber两家专车公司继续烧钱补贴专车市场，但补贴重点出现了差异。滴滴近期在包括广州在内的全国14个城市上线快车拼车业务，并投入大量补贴，而Uber则加大补贴电动车。

滴滴也在不断试水其他商业模式来提高收入。除了各种广告，比如近期滴滴出行宣布“双十二”这一天，通过APP端的“滴滴试驾”频道向终端用户卖车。

事实上，共享经济有两个主要逻辑：一是平台对平台上的“员工”没有约束力，二是分享闲置资源。滴滴方面并不能确定平台上的兼职司机人数和占比，但其对21世纪经济报道记者表示，滴滴平台上75%的司机每天接单数不超过4单，属兼职性质，作为社会化力量补充，有效满足了城市交通的峰谷落差。

这一场由各大专车软件平台兴起的革命，不可否认的是给用户带来更多的选择。但是按照眼下的商业模式、市场环境与政策监管，以及近期滴滴等平台遇到的各种突发事件，这个市场未来是否能继续改变这个领域，并给用户带来实际的好处？整个新秩序的建立，似乎还处在前夜当中。

（纪佳鹏）

电影业：
互联网巨头深度介入激发新玩法

根据国家新闻出版广电总局电影资金办消息，截至12月3日晚，2015年全国电影票房收入为400.5亿元，同比增长47.4%，中国内地年度票房首次突破400亿元。

事实上，进入2015年中国电影票房就不断创造历史新高，截至2015年4月6日，中国电影票房已达到101.77亿元，首次创造了百天内突破百亿关口的最快纪录，2个月后内地票房突破200亿元，9月初即突破300亿元。而2011年全年票房突破100亿元，2013年全年破200亿元。

根据12月票房火爆程度，业内人士分析，2015年全年中国内地电影市场票房或逾430亿元。

过去两年，包括阿里巴巴、腾讯、百度、乐视等互联网巨头在影视资产投资布局不断加大，2015年该领域各新玩家的战略版图逐渐浮出水面。互联网巨头深入电影市场并不是简单的内容资本战，从投融资、到宣发营销、院线资源，甚至版权衍生品，互联网平台意图占据越来越多的资源优势。

2016年，围绕着互联网营销、粉丝社交、大数据、在线支付等这些互联网促成的营销方式和工具将继续成为电影产业主导，互联网生态营销模式优势凸显，在线售票网站成新的收购领域。

截至12月下旬，2015年票房总冠军为国产片黑马《捉妖记》，累计票房达24.4亿元，持续打破华语片票房纪录。

年度票房前十名中，国产片占六席，其中《港囧》《夏洛特烦恼》《煎饼侠》总票房均超过10亿元。

案例

在400亿票房纪录中，国产影片票房收入占比59.2%，同比增长70.9%。

描述

根据年度票房排行前十，包括《捉妖记》《夏洛特烦恼》《煎饼侠》等国产电影背后都有诸如腾讯、万达、搜狐等巨头的资本投入。

互联网巨头的加入也快速升级了营销战，《西游记之大圣归来》《捉妖记》《夏洛特烦恼》《煎饼侠》等“黑马”电影这是通过强大的互联网营销模式杀出重围。

案例

阿里巴巴、腾讯、百度、乐视等互联网巨头在影视资产投资布局不断加大。在越来越多的业内人士看来，电影产业也在快速靠近“产品经理思维”，传统电影产业下的大导演、大编剧、大演员不再是票房保证。

描述

此外，包括万达院线、星美院线、大地院线等多条国内院线也正在向三、四线城市快速布局并抢占市场。比如，2015年万达院线密集公告收购14家企业，其企业旗下院线多数位于二、三线城市，包括重庆、福州、贵阳、洛阳、绍兴、苏州、徐州等。2015年前三季度，79%的新建影院布局在三线及以下城市。

《捉妖记》在高达24.4亿元的票房中，有近八成是来自二线至五线城市的观影群体。

案例

根据大地影院联合艺恩发布的《小镇青年白皮书》数据，从2011年到2015年前三季度，一线城市人次份额由25%下降到18%，此消彼长，二线及以下城市人次份额由75%提升到82%，其中五线城市人次份额5年提升了8%达到17%，已逐步赶超一线城市。

2016年线下院线规模或持续扩张，而在扩张荧幕中，三、四线及中西部地区城市成为增长点。

描述

2015年上映的内地电影中比较典型的IP《何以笙箫默》在2011年以数十万元的价格将电影版权授权给了乐视，三年合同到期后，小说又以七位数的价格授权给了光线。另外，郭敬明的《小时代》系列其电影版权费用三年内翻了约10倍。年度票房冠军《捉妖记》其IP价格高达上千万人民币。

案例

围绕IP，互联网资本催化其成本水涨船高，更引发了一连串的传统与新晋从业者的口水战甚至对抗。

描述

旅游业：
线上线下融合加速　巨头新手各有千秋

2015年，旅游已“飞入寻常百姓家”。

国家旅游局数据显示，2015年上半年国内旅游消费1.65万亿元，增长14.5%，比社会消费品零售总额增速高4.1个百分点。中国旅游研究院曾预计2015年出境旅游会达到1.2亿以上，国民的人均出游率将超过3次。

游客消费模式也从团队游向散客游方向发展，游客更多希望感受本地人的生活方式。2014年国内旅游跟团游的比例不到3%，出境旅游跟团的比例也仅为35%。

由于游客需求愈加个性化，带动一大批创业公司针对细分市场，在本地服务、出行服务和信息整合服务等方面进行创新。同时“外来者”美团大众点评、滴滴出行等公司“跨界”打入旅游行业，倒逼已有企业自我创新。

2013年，全国人大通过了《中华人民共和国旅游法》，国务院通过了《国民旅游休闲纲要》。2014年，国务院再次通过《关于促进旅游业改革与发展的若干意见》。2015年，国办发布《关于加强旅游业投资和消费的若干意见》。

旅游业也正在成为资本聚集区，2015年一至三季度，国家旅游投资总数已超7000亿元。O2O研究机构亿欧网统计显示，2015年上半年在线旅游行业有37家企业获得融资，无论是出境游领域、个性化高端定制游领域，还是OTA（在线旅游企业）、酒店业等，每个旅游行业的细分领域都备受资本市场的青睐。

但是在种种光环下，旅游业的发展也不得不直面一些问题。例如，2015年十一期间青岛“天价虾”事件，伤害了当地旅游形象。

中观上，目前旅游商业模式的创新还是停留在产品层面，而非业态层面。除了存量的优化和调整，旅游从业者可以思考如何创造增量，例如类似于迪士尼这样的景区景点，Uber这样共享经济业态的企业，以及Airbnb这种非标住宿选择。

2015年11月，中国旅游研究院发布的《中国入境旅游发展年度报告2015》显示，入境旅游的消费水平相对偏低，2014年入境游客满意度指数为73.97，处于“基本满意”水平，比2013年下降1.49。

2015年全国大范围持续的雾霾天气对入境游客满意度产生直接影响。入境游客对空气质量的敏感程度远大于国内游客，雾霾天气甚至被国际媒体列入全球旅游警告。

旅游产业2016年发展趋势

线上线下融合

描述

OTA积极布局线下门店，传统旅行社通过投资入股OTA的方式布局线上。

案例

1.途牛旅游网和同程旅游网近年来发力建立线下O2O门店。途牛的区域服务中心目前已达150家。

2.众信旅游2014年12月宣布收购悠哉旅游网15%的股份，全面开展线上线下O2O合作。

3.凯撒旅游2015年11月设立两家网络公司，被业内看做是借壳上市后加码线上的第一步。

旅游巨头整合频繁

描述

通过资本运作，行业集中度快速提升，具有世界影响力和竞争力的旅游集团正在成长起来。

案例

1.2015年5月，携程耗资4亿美元收购艺龙37.6%的股份。

2.2015年7月，万达文化集团出资35.8亿元人民币领投同程。

3.2015年10月，百度与携程换股，携程成为去哪儿网最大股东。

4.2015年11月，海航旅游集团宣布以5亿美元入股途牛，成为后者最大股东。

巨头和创业公司各有策略

描述

目前OTA市场是几家大的和一批小型企业共存的竞争格局，中间层次的比较少。在这样的竞争格局下，企业在未来将各有打法。

案例

大型OTA更多走一站式服务并提供标准化程度较高的产品，包括度假酒店、机票、自由行产品等，而小型创业公司更多关注个性化产品和服务，包括海外单线产品、攻略社区、旅行计划等。

跨界竞争常态化

描述

中国主要电商、团购平台在在线旅游市场都进行了积极的战略布局，通过各种方式向产业链各个环节加速渗透。

案例

1.美团于2015年7月将酒店旅游提升为事业群，大众点评也在旗下设立了酒店事业部，或对OTA企业构成了一定的压力。尤其是美团与大众点评2015年10月宣布合并后，在本地生活服务与在线旅游连通方面，对OTA的冲击不可小觑。

2.滴滴巴士2015年10月宣布已经开始试水旅游线路市场。在十一黄金周期间，滴滴巴士在北京和深圳开通了超过50条旅游专线。

安居宝：安防龙头能否称霸“互联网+停车”

车辆保有量的不断增加和城市停车场配套的滞后将智能停车O2O推向风口，2014年“互联网+停车”迅速破土并在2015年迎来肆意生长。

在此风口来临之前，安防龙头安居宝已经完成快速转身。该公司2013年开始开发云停车平台，在这个市场分散的行业，安居宝已处于一线位置。该公司在广州已经占据绝对优势，重点大型停车场基本全部覆盖，并在全国60个城市进行地推扩张。

然而，因移动互联网项目的投入持续加大，安居宝利润下降严重。三季报显示，由于设备投入、人员工资福利、推广宣传费、研发费用等支出的增加，安居宝前三季度净利润同比下降约58%。

也就是说，虽然抢得先机，但未来安居宝若要在智能停车领域成为最有力的整合者，还要熬过眼下的艰难期。

转型智能停车

2011年，安居宝登录创业板，成为国内楼宇对讲领域唯一的上市公司，但危机随着智能手机的普及，快速袭来。

“对讲未来可能通过智能手机等终端就能实现，业务的增长存在天花板。”安居宝副总经理黄小金告诉21世纪经济报道记者，虽然楼宇对讲仍然是安居宝目前稳定的收入来源，但长期会萎缩。

安居宝的年报显示，上市以来，其楼宇业务比重正在逐年下降。2011年在楼宇业务总营收中占比91.66%，到2014年，这一比例降至69.58%。新增的线缆、融资租赁、液晶显示屏等业务已经初具规模。其中，停车场业务营收占到了3.72%。

虽然目前这一业务占比很少，却是安居宝转型发力的主要方向。

上市后的安居宝并购了在停车行业已有多年积累的广州高堡仕，设立安居宝智能控制系统有限公司，进入停车管理行业。黄小金说，随着汽车保有量的上升，作为社区配套的停车场想象空间巨大，而智能停车则是全新领域，存在很多空白，是公司未来两三年转型的方向。

黄小金介绍，目前，安居宝在云停车管理系统方面设立了专利池，目前已有近30项相关专利，形成了一定的竞争壁垒。

在安居宝的智能停车版图中，通过APP能够实现周边空余车位实时查询、提前预订车位以及微信支付缴费。分享停车、会员停车、动态优惠停车以及接入“周边优惠APP”以关联整个市场社区O2O，是未来的盈利点。

车位告急：一线城市车位缺口超150万个

2014年底各大城市车位缺口数量

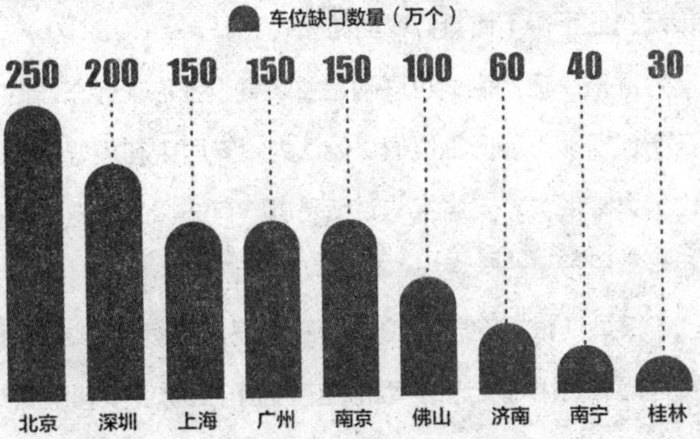

解读： 国家发改委数据显示，保守估计，我国停车位缺口超过5000万个。其中，2014年年底，北上广深等城市的停车位缺口均超过150万个。停车难还在向三四线城市蔓延，海口市停车位的缺口也高达45万个，亟需智能停车解决方案。

突围停车场入口

然而，这与当前许多“互联网+”，社区O2O项目一样，都是看上去很美。

停车场资源是智能停车业务的命脉。停车场管理方和产权方不统一、权益归属复杂都给停车场接受智慧改造带来困难。换句话说，物业管理积累是传统停车企业在线下资源争夺战中的底气和资本。

这方面安居宝有一定优势。据披露，安居宝目前在全国有65家直属分公司，其产品在全国已覆盖超过13000个小区，且每年以超过1500个的速度递增。

但和许多互联网项目一样，这个阶段的智能停车也是一场“烧钱”的游戏。安居宝借助融资赛跑迅速反应，2015年7月，发布公告拟募资超过19亿元，加投城市云停车联网系统项目，成为目前智能停车项目中最大笔的融资金额。捷顺等上市公司相继定增加投智能停车业务。

此后不久，已获得5000万元A轮融资的ETCP11月宣布启动“1000+计划”，计划100天时间内在全国重要城市每个城市建设不少于1000

安居宝转型：智能停车业务起步

数据来源：安居宝2011、2012、2013、2014年报；2015年三季报

安居宝2011–2014年各项业务比重

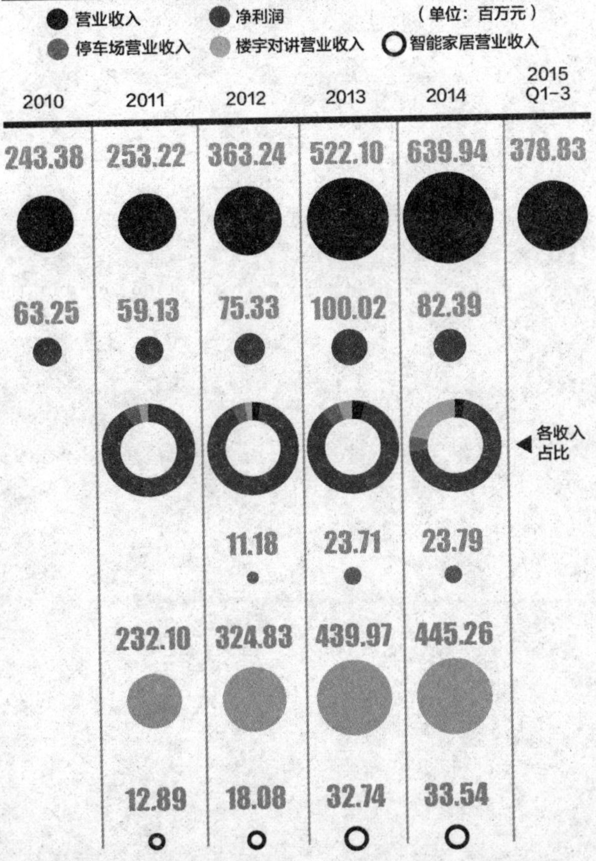

解读： 尽管在智能停车领域已经形成一定竞争壁垒，但安居宝以楼宇对讲为主业，2014年停车营业收入不足4%，处于起步阶段。

家体验式旗舰智慧停车场，对车主和车场实施全面补贴。

在资本的推动下，以ETCP为代表的互联网企业凭借免费送设备实施野蛮扩张，以硬件设备销售为利润点的传统企业不得不重新寻找盈利模式。

面对来势汹汹的互联网企业，黄小金称，停车场的痛点在于高昂的人力成本以及财务漏洞盲点，最终落脚点在于设备能不能产生价值。他认为，安居宝有良好的技术沉淀，同时由于安居宝各子公司协同生产，设备的成本也大大降低。“安居宝的对策是进行有选择的赠送，重点的客户全送，一般性的送设备收服务费。我们的逻辑是起步阶段不是一味烧钱，是可以实现正循环的。”

然而，根据安居宝2015年三季报，因移动互联网项目的投入持续加大，设备投入、人员工资福利、推广宣传费、研发费用等支出的增加，安居宝前三季度净利润同比下降约58%。

但安居宝依然乐观。黄小金称：“我们业务依然在增长，只是利润下降，楼宇对讲所得的一亿多元盈利可以投入这些新拓展的业务。”

伴随当前井喷式增长的智能停车系统，不少创业公司倒闭，多数智能停车APP由于覆盖停车场有限，功能尚不完备，形同虚设，分散的停车市场仍然是块硬骨头。黄小金认为，2016年下半年停车行业轮廓能够初现，待行业格局清楚后，在资本推动下智能行业会加速度完成整合。

（藏瑾）

乐视：对标美国Netfix，又不甘于只是Netfix

一、对标Netfix，乐视增值可期

数据来源：公司年报

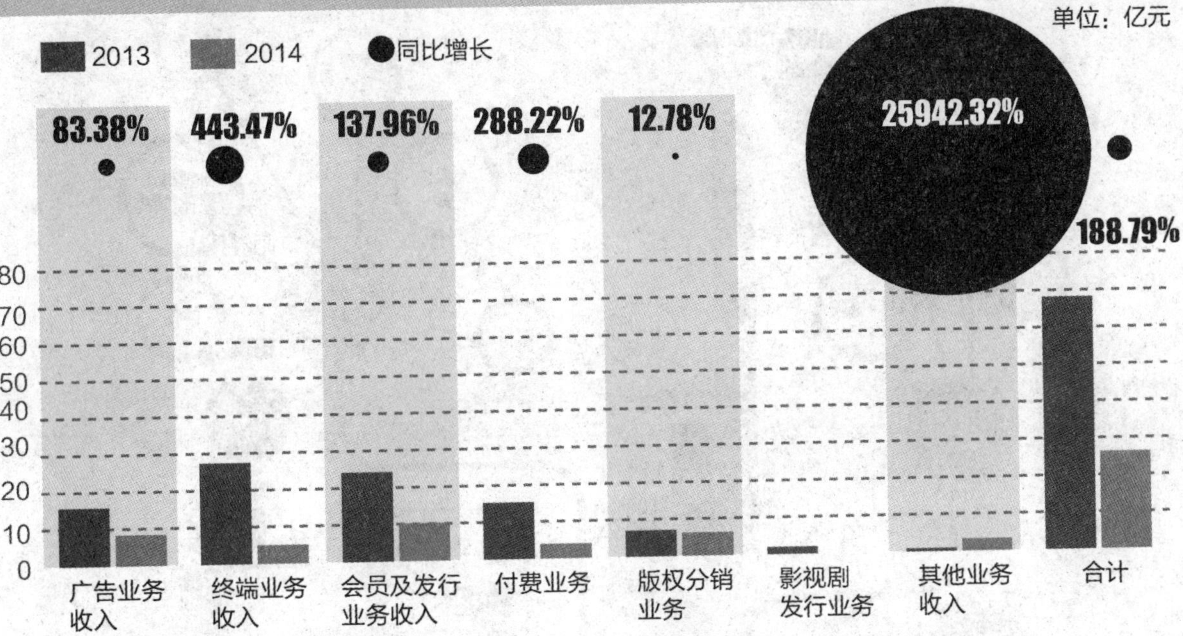

Netfix近一年股价表现 数据来源：腾讯美股

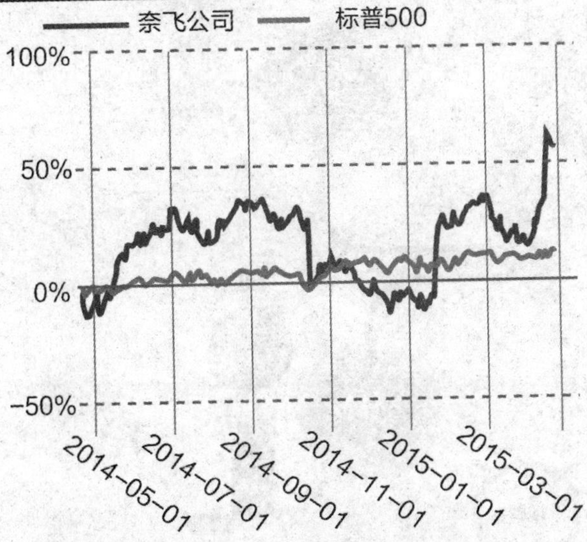

参考Netfix，乐视付费用户带来的估值增加值

数据来源：中国银河证券研究所

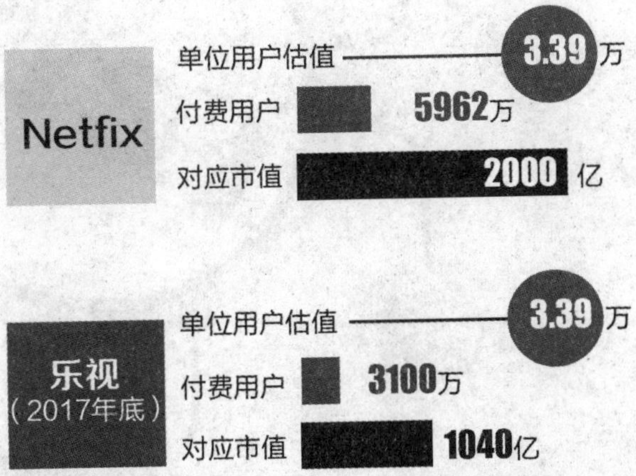

解读：乐视核心盈利点最终落角于“互联网视频”的“付费模式”，因有着较为相同的业务和经历，我们将全球最大流媒体（在线视频）播放服务商Netflix作为标杆进行估值以及未来市值的对比。

实际从业务来看，Netflix在线视频订阅只是乐视生态上的一环，但从市值上来看，Netflix的市值已是乐视的2倍，订阅用户是Netflix股价的关键指标，而近年乐视会员业务发展迅速，加上又我国广大的人口基数，乐视网未来市值理应和Netflix齐平。

二、不放过任何场景的乐视?

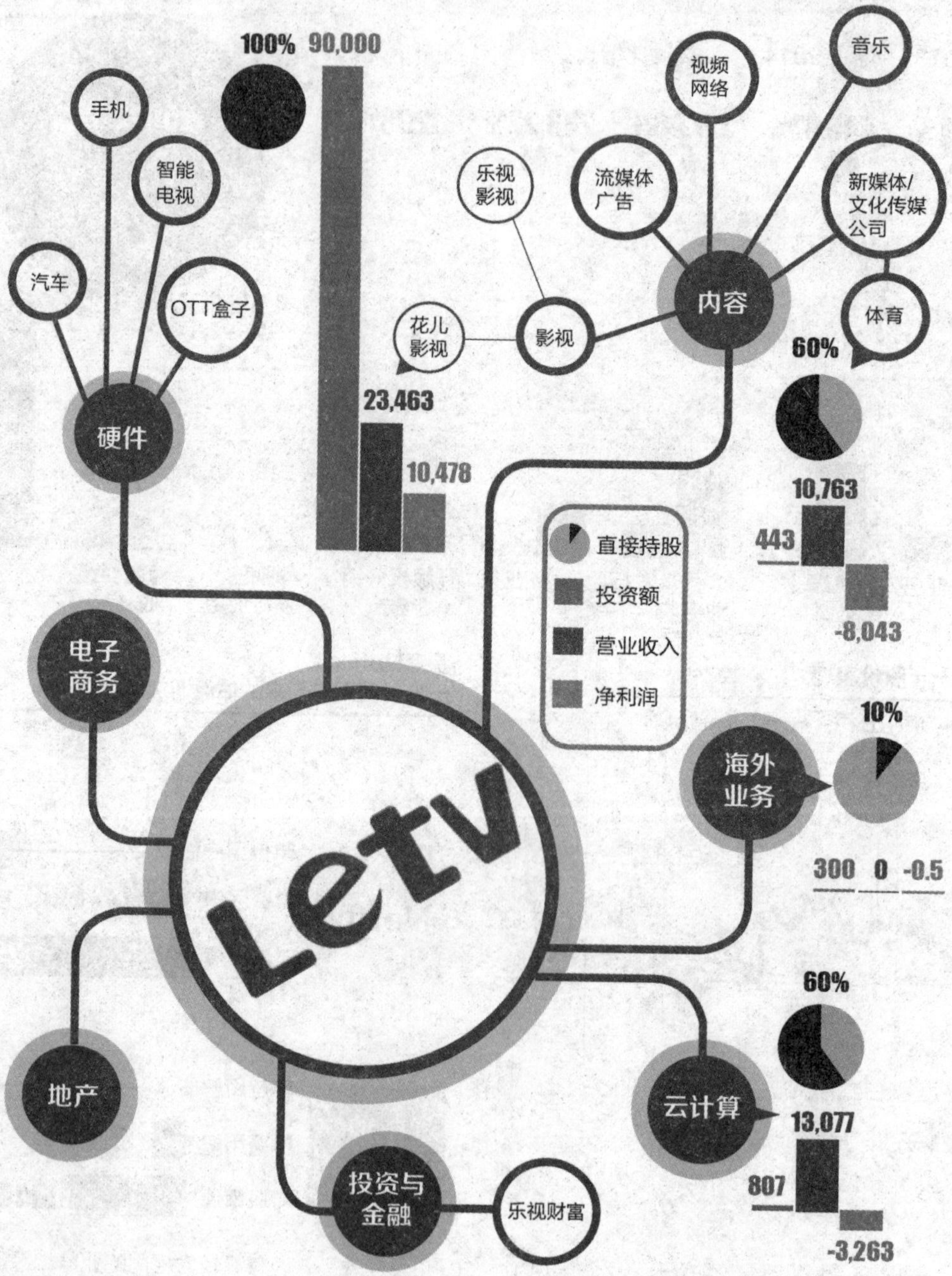

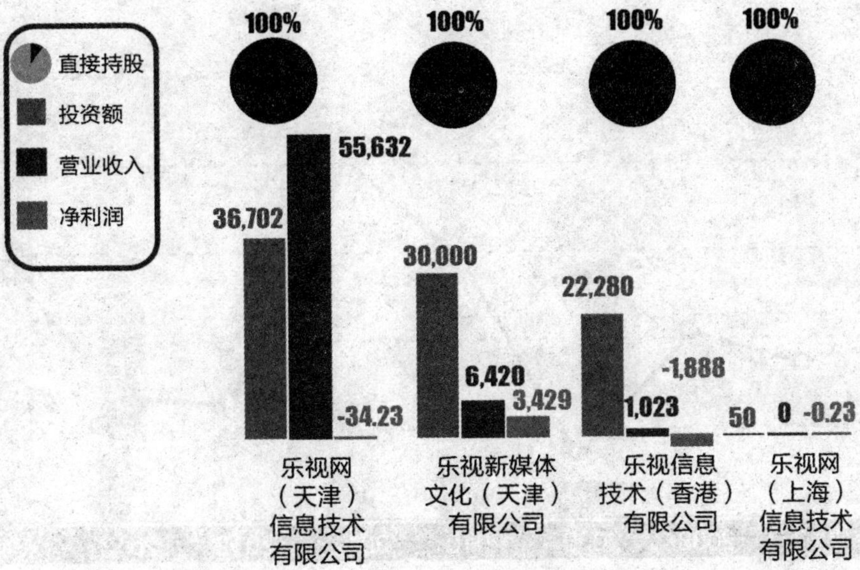
直接持股
投资额
营业收入
净利润
100%
100%
100%
100%
36,702
55,632
-34.23
30,000
6,420
3,429
22,280
1,023
-1,888
50
0
-0.23
乐视网（天津）信息技术有限公司
乐视新媒体文化（天津）有限公司
乐视信息技术（香港）有限公司
乐视网（上海）信息技术有限公司

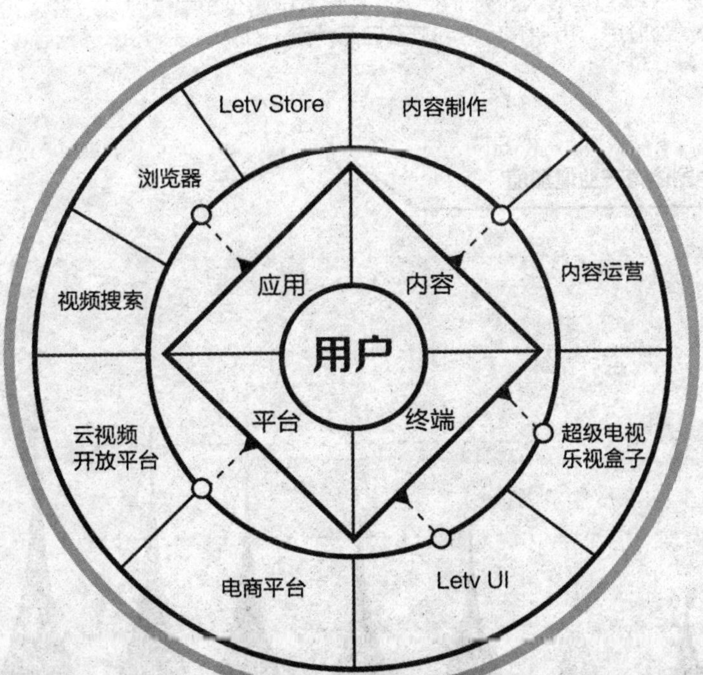
用户
应用
内容
平台
终端
Letv Store
内容制作
浏览器
内容运营
视频搜索
云视频开放平台
超级电视乐视盒子
电商平台
Letv UI

三、颠覆传统，影视体育双剑出鞘

数据来源：中国银河证券研究所

在线视频规模

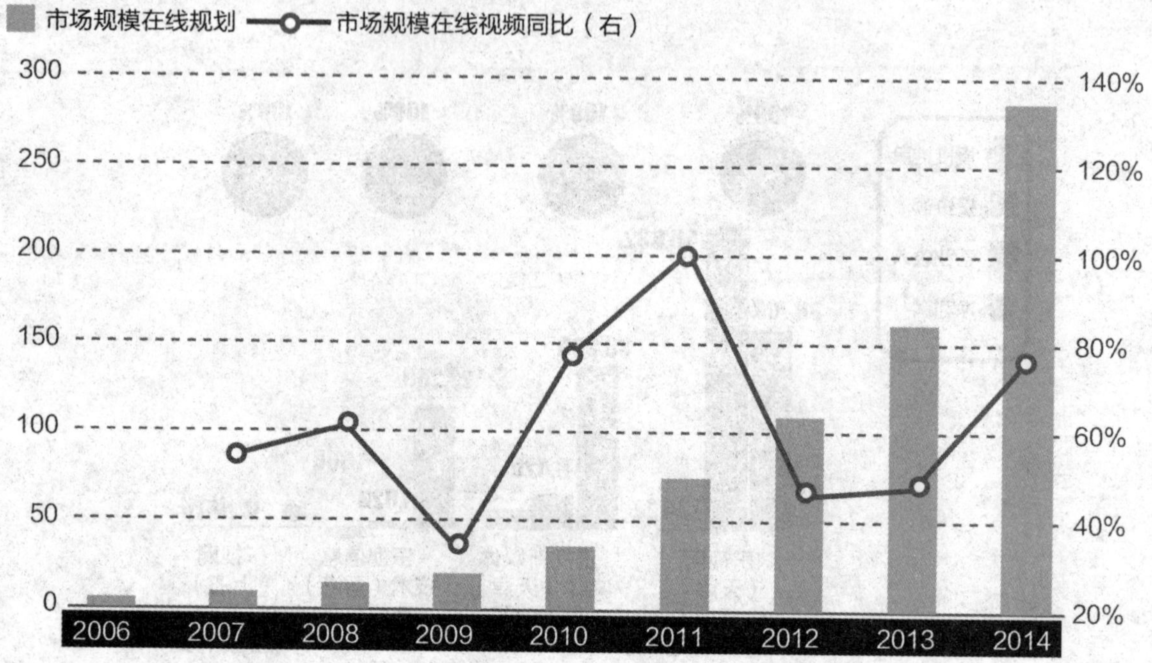

解读：乐视影业2014年票房收入约为30亿元，在民营电影公司中位列第二名。2015年5月中旬C轮融资以及并入乐视网上市公司部分后，市值有望达到150亿元。而乐视体育在融资8亿元后，纷纷出手的动作更像是一个互联网公司而非体育公司。

2006年至2015年中国体育产业增加值

数据来源：易观智库

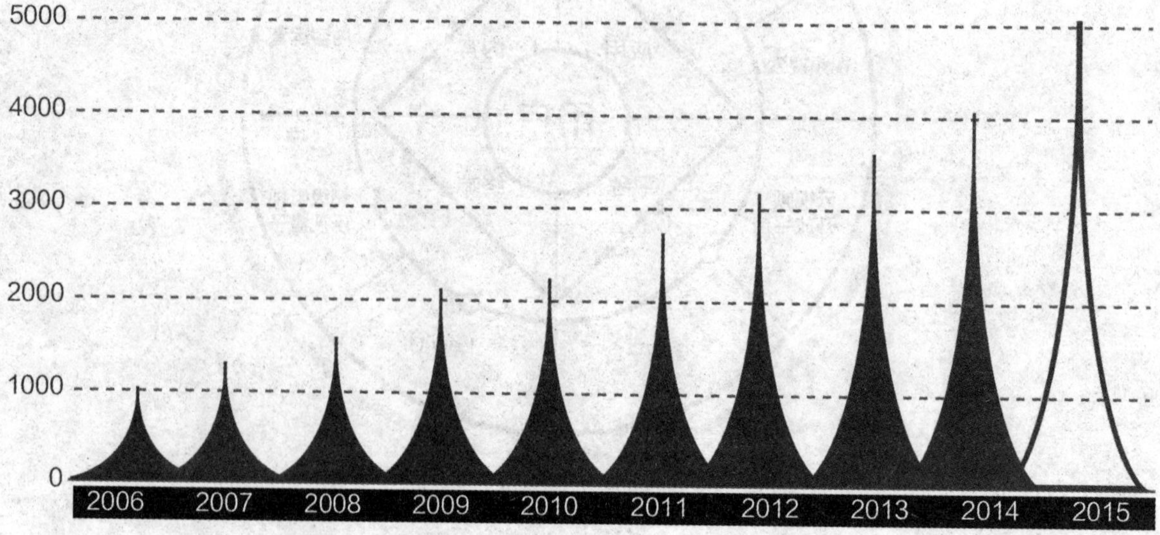

在线视频规模

资料来源：乐视体育内部资料；中国银河证券研究所

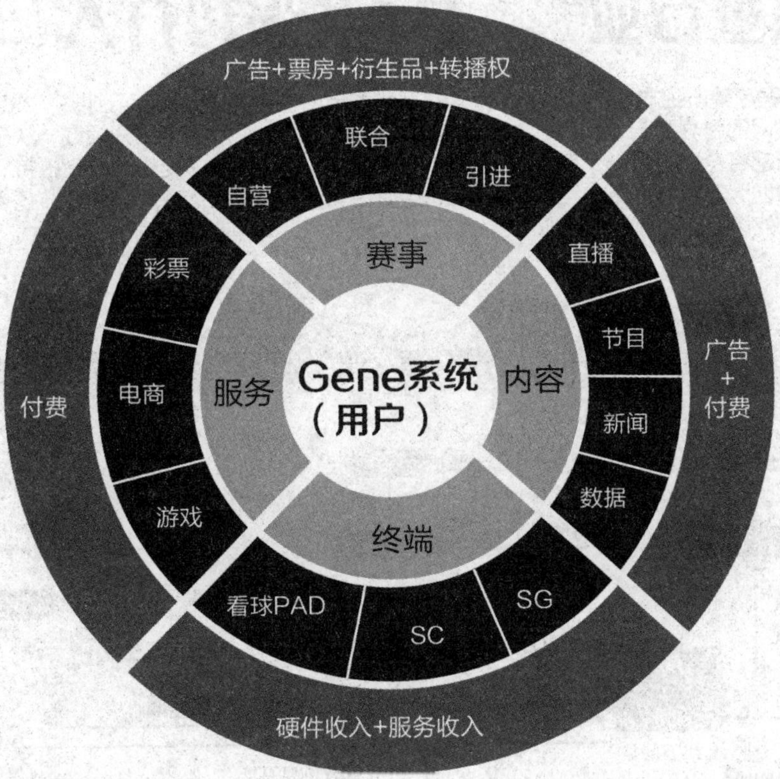

2014年中国电影市场实力矩阵

（数据来源：EnfoDesk易观智库）

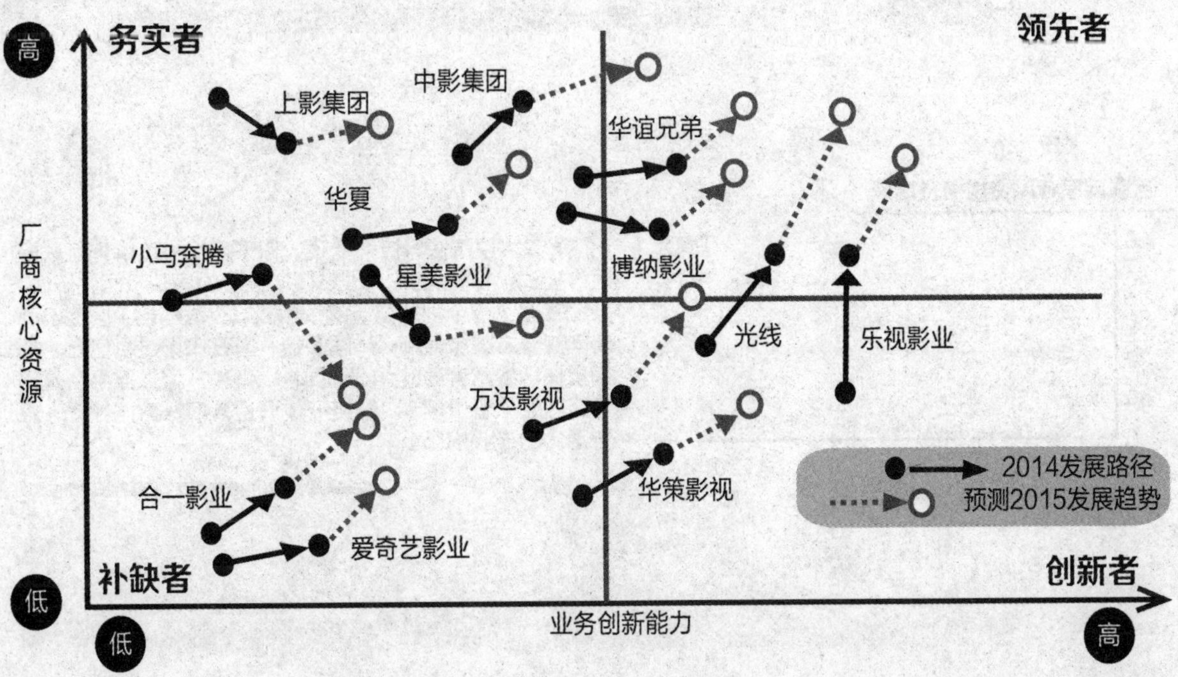

医疗的数字化浪潮：直击“心塞行业”，BAT强势介入

重塑医疗健康生态圈，互联网医疗迎来黄金发展期。随着大数据、云计算、物联网等多领域技术与互联网的跨界融合，新技术与新商业模式快速渗透到医疗各个细分领域，从预防、诊断、治疗、购药都将全面开启一个智能化时代。在人口结构与健康需求变化、政策扶持、资本驱动以及技术变革四大因素共振下，互联网将加速重构医疗健康生态圈，解决各个环节痛点，基于医疗大数据平台的诊断与治疗技术将把个性化医疗推向一个前所未有的空间。

互联网直击“心塞行业”，开启智能化医疗时代互联网重塑医疗健康生态圈

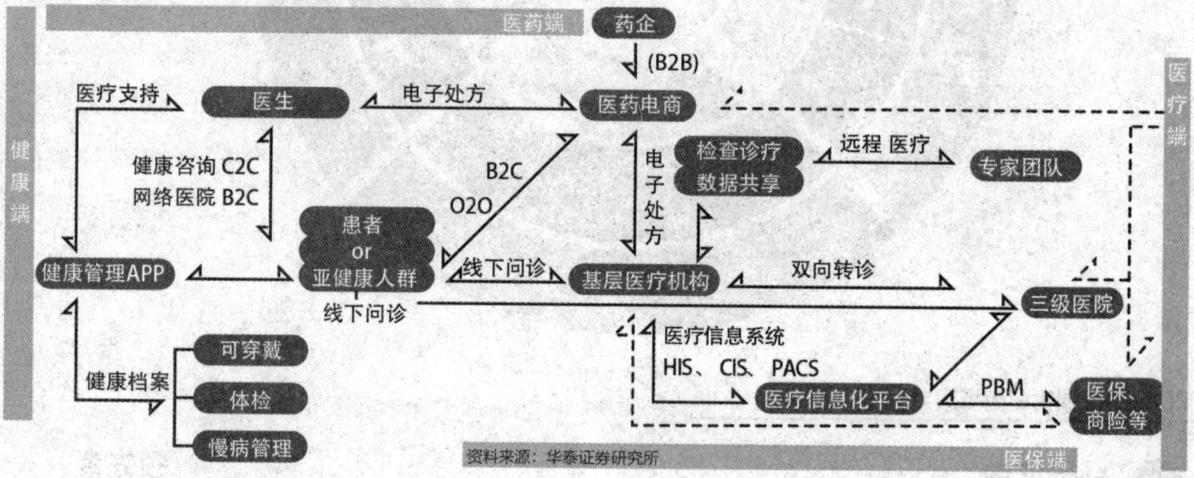

资料来源：华泰证券研究所

互联网医疗融资规模及增速

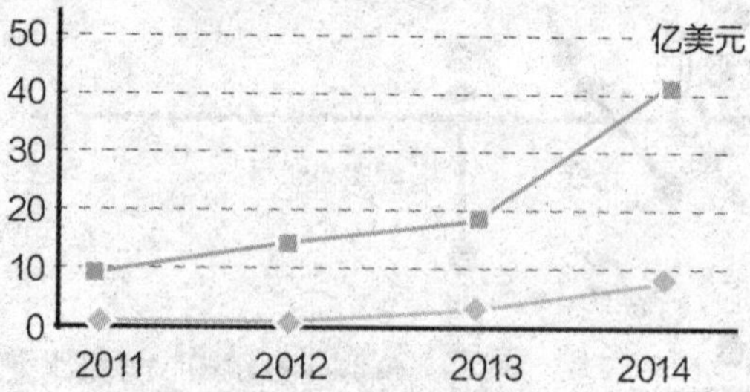

解读：控端—导流—变现，以下四个维度解构互联网医疗模式。1. 医疗端：谁掌握了核心的医院及医生资源，谁就掌握了整个利益链条的议价权。2. 医药端：医药电商转向健康方案服务商。3. 医保端：潜在市场过百亿元，规模壁垒导致赢者通吃。4. 健康端：APP+ 大数据平台是医疗服务的核心价值端，最终形成海量入口—数据处理—服务平台的产业格局。

数据来源：《2014年中国互联网医疗投融资报告》

BAT+众行业巨头强势介入，推动行业洗牌BAT互联网医疗布局

BAT互联网医疗布局 数据来源：互联网医疗中国会

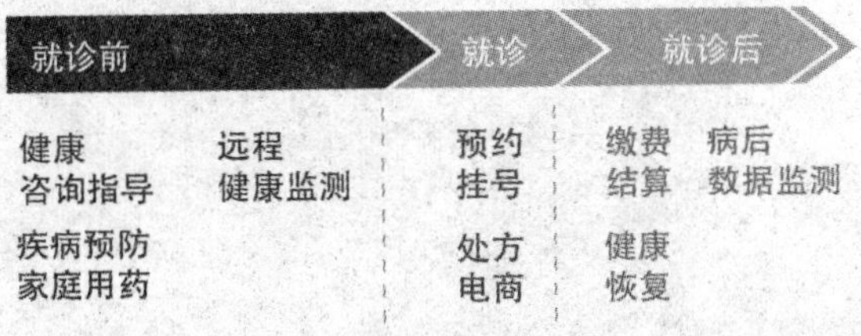

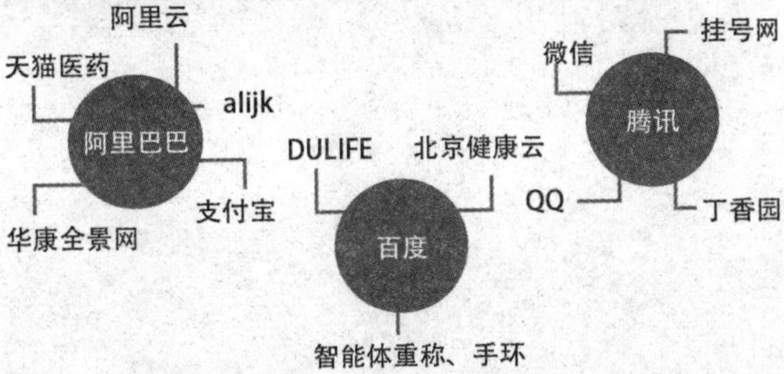

国内互联网医疗规模及增速 数据来源：Enfodesk易观智库

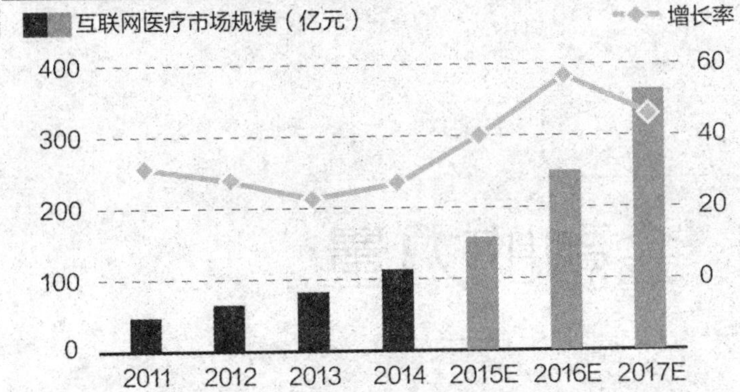

解读：2014 年中国互联网医疗市场整体规模预计为 113.9 亿元（不包括医药电商），用户普及度处于培养期，低渗透率背后是巨大的市场空间。在人口结构与健康需求变化、政策扶持、资本驱动以及技术变革四大因素共振下，互联网将加速重构医疗健康生态圈，互联网医疗基于医疗大数据平台的诊断与治疗技术将把个性化医疗推向一个前所未有的空间，互联网医疗行业成长呈现 S 形曲线。

对标美国巨头：医药电商盈利能力差距拉大

美国医药互联网零售规模及份额 数据来源：中国电子商务研究中心统计

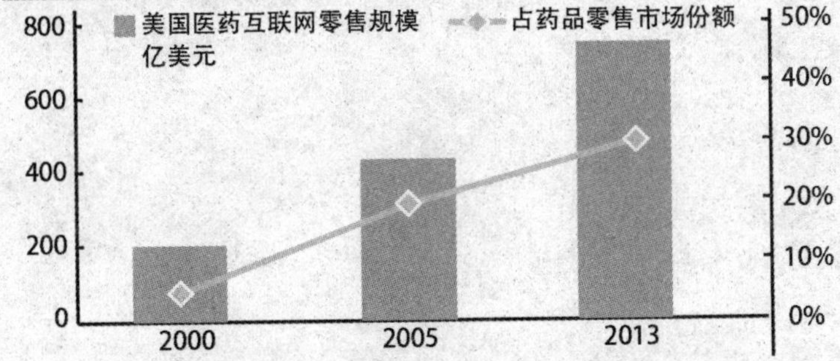

解读：由于同质化竞品大量存在、BAT流量价格越来越高，商家在享受流量红利的同时，盈利普遍不高。天猫、京东是天然的比价平台，使得医药B2C平均毛利率为19.3%，平均利润率为-1.3%，少数实现盈利的企业，净利率也不超过2%，只有美国连锁电商巨头的20%—40%。

国内外医药电商盈利能力比较 数据来源：公司公告，华泰证券研究所

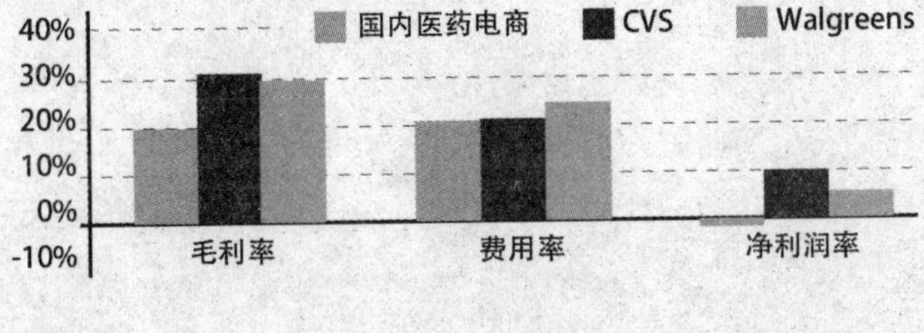

第十二章　金融的力量

金融改革拐点：利率市场化，人民币接轨全球

2015年金融改革力度远超以往，包括存款保险制度、利率市场化、银行混合所有制、政策性银行改革、取消存贷比、人民币纳入SDR货币篮子等基本完成，金融混业监管，全面混业经营也被提出。

作为主要融资渠道的银行业与实体经济有着天然联系，经济下行不止，商业银行业绩也难有起色。2012年以来，我国经济增速显著下行，也标志着我国银行业黄金十年的结束，银行净利润也进入个位数增长甚至负增长的白银时代。

金融除了为经济发展提供资金融通，近年来已被赋予为经济改革提供货币和利率环境，为对外投资增长推动人民币国际化，为降低企业融资成本而推动金融改革。

一、改革进入深水区

	公布日期	机构/会议	文件/主题	主要内容
金融改革顶层设计	2015-11-03	十八届五中全会	十三五规划建议	扩大民间资本进入银行业。推进股票和债券发行交易制度改革，提高直接融资比重，降低杠杆率。推进汇率和利率市场化。改革并完善适应现代金融市场发展的金融监管框架。完善国有金融资本和外汇储备管理制度
	2015-12-22	中央经济工作会议	2016年政策取向	稳健的货币政策要灵活适度，为结构性改革营造适宜的货币金融环境，降低融资成本，保持流动性合理充裕和社会融资总量适度增长，扩大直接融资比重，优化信贷结构，完善汇率形成机制
利率市场化	2015-03-31	国务院	《存款保险条例》	限额偿付，最高偿付限额50万元
	2015-10-23	央行	放开存款利率浮动上限	利率市场化初步完成
	2015-11-04	国务院常务会议	利率市场化改革	深化利率市场化改革，完善利率形成和调控机制
汇率市场化	2015-08-11	央行	人民币汇率	完善人民币兑美元汇率中间价报价
	2015-09-30	央行	人民币汇率	开放境外央行类机构进入银行间外汇市场
	2015-12-11	中国外汇交易中心	人民币汇率	发布CFETS人民币汇率指数，参考一篮子货币计算的有效汇率
人民币国际化	2015-11-30	IMF	SDR改革	决定将人民币纳入特别提款权（SDR）货币篮子
银行改革	2015-06-24	国务院常务会议	修改《商业银行法》	删除存贷比不得超过75%规定
	2015-06-26	银监会	《关于促进民营银行发展的指导意见》	积极推动具备条件的民间资本依法发起设立中小型银行

	公布日期	机构/会议	文件/主题	主要内容
多元金融与金融创新	2015-06010	国务院常务会议	消费金融	将原在16个城市开展的消费金融公司试点扩大至全国
多元金融与金融创新	2015-07-18	央行等十部委	《关于促进互联网金融健康发展的指导意见》	互联网支付、网络借贷、股权众筹融资、互联网基金销售、互联网保险、互联网信托和互联网消费金融监管和发展
多元金融与金融创新	2015-08-13	国务院	《关于促进融资担保行业加快发展的意见》	发挥政府主导作用；政银担三方共同参与
多元金融与金融创新	2015-09-08	国务院	《关于促进金融租赁行业健康发展的指导意见》	支持民间资本发起设立风险自担的金融租赁公司
多元金融与金融创新	2015-10-21	国务院常务会议	上海自贸区金融改革试点	研究启动合格境内个人投资者境外投资试点
多元金融与金融创新	2015-12-02	国务院常务会议	金融改革创新试点	支持广东、天津、福建自由贸易试验区开展金融开放创新试点
直接融资	2015-01-16	证监会	《公司债券发行与交易管理办法》	大幅提高审核效率与审核透明度，无限接近注册制
直接融资	2015-12-09	国务院常务会议	股票注册制	两年内授权对拟在上交所、深交所上市交易的股票公开发行实行注册制

解读：在人民币国际化战略的驱动下，我国金融改革驶入深水区：利率制度方面，推出存款保险制度，放开存款利率上限，基本完成了利率市场化；汇率方面，完善人民币兑美元汇率中间价报价机制，允许境外央行类机构直接进入中国银行间外汇市场，汇率市场化向前迈了一大步。

二、货币维稳经济，引导利率下降+加大信贷投放

面对实体经济的不景气，监管层一方面引导实体端利率下行，另一方面加大信贷投放力度，帮助实体经济走出困境。

1.引导利率下行，降低融资成本

数据来源：央行、银监会

引导融资利率下行，贷款平均利率降至5.7%

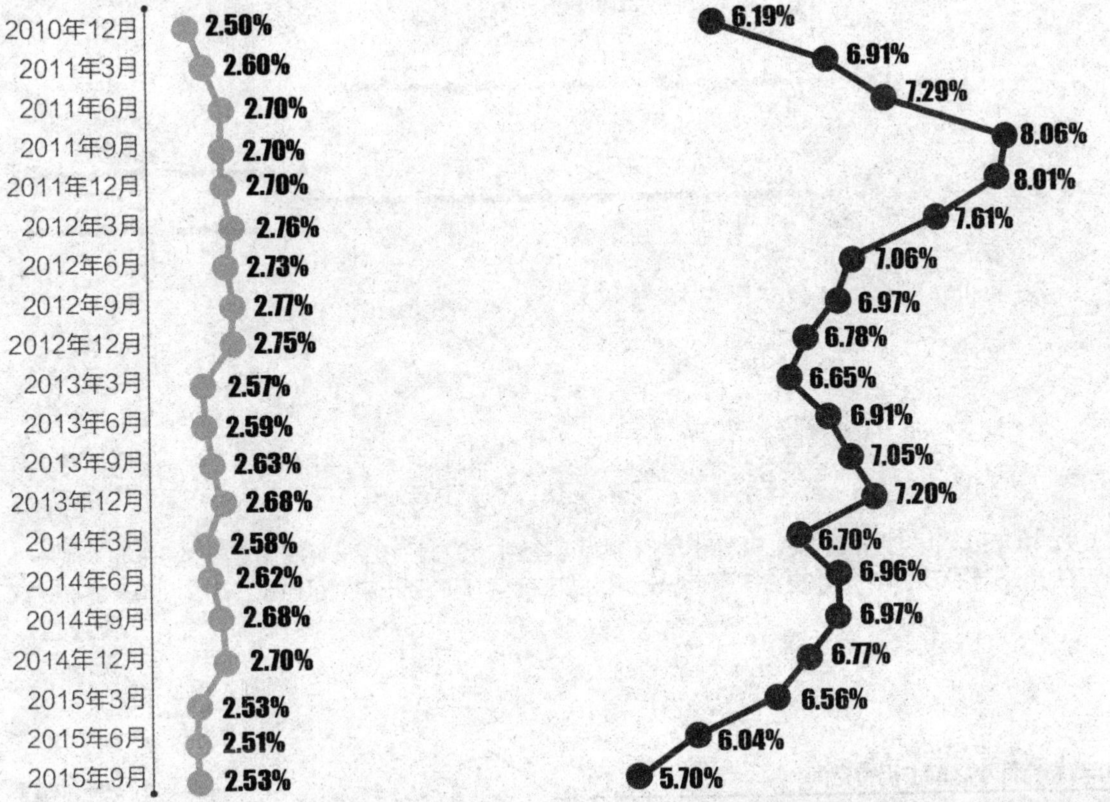

解读：随着央行2014年9月进入降息通道，宏观上表现为作为企业贷款主要融资途径的人民币利率明显下行，金融机构人民币贷款加权平均利率从2014年9月的6.97%降至2015年9月的5.7%，是该数据有统计以来的最低；微观上银行净息差不断缩小，从2014年末的2.7%降至2015年第三季度末的2.53%。

2.地方债成本降低至3.5%

数据来源：财政部、央行、海通证券

类别	资产规模	利率
置换前，地方存量债务成本 置换后，地方存量债务成本	2014年末，地方政府负有偿还责任债务余额15.4万亿元，或有债务余额8.6万亿元	约10% 约3.5%
房地产	约200亿元	租金回报率＜2%
银行存款	约100万亿元	1年期存款利率1.5%
债券	约50万亿元	10年国开债利率3.5% 企业债利率4%—5%
股票	约50万亿元	上证50股息率约3%

解读：财政部部长楼继伟表示，2015年的地方政府发行的置换债券额度实现了对当年到期债务的全覆盖，将被置换的存量债务成本从平均约10%降至3.5%左右，预计将为地方每年节省利息2000亿元。

3.利率走廊雏形已现

数据来源：WIND,海通证券研究所

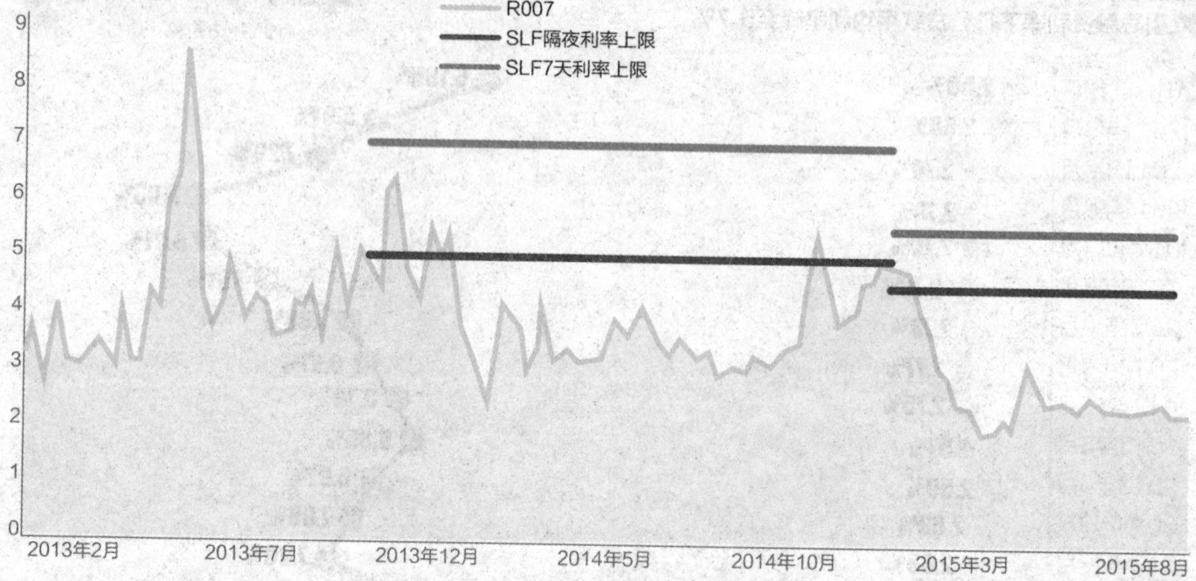

解读：2014年初，央行宣布通过SLF给货币利率封顶，其中R007封顶在7%，利率走廊的上限基本成形，此后又分别在2015年3月2日和11月20日下调至5.5%和3.25%。利率的上行空间已经被封死，利率只能下降不能上升。

4.2016年降息空间小，降准仍有空间

数据来源：央行、银监会

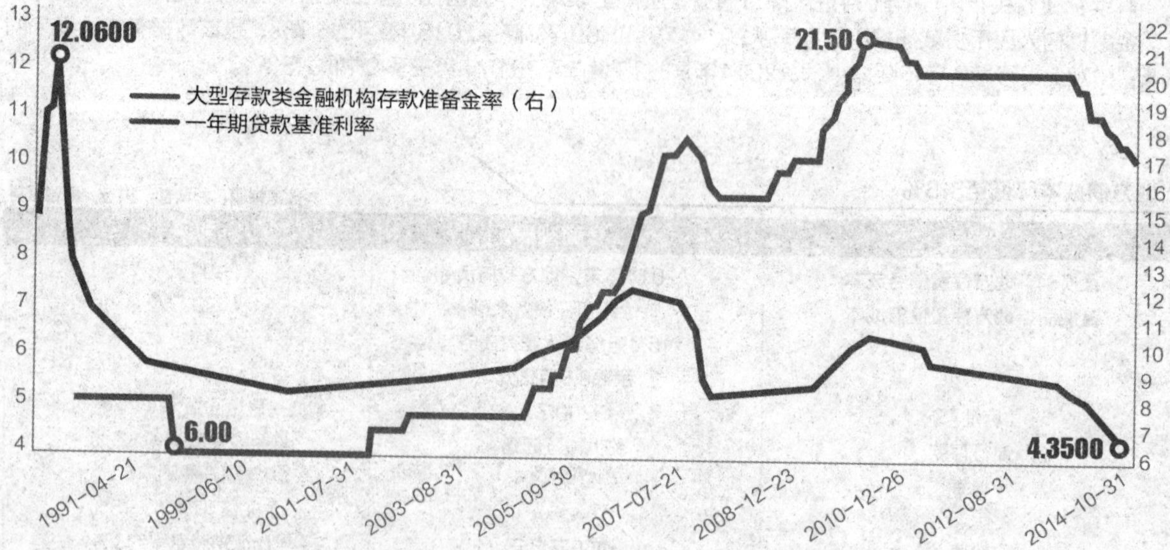

解读：2014年11月以来，央行先后6次降息，一年期存款利率从3%下降一半至1.5%，继续降息的空间收窄。但当前法定存款准备金率依然高达17.5%，历史上最低值仅6%，特别是在外汇占款下降的情况下，降准空间依然存在。

三、加大信贷投放，扩大直接融资比重

增加货币投放，前10月贷款超10万亿，债券融资崛起

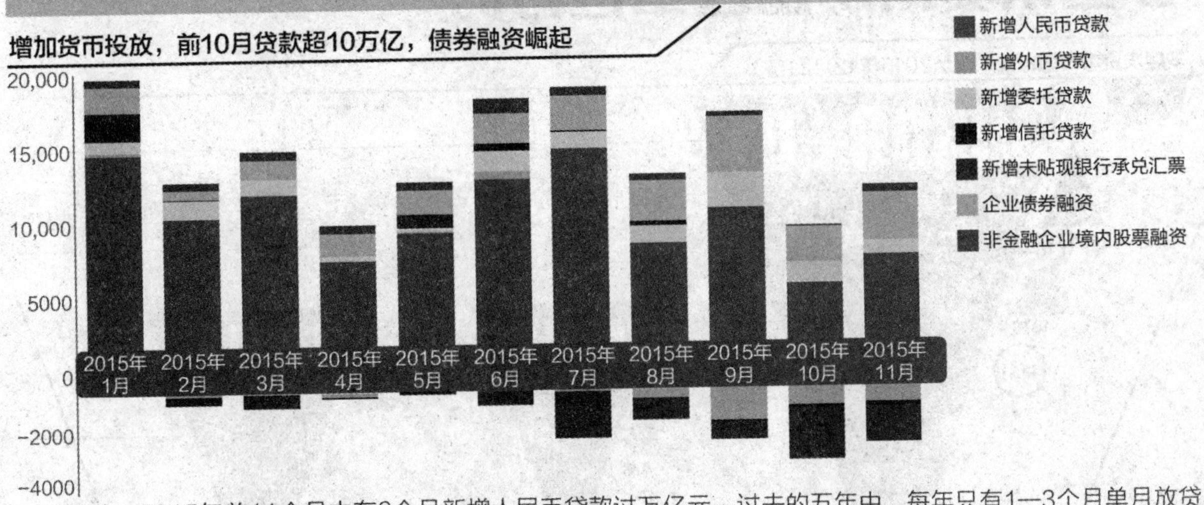

解读：2015年前11个月中有6个月新增人民币贷款过万亿元，过去的五年中，每年只有1—3个月单月放贷过万亿元。2015年前11个月新增人民币贷款突破11万亿元。从信贷投放的重要方向来看，房贷政策逐步放松，央行银监会于9月30日将房贷首付比例由三成调低至25%。

此外，作为直接融资工具的企业债券2015年异军突起，融资增速较快，前11个月已达2.4万亿元。截至2015年11月，中国债券市场总规模达到6.7万亿美元，成为仅次于美国、日本的全球第三大债券市场。增长的主要原因是监管层2015年以来将企业债、交易所公司债等品种发行门槛持续降低，信用债一级市场有望逐步迈入“注册制”。

货币与信贷数据背离，企业投资意愿仍低

单位：亿元
数据来源：央行

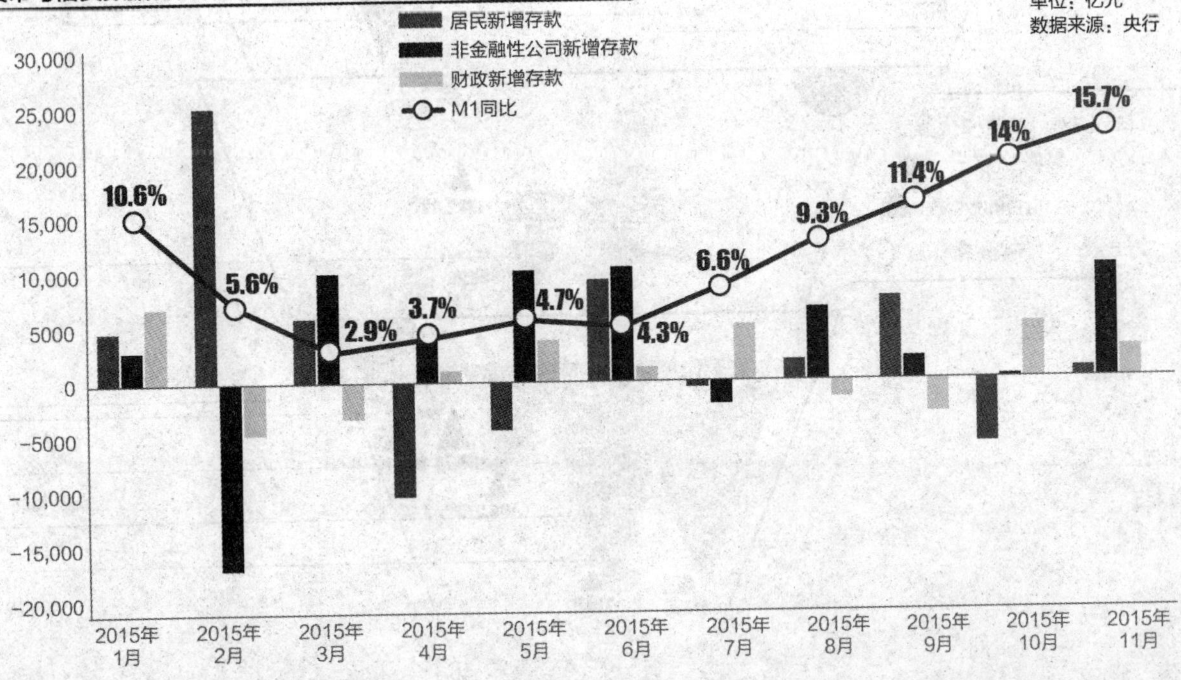

解读：财政性存款是存款新增主力，特别是8月、11月等月份；11月M同比增长15.7%，增速分别比上月末和2014年同期高1.7个和12.5个百分点，反映资金成本下降，但企业投资意愿仍弱。信贷结构也仍待优化。

多层次资本市场改革进行时

多层次资本市场构成（截至2015年12月21日）

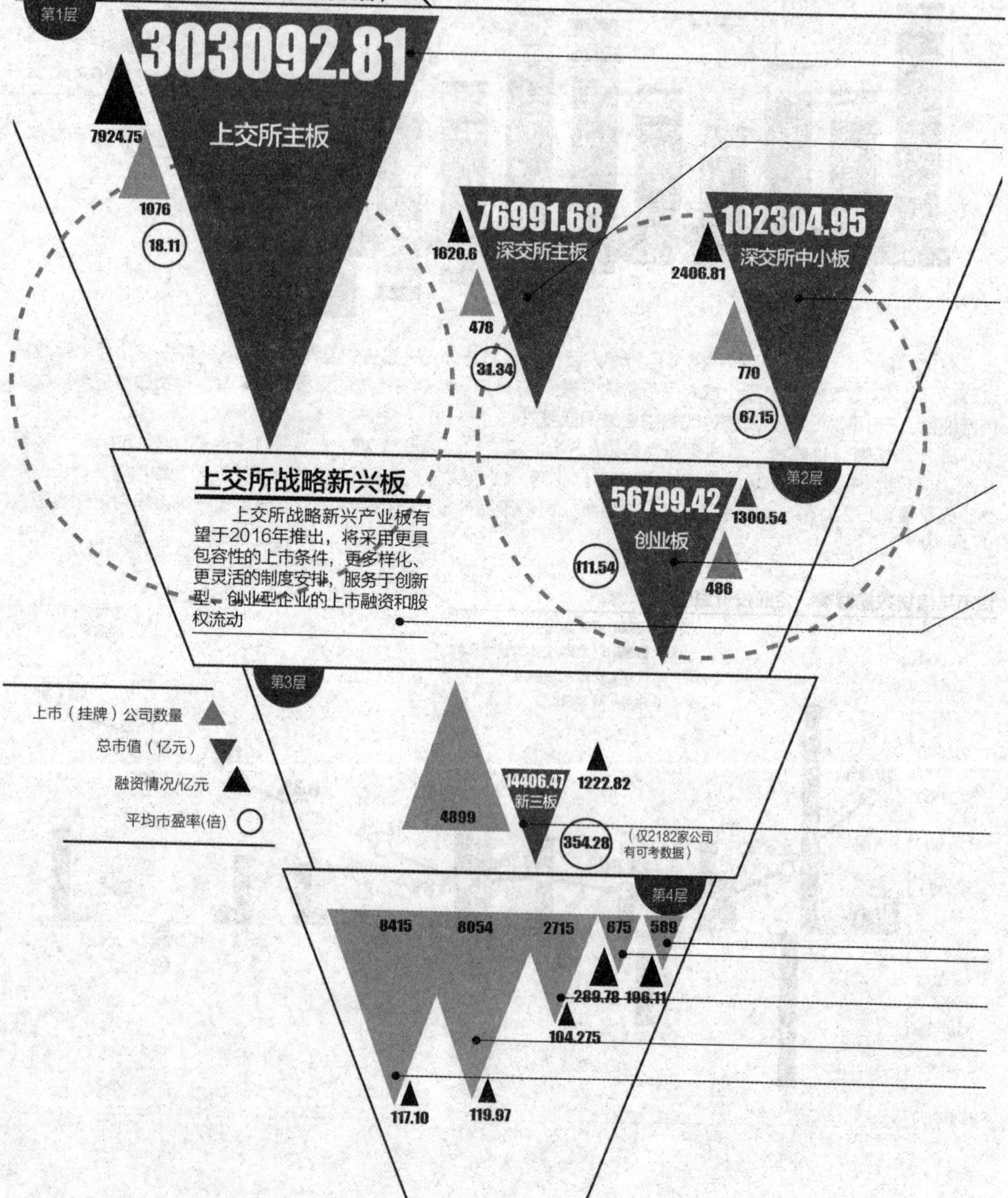

对外联通：沪港通、沪伦通、中欧国际交易所、沪台通。
对内改革：1.研究建立交易所板块内部的转板机制；2. 完善期现市场的交易规则；3.正致力于研究推出适合长线资金的投资产品，如生命周期基金、高等级债券等。

对外联通：深港通、深台通
对内改革：**1.**交易制度四方面改革：研究引入指数熔断机制并修订交易规则；探索实施两融逆周期调节机制；研究制定程序化交易管理规则，在部分基金品种上实施T+0当日回转交易、扩大T+0交易品种的范围。**2.**落实“基金通”。**3.**分层、发行条件调整：设立创业板专门层次，支持科技创新、互联网及特殊股权架构企业上市，研究推进新三板向创业板转板试点；创业板设置差异化的上市条件，淡化以盈利为单一指标的估值理念。

改革上，探索研究战略新兴板和新三板之间的联通机制。

1.重要政策：实施分层、研究推出挂牌公司向创业板转板试点、探索放开定增35人股东限制、支持券商设立专业子公司开展新三板业务。

2.退市制度：明确强制摘牌标准，完善终止挂牌的信息披露制度

3.交易制度，增加价格稳定机制，建立盘后大宗交易制度和非交易过户制度；改善并大力发展做市转让方式；建立转让意向发布平台，目前发布平台的数据测算和制度评估正在进行。

4.丰富市场融资品种：发展适合中小微企业的债券品种、研究制订“资产证券化业务指引”、分步开展挂牌股票质押式回购业务试点、完善优先股的规则体系和技术支持等四方面进一步丰富市场融资品种。

解读：多层次的资本市场出发点是为了满足不同发展阶段的企业的融资需求。我国多层次资本市场的结构已经十分清晰，但场内各板块差异化定位并不明显，引入转板机制尤为重要，申万证券分析师钱康宁指出，引入转板机制，一方面可以实现不同板块的流动和联通，另一方面也可以激发市场获利，鼓励更多企业在门槛低的场外市场先行挂牌，进而形成与成熟市场相似的、以强大的场外市场为基础的金字塔型的市场体系。

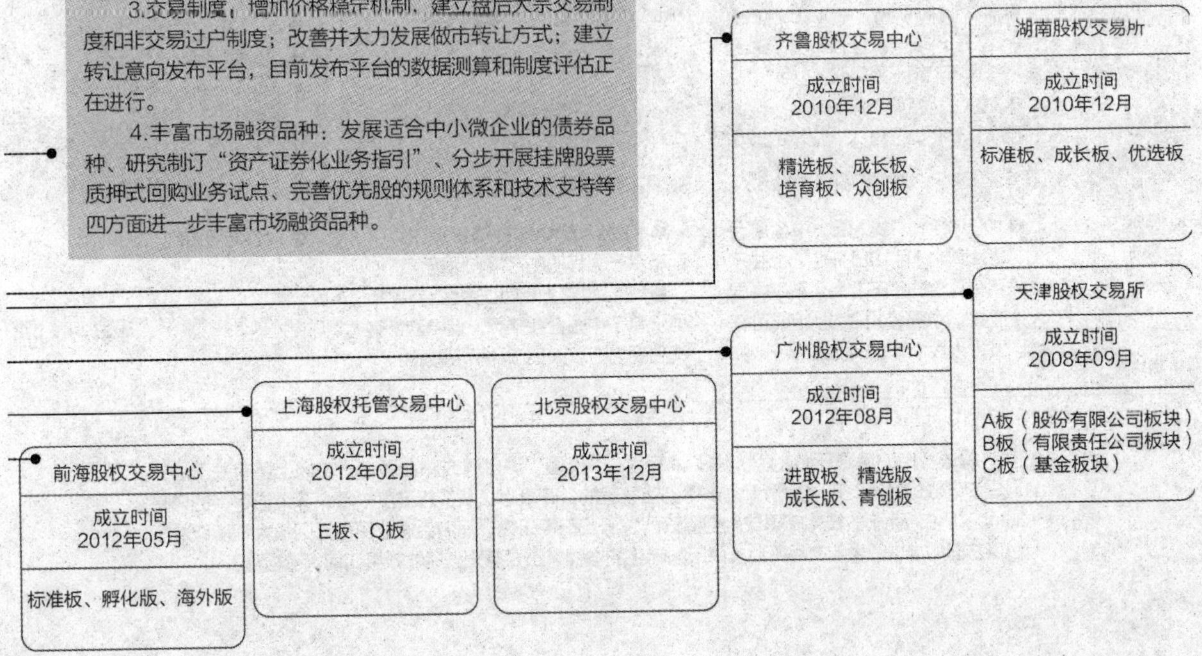

A股对外：与香港、伦敦、台湾联通进行时

	最新进展（障碍）	意义	A股投资机会
内地、香港基金互认	●12月18日，中国证监会和香港证监会正式注册两地的互认基金，首批互认7只。	●对于现有的QFI、RQFII及沪港通是有力补充，吸引境外资金投资境内资本市场，推动境内基金管理机构的规范化与国际化。 也会对QDII基金有冲击。	●中长期利好A股。
沪港通	●可能优化：标的扩容，50万门槛降低等。	●增加交易活跃度。	●标的股票
深港通	●11月初港交所称无法支持年内开通，预计开通时间正式宣布后技术准备需要3个月； ●市场普遍预期2016年上半年开通。	●对市场的短期影响有限； ●长期对A股交易制度转变、纳入MSCI等指数、估值体系和投资风格国际化有利。	●QFII在深交所连续四个季度重仓标的； ●低估值、高股息率的股票； ●有港深股价差的股票； ●港股相对A股稀缺的板块如白酒、大众消费和医疗。
沪伦通	●9月21日中英经济财金对话提出，支持就上交所和伦交易所就互联互通问题开展可行性研究。 ●还需研究如何克服时区差异、经纪和结算银行安排，以及所使用的结算货币等各种障碍。	●短期将引外资入市，有望重现QFII和沪港通时银行股起飞的行情； ●将是第一个打开直接对接外国发达资本市场的通道； ●长期有助于A股更深地融入国际市场，增强对国际市场的影响力。	●价值蓝筹股将受机构投资者亲睐，尤其是大金融股。
沪台通、深台通	●证监会副主席姜洋4月表示，正积极研究沪台通； ●最大障碍在服贸协议迟迟未落定，因为开通“沪台通”“深台通”都写到了服贸协议； ●其次的障碍在于两岸市场交易规模悬殊、估值差异大、汇率的波动风险。	●对台湾股市的影响大于A股市场； ●台湾多层次资本市场体系倒金字塔结构可供A股借鉴。	●A股台资概念股有望成为首批沪台通标的； ●A股特色板块可能受重视； ●券商板块受益市场开放 ●台湾机构投资者更偏好蓝筹股
中欧国际交易所	●由上交所、德交所、中金所合资，2015年11月18日开业，上线了以人民币计价的ETF产品，跟踪中国A股指数。中国公司2016年或可在德国发行人民币计价D股。	●向欧洲及全球投资者提供以人民币资产为标的的产品和服务。 ●纽约和伦敦的西方大型交易所早已有了中国企业挂牌，但中欧所有其独到之处：人民币计价股票。	●对券商股有利。

解读：自沪港通开通之后，除了深港通、沪伦通、沪台通或深台通之，市场上还有关于沪新通、沪纽通的呼声，不过后两者并未得到监管层的公开表态。从实施难度来看，深港通等待的只是时间，沪伦通面临的技术障碍较大但监管层表示正积极研究，而沪台通或深台通则很大程度取决于台湾方面的推进。中欧交易所对人民币国际化的进程有重要意义，具体效果如何仍待检验。

资料来源：choice、公开信息、华泰证券、平安证券、上海证券、海通证券、中投证券研究所

A股对内：注册制改革提前

主要内容	以信息披露为中心，完善信息披露规则，由证券交易所负责企业股票发行申请的注册审核，报证监会注册生效。
最新进展	12月22日，第十二届全国人大常委会第十八次会议上，证监会主席肖钢受国务院委托就《关于授权国务院在实施股票发行注册制改革中调整适用有关规定的决定(草案)》作出说明。
草案内容	实施期限：两年，自授权决定实施之日起算。 授权事项：全国人大常委会授权国务院对拟在上交所、深交所股票的公开发行，调整适用证券法关于股票公开发行核准的有关规定，实行注册制度，具体事项（包括注册机关、审核要求、信息披露要求、中介机构职责以及相应的事中事后监管措施和处罚执法等）由国务院做出安排，报全国人大常委会备案。 相关配套要求：证监会要会同有关部门加强事中事后监管，及时提出修改完善证券法有关规定的建议。
意义	●意味着高层将摒弃修订《证券法》，推行注册制这一正常程序。 ●同时将赋予国务院调整《证券法》不注册制实施细则相冲突法律规定的权利，使得注册制的推行节奏进一步加快，从原有程序的2017年出台到预计可能2016年下半年推出。
具体步骤	一、全国人大召开会议通过国务院授权； 二、国务院召开常务会议，（或于2016年两会期间）出台注册制实施细则征求意见稿； 三、国务院就征求意见稿反馈进行再次修订、审议通过并正式颁布（3——4个月）； 四、全国人大暂停《证券法》不注册制相冲突的有关细则，按照国务院修订稿推行注册制。

解读：长期来看，注册制是资本市场长期健康发展的制度基石。实际上，注册制的预计推出已较此前市场的预期快了许多。它的推出将有利于通过降低企业上市门槛、上市成本并提高市场效率，一定程度上化解核准制下企业过度包装、新股暴涨、权力寻租等问题。

银行维稳2016：信贷侧重新兴、升级产业

商业银行如何行棋2016?

自2014年11月开始，央行已接连6次降息，同时放开存款利率上限，使得传统商业银行倚重的利差收入空间进一步缩小。同时，由于实体经济“三期叠加”，不良资产加速暴露。

银行业三季报显示，利润增速集体放缓，四大行平均利润增速均未超过1%，同时，不良率均有所上升。

面对挑战，在即将到来的2016年，商业银行将如何布局自身资产结构和信贷投向?

21世纪经济报道了解到，银行业在维持资产结构稳定的前提下，有望通过增大交易资产比例加大中间业务。而在具体的信贷领域投放上，支持符合国家重大战略、产业政策的领域成为共识，包括高端装备制造、医药健康、环保、文化消费升级等频频被银行业人士提及。但在压缩传统产业信贷规模的背景下，也会对其加大甄别力度。此外，房地产行业尽管面临调整，但龙头房企、一线城市市场依旧被看好，稳定的个贷市场依旧是多家银行争夺的重点。

信贷维稳，加大交易资产

息差收入仍然是中国多数商业银行主要的利润来源。“信贷资产占比仍然最大，这部分业务也很重要。”一位国有大行战略规划人士介绍。

另一位国有大行人士称，该行的2016年计划正在制订中，还未有更具体的细节可以披露，但将会根据中央经济工作会议以及国家新兴战略产业方向进行。“资产结构的调整不会太频繁。”

“银行不会刻意去压缩信贷资产，只要存在有效信贷需求，我们就会尽可能去满足，但是这种有效信贷需求更取决于实体经济运行情况。”浙商银行资产负债管理部总经理葛立新说。

实体经济的恢复程度将决定2016年银行业信贷资产的比例。不过有银行人士表示，这一情况目前还不太乐观。

信贷资产之外，同业资产、投资资产、交易类资产的重要性也不断提高。

“从我们行的角度，资产负债管理最重要的是均衡，保持银行的可持续稳定发展。”葛立新介绍。

农业银行在其半年报经营计划中就披露，将适度加大债券投资规模；扩大多元化资金来源，鼓励低成本同业存款业务发展。

在市场无风险收益率不断下降下，部分银行也愿意为获取高收益适当承受部分风险。“随着金融创新、金融市场化的推进，银行可能会更多持有市场化风险资产，如债券、股票等，还包括石油、黄金、贵金属等商品投资、衍生品等，我们一家海外子公司持有的商品投资产品就很多。”一家国有大行业务人士介绍。

如果说信贷资产成为银行当下保持利润的重要来源，但随着中间业务的不断发展，交易类资产将是决定银行未来能否适应市场的重要保障。“交易类资产从我们行来说更重视。这是未来拓展中间业务的重要资产。”葛立新表示。

转向高端装备制造、新能源、环保和医药健康

如何经营好银行资产中比例最重的信贷资产，考验着商业银行的专业选择能力。

“银行不会惜贷，银行很愿意把资金贷出去，只是在经济下行期，有效信贷需求不足，需要更注意去选择行业方向。”浙商银行公司银行部总经理颜怀彬表示。

根据多家银行披露的定期报告信息显示，钢铁、电解铝、水泥、平板玻璃和造船等产能过剩行业不良较多，一度拖累个别银行利润。银行也在加强对相关行业的风险防控。

“在趋势性的领域应该大胆再大胆，而非趋势性行业应当谨慎再谨慎。”民生银行投资银行部总经理张立洲认为，“在高端装备制造领域、信息技术、新能源新材料乃至消费升级趋势的大健康、日常消费品等我们都会提供大力支持。”

另一家国有大行人士表示：“现在在推动健康中国，下一步在医药行业应该会有大发展。中国和国外在医药创新上的差距也比较大，我觉得医药创新可以加大力度。”

多位银行业人士表示，支持国家战略建设，支持社会转型升级的产业转型方向将是银行信贷的主要方向。

工商银行人士介绍，该行建立了信贷增量与存量并轨管理的新机制，从过去主要围绕信贷增量做文章向注重经营好信贷存量转变。该行半年报披露，到6月末，该行累计发放服务“一带一路”、京津冀协同发展和长江经济带建设融资3244亿元，代表产业调整优化方向的先进制造业、现代服务业、文化产业和战略新兴产业新增贷款1725.8亿元，占公司贷款增量的60.9%。

不过，新兴产业的信贷投放还需要逐步推进。

一家大型商业银行负责人表示：“现在传统行业都不太行，新兴行业不确定性太多，我们心里不是很有底。”特别是在新兴行业中，许多科技企业是轻资产型，传统的抵质押信贷管理方法已不太能够适应。

“对于如何布局新兴行业，我们已经制定了指导意见即将下发。寻找适合我们的新兴行业，设立若干个专业化的研究管理团队、产品团队，目标是在2—3年的时间提高新兴行业业务到一定比例。”颜怀彬介绍。

传统行业并未被完全抛弃。“对于集团战略客户的支持肯定还要继续。”上述一家大行人士表示。

恒丰银行董事长蔡国华告诉表示，对于那些衣、食、住、行等社会正常运转必需品的企业，虽然也会受到经济周期的影响，经过鉴别帮扶这些企业，也可能收到较好的效果。在这种服务意识指导下，该行在近年不良高企的温州，不仅实现盈利而且不良率很低。即便如钢铁、水泥等过剩产业，也有刚性社会需求，如果企业转型方向在行业中具有核心竞争力，也是可以支持的。

房地产信贷在增长中分化

在信贷行业选择中，房地产是一个特殊的存在。

尽管房地产市场曾出现一定的风险事件，地产商去库存压力较大，但鉴于房地产在国民经济增长中的地位，多家银行人士均表示，将保持对于房地产市场的信贷投放，但会更加注重甄别。

“房地产的大拐点已经过去，不能指望房价还会有动辄50%的增长空间，但是发展前景还很大。”农业银行战略规划部宏观经济金融研究处处长付兵涛表示。

付兵涛介绍，在开发贷方面，城镇化还远远没有完成，除了从农村转移到城镇中的新增人口，还有大量虽然已经进城但目前还住在地下室、棚户区、偏远城郊等人口的改善型住房需求。此外，从1998年开始住房改革至今，许多房子开始拆旧翻新，这块儿的绝对量还很大。而在个贷方面，从美国、韩国等城镇化率极高的经济体来看，住房按揭贷款也一直是银行信贷的重要投向。“我认为在未来20年，房地产按揭都还会是银行信贷资产的重要投向，尽管利率低了些，但是风险小，资本占用少，银行很青睐。”

“开放贷款既要注意开放商的资质，也要判断具体项目的风险。相对来说，个贷的风险极低：一方面，由国人的消费习惯决定，购买住房时具备相应的消费能力；另一方面，个人住房抵押率高，客户极少会因为还款出让住房。”上述一家国有大行人士表示。

在民生银行启动的“大事业部制”改革中，唯独房地产事业部不纳入整个事业部整合的范围。“这是我们基于对房地产未来的走向、判断和未来风险状况分析做出的选择。”民生银行行长助理石杰在银监会银行业例行发布会上表示。

不过，房地产领域的信贷投放策略也逐渐发生变化。由于房地产市场开发周期长、资金投入大的特点，一旦地产市场或政策再出现调整，实力较弱的开发商的风险将加速暴露。

“房地产市场和开发商已经出现分化，三、四线城市和一、二线城市的地产市场肯定不同，未来房地产信贷投放更强调专业化管理、集中经营。”颜怀彬表示。

在业务改革调整后，民生银行的房地产信贷业务将主要集中在一线城市。而此前在传统银行体制下，民生银行各分支行均开展有相关房贷业务。

（王晓）

券商争议2016：调结构、注册制、去杠杆能否带来“慢牛”

经历2015年A股的剧烈波动后，2016年的资本市场风险向何种大趋势演变，正在被更多的市场人士所关注。

需要注意的是，和往年相比，在针对即将到来的2016年A股市场趋势判断上，各项制度改革的推进及其影响受到了更高程度的重视。

21世纪经济报道通过采访中金、申宏等发现，多数券商认为2016年结构性改革和供给端政策的实际效果、证券发行政策传导市场供需的变化以及资本市场国际化的节奏，将共同在宏观层面对A股的整体趋势产生影响。

一方面，经济结构性改革及“软着陆”的实际收效，或将成为决定2016年市场趋势的重要组成风向标；而另一方面，随着人民币加入特别提款权（SDR），A股加入MSCI，深港通、沪伦通有望出现利好预期的强化等，也将以不同形式成为A股的变量。

与此同时，由于A股注册制的实施节奏或早于预期，而股票发行效率提高促使品种供给加大的可能性，也将成为市场在2016年的下行风险；不过多数券商认为，在证监会多渠道去杠杆并推出熔断机制后，经过修缮的股票市场的波动性有望进一步下降，而如果基本面能够出现好转征兆，A股仍然有望走出一轮“慢牛”。

结构性改革被关注

“2014年底大家集体看多，一是货币政策步入宽松周期，二是赌经济软着陆。”北京一家大型券商高级策略分析师总结2014年底的券商观点时坦言，“当时市场的共识是如果经济走出V形底部，那么牛市很有可能走的时间更长，但最终证明经济下行的压力仍然并未好转。”

在多数券商看来，2016年的基本面将在很大程度上对A股构成重要影响，而有部分机构已对2016年的经济企稳表达了乐观。

中金公司首席经济学家梁红就预测，2016年的经济增速虽然仍将放缓，但在经济改革的助推下，其仍将大概率好于预期。

“未来两年经济改革可能取得实质性进展，中国经济增速在连续6年放缓之后可能企稳。” 梁红表示，“预计2016年固定资产投资增速将进一步下降，消费增速继续快于固定资本形成，第三产业尤其是服务业、物流行业和信息技术产业将维持较快增长。”

申万宏源证券则认为，新经济改革、国资改革的实质性动作有望成为2016年的机会，而前述等供给侧结构性改革能否促生新的经济增长点，值得市场关注。

“供给革命主要是革旧经济和旧体制的命。旧经济的机会主要来自国企改革尤其是地方国企改革的实质推进，尤其看好上海、广东、江苏、浙江、福建、山东、河北、重庆等地方国改的机会。”申万宏源证券首席宏观分析师李慧勇表示，“从中国经济转型和长期增长的角度来看，供给侧管理的重要性开始显现。以‘十三五’规划建议发布为标志，宏观政策的重点转向供给管理正当其时。”

而在李慧勇看来，供给端改革将通过三个方式体现：一是通过国企改革盘活国有资本存量，使得国有资本能够产生更大的效益；二是通过户籍制度改革等消化房地产库存，促进房地产业正常化；三是通过优胜劣汰，加速制造业去产能。

也有券商学者认为，结构性改善的更大意义在于提升市场预期。

“能够增加市场的预期。预期这个改革能够改善结构。”海通证券首席经济学家李迅雷接受21世纪经济报道记者采访时称，“现在主要是这个经济结构不及预期，债务水平比较高，企业的产能过剩，贫富差距过大，通过结构改革的话，可以使得这些扭曲的现象得以改善。”

而在货币政策层面，中金公司则认为鉴于宏观增长偏弱，无风险利率仍然要被迫“维持低位”，同时不排除货币政策继续宽松的可能性。

“外需缺乏亮点，内需中地产相比2015年可能有所走弱，宏观依然面临稳增长压力，流动性有望继续宽松，但并不超预期。”中金公司首席策略分析师王汉峰认为，“预计政府将继续降息并大幅降准，力图维持汇率稳定。”

4000点预测背后：注册制等风险压顶

多家券商认为，2016年的A股走势依然值得乐观，其中已有少数机构对大盘点位空间进行了有条件预测。

其中，申万宏源证券就把上证指数的目标点数底线预测提高至4000点。

“全年看，上证指数波动区间在3050—4750，创业板指波动区间在2250—4250，波动幅度仍然比较大，中性假设下，上证综指至少摸高至4000点，创业板指触及3550点。”申银万国证券策略首席分析师王胜指出，A股在2016年仍然有三大事件能够确定。

在其看来，2016年的三大事件包括：一是“钱多+资产荒”，有助于维持高估值中枢，估值较难回落至熊市水平；二是市场预期的变化快于改革进度，改革切实推进但仍不及预期的情况依然可能出现，阶段性震荡可能难以避免，所以A股2016年是市场与改革预期的交谊舞；三是两会前的传统春季躁动仍是做多的时间窗口，将迎来一次改革创新预期修复、增量资金推动的上行。

但在释放乐观逻辑的同时，申万宏源证券提示宏观层面有三大风险需要被慎视。

“一是资金外流汇率大幅度贬值的风险；二是阶段性流动性冲击的风险，原因可能来自打破刚兑，也可能来自经济硬着陆的担心；”李慧勇说，“三是IS地缘政治扩大化的风险。从目前看这三个方面的发生都是小概率事件，一旦发生可能对中国产生冲击。”

值得注意的是，2016年的A股发行注册制改革的节奏有望提前，而这也有可能对A股指数造成冲击。

“注册制喊了这么多年，可能很多人不会在乎，但如果真的执行超预期，至少会在两个层面产生影响。”前述高级策略分析师称，“一个是股票的供需会变化，另一个则是玩法变了。”

李迅雷也认为，未来需要在股票市场注册制改革等趋势下，对证券供应量加大的因素加以考虑。

“一个是经济下行等因素，还有就是在简政放权大力发展直接融资的情况下，整个证券产品供给增加可能给市场带来压力。”李迅雷向21世纪经济报道记者表示。

而在其看来，注册制的加速到来，或将改变二级市场的投资结构，例如当下的炒壳、炒概念等逻辑惯性可能会受到挑战。

“二级市场的话，大家担忧注册制的话对于目前的这些估值比较高的股票会产生负面影响，因为供给扩大了。”李迅雷指出，“现在很多股票为什么能估值那么高，是因为他们有这个壳的价值。那么你注册制一搞，这个壳的价值就没有了。”

“像你前面说过的，一个是经济下行的因素，还有一个是利率下行的因素，还有一个已经增加的因素，还有整个金融产品供给增加的因素。”李迅雷表示。

国际化、杠杆等进入新局面

除宏观层面外，影响A股的部分变量，还来自杠杆结构、国际化进程等内外因素。

例如随着人民币加入SDR后，有关A股加入MSCI等资本市场的指数国际化呼声正在放大。

早在2014年12月，曾有多位业内人士预测A股有望于2015年6月加入MSCI指数，但彼时这一提议并未获得通过，但其于2016年被批准加入的预期亦更加强烈。事实上，目前已有部分中概股被纳入MSCI指数。

多家机构认为，预期已较为强烈的A股MSCI化，一旦落地将给股指带来明显利好。

“如果纯粹从加入MSCI角度看，应该是上涨的。因为你加入MSCI后，国际投资者做相关投资时会被动地配置A股。”国泰君安首席经济学家林采宜告诉21世纪经济报道记者，“A股在MSCI中的比重折合人民币有2700亿元，这些被动的配置还不包括由它带动起的主动配置。”

但也有券商人士认为，目前A股加入MSCI的时机并不成熟。

“我觉得（A股加入MSCI的可能性）不大。中概股加入了，但我觉得因为法律、会计、监管这三大差异，加入还需要时间。”银河证券研究所首席策略分析师孙建波向21世纪经济报道记者表示。

而除国际化影响外，市场杠杆工具的全面收缩也是A股即将迎来的新局面。2015年底，证监会针对融资融券、收益互换、场外配资及资产管理等各渠道杠杆工具的收紧和拆除，而这也让部分乐观机构形成了2016年“慢牛”的逻辑。

“市场杠杆其实被锁得差不多了，这就导致2015年资金蜂拥入市的场面很可能不会重演了。”前述高级策略分析师认为，“每个压力的突破会变慢，那么其中的调整和反复也会增加，如果市场整体乐观，那么也只会是慢牛。”

“最高风险偏好的配资被行政手段限制，新经济估值重回新高的概率同样较低。”王胜也在2016年股指预测中指出。

（李维）

信托摸索2016：风口或在股权投资和资本市场

信托人喜欢自嘲“夹缝里求生存”，言下之意更多流露信托制度总能以其灵活性结合当下环境找到扩规模赚快钱的路径。久而久之，从2007年信托公司重新登记以来，不断围绕固定收益模式切换业务重心，信托也以规模成功列席资管行业第二座次。

然而，当趋势急转，大船难以迅速调头。经历了股市的潮起潮退和融资成本下降，2015年，信托先后失去支撑规模的两个支点。2015年第三季度，信托资产规模出现环比下降，信托已经走过了第一个发展“黄金时代”。

说起下一个风口，受访者不约而同将目光放在了投行业务。2014年作为转型元年，信托公司做了不少创新尝试，从土地流传、家族信托，到消费信托、海外投资、资产证券化等。华北地区一家信托公司执行总裁认为：“大部分的创新尝试短期内看不到盈利点，且没有足够的制度支持，相比之下，投行业务的路径最清晰。”

在证券投资信托常用的阳光私募合作和伞形信托受到限制之后，信托公司仍然看好资本市场机会，投行业务也是信托公司继续深入参与资本市场的方式之一。

除此之外，信托公司对资产证券化、家族信托、海外投资、互联网+消费的创新探索仍在继续。

落幕的非标时代

2015年第三季度，信托资产规模已出现环比下降。“非标时代即将结束”是近期信托经理最多的感叹。

资金成本下降的同时，融资方可选低成本融资渠道也在增加。通过信托融资的企业不少选择提前结束信托计划，用低成本资金替换信托的高成本资金。债券置换，加之公司债、企业债放行，融资方对信托资金的需求度明显减弱。

其中最为典型的即2015年地方债置换政策出台后，政府融资平台项目提前结束信托贷款。一位信托经理表示：“近两个月已经有30多亿元的存续项目被地方债替换下来，地方债的融资成本只有3.99%。”比较之下，如果选择信托贷款，目前融资成本近10%，而存续产品成立时融资成本则达到13%。

当信托报酬率和风险无法匹配时，过去“高回报率+刚性兑付”的传统模式难以为继，主流投资模式迫切求变。华北地区某中型信托公司总经理助理表示：“也就是说刚性兑付向委托人风险自担的转变，要求信托公司开始拼资产管理能力，做真正投资。”

但理想照进现实需要时间和机缘。前述执行总裁坦言：“没有到绝路何谈真正转型，公司还要依靠传统业务，每家公司内部对于转型都有很大争议，安于传统业务者占多数。尝试不少，内生动力不足。”

据了解，信托公司在同样出现项目荒的同时，也获得可观盈利。该人士透露，资金端和资产端供求不平衡最严重之时，资产端的资金成本明显下降，受托人报酬却出现短暂增长。但其同时表示，这种盈利方式不具有可持续性，已逐渐趋于正常。

市场的趋势在向股权市场、资本市场的标准化规则靠拢，信托不得不转换自身思维。

下一个风口：投行业务+资本市场

随着多层次资本市场逐步完善，未来股权直接融资比例将进一步提高，股权投资将迎来巨大市场空间，开展真实股权投资业务成为信托公司转型的主要方向。

实际上信托公司对股权投资的探索早在几年前已经起步，信托股权投资多通过下设PE子公司开展，形式包括PE、定增、资本市场并购重组、产业基金等。

2014年4月，“99号文”首次明确“支持符合条件的信托公司设立直接投资专业子公司”，使得信托公司设立子公司开展PE业务的热情更甚。

平安信托旗下的平安创新资本是其中代表，作为平安信托的全资子公司和平安集团主要的股权投资平台，不少涉及平安集团的PE投资均借道平安创新资本为投资主体完成。另外中融信托、中建投信托等投行业务思路也日趋成熟。

以中建投信托为例，其投行业务选定三个主要行业，包括新能源、医疗健康、消费品行业等。

三者中以新能源领域投资为重点，目前涉及该领域的存续信托规模约50亿元。中建投信托在新能源领域主要投资方向是光伏发电和碳排放。数据显示，2015年规划光伏发电新增装机容量17.8GW。

据介绍，17.8GW意味着1400亿元的投资额，来源于权益资金（包括配股/增发、可转债、产业基金、P2P或众筹），和融资资金（银行、租赁公司、信托）。信托能够在行业资金结构调整中发挥作用。光伏项目分为三个周期，项目开发期、项目建设期、项目管理期，一般在项目开发期和项目建设期由企业自主出资，管理期主要通过银行融资，配合少部分企业自出，如果加入信托资金在项目建设期和管理期给予支持，调整企业的资金流。碳排放则主要运用配额市场交易原理。

医疗健康领域投资模式主要是医药基金和并购基金，医药投资基金选择与投顾合作设立；在长期看好医疗健康行业的情况下，中建投信托正在拟联合上市公司推出行业主题并购投资基金。

北京信托董事长李民吉亦表示，目前已将公司定位在广义投行，以PE投资方式试水直接投资。

但目前来看，相比PE股权投资，下一步信托公司的股权投资方向或更多向资本市场倾斜。

西南地区某信托公司研究部负责人表示，围绕资本市场的定向增发、并购重组，以及新三板都是主要标的。

上述总经理助理认为："短期来看，信托还是会选择融资+投资的模式，从为上市公司做融资开始积累资源，再从其中寻找投资的机会。"

但信托在资本市场的投行路并不易走。前述执行总裁表示："相比券商和私募，信托对风险的判断原则下需要足够的把握才能进入，比如对对赌协议要求过高，而资本市场的运作中，很难从现在的时点看到今后，可能信托还没完成尽调，已经有私募走完全部内部流程，信托因此错失机会。"

虽无绝对优势，但股权投资蛋糕口味丰富，能够让不同类别机构各取所好，形成错位竞争。

其举例，以上市公司并购为例，金融机构参与并购重组的产品设计通常会加入杠杆设计，相应形成多个风险收益等级，并购项目的资金需求普遍在20亿—30亿元之上，除劣后级由上市公司自己承担之外，其余资金需要杠杆撬动。信托倾向的风险收益比较券商略高，券商在单个项目上也有出资限制，并购中的资金往往来自券商、信托、银行三方。

子公司平台化运作模式渐成

股权投资是信托转型的缩影之一。2015年以来，信托公司在海外投资、家族信托、互联网金融领域的实践探索明显增加。

值得注意的是，2015年信托公司新业务领域普遍采用子公司运作的模式。该模式特点是以信托公司全资控股子公司为平台，再下设孙公司开展新兴业务。

这一模式最初被应用于信托的股权投资业务，代表者有平安信托、中融信托，现在进一步被逐渐拓展到互联网金融、海外投资等。

比如在互联网金融方面，中信信托与网易、顺丰三方合作发起深圳中顺易金融服务有限公司作为中信信托互联网金融业务的运作平台，中信信托全资子公司中信聚信为第一大股东。中融信托也在2014年底注册成立互联网金融服务平台——中融金服，大股东为中融信托全资子公司中融鼎新。

海外投资领域，如2015年中诚信托以其全资子公司中诚国际资本下设的深圳前海中诚股权投资基金管理有限公司获得合格境内投资者境外投资（QDIE）首批试点资格。

2014年末银监会主席助理杨家才在中国信托业年会上明确鼓励信托公司成立全资专业子公司在业务细分领域做专做精。当时信托人士预计2015年或将出现信托子公司设立潮，目前来看2015年的新设实质为已有子公司的信托公司再设孙公司。

据了解，2015年有多家信托公司表达申请设立子公司的意图，但在实际操作上并不顺利。前述执行总裁称："子公司的申请2015年上报监管，但一直以因没有实施细则不予批复。"

时间再次接近年底，年初规划起草的信托制度唯有《信托公司行业评级指引（试行）》启动试行。前述研究部人士表示："信托子公司设立和管理办法暂时没有风声，2016年初信托登记管理办法有望推出。"

（王俊丹）

私募股权投资热度不减：互联网投资超50%

私募股权投资已成为高净值人群3+重要的投资领域，私募股权投资规模在2014年大幅增长后，2015年继续增长，增幅近40%。在高投资背后也伴随着高退出，近两年资本市场相对回暖，这加快了私募股权的获利退出。同时，资金募集规模也处于低位，但过去有数万亿的募集规模，私募股权投资还有着充足的资金。在投资项目标的行业方面，互联网、文化传媒等服务消费是资金追崇的热点，特别是互联网相关的信息技术行业，投资规模占据了半壁江山，这些都是新兴产业，传统行业则出现了投资下降。

资本市场好转，退出加速

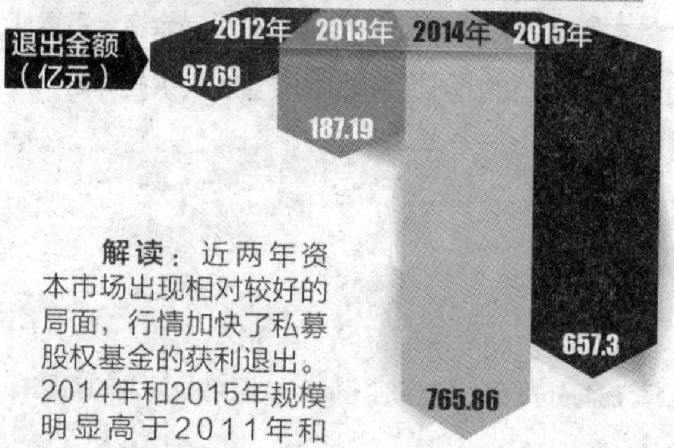

解读：近两年资本市场出现相对较好的局面，行情加快了私募股权基金的获利退出。2014年和2015年规模明显高于2011年和2012年。同时，这也为私募股权基金带来现金流。

资料来源：wind数据截至2015年11月

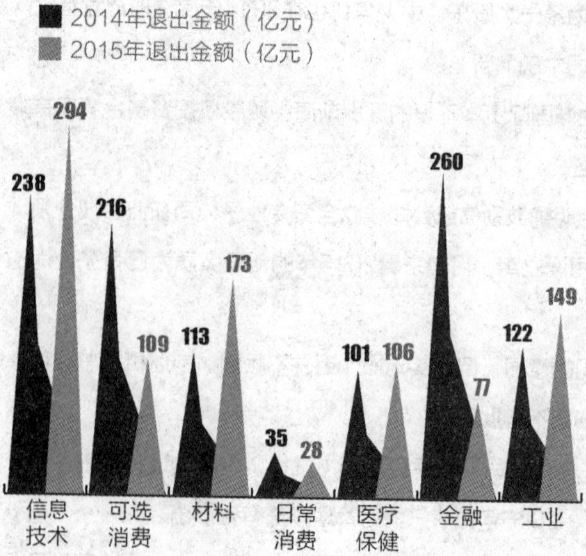

互联网技术热度不减，消费行业冷热不均

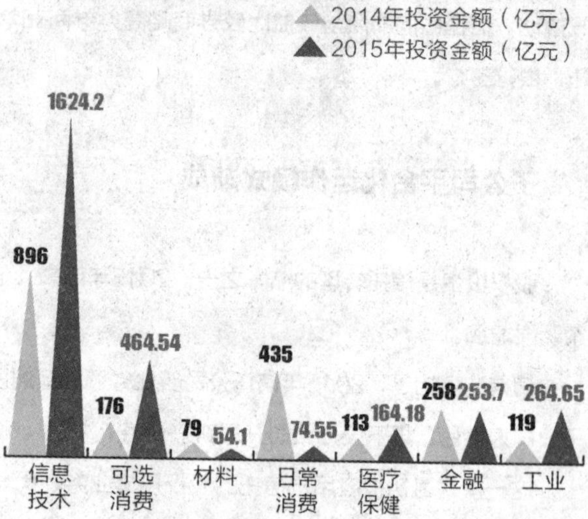

解读：在私募股权投资的主要行业中，信息技术一直是近几年的重点。特别是在“互联网+”提出后，信息技术投资有增无减，2015年规模超1600亿元，相比2014年翻倍。消费行业也是关注重点，在2015年则是迥异现象，可选消费出现爆发式增长，特别是在文化传媒等方面，而日常消费却出现大幅下降。私募股权投资集中于新兴产业。

募集资金下降明显，手中仍有余粮

解读：2015年，由于股市继续呈上升态势，虽然整体走势不佳，但是部分行业涨幅明显。这一定程度上抑制了私募股权投资基金的募集，规模下降明显。2012—2014年三年间，私募股权基金募集资金近万亿元，资金仍然相对充足。

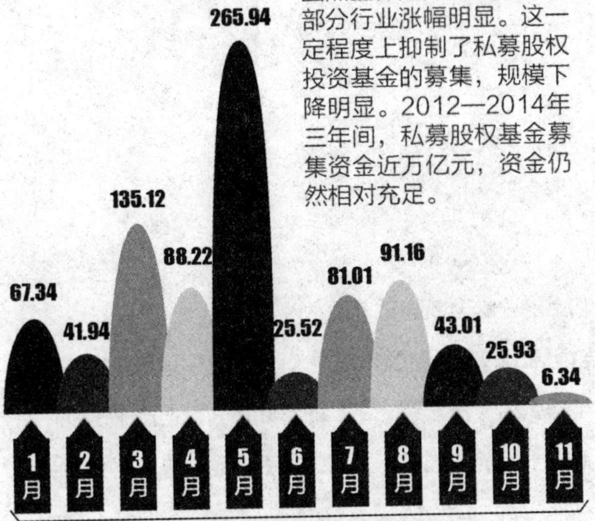

2015年募集金额（亿元）

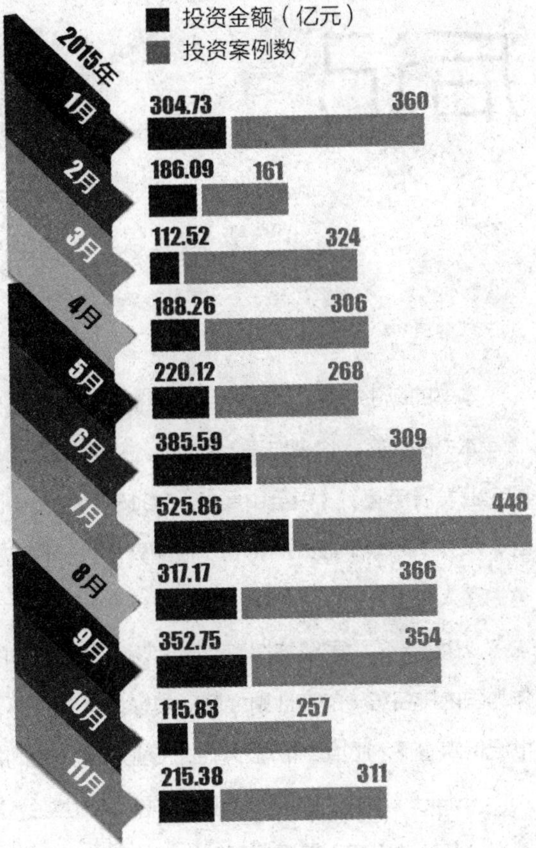

主要发达经济体OECD综合领先指标

解读：截至2015年11月，2015年私募股权投资达到3000亿元，已经超过2014年。2015年中是投资最高峰，7月单月达到了525亿元，接近2013年的70%。随着IPO注册制的推出，私募股权基金投资可能会继续保持上升态势。

后记

本书的诞生，是二十一世纪传媒在全媒体产品生产工艺上的一次全新尝试。

本书的内容，均来自于21世纪经济报道在2015年底连续推出的三大专题，包括《质变中国——2015中国企业发展年鉴》《棋至中局——2015—2016中国趋势年刊》和《新繁荣之路》的年底特刊。但成书的视野，却并不局限于报纸的特刊。报道聚焦供给侧结构性改革这一当前中国经济发展的最新命题，进行了全方位的深入解读分析。

2015年，中国经济增速"破七"，由此引发的对中国经济趋势的讨论热情空前高涨。二十一世纪传媒作为国内排名第一的专业财经商业类媒体运营企业，自然不能缺席这一盛宴。年底的三大年刊，便是二十一世纪传媒旗下21世纪经济报道在此专业领域内新闻报道、趋势研究和观点传播能力的一次集中释放。

不同于普通报纸特刊的制作方式，21世纪经济报道此三大特刊的操作，引入了产品思维来主导特刊的制作，并辅助以在大量数据基础之上的研究，使得特刊的内容不仅仅在形式上有所突破，其内在的精神气质和实用价值，也有了质的飞跃。

如果说这三大特刊分别从微观的企业和企业家、中观的产业和政策趋势以及宏观的国家战略这三个方面，去观察和判断中国经济的趋势。那么在形式上，本书与特刊是一体传承而来的，主要采取图表形式展现中国乃至全球经济的变局，通过详实的数据来观察经济变量、政策方向等问题。因而，得出的结论和对方向的判断也更为坚实。

在这里，特别感谢广东省委常委、宣传部部长慎海雄对本书给予的关切，感谢慎部长点题和作序，以及对二十一世纪传媒全新尝试的支持和肯定。感谢本书主编莫高义，本书副主编张东明、王更辉、王义军对于本书策划与出版工作的指导。

二十一世纪传媒旗下飞笛资讯（FID）提供的以数据分析为基础的研究方法，为报社的采编系统注入了新的内容生产方式，也促成了三大特刊及本书多图表化轻松阅读特点的诞生。

21世纪经济报道设计中心的同事们，为本书图表化内容的制作和校对付出了大量努力；新媒体中心的同事们，为本书内容的传播提供了大量支持，在此一并感谢。

当然，本书内容的诞生，离不开21世纪经济报道全体采编人员的支持，正是基于他们专业的采访和报道之上，本书精彩的内容才能得以与读者见面。

鸣谢

主 编

莫高义

副主编

张东明　王更辉　王义军

执行主编

郭亦乐

编委会委员

丘慧慧　陈晨星　肖欣欣　袁一弘　韩瑞芸　卜 坚　王芳艳　于晓娜

特约编辑

简俊东　谭翊飞　郑 升　张 星　包芳鸣　林 虹　卜 凡　綦 宇　胡晓玲　侯潇怡

温颖然　康 妮

特别鸣谢

21世纪经济报道—飞笛资讯（FID）

研究支持

21世纪宏观研究院　21世纪金融研究院　21世纪资本研究院　21世纪产业研究院

图形设计

21世纪经济报道设计中心

设计统筹

陈 冈

设计

陈 珊　陈国丽　廖欣欣　庄 枬　陈 瑶　蔡珺如　徐 晖　吴颖文

传播支持

21世纪经济报道　21经济网　21世纪经济报道APP　21世纪经济报道官方微博、微信

新媒体支持

21世纪经济报道新媒体中心

曾婷芳　谭 婷　鄢子为　丘华星